普通高等教育"十一五"国家级规划教材
北京市高等教育精品教材
应用型高等院校电子商务专业规划教材

电子商务
（第3版）

董　铁　李晗静　主　编
吴　霞　刘鹏远　副主编

電子工業出版社
Publishing House of Electronics Industry
北京 • BEIJING

内容简介

本书根据近年来我国电子商务应用与发展，围绕电子商务运营实际和操作规程，具体介绍：电子商务系统建设、电子商务网络营销、电子商务支付、电子商务物流配送、电子商务市场开发和电子商务安全等基本知识，并通过指导学生实训、强化技能培养。

本书自出版以来，因写作质量高而深受全国高校广大师生及企业的欢迎，被评为北京市高等教育精品教材、"普通高等教育'十一五'国家级规划教材"已再版1次并10多次重印。此第3次再版作者审慎地对原教材进行反复推敲和认真修订，以使其更贴近现代经济发展、更好地为我国经济建设和电子商务教学实践服务。

由于本书具有理论适中、内容翔实、重点突出、案例丰富、语言简洁、强调结合行业特点和企业应用，注重实践技能与应用能力培养，因此本书既可作为高等职业教育工商、财经、管理、信息类相关专业教学的首选教材，也适用于企业从业人员的在职岗位培训，对于广大社会自学者也是一本非常有益的参考读物。

图书在版编目(CIP)数据

电子商务/董铁，李晗静主编. --3版. --北京：电子工业出版社，2014.6
应用型高等院校电子商务专业规划教材
ISBN 978-7-121-23242-8

Ⅰ. ①电… Ⅱ. ①董… ②李… Ⅲ. ①电子商务－高等学校－教材 Ⅳ. ①F713.36

中国版本图书馆CIP数据核字(2014)第100887号

责任编辑：贺志洪　　特约编辑　张晓雪　薛　阳
印　　刷：涿州市京南印刷厂
装　　订：涿州市京南印刷厂
出版发行：电子工业出版社
　　　　　北京市海淀区万寿路173信箱　邮编　100036
开　　本：787×1092　1/16　　印张：19　　字数：486.4千字
印　　次：2014年6月第1次印刷
印　　数：3000册
定　　价：39.00元

凡所购买电子工业出版社图书有缺损问题，请向购买书店调换，若书店售缺，请与本社发行部联系，联系及邮购电话：(010)88254888。

质量投诉请发邮件至zlts@phei.com.cn，盗版侵权举报请发邮件至dbqq@phei.com.cn。

服务热线：(010)88258888。

再版前言

网络经济促动电子商务应用、电子商务应用促进网络新经济的快速发展，电子商务作为现代科技进步和网络经济发展催生出的新型生产力，不仅在拉动内需、解决就业、扩大经营、促进经济发展、加速传统产业升级、提高企业竞争力等方面发挥着重要作用，而且在彻底改造企业的经营管理、深刻地改变企业商务活动的运作模式方面也发挥着重要作用，并在我国国民经济发展中占有越来越重要的位置，越来越受到社会各界的高度重视。

目前我国正处于经济和社会转型时期，随着国家经济转轨、产业结构调整，涌现了旅游、物流、网络通信、电子商务、生物、医药、动漫、演艺等一大批新兴服务和文化创意产业，为此国家近年来出台了多项有利于新兴产业和电子商务发展的法规政策。

随着世界经济一体化进程的加快，我国加入 WTO 和中国市场全面对外开放，面对全球经济的迅猛发展与国际化市场的激烈竞争，企业要生存、企业求发展，就必须加强电子商务应用，就必须强化电子商务知识操作型应用人才的培养，这既是我国各类企业加快与国际经济接轨的战略选择，也是本教材出版的目的和意义。

本书作为高等职业教育电子商务教学的特色教材，自出版以来，因写作质量高而深受全国高校广大师生及企业的欢迎，已再版 1 次并 10 多次重印，被北京市教委评为北京市高等教育精品教材、被国家教育部评为“普通高等教育‘十一五’国家级规划教材”。此次第 3 版，作者审慎地对原教材进行反复推敲和认真修订，在保持原书基本结构的基础上，更换数据资料，精选电子商务的成功案例，补充了电子商务发展的前沿知识，以使其更贴近现代经济生活发展实际、更符合社会及企业用人需要、更好地为我国经济建设和电子商务教学实践服务。

全书共八章，以学习者应用能力培养为主线，根据近年来企业电子商务运营与管理的新发展，紧密结合行业与企业应用特点、依照企业电子商务交易活动的基本过程和规律，具体介绍：电子商务系统建设、电子商务网络营销、电子商务支付、电子商务物流配送、电子商务市场开发和电子商务安全等基本知识，并结合实证案例分析教学方法，讲述思路，通过指导学生实训，强化应用技能培养。

由于本书融入了电子商务最新的实践教学理念，力求严谨，注重与时俱进，具有理论适中、内容翔实、重点突出、案例丰富、语言简洁、强调结合行业特点和企业应用，注重实践技能与应用能力培养，因此本书既可作为高等职业教育工商、财经、经济管理、信息类相关专业教学的首选教材,也适用于各类企业从业人员的在职岗位培训,对于广大社会自学者也是一本非常有益的参考读物。

本教材由李大军进行总体方案策划并具体组织,董铁和李晗静主编,李晗静统稿,李卫疆和刘鹏远为副主编,并由国内贸易部商业信息中心张昌连总工程师审定。作者编写分工:牟惟仲(序言),董铁(第一章,第三章),刘鹏远(第二章),李晗静(第二章、第四章、第六章),谭红叶(第五章、各章实训内容),李卫疆、赵华(第七章),姚念民(第八章),张劲珊(附录),华燕萍(文字修改和版式调整),李晓新(制作教学课件)。

在教材修订过程中,我们参阅了大量有关企业信息化和电子商务的最新书刊资料、企业案例、网络信息,以及国家和地方政府新近颁布实施的电子商务法律法规与各项管理规定,并得到业界有关专家教授的具体指导,在此一并致谢。为配合本书使用,我们提供配套电子课件,读者可以从华信教育资源网(www.hxedu.com.cn)免费下载。因作者水平有限,书中难免存在疏漏和不足,恳请专家和广大读者批评指正。

编　者

2014 年 4 月

目录

第一章

电子商务概述

学习目标

1. 了解电子商务的发展历程和发展趋势,熟悉我国发展电子商务的基本国情;
2. 掌握电子商务的基本概念和应用范围。

技能要求

1. 区分电子商务应用的不同类型,描述电子商务对流通企业的影响;
2. 概括电子商务不同模式的特点,掌握电子商务的基本知识。

引导案例

淘宝网

淘宝网是深受欢迎的网购零售平台,拥有近5亿的注册用户数,每天有超过6000万用户数的固定访客,同时每天的在线商品数已经超过了8亿件,平均每分钟售出4.8万件商品。截至2011年年底,淘宝网单日交易额峰值达到43.8亿元,创造270.8万个直接且充分就业机会。随着淘宝网规模的扩大和用户数量的增加,淘宝也从单一的C2C网络集市变成了包括C2C、团购、分销、拍卖等多种电子商务模式在内的综合性零售商圈,已经成为世界范围的电子商务交易平台之一。

淘宝网成立于2003年5月10日,由阿里巴巴集团投资创办。淘宝网是亚洲第一大网络零售商圈,其目标是致力于创造全球首选网络零售商圈。通过结合社区、江湖、帮派来增加网购人群的黏性,并且采用最新团购模式,让网购人群乐而不返。淘宝网业务跨越C2C(Consumer to Consumer,消费者对消者)、B2C(Business to Consumer 商家对消费者)两大部分。

淘宝商城整合数千家品牌商、生产商,为商家和消费者之间提供一站式解决方案。提供100%品质保证的商品,7天无理由退货的售后服务,以及购物积分返现等优质服务。

淘宝网提倡诚信、活跃、快速的网络交易文化，坚持“宝可不淘，信不能弃”。在为淘宝会员打造更安全高效的网络交易平台的同时，也为更多网民提供就业机会。淘宝网也全力营造和倡导互帮互助、轻松活泼的家庭式氛围。每位在淘宝网进行交易的人，不但交易更迅速高效，而且还能交到更多朋友。2005年10月，淘宝网宣布：“在未来5年，为社会创造100万个工作的机会”。截至2009年底，已经有超过80万人通过在淘宝开店实现了就业(国内第三方机构IDC统计)，带动的物流、支付、营销等产业链上间接就业机会达到228万个(国际第三方机构IDC统计)。

每天全国三分之一的宅送快递业务都因淘宝网交易而产生。大淘宝的出现将为整个网络购物市场打造一个透明、诚信、公正、公开的交易平台，进而影响人们的购物消费习惯，推动线下市场以及生产流通环节的透明、诚信，从而衍生出一个“开放、透明、分享、责任”的新商业文明。阿里巴巴集团2011年6月16日宣布，旗下淘宝公司将分拆为三个独立的公司，即沿袭原C2C业务的淘宝网(taobao)，平台型B2C电子商务服务商淘宝商城(tmall)和一站式购物搜索引擎一淘网(etao)。淘宝网主页如图1-1所示。

(案例来源：百度百科)

图1-1　淘宝网主页

第一节　电子商务的崛起

一、电子商务体现了知识经济时代发展的特征

电子商务是在西方发达国家进入后工业时代，以计算机、通信、网络和多媒体技术为手段而演化出来的一种全新的经营方式，既是科学技术进步的产物，也是新文化与新经济的产物，体现了知识经济时代发展的特征。

早在1839年电报刚出现时，各种商务信息便开始突破空间的界限，逐渐将经济活动和人们的生活带入电子时代。20世纪60年代，人们开始用电报报文发送商务文件；70年代又普遍采用方便、快捷的传真机来替代电报；80年代计算机的普及产生了企业内部电子数据处理EDP(Electronic Data Process)技术，随后在贸易伙伴之间的计算机上数据自动交换，形成了早期的“无纸贸易”—EDI(Electronic Data Interchange)电子商务，但是由于技术的限制和成本的原因限制了电子商务应用范围的扩大和应用水平的提高。

计算机技术的发展和普及、互联网的兴起和应用以及一系列相关技术的问世，使信息的电子化成为不可抗拒的潮流，如同蒸汽机引起的工业革命一样，社会的文明从此进入一个崭新的时代，作为信息时代产物的电子商务已成为信息时代最具活力的代表，对世界文明的进步形成了强大的推动力。同时，由于和平与发展成为主流的国际环境以及我国改革开放的政策，使得经济向全球一体化发展，国际间的贸易合作日益扩大，国内的地区经济壁垒已经打破，新经济的发展要求有更有效的手段和形式出现。

1997年，在中国的IT专业报纸、电视台和大众报刊上开始出现电子商务这一术语，此后，中国大地上电子商务的热潮逐渐兴起，有关电子商务的话题日益增多，涉及电子商务的网站和电子商务企业层出不穷，给中国经济带来明显的实惠和冲击。电子商务已成为一种潮流、正以前所未有的速度迅猛发展，不仅改变着传统的社会生产方式，而且对经济结构的调整产生了极为深刻的影响，成为新的经济增长点，也是未来社会发展的一个重要推动力。

二、电子商务的优势

基于互联网的电子商务和传统的商务活动相比，具有明显的优势。

1. 扩大市场范围

电子商务可以将业务延伸到互联网接通的每一个地方，可以全天候地提供服务。电子商务模式通过建立虚拟商务网络，连接世界各地的生产商、销售商和消费者，将国家与国家之间、企业与企业之间、企业与消费者之间的经济依存关系联结得更加紧密，构成真正意义上的全球化经济。电子商务模式通过建立电子商务平台来重新配置社会的各种资源。

2. 降低交易成本

利用电子商务交易模式,可以降低商务活动各环节的成本。

(1) 降低信息传递成本。信息传递包括信息的发布和交流、市场调研、广告投放等。距离越远,网络通信的优势越大。网上信息传递还具有较高的准确性和及时性,因信息传递和沟通而产生的人员费用和差旅费也可以大幅降低。网络广告也较传统媒体有着巨大的价格优势。

(2) 减少投入费用。利用虚拟市场,企业可以省去店面租金、铺货费用。市场门槛降低了,对于中小企业来说,有利于突破由于资金、渠道和品牌而形成的市场进入壁垒,加强市场竞争,提高市场效率。

(3) 降低采购和物流环节的成本。利用电子商务模式,企业可以更充分地了解供应商的资料,实现采购的公开化、透明化。综合质量、服务、地域、物流条件等因素,使企业采购成本降低,采购人员和供应商数量得以减少,资金流转速度得以加快。

(4) 降低管理成本。企业的行政管理向无纸化、标准化、透明化方向发展。通过内部局域网或远程网络,企业的管理层可以随时了解各部门、各分公司的经营总体情况和市场的变化,从而能够及时地调整经营策略,减少管理中的耗费,降低管理成本。

3. 提高经营效率

(1) 企业内部工作效率。采用网格技术,员工可以跨系统、跨平台获得所需资源,协调能力、快速响应加强,可在较短的时间内解决复杂的问题。

(2) 支持分析决策能力。采用各种数据分析辅助工具,如数据挖掘、联机分析处理等,利用网格技术提供的强大的计算能力和资源共享能力来加速数据的访问、提取,在较短的时间内,为管理者提供决策所需的信息。

(3) 提高整个供应链的效率。电子商务实现供应链管理和渠道成员之间的有效合作,整个渠道上信息流、商流、物流、资金流的速度加快,使原料采购、产品生产、需求与销售、银行汇兑、保险、货物托运及申报等在最短的时间内完成。

4. 实现良好的客户关系管理

现代环境下消费者快速地接受大量信息,消费者的偏好也不断地发生改变,客户的需求变得日益复杂,企业产品的质量已不再是决定企业能否在市场竞争中生存下去的唯一因素,传统的商务模式已经不能满足以客户为中心的要求。

在传统的客户关系管理中,存在着客户信息分散、各部门不能共享、响应速度慢等缺点。在电子商务模式下可以建立起真正意义的客户关系管理系统,利用相应的软件可以实现各个部门掌握的客户信息的整合,避免因为人员变动造成的客户信息的流失,不仅提供查询、检索功能,还可以进行分析、归纳,为决策提供强有力的支持。

三、现代电子商务的发展进程

电子商务发展的历史虽然不长,但已经经历了以下四个阶段。

第一个阶段是电子数据交换(EDI)。电子商务实际上在网络出现以前就已存在。

1994年之前，企业层面的电子商务是通过EDI进行的。EDI指的是商业交易信息(如发票和订单)以一种业界认可的标准方式在计算机与计算机间的传输。对于某些交易来说，在减少交易错误和缩短处理时间方面，EDI发挥了重大作用，但这是以巨大的成本为代价的。首先，EDI通常经过专有增值网络进行，这需要花费一大笔投资；其次，EDI离不开分布式软件，软件既昂贵又复杂，给参与者增添了很大负担；再次，EDI是批量传输，影响实时生产、采购和定价。因而EDI从未真正普及过，在中国尤其如此。

第二个阶段为基础电子商务阶段。在这一阶段，买家和卖家开始尝试在没有中介的情况下开展交易。成功的先行者把它们的网站当作主要的销售渠道(例如，思科和戴尔)，它们通常是技术公司，面向懂技术的顾客，没有或只有很少的渠道冲突。对其他大多数公司而言，它们仍然只把网站当作展示产品目录和市场推广材料的地方。时至今天，只有15%的网站能够接受订单，6%的网站能够告知订单处理现状。

第三个阶段是商务社区。在此阶段，第三方目的网站(third-party Web destination)开始把交易双方带到共同的社区之中。商务社区创造了市场透明度，一旦买主和卖主开始定期在社区中会面，各种各样的可能性就会出现。这一阶段还拥有很大的发展空间。

第四个阶段则是一种崭新的开始，它就是协同式商务阶段。商业合作伙伴间的几乎每一个业务流程都可以借助网络加以改善或重组。与B2C商务相比，B2B商务涉及的关系要复杂得多。用建筑上的事情作比，B2C商务像是等待一所房子完工之后买下它，而B2B商务则更像从事一个庞大的建筑项目，需要在专业工作者之间协调多项流程。我们把这样的工作称为“协同”，它面临的障碍很多，但也蕴藏着重大的机会。

第四阶段的任务是在第三阶段的基础上提供对各种商务流程的支持，创造一个虚拟的商业链，即协同式商务阶级。协同式商务意味着企业员工、合作伙伴和顾客的一种动态合作。他们通过互动交流，在虚拟社区中找到节约成本、创造价值和解决业务问题的方法。协同式商务是需求链与供应链之间复杂工作流的一种更为完整的反映。

电子商务已经完成了它最初的扫盲任务，它在早期的经验和教训给后来的发展留下了宝贵的财富。进入21世纪后，经济泡沫逐渐被撇去，电子商务到了真正务实的阶段，它迎来的春天不再靠狂热的炒作，而是靠脚踏实地的电子商务业务拓展。

四、电子商务的代次划分

1. 第一代电子商务

使用电报、电话传递商务信息是最早期的电子商务，这一代电子商务的特点是：原来手工填写的文件和单据由电子机械设备打印，车船邮寄纸面文书改由电子通信设备传递，这些电子技术的应用节约了信息处理时间，减轻了劳动强度，方便了交易过程。

2. 第二代电子商务

计算机刚刚被用于数据处理时，手工录入数据的工作量很大。使用计算机处理各类商务文件时,输入到一台计算机中的数据,有70%是来源于另一台计算机输出的数据。过多的重复录入影响了工作效率的提高和数据的准确性,于是第二代电子商务——EDI应运而生。这一代电子商务的特点是:数据处理过程中大大减少了人工干预,原始数据不再重复输入,被称为"无纸化贸易"。

3. 第三代电子商务

真正使电子商务实现飞跃的是互联网的高速发展,1991年美国政府宣布互联网向社会公众开放,允许在网上开发商业应用系统,商业贸易活动正式进入到这个王国。1993年WWW(World Wide Web)技术在互联网上出现,使互联网具备了支持电子邮件接收与发送、信息浏览查询及多媒体应用的功能,也使得网上的商业贸易活动变得异常活跃,到1995年互联网上的商业业务信息量首次超过了科教业务信息量。这既是互联网此后产生爆炸性发展的开端,又是第三代电子商务出现的标志。

上述划分方法是从电子商务宏观发展的时间角度观察的,如果把互联网应用当作现代电子商务的开端,也可以把电子商务十几年来的历史从模式的角度划分为三个阶段。

第一阶段,电子商务以信息发布为主要内容,采用单一的信息平台。

第二阶段,电子商务利用信息技术改造行业核心业务,注重盈利模式,从信息流的层面向业务流、物流、资金流、商品流渗透并完美融合。

第三阶段,以移动电子商务为主要趋势,结合现代通信技术发展和Web 2.0网络技术的应用,实现全面的电子商务功能。

小贴士

随着智能手机的普及和应用,手机购物已经由单一的WAP转换为单个的客户端模式,使手机购物实现便捷、有效的移动营销。手机网购和计算机网购一起,无疑可以更广阔地覆盖用户潜在的购物时间,让人们可以随时随地更便捷地利用电子商务,不浪费人们可能随时随地产生的消费冲动。但这不等于手机网购轻易便会获得成功,因为用户需求的开发和使用习惯的培养是要花费时间和精力的,但一旦用户习惯了这种方式,那么其蕴含的巨大潜力,足以成为电子商务的另一个杀手级应用。

目前手机购物最实用的手机客户端就是掌店,它主要集结了苏宁易购、当当网、淘宝网、HM-GAP手拍网等几十家知名电商,涵盖了各商品品类,为手机用户提供完整的服务体系。

第二节 电子商务的概念和定义

一、电子商务的概念

电子商务是运用现代通信技术、计算机和网络技术进行的一种新的社会经济形态。

1. 计算机网络是电子商务的技术基础

网络是人类社会劳动、生活、学习的新工具,它通过影响人类通信与交往方式,间接地对传统经济领域的生产、交换、分配和消费方式产生影响，直到渗透、改造、重塑传统经济的运行模式，以及社会经济价值标准与增值方式。电子商务的实质应该是一套完整的网络商务经营及管理信息系统，具体说它是利用现有的计算机硬件设备、软件和网络基础设施，通过一定协议连接起来的电子网络环境进行各种各样商务活动方式。

2. 电子商务可以分成两个层次

从贸易活动的角度分析，电子商务可以在多个环节实现，由此也可以将电子商务分为两个层次，较低层次的电子商务是电子商情、电子贸易、电子合同等；最完整的也是最高级的电子商务应该是利用互联网进行的全部贸易活动，即在网上将信息流、资金流和部分的物流完整地实现，也就是说，从寻找客户开始，一直到洽谈、订货、在线付(收)款、开具电子发票直到电子报关、电子纳税等均通过互联网一气呵成。

要实现完整的电子商务还会涉及很多方面，除了买家、卖家外，还要有银行或金融机构、政府机构、认证机构、配送中心等机构的加入。

3. 电子商务的表述

通俗地说，电子商务就是在网上从事的交易活动。但是从科学的角度上分析，电子商务是由电子和商务这两个概念组成的。商务是行为，就是人们的交易活动，在市场经济中，交易是有偿的，是在分工的基础上，不同劳动的等价交换。电子是技术，是实现行为的手段。“电子”+“商务”，就是用电子手段从事的商务活动。

在英文中，常常以 EC(Electronic Commerce)或 EB(Electronic Business)表示。EB 和 EC 将电子商务分为广义和狭义两种，狭义的电子商务 EC 指电子交易，侧重以网络营销为中心的交易行为；广义的电子商务 EB 则是包括电子交易在内的利用网络进行的全部商务活动，它还涵盖了企业内部的生产、管理、营销、财务，以及企业间的商务活动等。

电子商务并非是一个单纯的技术概念，也不仅仅是一个单纯的商业概念，而是两者的有机结合。在电子商务运作过程中，传统的商业运作方式(如数据和资料的传递及存储等)被电子方式所替代，而这种技术上的创新，正是为了给企业开辟更为广阔的商务活动空间。

二、电子商务的定义

到目前为止，对于电子商务还没有一个统一的说法。上至世界各大知名 IT 厂商、政府高级官员，下至各个网络服务商、普通百姓，都在自己理解的范围内，最大限度地使用着电子商务这个时髦的名词。

1. 电子商务尚无明确公认的定义

给电子商务下一个严谨而明确的定义并不容易。这是因为：电子商务的历史太短了，人们还不能从实践中总结出它的所有规律；电子商务发展太快了，我们对它的认识往往落在不可预料的现象之后；电子商务的变化太大了，不同的理解和看法中的巨大反差来不及调和；电子商务太新了，传统学说中可供借鉴的理论依据不多。在电子商务中，我们经常面对的许多东西,没有经典,没有权威,没有结论。

当然,电子商务和其他科学一样,有它自身的内在规律,只是人们从不同的环境和角度出发,给予了不尽相同的体会和解释。

2. 电子商务一些有代表性的定义

目前各种组织、政府、公司、学术团体依据自己的理解和需要来给电子商务下定义,下面是一些有代表性的定义。

定义1:电子商务是通过电子方式,并在网络基础上实现物资、人员过程的协调,以实现商业交换活动。

定义2:电子商务是数据(资料)电子装配线的横向集成。

定义3:电子商务是由互联网创造的计算机空间超越时间和空间的制约,以极快的速度实现电子式商品交换。

定义4:电子商务是在计算机与通信网络的基础上,利用电子工具实现商业交换和行政作业的全部过程。

定义5:电子商务是一组电子工具在商务中的应用,这些工具包括电子数据交换、电子邮件、电子公告系统、条码、图像处理、智能卡等。

定义6:《中国电子商务蓝皮书:2001年度》认为,电子商务指通过互联网完成的商务交易。交易的内容可分为商品交易和服务交易,交易是指货币和商品的易位,交易要有信息流、资金流和物流的支持。

定义7:加拿大电子商务协会认为电子商务是通过数字通信进行商品和服务的买卖以及资金的转账,它还包括公司间和公司内利用E-mail、EDI、文件传输、传真、电视会议、远程计算机联网所能实现的全部功能。

定义8:美国政府在其《全球电子商务纲要》中比较笼统地指出:“电子商务是指通过互联网进行的各项商务活动,包括广告、交易、支付、服务等活动,全球电子商务将会涉及全球各国”。

定义9:欧洲经济委员会则认为电子商务是各参与方之间以电子方式而不是以物理交换或直接物理接触方式完成任何形式的业务交易。

定义10:世界贸易组织认为,电子商务是通过电子方式进行货物和服务的生产、销售、买卖和传递。

定义11:IBM提出了一个电子商务的定义公式,即电子商务=Web+IT,它所强调的是在网络计算机环境下的商业化应用。

定义12:惠普提出电子商务以现代扩展企业为信息技术基础结构,电子商务是跨时域、跨地域的电子化世界。

不难看出,这些定义是人们从不同角度各抒己见。上述对于电子商务的定义虽然差别很大,但总的来说,都强调两点,一是活动要有商业背景,二是网络化和数字化。电子商务是实践性很强的科学,对它的认识只能随实践的发展不断深化,其概念和定义最后也要在实践过程中达到统一。其实,通俗地说,电子商务,就是在网上做买卖,电子商务就是商务活动的电子化，商务是核心，电子是实现的手段。

小贴士

电子现金

电子现金(Electronic Cash)其实是一种用电子形式模拟现金的技术。电子现金系统企图在多方面为在线交易复制现金的特性：方便、费用低(或者没有交易费用)、不记名以及其他性质。但不是所有的电子现金系统都满足这些特点，多数电子现金系统都能为小额在线交易提供快捷与方便。

旅游电子商务

旅游电子商务是指以网络为主体，以旅游信息库、电子化商务银行为基础，利用最先进的电子手段运作旅游业及其分销系统的商务体系。旅游电子商务就为广大旅游业同行提供了一个互联网的平台。

PPG模式

PPG的核心商业模式是通过将现代电子商务模式与传统零售业进行创新性融合。PPG将现代化网络电子商务模式与传统零售业进行创新性融合，以区别于传统的渠道分销模式，采用更优化的直效营销方式，辅助以卓越的供应链管理体系，在统一的品牌战略管理理念下，呈现一种全新的高效商业管理模式。

第三节　电子商务涉及的范围和应用形式

一、电子商务涉及的范围

电子商务是一项社会系统工程，这项系统工程至少涉及以下范围。

1. 计算机设备制造业

企业需要性能优良的网络服务器、路由器、大容量的数据存储器和其他相关的计算机外设，消费者同样必须有方便实用的网络终端设备，这些都与计算机制造业的发展水平密切相关。

2. 电子商务应用软件开发

电子商务的不同应用需要各自的软件平台，操作系统、办公自动化、购销前后台管理、数据仓库、企业资源计划、电子支付、物流配送、安全保证等系统的开发是IT行业今后的主要任务之一。

3. 信息高速公路的建设

网络是电子商务的传媒和载体，没有全社会高速通信网络做支持，孤立的电子设备不能高效地运行，电子商务的优势得不到充分发挥，所以国家通信设施的建设是电子商务发展不可缺少的基础。

4. 网络服务商

绝大多数电子商务的参与者(企业和消费者)都没有必要也不可能直接和互联网相连,网络服务商的主要职能不是直接参与交易,而是通过接入服务使电子商务实现应有的价值。

5. 金融服务业

银行或结算中心在电子商务的购销活动中担负重要的中介角色,商品交换离不开资金运转,缺乏完备的网上支付系统不可能是彻底的电子商务,网络银行是金融电子化的发展结果。

6. 实物商品配送服务体系

从生产、流通到消费的每个环节,都伴随着大量的物流,若没有用电子技术装备的、专业化、社会化的商品配送服务体系,电子商务特别是网上购物只能是一种网上的信息交流和商品展示,无法最终实现从生产到消费领域的物质转移。

7. 标准和法律环境建设

电子商务是运行在虚拟环境中的,它的风险比传统商务风险大,涉及身份认证、数字签名、电子发票、电子合同的法律地位和效力问题。此外,还关系到信息安全问题、隐私权、知识产权保护问题、交易程式规范等问题,需要统一的技术标准和法律准则。

8. 政府管理部门

工商、税务、行业管理、技术监督等一系列的行政措施和经济手段是维护电子商务秩序、保护国家和人民利益、促进电子商务健康发展的条件。

此外,电子商务的发展也对我国的教育内容和形式、企业员工的培训、传播媒体、网络文化发生了重大的影响。

二、电子商务的应用形式

电子商务的应用领域和表现形式是随着电子商务技术的不断完善和人们对市场的不断开发逐步扩展的,经过10多年的发展,不但进入人们熟知的传统流通领域,而且利用自身的特点创造了很多在传统生活和经营中无法企及的新的应用项目。目前具体的应用形式大体上有以下几种。

- 企业的网上采购业务:利用网络的订货,洽谈等。
- 消费者网上购物活动:各种各样的网上商城、网上超市等。
- 网上售后服务:商品的使用指导,维护咨询等。
- 网上支付结算:利用电子货币进行转账、付款等。
- 网络证券股票交易:在网上了解行情和进行证券的买卖。
- 网上保险:及时获得保险公司的信息和得到保险服务。
- 各种类型的网络银行:为企业和个人提供的理财服务。
- 信息服务:如各种有偿的网络信息传递、查询、检索服务。

- 网上订票：各种有形证券的预定和电子票证的购买。
- 旅游业网络应用：旅店、交通的订票、导游等服务。
- 网络远程教学：形形色色的网校教学、课程购买以及交互教学。
- 网上求职：利用一些专业网站进行个人谋职的查询和登记。
- 网上招聘：企业网上发布岗位信息，从网络信息中选择人才。
- 电子出版物：电子书籍、报刊、电子图书馆。
- 网上娱乐：网上互动游戏、智力活动、影视节目。
- 电子商务的网络服务：如提供网络空间、软件平台等。

随着科技进步、经济发展、人文需求的变化，电子商务的应用领域也在不断地拓展中，各种各样的新形式将不断出现在人们的视野中。

小贴士

“眼球经济”淡出

随着人们对电子商务理解的加深和社会的适应，正在创造出更多的形式，在更多的领域开发电子商务的应用。随着电子商务交易平台的成熟，在网络问世的初期以赚取注意力为主的“眼球经济”，渐渐变成了经营载体和赢利的手段。“眼球经济”被逐渐淡化，而“赢利模式”成了人们关注的焦点。

第四节　电子商务的特征和对经济的影响

一、电子商务的主要特征

电子商务是互联网爆炸式发展的直接产物，是网络技术应用的全新发展方向。互联网本身所具有的开放性、全球性、低成本、高效率的特点，也成为电子商务的内在特征，并使得电子商务大大超越了作为一种新的贸易形式所具有的价值，它不仅会改变企业本身的生产、经营、管理活动，而且将影响到整个社会的经济运行与结构。

① 电子商务将传统的商务流程电子化、数字化，一方面以电子流代替了实物流，可以大量减少人力、物力，降低了成本；另一方面突破了时间和空间的限制，使得交易活动可以在任何时间、任何地点进行，从而大大提高了效率。

② 电子商务所具有的开放性和全球性的特点，为企业创造了更多的贸易机会。

③ 电子商务使企业可以以相近的成本进入全球电子化市场，使得中小企业有可能拥有和大企业一样的信息资源，提高了中小企业的竞争能力。

④ 电子商务重新定义了传统的流通模式，减少了中间环节，使得生产者和消费者的直接交易成为可能，从而在一定程度上改变了整个社会经济运行的方式。

⑤ 电子商务一方面破除了时空的壁垒，另一方面又提供了丰富的信息资源，为各种社会经济要素的重新组合提供了更多的可能，这将影响到社会的经济布局和结构。

二、电子商务对经济的影响

1. 贸易范围广泛

电子商务利用互联网能使企业的客户市场遍及全球每一个角落,而不管企业是一家大公司还是一家小公司。它为人们提供了不受地域限制的最直接、最广泛的贸易联系,由于网上的顾客几乎是无限的,可以说电子商务使每一家公司都蕴涵着无限商机。

2. 提供优良服务

电子商务通过网络为各种消费需求提供广泛的选择余地,可以使客户足不出户便能进行多家比较,节省购物时间,购买到满意的商品。

一方面,电子商务使顾客的主动性增强。由于网络空间聚集着无数的企业站点,这使得顾客有绝对充裕的选择自由,再加上从网上获取信息或服务的便捷性,电子商务在顾客与企业的天平上首次向顾客倾斜,整个社会生产将由顾客驱动。客户可以通过网络传递自己的消费需求,定购自己喜欢的产品,厂商则可以很快地了解市场,避免生产和经营上的盲目性。

另一方面,电子商务也赋予了企业获取消费者需求的便捷渠道。由于传统营销渠道对市场反应迟缓,使企业很少能照顾到消费者的个别需要,而电子商务营销中,企业可以借助互联网,迅速获得关于产品和广告的反馈信息,从而更加容易地对消费者行为方式和偏好进行跟踪,为每一位客户提供不同的商品和服务。

3. 低成本运行

电子商务使企业有可能大幅降低运营成本。企业通过网络进行销售,不需要建造豪华的营业场所,也无须招聘大量员工,从而降低企业投资。尤其是按订单生产的直销模式能减少销售环节,降低库存量,避免了经营盲目性,使销售的风险成本降低。

电子商务的发展使流通中现金的需求减少,资金直接通过网络在银行内部账户上划拨,大大加快了资金周转速度。电子商务能最大限度地减少中间环节,消费者可以通过网络直接从厂家定购产品,有些数字化产品还可以通过网络传递。

三、电子商务对传统商务的影响

(一)电子商务将影响传统的营销观念

1. 速度要求更快

在网络市场上从事营销活动的速度,首先表现在产品的更新换代上;其次表现在商业网站内容更新的速度上,没有内容更新的网站,很快就会被顾客抛弃。第三表现在信息查询的速度上,主页调出缓慢、检索功能不畅的网站,都不可能受到顾客的青睐。

2. 信用要求更高

信用程度的高低是关系到企业生死存亡的大问题。没有信用的企业,很难在网络上长久地把生意做下去。因为网络上的企业、产品太多,人们有了更多选择,消费者很容易将自己的评价在网上扩散,从而影响企业信誉度。

3. 服务要求更好

电子邮件使商家与客户之间的沟通快捷、准确，能够及时反映客户的意见，及时回复客户的电子邮件，满足客户的合理要求，提供优质的售后服务，努力改善与客户的关系，是每个厂商必须树立的电子营销新观念。

4. 营销策略从传统的4PS模式向4CS模式转变

网络营销的特点要求企业将传统被动了解市场及制定营销策略的4PS(产品、价格、渠道和促销)模式，改为以顾客为中心的4CS(客户、成本、方便和沟通)模式，即产品开发必须以顾客需求为前提，产品的定价以顾客能接受为准，对分销渠道的设置以方便顾客为准，改变传统的推式促销为拉式沟通策略。

（二）电子商务将改变商务活动的方式

传统商业把生产者与消费者在时间和空间上分割开来，充当生产者与消费者的中介。生产者生产的产品需要通过商场的沟通才能到达消费者手中，商场是信息流、物流汇集的中枢，离开了传统商业作中介，生产和消费就会既不方便又缺乏效率。

电子商务使商场存在的最主要理由动摇了，厂家在自己的网页上展示产品的形象，提供产品的信息，不需要商家在中间传递信息和销售商品，而消费者也不必要花费大量的时间去逛商场，可以在网络上挑选出自己喜欢的商品，登记自己的个人信息，厂家按照客户的信息送货即可以完成整个交易。

（三）电子商务将改变商务活动的流程

网上购物使一部分商品的流通不再按照原来的产业和行业分工进行，也不再遵循传统商品的购进、储存、运销的业务流程运转。网上销售不但使产业间、行业间的分工模糊化，“产销合一”、“批零一体”的销售模式大量出现。

随着“凭订单采购”、“零库存运营”、“直接委托送货”等新的业务方式使服务于网络销售的新兴中介机构产生，行业内部的专业分工进一步深化。

（四）电子商务将改变商业利润的来源

传统商业是通过商品的供销差价赚取利润，而网上商业把这种差价缩减到零(即“零利润销售”的概念)，商业利润的主要来源不再是从商品的差价中获取，而是来自于网上广告、服务、赞助商等新的渠道。

四、电子商务对流通领域发展的作用

电子商务的出现，促使网络市场成为新的经济体系的核心，政府、企业、消费者通过网络市场相互联系并相互作用，对流通领域的经济行为产生分化和重构作用。

1. 分化作用

① 商品和服务的信息流将脱离传统市场而在网络上出现和流通。这是因为信息在网上流通成本低于其在传统市场的流通成本，信息在网上流通速度快于其在传统市场的流通速度，信息在网上的流通覆盖面大于其在传统市场的流通覆盖面。

② 信息商品的生产、流通与消费都转移到网上,从而信息商品的生产企业、信息商品的消费者、用于信息商品流通的市场都脱离实体经济而进入网络市场。

③ 资金流越来越脱离传统市场而倚重网络进行流通。随着技术的发展和安全性的加强,出现了电子货币。于是传统货币将被淘汰,资金流将完全脱离传统市场而只在网上流通,实体经济将不存在资金流。

2. 重构作用

(1) 流通企业业务流程重构。由于信息流上网及信息商品的生产、流通和消费网络化,大大降低信息成本,信息成为首要资源并渗透到业务的各个环节,从而改变业务流程。

(2) 市场流通方式重构。由于信息流、资金流从传统市场中剥离出来,传统市场的作用降低、功能减少,批发、零售的地位下降,而物流配送拥有广阔的发展前景。

五、电子商务对中小企业的影响

电子商务对中小企业发展带来的巨大作用和商机日益显示。

(一) 中小企业实施电子商务的优势

1. 决策管理上的优势

中小企业规模较小,其所有者本身就是管理者,因此,中小企业内部信息沟通渠道比较畅通,企业的管理者容易把握市场变化的信息,并迅速做出决策。

2. 组织上的优势

中小企业规模小,员工少,便于统一思想,不会出现类似有些大企业的员工害怕企业应用电子商务可能会损害自己的利益而对电子商务有抵触情绪。另外,中小企业由于规模较小的原因,相对于大企业更容易在企业内部形成“学习型组织”,使企业内部弥漫着学习气氛,企业每个成员都自觉学习新技术、新商务模式并且在实际工作中加以运用,最终使得电子商务自上而下为企业所有成员所接受。

3. 机制上的优势

和大企业相比较,中小企业的经营机制更为灵活,对新鲜事物接受更快。一项新技术的应用,更容易在中小企业内部推广,这也是中小企业充满活力的重要原因。电子商务作为一项崭新的商务模式,可以拓展企业的经营空间、改进企业的服务水平、提高企业的经营管理水平。

4. 创新上的优势

相对于大企业来说,中小企业在创新上的优势更加明显。因为中小企业规模小,抗御风险能力较差,必须不断地创新才能在市场竞争中生存。中小企业应充分发挥自己的专长,创造自己独特的核心竞争力,从而把自己规模上的劣势转化为创新上的优势。

在工业经济时代,中小企业和大企业相比,明显存在着先天不足。比如市场狭窄、信息不灵、人才奇缺和资金匮乏等。然而,随着网络时代的到来,这些缺陷将在很大程度上得到弥补，互联网时代的电子商务给中小企业带来新机遇。互联网能使中小企业得以与大企业平等地在同一起跑线上竞技。

（二）电子商务给中小企业创造了新的机遇

1. 扩大市场，获得新的商业机会

互联网延伸到哪里，市场就能扩展到那里。利用互联网做生意，中小企业凭借便捷而廉价的网络信息服务，可以频繁地接触国内外的潜在客户，向他们介绍自己的产品、服务和企业文化，及时地答复客户的咨询，从而发现更多的潜在目标顾客群，获得新的商业机会。

2. 共享信息，实现公平竞争

由于信息的共享，互联网为中小企业赢得了与大企业相抗衡的可能性。比如本行业的发展趋势、各个竞争企业的产品特征与竞争战略、产品的最新市场需求动态、各个国家或地区新的政策法律等。这样，中小企业能够更加及时地了解全行业的竞争态势，从而进行正确的企业战略调整定位和战术决策。所以说，互联网为中小企业提供了和大型企业集团及跨国公司相对平等的竞争机会，使行业竞争更加透明和公正。

3. 降低成本，提高产品竞争力

资金缺乏是制约中小企业发展的重要因素，如果中小企业充分利用互联网与客户进行联络、了解和洽谈业务，可以减少许多中间环节，降低中间费用，使企业既能向原料产地直接采购原材料，又能将产品直接销售给用户，从而极大地降低了营销成本和采购成本，赢得更多的利润。

电子商务也为企业提供了一种“零库存”的理想模式，这种零库存模式为企业节省大笔的材料费、仓储费和管理费，加速了资金的流转，非常利于中小企业的发展。

（三）电子商务提高中小企业竞争力

大型企业发展最重要的是战略和组织，而中小企业各自为战的比较多，难以形成规模效应，也就造成了在供应链上保持与供应商、销售商、合作伙伴、客户的密切协作有一定的难度。在传统的经营方式下，绝大多数中小企业普遍存在着市场信息不灵的现象，这已成为中小企业发展的障碍。

电子商务的应用，为中小企业及时获取各种信息、拓展新的经营领域、寻求新的发展机会提供了有利条件。随着市场需求多元化和个性化的发展，信息化水平的高低已成为企业在竞争中能否取胜的关键。电子商务的应用使中小企业与大企业获取信息的机会处在了同一起跑线上。通过互联网，中小企业可以更快地获取竞争对手有价值的信息，使自己处于更有力的地位，在很大程度上提高了中小企业的竞争力。

小贴士

从 4PS 到 4CS 营销理论的变化

- Customer（顾客）主要指顾客的需求，用以取代 4P 中对应的 Product（产品）。

- Cost(成本)包括了生产成本和顾客购买成本,用以取代4P中对应的Price(价格)。
- Convenience(便利)为顾客提供购物和使用便利,取代4P中对应的Place(渠道)。
- Communication(沟通),用以取代4P中对应的Promotion(促销)。

第五节 电子商务的类型和模式

从贸易活动角度分析,电子商务可以在多个环节实现,由此也可以将电子商务分为两个层次,较低层次的电子商务如电子商情、电子贸易、电子合同等;最完整的也是最高级的电子商务应该是利用Internet网络能够进行全部的贸易活动,即在网上将信息流、资金流和部分物流完整地实现,也就是说你可以从寻找客户开始,一直到洽谈、订货、在线付(收)款、开具电子发票以至到电子报关、电子纳税等通过互联网一气呵成。

一、电子商务的类型

电子商务可以分为如下类型。

(一)按商业活动运作方式分类

按商业活动运作方式可分为两类,即完全电子商务和不完全电子商务。

1. 完全电子商务

完全电子商务指可以完全通过电子商务方式实现和完成整个交易过程的交易。

2. 不完全电子商务

不完全电子商务指无法完全依靠电子商务方式实现和完成完整交易过程的交易,它需要依靠一些外部要素,如网上完成信息沟通,网下实现支付和配送。

(二)按交易对象分类

按电子商务交易对象可分为五类,即企业对消费者、企业对企业、企业对政府机构、消费者对政府机构、消费者对消费者的电子商务。

1. 企业对消费者

企业对消费者(也称商家对个人客户或商业机构对消费者即B2C)的电子商务,商业机构对消费者的电子商务基本等同于电子零售商业。目前,互联网上已遍布各种类型的商业中心,提供各种商品和服务。

2. 企业对企业

企业对企业的电子商务(也称B2B,商业机构对商业机构),是指商业机构(或企业与公司)使用互联网或各种商务网络,向供应商(企业或公司)订货和付款。

B2B电子商务发展最快,特别是通过增值网络上运行的电子数据交换(EDI),使企业对企业的电子商务得到了迅速扩大和推广,公司之间可以使用网络进行订货和接受订货、合同等单证和付款。

3. 企业对政府机构

企业对政府机构的电子商务，也称 B2G。在企业与政府机构方面的电子商务，可以覆盖公司与政府组织间的许多事务。1999 年以来我国地方政府已经推行网上采购，政府也成为电子商务的交易对象。

4. 消费者对政府机构

消费者对政府机构的电子商务，也称 C2G，它是指政府通过互联网向社会纳税人提供的各种服务。例如，福利费发放和个人报税等。

5. 消费者对消费者

消费者对消费者的电子商务，也称 C2C，主要是一些拍卖网站和二手货市场。

（三）按交易范围分类

按开展电子交易的信息网络范围，可分为三类，即本地电子商务、远程国内电子商务和全球电子商务。

1. 本地电子商务

本地电子商务通常是指利用本城市内或本地区内的信息网络实现的电子商务活动，电子交易的地域范围较小。本地电子商务系统是开展远程国内电子商务和全球电子商务的基础系统。

2. 远程国内电子商务

远程国内电子商务是指在本国范围内进行的网上电子交易活动，其交易的地域范围较大，对软硬件和技术要求较高，要求在全国范围内实现信息沟通、资金跨区支付和商品异地配送，交易各方须具备一定的电子商务知识、经济能力和技术能力，并具有一定的管理水平和能力等。

3. 全球电子商务

全球电子商务是指在全世界范围内进行的电子交易活动，参加电子交易各方通过网络进行贸易，涉及有关交易各方的相关系统，如进出口公司系统、海关系统、银行金融系统、税务系统、运输系统、保险系统等。

由于全球电子商务业务内容繁杂、数据来往频繁，因此就要求电子商务系统严格、准确、安全、可靠，并按照国际惯例和一些世界统一标准运作。

（四）按照使用网络的类型分类

根据使用网络类型的不同，电子商务目前主要有三种形式。

1. EDI

EDI 主要应用于企业与企业、企业与批发商、批发商与零售商之间的批发业务。相对于传统的订货和付款方式，传统贸易所使用的各种单据票证全部由计算机网络的数据交换所取代。

2. 互联网

互联网商业是国际现代商业的最新形式。它以计算机、通信、多媒体、数据库技术为基础，通过互联网实现营销、购物服务，突破了传统商业生产、批发，零售及进、销、存、调的流转程序与营销模式，真正实现了少投入、低成本、零库存、高效率、避免了商品的无效搬运，从而实现了社会资源的高效运转和最大节余。消费者可以不受时间、空间、厂商的限制，广泛浏览，充分比较，方便使用，以最低的价格获得最为满意的商品和服务。

3. 局域网

商务活动通过内联网（局域网）在企业内部进行。

二、电子商务的主要模式

目前企业的电子商务模式，主要有四种。

1. 在线商店模式

在线商店模式指的是企业在网上开设虚拟商店，以此网址宣传和展示所经营的产品和服务，进而提供网上交易的便利。

2. 内联网模式

内联网模式指的是企业将内联网络有限度地对商业伙伴开放，允许已有的或潜在的商业伙伴有条件地通过互联网进入自己的内部计算机网络，从而最大限度地实现商业信息传输和处理的自动化。

3. 中介模式

中介模式指的是一家中介机构在网上将销售商或采购商汇集一起，企业的采购代表从中介机构的网站上就可查询销售商或其销售的产品。多数中介机构通过向客户提供会员资格收取费用，也有中介机构向销售商收取月租费或按每笔交易收费。

4. 专业服务模式

专业服务模式指的是网上机构通过标准化的网上服务为企业内部管理提供专业化的解决方案，使企业能够减少不必要的开支，降低运营成本或提高客户对企业的信任度。

小贴士

“B2B2C”前景

所谓的“B2B2C”，其中第一个“B”是供应商，第二个“B”是平台，“C”是客户。

随着电子商务市场竞争的“云谲波诡”，每天都有电子商务网站想打造出全新的运营模式，以突破单纯的 B2B、B2C、C2C 模式，走出阿里巴巴、淘宝、京东、拍拍、卓越此类电子商务巨头的覆盖市场，一夜之间跻身网络巨头行列。

在这些新模式中，由于应用概率较大，所以最值得一提的就是 B2B2C 电子商务模式。早在几年前，马云就曾预言：“各种电子商务形态在未来都将融合，结合在一个大平台上运行，打通 B2B 和 C2C 平台之后，一种全新的 B2B2C 网络交易模式将会产生。”

融合了“阿里巴巴”和“淘宝网”的全新 B2B2C 模式不存在物流、配送和库存等瓶颈。中国的电子商务发展并不成熟，还存在多种缺陷，导致网站经营者不能准确预测社会对商品的需求，实际生活中的配送物流体系同样处于起步尝试阶段。而全新 B2B2C 模式正适应了中国电子商务的发展环境，使“阿里巴巴”巧妙避开了由于商品积压、配送、物流体系建立不完善而产生的风险。

全新 B2B2C 模式不同于传统 B2C 模式，会建立一种多维的供应和需求网络。传统 B2C 交易模式（一对多）提高了商家的生产和营销成本，同时在一定程度上限制了消费者的选择，典型的例子就是“亚马逊”和“当当网”。而全新 B2B2C 模式不仅为生产商赢取更多的订单，而且减少了生产商由于积压和库存而产生的成本，更扩大了消费者购物时的选择范围，使消费者不出家门就能买到自己称心如意的商品。

（案例来源：百度百科）

第六节　电子商务的现状和前景

一、我国电子商务的现状

和经济发达的国家相比，我国的电子商务起步较晚，但是发展速度是始料不及的。

从“十五”规划开始，我国提出要以信息化带动工业化，发挥后发优势，实现社会生产力的跨越式发展，使我国信息产业成为带动经济增长、结构升级的支柱产业和增加综合国力的战略性产业。

根据国家“十一五”规划，国家发展改革委国务院信息办还专门制定了《电子商务发展“十一五”规划》，重点推进大型商业企业电子商务的应用，启动了一批试点工程，出台了一些促进电子商务发展的有关政策，国家电信、金融、税务等部门做出积极姿态，创造适合电子商务成长的法律法规环境。但是在发展初期由于网站爆炸式增长和无效益经营形成了巨大的反差，加上国际上电子商务寒流的影响，盲目发展的电子商务付出过沉重的代价。

经历了冷静反思和调整，目前我国电子商务正走上健康发展的道路。2001 年我国正式加入 WTO，中国经济融入世界经济的行列，面临和世界各国的竞争，电子商务步入了一轮新的发展阶段。

2012 年，正望咨询公司发布了中国网上购物消费者调查报告。报告显示，2011 年度我国网上购物继续高速发展，全年网购规模达到 8090 亿元，占到了全国社会商品零售总额的 4.4%，网购人数达到 2.12 亿，网上购物在网民中的渗透率提高到 41.5%。受传统服装厂商纷纷发力电子商务的影响，我国服装网购继续高速发展，2011 年中国服装网购市场规模达到 2670 亿元，年同比增长率高于总体网购市场 20.6 个百分点。我国网购市场规模及增长率如图 1-2 所示。

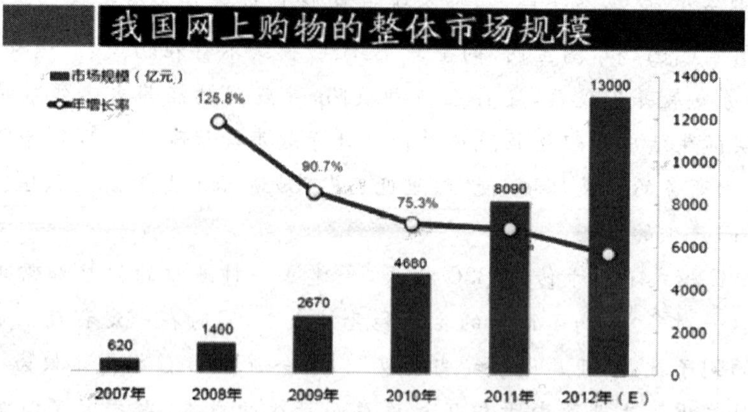

图1-2　我国网购市场规模及增长率

二、电子商务的发展趋势

(一) 电子商务发展方兴未艾

当前,电子商务已经成为一种符合人类进步趋势并得到大家认同的新事物,它将对人类社会进行全方位的改造,在企业竞争、政府部门管理、民众的生活、教育以及娱乐等方面改变着人类相互交往的方式,为人们展示了一个现实的全新的信息世界。

由于电子商务的出现,传统的经营模式和经营理念将发生巨大的变化。电子商务将会创造巨大的效益和机会,会将市场的空间形态、时间形态和虚拟形态结合起来,将物质流、资金流、信息流汇集成开放的、良性循环的环路,使经营者以市场为纽带,在市场上发挥最佳的作用,得到最大的效益。

可以肯定,电子商务的发展会带给我们一个经济更加繁荣的时代,对社会的进步和经济的变革产生深远影响。传统企业已面临一场新的革命,原有的格局有可能重组,生产和流通将出现变革,在变革过程中,有可能打破原有的差距,使大家站在同一起跑线上。尤其是对于发展中的中国商业来说,通过电子商务来实现飞跃确实是难得的机遇,如果抓住了机会就有可能较快地缩短我们与发达国家的距离。

有人曾预测,21世纪的世界经济中心将从欧、美转移到亚洲,但要使这个预测成为现实,互联网及电子商务将成为改变世界经济旧秩序的最大动力。世界正在进入知识经济时代,电子商务已经成为了中国企业在下一世纪超越世界的真正机遇。

(二) 未来我国电子商务的发展态势

1. 纵深化

由于电子商务的基础设施完善,我国传统企业发展电子商务的深度将进一步拓展,个人参与电子商务也会越来越多。图像通信网、多媒体通信网将建成使用,三网合一潮流势不可挡，高速宽带互联网将扮演越来越重要的角色。

2. 个性化

个性化定制信息需求将会强劲，个性化商品的深度参与成为必然。对所有面对个人消费者的电子商务活动来说，提供多样化的服务，是决定成败的关键。

3. 专业化

今后几年内，我国上网人数仍将是以中高收入水平的人群为主，面向消费者的直线型网站和专业化网站前景看好。面向行业的专业电子商务平台发展潜力很大。

4. 国际化

我国电子商务网站和企业，将随着国际电子商务环境的规范和完善逐步走向世界。随着我国加入 WTO，国外电子商务企业开拓我国市场的障碍将逐步消除。

5. 区域化

立足国情采取有重点的区域化战略，是有效扩大网上营销规模和效果的必然途径。由于我国南北差异、东西差距等因素，B2B 电子商务模式的区域性特征将越来越明显。

6. 融合化

电子商务网站在最初的全面开花后，必然走向新的融合，包括同类兼并、互补性兼并和战略联盟协作等。

（三）金融危机对电子商务带来机遇和挑战

目前，由美国次贷危机引发的金融海啸向实体经济蔓延的兆头已慢慢显现，众多中小企业及行业网站，特别是出口加工型和国际贸易型中小企业经营困难或倒闭。外部需求下降及内部投资周期下行的双重压力，会使中国电子商务市场规模受到严重影响。其次，以第三方电子商务交易与服务平台或行业网站为代表的广大电子商务服务运营商，不同程度地面临着市场需求萎缩、融资困难、经营举步维艰的现实困难。许多电子商务运营商纷纷启动“过冬”方案，力求降低经营费用，提高服务水平，创新服务形式。

1. 金融危机为电子商务带来的挑战

首先，对于我国出口加工型和国际贸易型企业而言，欧洲、美国、日本等经济体市场需求萎缩，必定会强化对发展中国家及国内市场的开拓，而电子商务的时空无限性特征是低成本开拓市场的有效途径。

其次，在全球金融风暴背景下，众多企业，特别是中小企业，必定会寻求进一步降低生产经营成本、提高生产经营效率的途径。电子商务是自然优势所在。

第三，我国众多企业陷入生产经营困境，大多数企业会寻求创新产品与服务，依托互联网，通过电子商务，深度挖掘和充分利用相关人才、信息资源、技术是解决问题的重要途径之一。

第四，我国正处于转变经济发展模式的关键时期，大力发展服务业，特别是发展基于互联网、以第三方交易与服务为主流模式的电子商务服务业，优化产业结构，提高国民经济运行效率与质量，是党中央、国务院作出的重大战略举措。未来一个时期，政府将会在财税、融资、产业发展等方面出台一系列促进服务业，特别是以电子商务服务为代表的现代服务业政策措施,进一步推动电子商务发展。

2. 面对挑战抓住机遇发展电子商务

面对电子商务遇到的挑战,广大的电子商务交易与服务运营商或网站经营者、中小企业及相关专家学者应协同努力,共同发展,围绕切实降低中小企业生产经营成本,提高效率,有效开拓国内外新兴市场,深度支持产品与服务创新设计,提高产品与服务技术含量,有效整合产业链、支撑产业链高效运作等方面,着力完善深化电子商务服务应用的服务环境。

对于电子商务而言,金融危机这个冬天不太"冷",反而给其带来了千载难逢的发展机会。由于遭遇金融风暴袭击,许多中小企业既要开源又要节流,经过权衡成本和效果后,电子商务无疑成为他们度过"寒冬"的最佳方案。据介绍,目前我国有1000多万家企业成为或正在成为电子商务的用户,中小企业网络接入率已接近90%。电子商务成为帮助企业走出困境最为可靠的手段之一。

参考案例1

聚美优品

聚美优品(前团美网),是第一家也是中国最大的化妆品限时特卖商城。聚美优品由陈欧、戴雨森和刘辉创立于2010年3月,致力于创造简单、有趣、值得信赖的化妆品购物体验。聚美优品首创"化妆品团购"模式:每天在网站推荐十几款热门化妆品,并以吸引人的折扣低价限量出售;同时承诺"百分百正品",以及"拆封30天无条件退货"。"聚美"二字寓意:聚集美丽,成人之美。

聚美优品其前身为团美网,2010年9月,团美网正式全面启用聚美优品新品牌,并且启用全新顶级域名。聚美优品的宗旨为"聚集美丽,成人之美",致力于为用户提供更优质专业的服务,让变美更简单。聚美优品本质上是一家垂直行业的B2C网站。从最初每日一件限时折扣团购模式到如今每日多件产品限时抢购,在品类管理上主要以推荐明星产品搭配其他产品进行销售。

聚美优品坚持只从品牌厂家、正规代理商、国内外专柜等可信的进货渠道采购商品,并在采购部专门设置自己的质检员。让消费者拥有良好的服务体验,进而取得消费者的信任。从2010年3月成立至今,凭借口碑传播,短短一年半就从月销售额不足10万元发展到当月销售上亿元的规模。至今,聚美优品拥有300万注册用户,占女性化妆品团购市场份额的80%以上,是国内最大的化妆品团购网站,开创了一个以团购模式呈现的电子商务奇迹。在天使投资人徐小平看来,网购化妆品也是近两年刚刚出现的事情,是聚美优品改变了人们购买化妆品的消费习惯。

与常规的团购有所不同,聚美优品的信息发布客户是自己,即自建渠道、仓储和物流,销售化妆品。严格意义上说,它是采取团购形式的垂直类女性化妆品B2C。从创业之初聚美优品的理念就很清晰,就是要做女性化妆品正品折扣网店。聚美优品员工数目超过两百人，其中技术人员大多有留学背景，采购来自红孩子、乐蜂，运维、仓储和客服大部分来自亚马逊。

2012年10月12日，聚美优品发布2012年新版广告。广告由其CEO陈欧主演，广告词如下：

“你只闻到我的香水，却没看到我的汗水；你有你的规则，我有我的选择；你否定我的现在，我决定我的未来；你嘲笑我一无所有不配去爱，我可怜你总是等待；你可以轻视我们的年轻，我们会证明这是谁的时代。梦想，注定是孤独的旅行，路上少不了质疑和嘲笑，但，那又怎样？哪怕遍体鳞伤，也要活得漂亮。我是陈欧，我为自己代言。”

谈到广告词的由来，陈欧自嘲道：“广告词和聚美的创业史有关，算是屌丝的逆袭。”

（案例来源：百度百科）

参考案例2

支付宝简介

支付宝(alipay)最初作为淘宝网公司为了解决网络交易安全所设的一个功能，该功能为首先使用的“第三方担保交易模式”，由买家将货款打到支付宝账户，由支付宝向卖家通知发货，买家收到商品确认后指令支付宝将货款放于卖家，至此完成一笔网络交易。支付宝公司于2010年12月宣布用户数突破5.5亿。2012年2月8日起，支付宝关闭信用卡充值服务，但可继续使用信用卡付款。2012年12月18日，支付宝暂停P2P资金流转合作，不再新签合同。

浙江支付宝网络技术有限公司(原名支付宝(中国)网络技术有限公司)是国内领先的独立第三方支付平台，是由阿里巴巴集团CEO马云先生在2004年12月创立的第三方支付平台，是阿里巴巴集团的关联公司。支付宝致力于为中国电子商务提供“简单、安全、快速”的在线支付解决方案。

浙江支付宝网络技术有限公司从2004年建立开始，始终以“信任”作为产品和服务的核心。不仅从产品上确保用户在线支付的安全，同时让用户通过支付宝在网络间建立起相互的信任，为建立纯净的互联网环境迈出了非常有意义的一步。

支付宝以稳健的作风、先进的技术、敏锐的市场预见能力及极大的社会责任感，赢得了银行等合作伙伴的认同。国内工商银行、农业银行、建设银行、招商银行、中国银行、交通银行等各大商业银行以及中国邮政、VISA国际组织等各大机构均与支付宝建立了深入的战略合作，不断根据客户需求推出创新产品，成为金融机构在电子支付领域最为信任的合作伙伴。2013年4月17日下午，支付宝就支付安全问题召开媒体沟通会，阿里小微金融服务集团共享平台事业群总裁井贤栋在会上称，支付宝账号发生资产损失的概率不到0.001%(即十万分之一)。四川雅安地震的发生，也再次展现了网络慈善的影响力，网络支付平台成了全国网民进行捐款的重要渠道。记者从支付宝获悉，截至4月22日中午，其才上线一天的雅安地震捐赠的平台接收45万网民的捐赠，捐款总额超过2100

万元。

2010年3月14日，支付宝又宣布其用户数正式突破3亿，这是国内第三方支付公司用户数首次达到3亿规模。此前的2009年7月6日，国内最大的独立第三方支付平台支付宝(中国)网络技术有限公司(下称支付宝)宣布其用户数正式突破2亿大关。

数据显示，支付宝用户呈现消费能力旺盛与年轻化的两大特点。2008年支付宝用户人均交易金额同比增加32.6%，此数据远高于国内城镇居民人均消费性支出增速。同时，21～35岁的支付宝用户数占了整体用户的83%，该部分群体具有较高消费能力，乐于尝试新事物，有望带动消费者通过支付宝实现更多应用。

支付宝统计表明，2008年国内一线城市用户数的同比增长达到112.23%，而抽样的23个基层城市用户数增长率更高达227.88%。以地域增长情况来看，湖北省增长势头尤其明显，全年新增会员数为413万人，超过前4年的总量，2008年的用户数增长量是2007年增长量的400%。支付宝认为未来的用户增长将由广大的基层区域带动，这也将从根本上推动电子支付业的发展。

以注册用户地区分布来看，位居前六的省市分别为广东、浙江、江苏、北京、山东、上海。广东以高达1500万的注册用户无可争议地成为支付宝用户最多的省份。

据支付宝公布的最新数据显示，46万家国内独立电子商务企业使用支付宝作为网络支付工具，由此实现了日交易笔数峰值400万笔，日均交易峰值达7亿元的交易规模。而支付宝合作商户也进一步涵盖了包括服装、电子、机械、家居、文化等在内的几乎所有已应用电子商务的产业领域。从统计数据来看，支付宝商户分布排名为：广东、北京、上海、浙江、江苏。按商户交易量来看，则北京市独占鳌头，之后分别为上海、浙江、江苏、广东。

支付宝用户数首次达到1亿是在2008年8月底，从其2003年10月首次在淘宝出现到积累1亿用户，期间用了近5年时间。但从1亿用户增长到2亿用户，支付宝仅仅用了10个月，而从2亿增长到3亿，只用了9个月。

(案例来源：百度百科)

本章小结

电子商务是经济发展和科技进步的结果，代表了先进的生产力。电子商务在发展的过程中经历了起步、膨胀、滑坡和复苏的阶段，曾经产生过泡沫，在我国的应用已经有了长足的发展，涌现出一大批领先的企业，对经济发展、企业经营乃至人们生活发生了深刻影响，正走上健康发展之路。

电子商务可以按照不同标准分成不同的类型，也有不同的应用项目，发展空间很大。在金融危机、经济低迷的环境下，电子商务是企业经营模式的重要选择。

复习思考题

1. 从正反两方面思考20世纪末网络经济泡沫现象及对电子商务发展带来的影响。
2. 电子商务和传统商务相比有哪些特点？对国民经济和社会生活有哪些影响？
3. 从不同角度划分电子商务可以有哪些类型？
4. 目前我国电子商务发展的主要瓶颈是什么？
5. 分析成功的电子商务企业，并归纳其成功的经验。

实践课堂

[实训项目]　电子商务网站浏览

[实训目标]　通过浏览电子商务网站，了解我国电子商务的发展情况，增强对电子商务这个概念的感性认识。

[实训须知]　通过计算机对电子商务网站的浏览是一件轻而易举的事情，平时大家都可以已经有浏览电子商务网站的经历，但是要达到实训的目标，必须按照实训内容，按部就班，才能达到预期目标。

[实训内容及实训过程]

1. 实训内容

(1) 访问搜索引擎(http://www.sogou.com)，通过官方权威数据了解我国互联网的发展状况；

(2) 访问戴尔中国网站(http://www.dell.com.cn/)，了解企业的电子商务开展状况；

(3) 访问拍拍网站(http://www.paipai.com)，了解C2C电子商务模式；

(4) 访问广州市购书中心网站(http://www.gzbookcenter.com)，了解B2C电子商务模式；

(5) 访问阿里巴巴网站(http://www.alibaba.com.cn)，了解B2B电子商务模式。

2. 实训过程

(1) 启动计算机，连接到互联网，打开浏览器(建议使用Windows自带的IE浏览器)，在地址栏输入“http://www.baidu.com”，然后回车，打开百度网页，并输入“第31次中国互联网发展状况统计报告”，如图1-3所示。

(2) 单击“百度一下”按钮，将使用百度搜索引擎搜索相关网页，如图1-4所示。读者随便单击其中一个相关内容即可，由于互联网发展日新月异，读者可以尝试将“31”改为“32”或者“33”或者其他的数字，从而得到最新的关于互联网发展状况的官方权威数据。

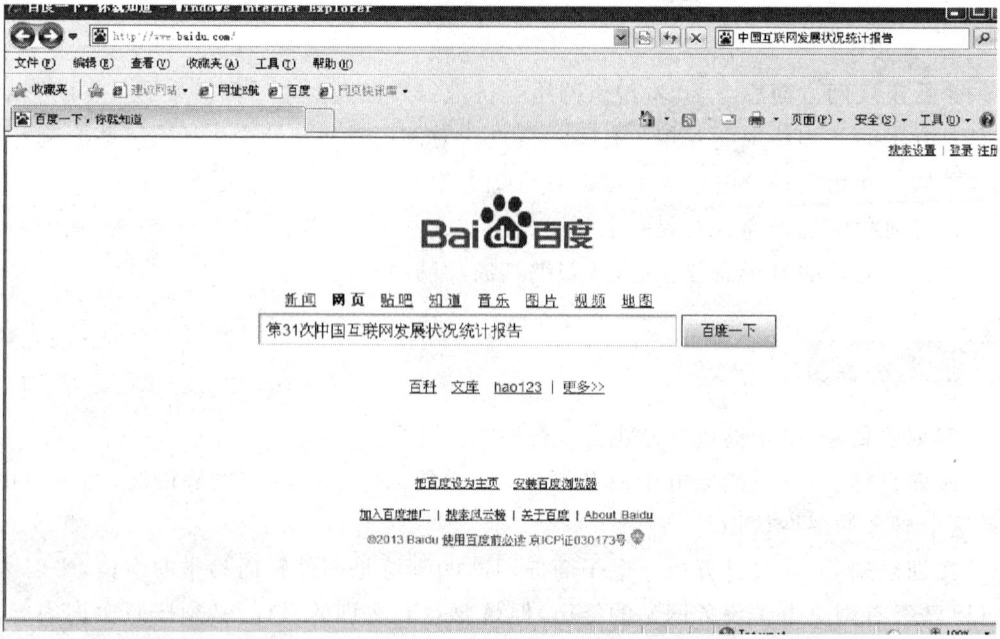

图1-3　百度搜索引擎首页

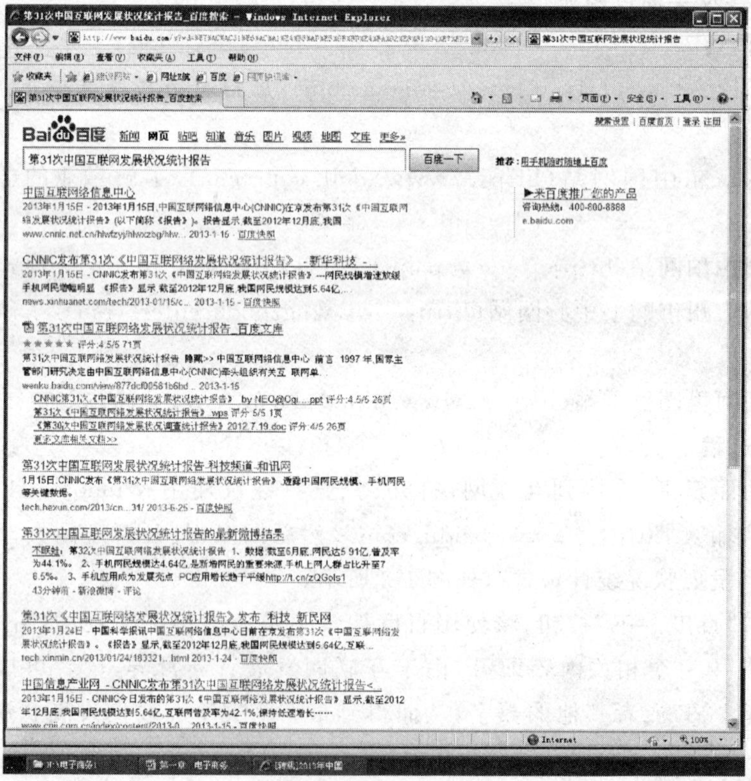

图1-4　搜索"第31次中国互联网发展状况统计报告"结果

(3) 在 IE 地址栏输入“http://www.dell.com.cn”,并单击“转到”按钮,就可以进入“戴尔中国”主页,如图 1-5 所示,单击“最新产品”或“焦点新闻”可以查看相应的介绍。

图 1-5　“戴尔中国”网站主页

(4) 在 IE 地址栏中输入“http://www.paipai.com”,再单击“转到”按钮,就可以进入“拍拍网”主页,如图 1-6 所示。拍拍网是腾讯公司旗下的网站,是典型的 C2C 电子商务网站。

(5) 在 IE 地址栏中输入“http://www.amazon.cn/”,并单击“转到”按钮,就可以进入“亚马逊”主页,如图 1-7 所示。亚马逊是典型的 B2C 电子商务网站。

(6) 在 IE 地址栏中输入“http://www.1688.com/”,并单击“转到”按钮,就可以进入“阿里巴巴中国”主页,如图 1-8 所示。阿里巴巴中国网是典型的 B2B 电子商务网站。

图 1-6　"拍拍"网站主页

图 1-7　"亚马逊"网站主页

图 1-8　“阿里巴巴中国”网站主页

［**实训注意**］　关于企业如何开展电子商务，在实践过程中，很多企业走了很多弯路，但是从中也总结出很多宝贵的经验，希望读者通过本次实训，能对企业开始电子商务的方法有一个总体的认识。

［**实训练习**］

1. 上面介绍到的三个企业电子商务网站，分别属于什么类型？
2. 到互联网查找其他电子商务网站，并说明它们属于什么类型。

第二章

电子商务系统建设

学习目标

1. 了解域名的价值和类型结构，熟悉网页设计的基本要求；
2. 掌握电子商务网站建设的流程。

技能要求

1. 能用电子商务需求标准评价网页，能用流行软件工具设计简单网页；
2. 能对网页进行常用维护。

引导案例

优衣库

众所周知，中国是一个地域辽阔的市场，数十家店铺远远无法满足中国用户的需求。日本迅销公司旗下的优衣库作为国际化的平价时尚休闲品牌，为扩大其在中国市场的占有份额，于2009年4月在中国市场上涉足电子商务，同时上线了中国的官方购物网站和淘宝旗舰店。优衣库在淘宝网开设旗舰店，借助淘宝的品牌与影响力拓展中国业务，同时在淘宝的经验、技术、人员的多重支持下，完善网上零售业务体系。

目前，优衣库每天的网上交易额大约为30万元，相当于其线下业绩最好的实体店的单日销售额。在网络营销方面，优衣库并不是一个初学者。据了解，优衣库在日本已经有10年左右的网上销售经验，目前是日本服装类单一品牌网上销量的第一名，2008年其网络销售额高达为140亿日元。

（一）优衣库品牌介绍

1. 优衣库品牌概述

UNIQLO是日本著名休闲品牌，是排名全球服饰零售业前列的日本迅销（FAST RETAILING）集团旗下的实力核心品牌。它坚持将现代、简约自然、高品质且易于搭配的商品提供给全世界的消费者。而它所倡导的"百搭"理念，也为世人所熟知。

"衣服是配角，穿衣服的人才是主角"。优衣库突出了其以人为本的穿衣理念，即使看似简单的基本款，只要经过精心的搭配也能够展现自我个性。

UNIQLO 的全名是 UNIQUE CLOTHING WAREHOUSE，它的内在涵义是指通过摒弃了不必要装潢装饰的仓库型店铺，采用超市型的自助购物方式，以合理可信的价格提供顾客希望的商品。

公司名称是 FAST RETAILING，这其中包含了很多特别的含义。FAST（迅速）＋RETAILING（零售）体现了如何将顾客的要求迅速商品化、如何迅速提供商品。

2. 优衣库在中国

优衣库即将在我国品牌服装零售业率先推出网购业务，其网络旗舰店已于 2009 年 4 月中旬上线。另外，优衣库已在上海新开 3 家门店，使上海的门店总数达到 11 家；优衣库今年在中国的门店总数将在目前数量上翻一番。

优衣库在中国、东南亚、欧洲等多个地区都有加工点，其中中国的各种加工企业多达几百家。优衣库的商品中有 90％是在中国生产的。

（二）优衣库网络营销分析

1. 优衣库网络营销策略

优衣库将其后台数据、搜索、交易、付款等功能统一共通，均采用淘宝提供的电子商务的底层架构和技术支持，将一切可外包的职能外包，自己掌握最擅长的核心能力，这是优衣库实施电子商务的策略。纵然每天在线交易能超过 5000 单，但是优衣库在中国的电子商务团队却只有 4 个人，包括一个日方的项目经理，以及 3 位中方工作人员，后者负责购物网站的维护更新、和外包的企业进行互动沟通以及商品控制、品牌推广和促销等工作。

除了将互联网交易的底层技术架构外包给淘宝外，优衣库在电子商务运营层面将客户服务外包给一家中方企业，它们承担了淘宝旺旺、呼叫中心、E-mail、客户关系管理等职能，目前有 30 多人的客服团队为优衣库服务；仓储物流外包给一家企业，它们为优衣库的电子商务项目提供专门的仓储物流支持；快递外包给 EMS、宅急送这两家企业。

2. 优衣库网络营销分析

作为 SPA 零售模式的代表性企业之一，优衣库以实体店铺打入中国，并借助淘宝网在中国开展电子商务，争取更广泛的市场，其营销路径清晰，方案可行性高。以下就电子商务企业七大核心要素进行分析，对优衣库进军中国市场的营销现状进行初步的分析以及对其营销的建议。

（1）产品定位。优衣库简单时尚的设计风格和适中的价位，比较适合教育程度较高的城市年轻白领，这与淘宝网用户的上述特性较为接近，因此通过与淘宝网的合作，有利于优衣库精准地锁定目标客户群，在中国开展更加有针对性的网络营销。

建议：我认为，对全国市场的消费者来说，他们对产品的价格、款式、面料会有不同需求。比如冬季外套类产品，北方城市的消费者偏好长款加厚的羽绒服，南方多雨城市的消费者会更多地选择质地轻薄防水性好的面料。因此，建议优衣库适度拓展产品类型，以满足全国各级市场更加多样化的需求。

(2)品牌信用。优衣库的实体店铺较为优良的购物服务已经赢得一定的认可,这为其电子商务的品牌信用搭建了较好的基础。另一方面,和其他品牌淘宝旗舰店一样,优衣库在淘宝网做出"正品保障"、"7天无理由退换货"及"如实描述"的承诺,树立了较好的卖家信用。

建议:由于优衣库在淘宝开店之前,若干淘宝店铺已在出售优衣库的商品,这些商品真假混杂,款型、质量也良莠不齐,这无疑对优衣库的品牌信用造成了一定伤害。因此,通过开设官方网店,对非正规渠道的分销店铺带来一定冲击,从而将规范网上零售渠道。

(3)营销推广。开业期间,优衣库通过在实体店举行大型展示活动、赠送环保袋、购物满200元免运费等活动进行推广。同时,国内媒体对优衣库淘宝开店进行了较大力度的报道。

建议:虽然优衣库淘宝网络旗舰店进行较大力度营销推广,但由于发布平台欠专业,内容多为电子商务营销模式方面的讨论分析,直达消费者的新闻传播数量和力度均不足。因此,优衣库应尝试淘宝站内的淘宝直通车服务,购买淘宝关键词。消费者在淘宝搜索"polo衫"、"牛仔裤"时可以发现优衣库的产品,并逐渐熟悉和认可。此外也可以在通用搜索引擎中购买品牌关键词等扩大品牌知名度和产品检索度。

(4)网站建设(优衣库官网:www.uniqlo.cn/优衣库淘宝旗舰店:www.youyikutaobao.info/)。优衣库的淘宝旗舰店和独立域名的官方网店,均有明显的标识互相连接,一方面尊重并照顾到中国消费者在淘宝购物的各种习惯,另一方面,也借助淘宝的人气推广了官方网站,二者相得益彰。。优衣库天猫官方旗舰店如图2-1所示。

建议:由于网站建设上存在一些细节问题:如官网上随处可见"MEN"、"WOMEN"、"KIDS MAGAZINE"、"GIRLS COLLECTION"等商品说明显然过高地估计了中国大多数消费者的英文水平,不够本土化。因此,我认为优衣库在中国地区的官方网站可以使用全中文或半中文形式。同时,可以借鉴佐丹奴网店的做法,开发试穿和细节放大功能,进一步优化网购体验。

(5)物流配送。目前优衣库网店的运费实行的是差异化定价,按距离远近运费10元到20元不等,加件运费2到10元不等,相比其他品牌网店运费偏高(美特斯邦威运费6到12元不等,无加件运费;佐丹奴全国统一运费10元,无加件运费)。发货速度方面,几家网店淘宝给出的评分均在4.6分左右。

建议:由于美特斯邦威和佐丹奴各地分销商和实体店铺较多,从最接近用户的终端发货,从而可降低成本;但优衣库采用直营模式,无代理商,实体店也有限,运输成本自然高。从用户角度出发,如此显著的运费差别显然会对购买意愿造成影响。因此,我认为优衣库应适度调低运费,并尽可能将在运费方面的损失从增加的销量中得到弥补。

图 2-1　优衣库官方旗舰店

(6) 售后服务。优衣库分商品、配送、售后三块分别进行的阿里旺旺(淘宝购物聊天软件)咨询服务，通过体验发现回复较为及时，并辅以服务打分机制。

建议：由于部分客服人员对业务的了解有限，对回答客户提出的问题有一定的局限性。另外，退货速度也是交流区里网友经常抱怨的问题之一，商品运回、检验、确认退款严重影响到退货速度，相比实体店轻松快捷的退换服务，网店的售后服务亟待加强。因此，优衣库官网以及淘宝网络旗舰店应实行线上线下统一售后服务体系，在网店购买的商品也可以在实体店退货，节省成本，优化用户体验。

(7) 客户关系维系。优衣库在客户激励方面，与实体店铺定价差异并不大，以限时优惠为主推活动，并附以 1∶0.5(售价∶积分)的购物积分服务。同时，优衣库网店提供电子快报服务，通过邮箱向消费者提供各项优惠信息，免去了实体店购物容易错过优惠活动的困扰。

（案例来源：百度文库）

第一节　电子商务系统的构成

从技术角度看，电子商务应用系统由企业内部网、企业外部网(即企业内部网与互联网连接)，以及电子商务应用系统三部分组成。

一、企业内部网

企业内部网是由 Web 服务器、电子邮件服务器、数据库服务器、电子商务服务器和客户端的 PC 机组成的网络系统，所有这些服务器和 PC 机都通过网络设备集线器(HUB)或交换器(SWITCH)连接在一起。Web 服务器最直接的功能是可以为企业内部提供一个 WWW 站点，其功能包括：

- 可以完成企业内部日常的信息访问；
- 邮件服务器为企业内部提供电子邮件的发送和接收；
- 电子商务服务器和数据库服务器通过 Web 服务器对企业内部和外部提供电子商务处理；
- 协作服务器主要保障企业内部某项工作能协同工作。开发人员可以通过协作服务器共同开发一个软件；
- 账户服务器提供企业内部网络访问者的身份验证，不同的身份对各种服务器的访问权限将不同；
- 客户端 PC 机上要安装有互联网浏览器，借此访问 Web 服务器。

在企业内部网中，每种服务器的数量随企业的情况而有所不同。例如，如果企业内访问网络的用户比较多，可以放置一台企业 Web 服务器和几台部门级 Web 服务器；如果企业的电子商务种类比较多样性或者电子商务业务量比较重，可以放置几台电子商务服务器。

二、企业内部网与互联网连接(企业外部网)

为了实现企业与企业之间、企业与用户之间的连接，企业内部网必须与互联网进行连接，但连接后，会产生安全性问题。所以在企业内部网与互联网连接时，必须采用一些安全措施或具有安全功能的设备，如防火墙。

为了进一步提高安全性，企业往往还会在防火墙外建立独立的 Web 服务器和邮件服务器供企业外部访问用，同时在防火墙与企业内部网之间，一般会有一台代理服务器。

小贴士

代理服务器的功能

(1) 设置用户验证和记账功能，可按用户进行记账，没有登记的用户无权通过代理服务器访问 Internet 网，并对用户的访问时间、访问地点、信息流量进行统计。

(2) 对用户进行分级管理，设置不同用户的访问权限，对外界或内部的 Internet 地址进行过滤，设置不同的访问权限。

(3) 增加缓冲器(Cache)提高访问速度，对经常访问的地址创建缓冲区，大大提高热门站点的访问效率。通常代理服务器都设置一个较大的硬盘缓冲区(可能高达几个 GB

或更大),当有外界的信息通过时,将其保存到缓冲区中,当其他用户在访问相同的信息时,则直接由缓冲区中取出信息,传给用户,以提高访问速度。

(4) 连接内部网与 Internet,充当防火墙(Firewall)。因为所有内部网的用户通过代理服务器访问外界时,只映射为一个 IP 地址,所以外界不能直接访问到内部网;同时可以设置 IP 地址过滤,限制内部网对外部网的访问权限。

(5) 节省 IP 开销。代理服务器允许使用大量的伪 IP 地址,节约网上资源,即用代理服务器可以减少对 IP 地址的需求,对于使用局域网方式接入 Internet,如果为局域网(LAN)内的每一个用户都申请一个 IP 地址,其费用可想而知。但使用代理服务器后,只需代理服务器上有一个合法的 IP 地址,LAN 内其他用户可以使用类似 10. *. *. * 的私有 IP 地址,这样可以节约大量的 IP 地址,降低网络的维护成本。

(内容来源:百度百科)

三、电子商务应用系统

在建立了完善的企业内部网和实现了与互联网之间的安全连接后,企业已经为建立一个好的电子商务系统打下了良好基础,在这个基础上,增加电子商务应用系统,就可以进行电子商务交易活动了。一般来讲,电子商务应用系统主要以应用软件形式实现,它运行在已经建立的企业内部网基础之上。

电子商务应用系统分为两部分,一部分是完成企业内部的业务处理和向企业外部用户提供服务,比如用户可以通过互联网查看产品目录、产品资料等;另一部分是极其安全的电子支付系统,电子支付系统使得用户可以通过互联网在网上购物、支付等,真正实现电子商务。

第二节　网站规划

网站规划是指在网站建设前对市场进行分析、确定网站的目的和功能,并根据需要对网站建设中的技术、内容、费用、测试、维护等做出规划。网站规划对网站建设起到计划和指导的作用,对网站的内容和维护起到了定位的作用。

一、网站规划的主要任务

网站规划的主要任务包括以下内容。

1. 制定网站发展战略

网站服务于组织管理,其发展战略必须与整个组织的战略目标协调一致。制定网站的发展战略,首先要调查分析组织的目标和发展战略,评价现行网站的功能、环境和应用状况。在此基础上确定网站的使命,制定网站统一的战略目标及相关政策。

2. 制定网站建设的总体方案

制定网站建设的总体方案,安排项目开发计划。在调查分析组织信息需求的基础上,提出网站的总体结构方案。根据发展战略和总体结构方案,确定系统和应用项目开发次序及时间安排。

3. 制定网站建设资源分配计划

提出实现开发计划所需要的硬件、软件、技术人员、资金等资源,以及整个系统建设的概算,并进行可行性分析。网站的规划阶段是一个管理决策过程,它要应用现代信息技术有效地支持管理决策的总体方案。它是管理与技术结合的过程,规划人员对管理和技术发展的见识、开创精神、务实态度是网站规划成功的关键因素。

二、网站规划的特点

由于电子商务网站的建设耗资巨大,历时较长,技术复杂且涉及面广,网站规划是这一复杂工作的起始阶段,这项工作的好坏将直接影响到整个系统建设的成败。因此,应该充分认识这一阶段工作所具有的特点和应该注意的一些关键问题,以提高规划工作的科学性和有效性。

(1) 规划工作是面向长远的、未来的、全局性和关键性的问题,因此它具有较强的不确定性,且非结构化程度较高。

(2) 其工作环境是组织管理环境,高层管理人员(包括高层信息管理人员)是工作的主体。

(3) 因为规划不在于解决项目开发中的具体业务问题,而是为整个系统建设确定目标、战略、系统总体结构方案和资源计划,因而整个工作过程是一个管理决策过程。同时,系统规划也是技术与管理相结合的过程,它确定利用现代信息技术有效地支持管理决策的总体方案。

(4) 规划人员对管理与技术环境的理解程度、对管理与技术发展的见解以及开创精神与务实态度是规划工作的决定因素。目前尚无可以指导系统规划全过程的适用方法,因此必须采用多种方法相互配合,取长补短。

(5) 规划工作的结果是要明确回答规划工作内容中提出的问题,描绘出网站的总体概貌和发展进程,但宜粗不宜细。要给后续各阶段的工作提供指导,为网站的发展制定一个科学而又合理的目标和达到该目标的可行途径,而不是代替后续阶段的工作。

(6) 电子商务网站规划必须纳入整个企业的发展规划,并应定期滚动。

三、网站规划的原则

网站规划应该遵循以下原则。

1. 目的性和用户需求结合

要根据消费者的需求、市场的状况、企业自身的情况等进行综合分析,以消费者为中心,而不是以美术为中心进行设计规划,主要包含以下几点。

(1) 目的明确。明确谁来浏览,具体要做到哪些内容,提供怎样的服务,达到什么效果等。

(2) 从实际出发。从实际出发，以当前多数用户技术设备能够实现的功能来制定目标。

(3) 循序渐进。不能一次到位的网站内容，应考虑轻重关系和难易度，分清主次和步骤，逐步完善。

2. 设计方案主题鲜明

电子商务网站可以分为以下两种。

(1) 信息发布型。主要面向社会、业界人士或者普通浏览者，以介绍企业的基本资料、宣传企业的产品(服务)、帮助树立企业形象为主。

(2) 在线交易型。主要面向供应商、消费群体，以提供某种直属于企业业务范围的服务或交易，或者为业务服务的服务或者交易为主。

在实际应用中，可能涵盖上述两种类型，不管属于哪种类型的电子商务网站，都要做到主题鲜明突出，要点明确，以简单明确的语言和画面体现站点的主题。

3. 网页形式与内容相统一

将丰富的意义和多样的形式组织成统一的页面结构，形式语言必须符合页面内容，体现内容的丰富含义。运用对比与调和、对称与平衡等手段，通过空间、文字、图形之间的相互关系建立整体的均衡状态，在传递足够信息的同时让网页产生和谐的美感。

4. 提供切实的实用性功能

网站提供的功能服务应该是切合浏览者实际需求的且符合企业特点的。从售前、售中、售后各个环节都考虑到消费者可能遇到的各种需求，根据企业的条件，最大限度的给予满足。

四、网站规划要达到的目标

(1) 精心设计企业网站的形象定位。针对整个企业形象定位，进行网站设计，使之在视觉效果上更美观、更能够突出科技感以及更符合企业的形象定位。

(2) 符合实际网上交易的需要。整个系统功能的规划，要符合实际网上交易的需要，增加各种产品咨询、技术支持功能、信息检索功能、互动交流功能等。

(3) 规划人性化的操作流程。模拟不同层次的用户，对其操作流程进行人性化规划，使不同用户都能够更加简单方便地获取到所需要的信息。

(4) 满足企业各部门管理和更新的需要。采用多样的、分布式的管理系统，以满足企业各部门对各自的分系统内容进行管理和更新的需要。

(5) 必须保证数据绝对安全。对于敏感信息和数据采用加密传输方式进行操作，以保证数据的绝对安全。

(6) 具有较高的网络安全性和运行效率，保证提供高质量的网络服务。

(7) 优化产业结构，提供更加良好的客户、供销商关系管理模式。

(8) 有利实现企业信息的集成化管理。

小贴士

网站和网页的区别

根据国际网络技术协议与工业和信息产业部规定,网站已经成为一个具有准确定义的概念:静态网页不能冠以网站名称,网站必须以动态化管理为基本特征。

网站以数据库为核心,网站的后台能完成各种信息的处理和整合,网页没有管理后台,即用户不能通过浏览器本身管理自己的信息。网站需要服务器驱动,网页则只需要服务器空间即可;网站支持邮件服务器,网页无法提供该功能。

第三节 网站域名的设计

域名注册是企业建立网站的第一步,是在互联网上开展业务服务的基础。没有域名而只将主页放在别人的网站上,不仅影响网络环境下用户对企业印象,而且也会给那些有意抢注别人域名者以可乘之机,还会使企业在今后难以拓展网络业务。所以,很多企业即使还没有建立网站就首先注册了域名。域名和商标有着潜移默化的联系,所以,许多企业在选择域名时,往往希望用和自己企业商标一致的域名。

一、域名的价值

一个好的域名对企业而言有着重要的价值,这也是由其属性决定的。

1. 域名是一种有限的资源

根据地址的编码规则,互联网最多可容纳约 42 亿个域名。尽管数量庞大,但可供用户选择的有价值的域名却少得多,这主要是因为大多数有意义的域名已经被注册。

2. 域名具有专属性和唯一性

域名标示出企业在互联网的名称,在整个互联网中不能存在两个完全相同的域名,这是由互联网域名解析技术决定的。

一个域名在世界范围内只有一个,和商标相比又具有更强的唯一性。域名注册采取“先到先服务”、任何人都可以登记的原则,因而导致很多著名企业的商标或名称被抢注的现象。因此,企业都十分重视设计与注册自己的“网络商标”。

二、域名的类型与格式

域名由若干个英文字母和数字组成,以点分隔成几个层次,从右到左依次为顶级域(或称为一级域)、二级域、三级域等。如:在域名 sina. com. cn 中,顶级域为 cn,二级域为 com,最后一级域为 sina。

第一级域名往往是国家或地区的代码,如中国的代码为 cn、英国的代码为 uk;第二级域名往往表示主机所属的网络性质,比如属于教育界(edu)还是政府部门(gov)等。常见的一、二级域名含义，如表 2-1 所示。

表 2-1　常见域名的含义

域　名	意　义	域　名	意　义
com	商业组织	store	从事商品销售的企业
edu	教育机构	rec	强调消遣和娱乐的实体
gov	政府部门	web	与 www 特别相关的实体
mil	军事部门	info	提供信息服务的实体
net	网络支持中心	arts	强调文化和娱乐的实体
org	非营利性组织	nom	个体或个人
firm	商业、公司	int	上述以外的机构

由于互联网的形成有其历史特殊性，它主要是在美国成长壮大的，所以美国的主机的第一级域名一般直接说明其主机的性质，而不是国家代码。如果用户见到某主机的第一级由 com、edu 等构成，一般可以判断该域名是在美国注册的，称为国际域名。

中国的顶级域名为 cn，中国的二级域名共分为两类：类别域名和行政区域名。类别域名 6 个，如表 2-2 所示。

表 2-2　我国的类别域名

域　名	意　义
ac	适用于科研机构
com	适用于工、商、金融等企业
edu	适用于教育机构
gov	适用于政府部门
net	适用于互联网、接入网络的信息中心(NIC)和运行中心(NOC)
org	适用于各种非营利性的组织

行政区域名 34 个，适用于我国的各省、自治区、直辖市，如表 2-3 所示。

表 2-3　我国的行政区域名

域　名	省　份	域　名	省　份	域　名	省　份	域　名	省　份
bj	北京	sh	上海	tj	天津	ln	辽宁
nm	内蒙古	sx	山西	he	河北	zj	浙江
jl	吉林	hl	黑龙江	js	江苏	sd	山东
ah	安徽	fj	福建	jx	江西	gd	广东
ha	河南	hb	湖北	hn	湖南	yn	云南
hi	海南	sc	四川	gz	贵州	qh	青海
gx	广西	sn	陕西	gs	甘肃	tw	台湾
nx	宁夏	xz	西藏	xj	新疆		
hk	香港	mo	澳门	cq	重庆		

用户可以申请注册三级及三级以下域名。从 2001 年后,我国 cn 开始使用,企业在顶级域名下可以直接申请注册二级域名。例如,原来的 abc. com. cn 如果注册二级域名成功,将被简化成 abc. cn,从而使我国的域名长度大大缩短。

三、设计域名的方法

域名作为企业在互联网上的名称,属于无形资产,是进入互联网时给人的第一印象。又因为域名具有全球唯一性,因此它的价值较高,比如香港 TOM 网站的域名 www. tom. com 成交价为 250 万美元,由此可以看出域名对企业的重要性,一个好的域名会大大增加企业在互联网上的知名度。

(一) 域名设计的原则

企业要想设计一个有价值的域名,首先要遵循以下两个基本原则。

1. 简明易记、便于输入

一个好的域名应该短而顺口,便于记忆,最好让人看一眼就能记住,而且读起来发音清晰,不会导致拼写错误。此外,域名选取还要避免同音异义词。

2. 域名要有一定的内涵和意义

用有一定意义和内涵的词或词组作域名,不但可记忆性好,而且有助于实现企业的营销目标。例如企业的名称、产品名称、商标名、品牌名等都是不错的选择,这样能够使企业的网络营销目标和非网络营销目标达成一致。

(二) 域名的策略

1. 三级域名结构

企业域名的一般形式为:产品名. 企业名. com,也就是所谓的"三级域名"。

采用三级域名的弊端就是对消费者的记忆要求高,强迫自己同时记下产品名和服务名。现在,很多网站都免费提供三级域名,于是有些公司在没有建立自己的虚拟主机时喜欢用免费的三级域名作为自己的网站。

2. 单一域名策略

把产品以目录的形式放在同一个域名之下,是目前企业采用最多的域名运用决策。这样的网站首页一般不是很好看,可是很有效,容易吸引人,能唤起人们定期浏览的决定而收藏进书签里。此决策最大的好处是使公司有很强的整体感,容易以公司整体的信誉去推动产品的市场占有率。也就是说,只要单一品牌已经获得了足够的市场信赖度,那么几乎所有产品的推销工作都已经不战而胜。

作为一个网站,因为在同一个域名下面,不用考虑不同定位和不同风格的主页制作,得以节省站点建设开支,既便于管理,也便于统一推广和宣传,这就是为什么企业大都采用单一域名决策的原因。单一域名决策的短处在于缺乏个性,难以强调某一独立品牌,难以细分不同层次的市场。而且,当公司的某一品牌商品在市场上营销失败之后,这一网站上的其他产品也会因其受到影响。

3. 分散域名策略

当一个生产规模大、产品多样化的公司的某种产品具有非常独特的个性，并拥有了相对较大规模市场忠诚度时，必须有分散域名。同一公司生产的商品，不一定都能得到市场的认同，所以把某一个商品独立出来时，这个域名所代表的品牌站点可以很快被其消费者所找到。一般来说，品牌消费者并不一定都知道也并不关心这个品牌是哪个公司的。

还有，一些公司所生产的不同品牌商品是为了满足不同的消费喜好，不可能所有的人都同时喜欢同一公司所生产的所有商品。所以，产品多样化或者产品个性强时，公司必须为某些品牌独立注册域名，以培养、尊重和强化消费者的消费忠诚度，而且还有另外的好处，即一旦公司旗下某一独立品牌商品出现信誉危机时，对其他品牌的信誉和知名度不会造成伤害。

分散域名的弊端最明显的就是站点建设的劳动强度增大，管理力度分散。这造成了网站成本的增加，而且在某种程度上来说影响了公司的整体形象。所以，要采取分散域名注册的决策，必须至少拥有三个基本因素即产品多样化、独特个性品牌、特定市场的消费忠诚度中的两个。

四、域名管理与注册

1. 域名管理机构

为了保证互联网的正常运行和向全体互联网用户提供服务，国际上设立了互联网信息中心(Inter NIC)，为所有互联网用户服务。为了适应我国互联网的发展，更好地为我国迅速增长的互联网用户服务，经我国国务院主管部门批准授权，由中国科学院在中国科学院计算机网络信息中心组建了中国互联网络信息中心(CNNIC)，行使国家互联网信息中心的职责。

CNNIC 的一项主要业务就是域名注册服务。CNNIC 对域名的管理严格遵守《中国互联网络域名注册暂行管理办法》和《中国互联网络域名注册实施细则》的规定。

2. 域名注册

域名分为国际域名和国内域名两类。国际域名也称为机构性域名，它的顶级域表示主机所在机构组织的类型。我国的个人和企业注册国际域名必须是由代理机构完成。

"你好万维网网站"是我国注册域名的代理网站，如图 2-2 所示。

当我国的个人和企业要注册国际域名时，需要做以下三件事。

第一，设计自己的域名。

第二，上网查询设计的域名是否可以注册。

第三，查询结果若该域名未被别人注册，可立即选择一家国内域名代理注册商(请注意这家公司的资质和诚信)，在网上注册，若注册成功在规定的日期一定按要求将域名年维持费汇去。若下年的维持费超过一个月未支付，你的域名将被挂起。

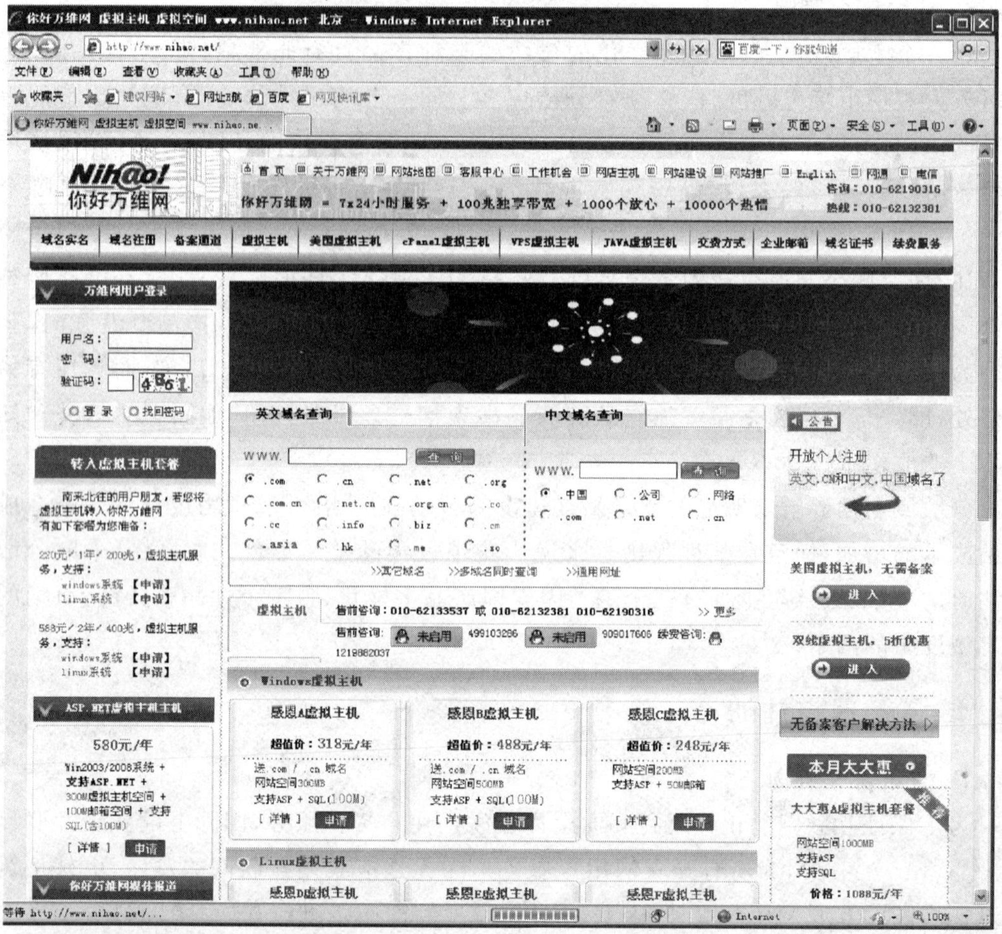

图 2-2 “你好万维网”主页(http://www.nihao.net/)

3. 申请国内域名的注意事项

① 中国互联网域名的申请者必须是法人单位。

② CERNET 网络中心接受二级域名 edu 下的三级域名注册申请。

③ 申请 gov 域名的单位必须是政府机构。

4. 域名的命名规则

三级域名由字母(A～Z,a～z,大小写等价)、数字(0～9)和连接符(-)组成,各级域名之间用实点(.)连接。域名长度不超过 20 个字符,只能采用字母、数字和“-”的组合。同时,为单位选择域名时,也不能违反下列规定:

① 未经国家有关部门的正式批准,不得使用含有“China”、“Chinese”、“cn”、“National”等字样的域名。

② 不得使用公众知晓的其他国家或地区名称、外国地名、国际组织名称。

③ 未经各级地方政府批准,不得使用县级以上(含县级)行政区划名称的全称或

缩写。

④ 不得使用行业名称或商品的通用名称。

⑤ 不得使用他人已在中国注册过的企业名称或商标名称。

⑥ 不得使用对国家、社会或公共利益有损害的名称。

5. 中文域名

域名是对应于互联网中某台计算机数字地址(IP地址)的字符标识，即计算机在网络空间中的地址和名称，是进行网络访问的重要基础，有人把它形象地称为计算机的门牌号。域名本来只是一个技术概念，它最初是没有经济意义的，然而，互联网在商业上的成功应用，使域名本身的原始技术特性在应用中逐渐淡化，而其所蕴涵的识别性日益凸显，相应的商业价值也日益明朗。因此，域名除了对网上的信息传输提供技术支持这个基本作用之外，对企业而言，更为重要的是，域名代表着企业在网络空间的商业形象，即企业网站，是企业通过互联网进行宣传及销售活动的标识，每当提及一个域名时，人们马上就会联想到“特定的人格形象”。

中文域名同英文域名一样，是互联网上的门牌号码。中文域名在技术上符合2003年3月份IETF发布的多语种域名国际标准(RFC3454、RFC3490、RFC3491、RFC3492)。

注册的中文域名至少需要含有一个中文文字，可以选择中文、字母(A～Z，a～z，大小写等价)、数字(0～9)或符号(-)命名中文域名，但最多不超过20个字符。目前有“.cn”、“.中国”、“.公司”、“.网络”四种类型的中文域名供注册，“.中国”域名，是全球互联网上代表中国的纯中文顶级域名，与.cn域名一样，同为我国域名体系和全球互联网域名体系的组成部分，全球通用，具有唯一性。例如：“中国互联网络信息中心.中国”、“中国互联网络信息中心.cn”、“中国互联网络信息中心公司”、“中国互联网络信息中心网络”。

小贴士

中国域名之最

在cn域名注册量一路飙升的发展势头下，国内企业的保护意识日益高涨，海尔集团一口气注册了51个各具功用的相关联cn域名，甚至包括客服电话4006999999.cn，其域名注册总量跃居国内外企业前列。

第四节　网 页 设 计

一、网页设计的内容

(一) 网站栏目的规划

在需求分析阶段成果的基础上，网站栏目规划以及对栏目具体解析，解析出站点信息相互间的链接关系，并给出网站架构图，着手撰写项目实施方案。

网站的题材确定后,相信已经收集和组织了许多相关的资料内容。一般认为这些都是最好的,肯定能吸引网友们来浏览网站。但是,有没有将最好的、最吸引人的内容放在最突出的位置呢?有没有让好的东西在版面分布上占绝对优势呢?

栏目的实质是一个网站的大纲索引,索引应该将网站的主体(题)明确显示出来。在制定栏目时,要仔细考虑,合理安排。一般的网站栏目安排要注意以下几个方面。

1. 一定要紧扣主题

一般的做法是将主题按一定的方法分类,并将它们作为网站的主栏目。主题栏目的个数在总栏目中要占绝对优势,使网站主题突出,专业性强,容易给人留下深刻印象。

2. 设置一个最近更新或网站指南栏目

如果首页没有安排版面来放置最近更新的内容信息,就有必要设立一个"最近更新"的栏目。这样做是为了照顾常来的访客,让主页更有人性化。如果主页内容庞大(超过15MB),层次较多,而又没有站内的搜索引擎,建议设置"本站指南"栏目。这样可以帮助初访者快速找到他们想要的内容。

3. 设定一个可以双向交流的栏目

不需要很多,但一定要有,比如论坛、留言版、邮件列表等,可以让浏览者留下他们的信息。有调查表明,提供双向交流的站点比简单地留一个"E-mail"的站点更具有亲和力。

4. 设一个下载或常见问题回答栏目

网络的特点是信息共享。如果浏览者看到一个站点有大量、优秀、有价值的资料,肯定希望能一次性下载,而不是一页一页浏览存盘。同样,在主页上设置一个资料下载栏目,肯定会得到大家的喜欢。另外,如果站点经常收到网友关于某方面的问题来信,那么最好设立一个常见问题回答的栏目。

至于其他的辅助内容,如关于本站,版权信息等可以不放在主栏目里,以免冲淡主题。总结以上几点,得出划分栏目需要注意的是:

① 尽可能删除与主题无关的栏目。

② 尽可能将网站最有价值的内容列在栏目上。

③ 尽可能方便访问者的浏览和查询。

在设计栏目时,做好用表格样式填写栏目内容,以便做到一目了然。

(二) 网站的风格设计

网站的整体风格及其创意设计是网站设计者们最希望掌握,也是最难以学习的。困难在于没有一个固定的模式可以参照和模仿。给定一个主题,任何两个人都不可能设计出完全一样的网站。

风格是抽象的,是指站点的整体形象给浏览者的综合感受。这个"整体形象"包括站点的CI(标志、色彩、字体、标语)、版面布局、浏览方式、交互性、文字、语气、内容价值、存在意义、站点荣誉等诸多因素,例如,我们觉得网易是平易近人的,迪斯尼是生动活泼的,IBM是专业严肃的。这些都是网站给人们留下的不同感受。

风格独特是一个站点不同于其他网站的地方,无论是色彩、技术,或者是交互方式,都能让浏览者明确分辨出这是某个网站所独有的，例如新世纪网络的黑白色，网易壁纸站的特有框架，即使只看到其中一页，也可以分辨出是哪个网站的。

风格是有人性的，通过网站的外表、内容、文字，以及与其交流都可以概括出一个站点的个性和特点。它可能是温文儒雅、执着热情的，或者是活泼易变的。像诗词中的“豪放派”和“婉约派”，可以用人的性格来比喻站点。

风格鲜明的网站与普通网站的区别在于：普通网站看到的只是堆砌在一起的信息，只能用理性的感受来描述，比如信息量的大小，浏览速度的快慢等。但当浏览过有特色的网站后，就能对网站风格有更深一层的感性认识。

（三）网上信息的组织与划分

网上信息的组织，大致可划分为四个步骤来进行。

1. 按照逻辑单位划分

在互联网上的大多数信息是由较短的信息块构成的，一般来说，它们是非连续阅读的。实际上，短小分立而又统一组织的信息特别适合在 Web 上使用。

（1）分立的信息块可以在较短的范围内提供大量的信息，让浏览者不必花时间联机阅读或是将文件下载阅读。

（2）分立的小信息块特别适合于超链接。访问者单击某个链接通常期望找到一个专门的有关信息，而不是包含这一有用信息的一整本书。当然，也不要把信息分得过细，否则，也会给用户带来不便。

（3）用一种统一的格式来组织和发布信息。这让访问者可以使用他们在访问头几个页面时获得的经验来浏览整个站点，使他们能预知该站点上其他没有读到的信息是如何组织的。

（4）计算机屏幕适合展示简明扼要的信息板块。因为屏幕只提供了有限的可视空间，而过长的信息将迫使用户不得不多次滚动屏幕。

2. 按照重要性与通用性划分

将信息按等级结构组织，既符合人们的认知习惯，也便于为用户决定基本的导航结构。通常，大多数信息块都应当按照它们的重要性排列，按照它们的相互关系来组织。这样的话，一旦设计人员确定了一种逻辑的优先序列，就能够建立一种从最重要的或最基本的概念到最具体的题目的等级秩序。这种等级秩序在网上是很必要的，它将从一个站点的宏观的轮廓（主页）贯穿下延到各个越来越专门的细目（其他页面）。

3. 按照结构单元划分

当用户面临一个新的复杂的信息体系时，他们就会在心里建立一个相应的认知模式，然后用这个模式来把握各个题目之间的相互联系，推测在哪里可以找到他们想要找的信息。换言之，一个站点作为一种信息组织是否成功，很大程度上就取决于信息的组织是否适应用户的期望。

一个符合逻辑的站点组织以统一的方式组合、排序、标定信息，以及用图表方式安排信息，将使用户能够将他们在已经访问过的页面上得到的知识扩大到他们还没有访问过的页面上。如果用一种不合逻辑的结构对信息进行组织划分,可能会影响到访问者的认知模式,进而影响网站的浏览情况。

(四) 网页的评价标准

在网上发布的信息要靠编辑网页来体现,而在网页的设计中,结构安排又是重点,以下几个问题是最基本的要求:

(1) 信息分类科学准确,主次信息有明确的划分。

(2) 各个模块都有概括性很强且具吸引力的标题,在模块内也有主次之分。

(3) 重点信息放在突出、醒目的位置上。站点上关键的信息,应该使浏览者很容易捕捉到,同时精美的设计能够刺激浏览者的反应,吸引他单击链接。

(4) 网页中留出可调整的位置,用于满足临时性或短期营销活动的宣传需要,将有关临时性条目放在网页中最突出的位置,既让新的内容有突出的体现,又不至于盖住其他重点。

(5) 各个模块中的信息量分布均衡。在单独的模块中信息量太多,不合乎用户网上的阅读心理;太少了,又会使页面显得枯燥乏味。因此,适当把握信息量也是网页成功的重点。

(6) 文字与图形的布局需要重点突出、版面和谐,避免因图形而淹没文字,也不能因图形太少而让人觉得单调。因此在设计网页时对视觉的吸引和诱惑力是不能低估的。

(7) 链接位置的安排要符合主次层次的划分,让访问者对区域链接的主要内容和次要内容一目了然。

(8) 单独网页的大小应当适当加以控制,网页打开速度过慢,会影响整个网站的浏览情况。如果是整篇文章或是手册型的内容,可以通过下载或打印的方式,提供浏览者进行访问。

二、网页设计要领

网页的内容一般以文字、动画、声音为主。然而,在 Web 上,内容有更宽泛的含义,它可以是一篇文字性材料,漂亮的动画、数据库、多媒体产品,也可以指站点提供的软件下载服务等。

网站形象是网站营销环节中非常重要的一个部分,如同人的衣着一样,并且信息空间的构造也需要恰如其分的包装,在页面设计时,对图形图像等多媒体材料的巧妙运用往往对烘托站点的形象能起到画龙点睛的作用。

(一) 图像

一幅图像胜过千言万语,图形图像对站点的设计具有重要的意义。从大的方面讲,以图形图像为代表的多媒体信息,给广大的计算机用户带来了简单易用的图形界面,是迅速流行的直接原因;从小的方面讲,图形图像的应用有助于站点风格的形成;从第三个方面讲,大批图形图像设计工具的推出和应用,又为图形图像在 Web 上的应用创造了更好的条件，这使得一般的网页设计人员能很轻松地使用多媒体材料作为创作素材，设计出高质量的、声情并茂的页面。

然而，图形图像往往占用较大的页面存储空间。网络技术近几年发展突飞猛进，网络传输速率已经大幅提高，设计主页时图形图像的大量应用成为可能。但同样要辩证地看待这个问题，既反对不加区分的一刀切，也不赞成过多地使用多媒体素材。

（二）背景色彩和背景图案

背景色彩和图案，是最先也是最持久地留给浏览者网站形象的因素，往往对站点的风格起到画龙点睛的作用。它们与公司标志一起影响站点风格，成为公司形象设计的组成部分，像 IBM 公司的蓝色、可口可乐公司的红色等。不过需要说明的一点是，虽然背景色彩基本上不占用页面文件的空间，但背景图案占用页面文件的存储空间。

树立网页的风格可以从以下几个方面入手。

1. 色调

色调能调节页面的气氛，某种程度上，决定页面活泼还是庄重，是素还是艳。像花卉公司宜选择比较艳丽的色彩，因为素的色彩无法体现出植物和花卉那种生机盎然、娇艳欲滴的感觉。

2. 画面

画面需要考虑的是写实还是写意，是体现专业性还是大众化，是为儿童还是为成人等。例如，如果一个网站的目标观众是技术人员，那么他们可能不在乎站点的风格；相反，简洁的内容以及表现力强的页面，可能更受他们的欢迎。

3. 简繁

管繁是指追求简洁还是花哨，不同性质的网站在这方面会有不同。如艺术网站，会不厌其烦地用各种手法来展示其创意。以一家介绍中国瓷器的站点为例，该网站以白色为背景，营造出洁净、细腻、典雅的氛围，同时与色彩斑斓的瓷器形成强烈的反差，让人感觉到瓷器工艺品的精致和美丽，这种颜色搭配是展现色彩丰富的工艺品的一种和谐方式。

如果从塑造网上形象的角度考察，以下视觉元素是不可缺少的。

（1）主体色。主体色是一种可以强化的识别信号，对网站的形象有很大的影响，可以帮助访问者对网站的识别。所以，主体色一经确定，要保持一定的稳定性，对于识别和强化网站的产品信息有很大的作用。

（2）公司形象标志。公司的形象标志不仅要放在最醒目的位置上，而且要始终如一地坚持不变。

（3）背景图案。恰当的背景图案，既能改善页面的视觉和布局，而且能随时宣传公司的主要业务。

（4）主体图形。主体图形是网页设计的基础，表达内容的栏目划分和位置安排也要依靠主体图形来体现。主体图形也要保持相对的稳定，不需要经常变化，可以适时地对主体图形进行再创意。因为图形的变化可以给人以新鲜的感觉。

总之，色彩等在网站形象中具有重要地位。通常会发现新闻类的网站会选择白底黑字,这不仅是因为这种方式对带宽要求最低,更多的是因为人们平时习惯于这样阅读报纸,所以在潜意识中,这种色彩把新闻传达到脑海的效率最高。但是在其他类型的网站上,就不见得只使用白色了,例如在上面提到的可口可乐,将色彩融入到公司的整体企业识别中,大大加强了网站对浏览者感官的冲击。在色彩的使用上,一定要与所要表达的主题相一致,如果能与公司的文化保持一致将更为理想。

三、流行网页的评测标准

1. 网页尺寸

① 800＊600能照顾到所有网友的计算机。

② 1024＊768渐成主流。1024＊768能比800＊600多出一栏的信息。

③ 正文页采用自适应设计,能在正文页做更多相关内容,首页也可以尝试自适应的设计。自适应设计的核心是要留出宽度伸缩自如的栏。

④ 在1024＊768模式下,页面的长度不宜超过10屏。

⑤ 随着计算机升级换代,分辨率提高,计算机屏幕能够提供的面积越来越大,这是一种难得的资源,要充分利用。网站改“宽版”,不增加任何成本。

2. 字体字号

① 目录页用小字号,为的是摆放更多的标题。

② 正文页用大字号,为的是让读者舒适阅读。

③ 慎用不容易看清楚的楷体。楷体的作用等于图片,主要起美化版面的作用。

④ 多用对搜索引擎友好的标粗,来表示重点。

3. 网页颜色

① 同一个页面的颜色不要超过4种。颜色过多会导致眼花缭乱,容易产生视觉疲劳。

② 颜色对比不要反差太大。网页版面不是美术作品,要避免形式对内容的喧宾夺主。

③ “文字＋底色”能够起到很好的突出作用,在视觉变化上相当于图片的作用。

4. 静态化

① 访问量大的页都应该静态化,以便减少服务器压力,增强网站稳定性。访问不到的网页是最差的网页。

② 动态化和静态化在一个页面中结合使用,能同时得到轻负荷和即时交互性的好处。

5. 分栏

① 首页选4栏或3栏,因为主要是以标题目录为主。

② 正文页多用2栏,因为浏览对象已经相对具体化,需要的信息比较详细。

③ “纵向逻辑”是指将相近的内容从上至下排列,而不是从左向右排列。如果读者对这方面内容感兴趣,他会从上至下,逐行阅读。这样可充分利用首屏,让首页增加从上至

下阅读的可能。

④ 避免一栏太强,一栏太弱。可以通过图片、套红等手段进行调控。平均分配读者注意力,使读者不敢放过左、中、右任何一栏。

6. 图片

① 十分必要时才用图片。因为图片的编辑成本和带宽成本都比文字高很多。

② 在目录页的图片大小要小,多用特写,小分辨率,能看就行。正文页要有足够版面,图片要保证清晰、美观。

③ 正文页在5屏之内,尽量不要分页,让读者一次读完。

7. 导航条与网站地图

① 导航条是网站的门牌号码,不能随意更改。否则,读者会找不到原来看的内容。

② 导航条上分类名的前后次序要兼顾重点和读者阅读逻辑习惯,即归类摆放。

③ 导航条最多三行,最好两行,太多行显得沉重。

④ 导航就是网站地图。网站地图的摘要版可以放在网站底部,成为底部导航。网站的底部导航,很有必要。其好处是:可放多行;可形成网站底部的阅读重点。将读者从首屏带到最后一屏,期间会增加很多点击率。

⑤ 主导航和频道导航:主导航每页都有,频道导航只在本频道页面出现。

8. 首页更新成本

① 首页设计不能只考虑美观、协调,要考虑24小时更新一遍之要求,更新是网站的生命,一定要最大限度地降低首页更新成本。

② 交叉自动同步更新的设计,可有效降低各种首页更新成本,给读者内容丰富的感觉。

③ 更新及时的首页会让更多的标题拥上这个首页。如此循环,这个首页也就火了。更新不及时的首页是网站的鸡肋,会越来越寂寞,最终会被荒废。

④ 每个首页的设计至少要有一个让读者点击进去的理由,即时更新比独家内容成本低。

四、网页设计开发软件

目前,由于网站的网页主要有静态网页和动态网页之分,因此相应的网站开发技术也分为静态网页开发技术和动态网页开发技术。静态网页开发技术的核心是HTML语言,而动态网页的开发主要采用ASP、PHP、JSP等技术。对于动态网站来说数据库是存储信息的仓库,数据库通常选用Oracle、DB2、SQL Server等大型数据库。数据库的组织结构直接关系到数据操作的速度,因此数据库设计在网站建设中也是非常重要的工作。

五、网页的上传

网页的发布和更新都需要上传。上传有很多方法,目前用得比较多的是Leap FTP。

Leap FTP是一个英文版的免费试用软件(下载网址是 http://www.leapware.com/)。它有许多方便的功能,其中包括断点续传、自动连接、任务队列管理、远程目录缓存、在上传同时浏览网站的情况、同时设置多个网站连接、对网站上文件直接进行编辑、使用脚本对网站进行操作等,但它最好的特点是传送速度非常快。

1. 安装启动 Leap FTP

安装启动之后进入主窗口,如图2-3所示。

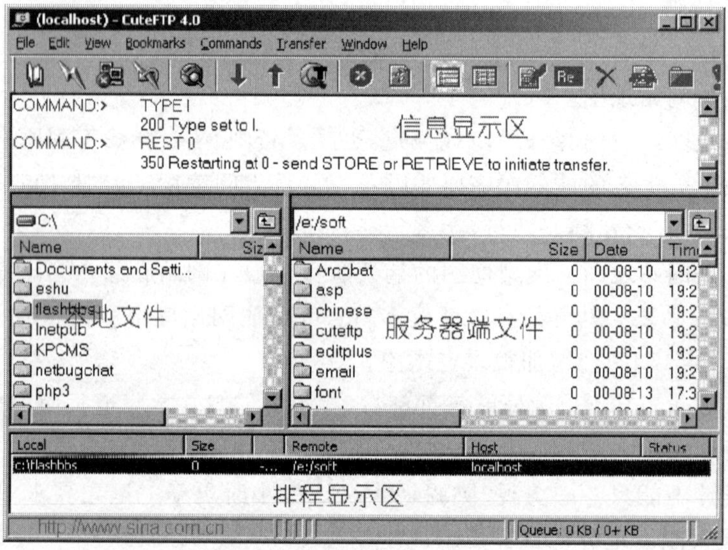

图2-3　Leap的主窗口

本地文件目录窗口是可以对本地计算机上的文件进行操作的窗口。

网站文件目录窗口中显示的是网站上的目录结构,只有连到网站之后才会显示目录和文件。

任务队列窗口中显示的是要对文件进行上传和下载操作任务的序列,窗口中可以显示多个任务。

连接状态窗口中显示登录和对网站进行操作时的状态,以命令行和执行结果信息的方式显示。

2. 设置网站连接

直接在窗口上面相应栏目中填写FTP服务器的地址、用户名和密码并回车就可以登录网站。如果想设置多个网站的连接或保存登录信息,可以使用 Site Manager——选择菜单 Sites→SiteManager 命令,弹出如图2-4所示的窗口。

单击"Add Site"按钮,填写网站名,然后在IP地址中填入域名,如:www.103881.com。端口号使用默认值,然后填入用户名和密码。下面的"Local Path"中设置的是本地文件窗口中默认的显示窗口。如果网页文件都固定放在一个地方,这可以使用"Local Path",这样每次登录到网站后,就不用再回忆文件夹在本地计算机的位置了。填好内容后单击"连接"按钮 Connect,在连接状态窗口开始显示登录的信息。登录成功后,网站文件目录

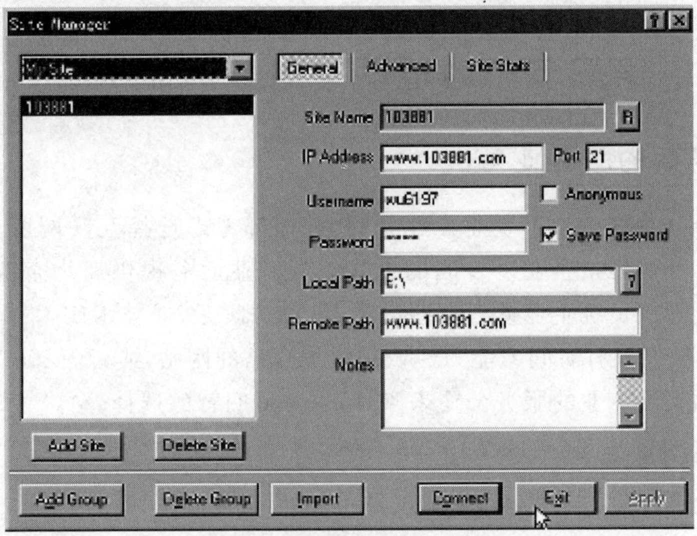

图 2-4　Leap 网络连接窗口

窗口开始显示远端网站的目录和文件。

3. 上传和下载文件

上传和下载文件可以使用拖拉的方法，将文件从本地拖放到网站或从网站拖放到本地，或者用鼠标在文件上右击，在快捷菜单中选择 Upload 或 Download 命令。

如果要将网站上的一个文件从一个目录移到另一个目录，可以使用 Move Files 命令，方法是在网站的文件上右击然后选择 Move Files 命令，在 Destination Directory 文本框中填入要存放的目录，然后单击 OK 按钮。上传窗口如图 2-5 所示。

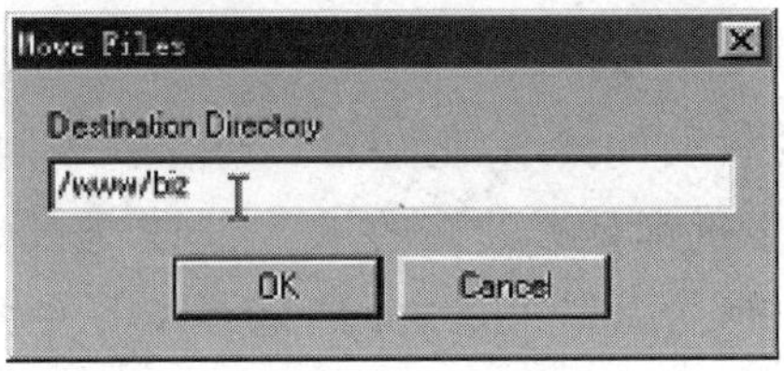

图 2-5　上传窗口

小贴士

什么是 FTP 网站上传功能？

FTP(File Transfer Protocol)是 Internet 上用来传送文件的协议(文件传输协议)。它是为了让我们能够在 Internet 上互相传送文件而制定的文件传送标准，规定了 Internet 上文件如何传送。也就是说，通过 FTP 协议，我们就可以跟 Internet 上的 FTP 服务器进行文件的上传(Upload)或下载(Download)等动作；对于虚拟主机用户来说，FTP 主要是用于将用户的网站上传至虚拟主机或者将网页从虚拟主机上下载至本地。

第五节　通过网络服务商建网站

一、网络服务商的服务业务

现在多数企业特别是中小企业在建立网站时，都考虑选择互联网服务商(ISP)和服务外包的方式。外包是指企业以合同的方式委托专业服务提供商为企业提供部分或全部的工作。对于那些传统企业或者那些内部IT资源匮乏，或技术实力有限，或无法管理IT人员的企业，他们没有时间或能力建设和维护自己的网站，或者内部的维护成本过高，完全可以把网站交给专业的服务公司来管理，也是最明智的选择。

（一）租用网页空间

如果一个企业没有自己的Web服务器，但又希望在互联网上发布自己企业的信息，那么可以自己制作Web页面，或者委托网络平台服务商或类似专业公司代为制作，然后在受托服务商的主机上租用一定的空间，把自己的Web页面及信息放在受托服务商的主机上指定的目录下发布。这种方式非常经济实用，无须任何软硬件投资，适用于较小的企业发布自己的信息。

另外，一些网络平台服务商提供免费网页空间服务，即在服务商的某台提供Web服务的主机中为企业或个人客户建立一个虚拟的网站目录，存放客户自己的网站文档，并给客户一个域名。这样全世界任何一台连接到互联网的计算机都可以访问到该网站。免费的网页空间主要是为网页爱好者提供的一种服务，但也完全可以用来为某个公司特别是小型企业发布企业信息。

（二）提供虚拟主机

虚拟主机是使用特殊的软硬件技术，把一台运行在互联网上的服务器主机分成多台"虚拟"的主机，每一台虚拟主机都具有独立的域名和IP地址，具有完整的互联网服务器(WWW、FTP、E-mail等)功能。虚拟主机之间完全独立，并可由用户自行管理，在外界看来，每一台虚拟主机和一台独立的主机完全一样。

虚拟主机的出现，是对互联网技术的重大贡献，是广大互联网用户的福音。由于多台虚拟主机共享一台真实主机的资源，每个用户承担的硬件费用、网络维护费用、通信线路的费用均大幅度降低，使互联网真正成为人人用得起的网络。虚拟主机适合于一些小型、结构较简单的网站。

一般来说，企业要用自己申请的独立域名建立网站，必须投资至少一台价格不菲的服务器，而且要架设专线，由专人维护。虚拟主机则是利用网络服务商的主机为企业开设一个网站，该网站在外界看起来就如同企业自己建立的一样，拥有高速的网络出口。因此，中小企业建立网站多采用这种方法，这样不仅大大节省了购买机器、架设专线的资金，同时使用和维护服务器的技术问题由ISP服务商负责，企业就可以不用担心技术障碍，更不必聘用专门的管理人员。

企业根据需要租用ISP服务商提供的“虚拟主机”的空间，按照“虚拟主机”指定目录将企业的网页和其他资料放到网上。企业和其访问者通过ISP服务商代理的高速网络系统，就好像在真实的主机上进行着网上贸易信息的交流与传递。由于主机管理与维护的大多数工作由ISP服务商完成，所以企业管理“虚拟主机”的主要工作就是网页上传和电子邮件的处理。

（三）承担主机托管

所谓主机托管，就是将购置的网络服务器，托管给一些ISP等网络服务机构进行网站的构建、管理与维护，每年支付一定数额的费用。主机托管可以减轻企业缺少网站设计与管理人员所带来的压力，解决网站建设后在技术支持及维护等方面可能出现的各种问题，适用于技术实力欠缺的企业构建大、中型网站。

拥有一个良好的企业站点是企业发展、展示自己的重要手段。如果企业想拥有自己独立的Web服务器，同时又不想花费更多的资金进行通信线路、网络环境、机房环境的投资，更不想投入人力进行24小时的网络维护，可以尝试主机托管服务。主机托管的特点是投资有限、周期短、无线路拥塞之忧。

主机托管和虚拟主机的区别如下：

① 主机托管是用户独享一台服务器，而虚拟主机是多个用户共享一台服务器。

② 主机托管用户可以自选操作系统，而虚拟主机用户只能选择指定范围内的操作系统。

③ 主机托管用户可以自设硬盘，创造10GB以上的空间，而虚拟主机空间则相对狭小。

④ 主机托管用户可以通过银行安全认证实现网上支付，而虚拟主机用户则不能。

主机托管业务主要是针对ICP和中、大型企业用户，他们有能力管理自己的服务器，提供诸如Web、E-mail、数据库等服务。

二、ASP外包方式

企业门户网站的建立，是企业上网的第一步，就这一步也难住了不少人，尤其是中小企业，从资金到技术到人力都有所顾虑，但这也恰恰成了互联网服务商眼中的商机，“傻瓜建站”这种形式一下子如雨后春笋般应运而生。

ASP(Application Service Provider，即应用服务供应商)作为一种业务模式，是指企业客户将其部分或全部与业务流程相关的应用委托给服务提供商，由服务商通过网络管理和交付服务并保证质量的商业运作模式。服务商将保证这些业务流程的平滑运转，即不仅要负责应用程序的建立、维护与升级，还要对应用系统进行管理，所有这些服务的交付都是基于互联网的，客户则是通过互联网远程获取这些服务。

随着互联网革命将人类从工业经济时代推向电子商务时代，ASP可能成为重塑IT产业的未来发展方向的一种产品及服务模式。“傻瓜”、“自助”、“智能”、“一站式”建站，虽然说法不一，但都是围绕解决这些障碍而出现的“应用服务”。

它们的共同特点是：

- 以租代售的方式提供管理平台；
- 企业可以自己完成网站的建设；
- 无须专线接入、购买服务器等任何硬件投入；
- 无须专业技术人员维护；
- 可随时自主更新网站。

中小企业花不多的钱、使用原有的人力，就可以拥有一个可动态管理的网站，何乐而不为呢，尤其对急需树立企业形象、宣传系列化产品，网站更新频繁的企业来说，“自助建站”几乎是他们的唯一选择。

自助建站管理平台能使网络营销服务同网站建设融为一体，提供一体化服务。企业客户现在已不再满足于只是自己做网站，然后自己开展网络营销活动，自助建站网络公司还要为企业客户制定具有针对性的网络营销策略并实施，让企业网站真正发挥作用，为客户带来实在的效果。

根据网站的类别不同，目标受众的差异，自助建站系统可以针对大家自己做网站的要求，选择各种丰富多彩的网页设计模板，做到重点信息放在突出醒目的位置，整个网站空间排序适当。

在ASP模式下，强调的是应用系统的应用而不是所有权，客户不再拥有应用程序，也不需要负责对程序内外部维护。ASP的本质是通过社会分工的进一步细化，整合人员、硬件、软件和网络技术，提供商业解决方案，从而提高社会资源配置效率，推动社会经济加速向前发展。

三、ISP的选择

ASP与ISP都是为经济组织提供IT应用服务的，所不同的是ISP的核心是其中的I，即Internet，它主要定位于Internet接入服务，它是按用户访问ISP服务器的时间或信息访问量收取费用。ASP的核心是其中的A，即Application，它主要定位于各个专业领域的信息系统应用服务。

（一）需要考虑的因素

用户在选择ISP时，需要考虑以下几个方面的因素。

1. 出口带宽和接入用户数量

出口带宽是指该ISP本身以多高的速率连接到互联网或其上级ISP，是体现该ISP接入能力的关键参数。当用户真正访问互联网或国内其他网站时，起决定作用的就是出口带宽。目前许多ISP宣称能使用户以若干兆的速率访问互联网，实际是以该速率访问接入提供商的信息。当用户真正访问互联网时，由于出口带宽的限制，速率会有很大幅度的下降。在条件可能的情况下，应优先考虑接入具有国际出口的ISP。

2. 提供的服务种类和技术支持能力

接入互联网只是大多数用户上网获取和发布信息或进行某种业务交易,并掌握相应的各种技能的手段。因此 ISP 提供的服务种类、技术支持能力也是一个十分重要的问题。ISP 提供信息的能力和 ISP 的实力是必须考虑的问题。电子商务对接收信息的速度和安全性要求很高,提供该项服务的 ISP 一般需要使用专用的软硬件设备,因此入网时一定要注意 ISP 是否有足够实力能保证信息的速度和安全性。

3. 收费水平

不同的 ISP 收费的形式和数量都不同,如果网费是需要考虑的一个决定因素的话,那么要根据自己使用互联网的特点选择 ISP 和相关服务。

4. 服务可靠性

服务可靠性是指 ISP 在线路、系统、电力等方面发生故障时,可供选择的应急方法。若某 ISP 只有单线连接而无备用线路,则一旦发生电路故障,其所有用户均无法上网。

5. 升级扩容能力

升级扩容能力是指随着用户数量和通信量的增长,ISP 接入能力能否随之提高,主要包括中继线、出口带宽和备用线路的增长。它最能体现一家 ISP 整体实力和发展趋势。

需要说明的一点是,用户在选择 ISP 时,不仅应着重考察以上指标,还应要求对方出示权威的证明材料。

(二) 选择 ISP 时要注意的问题

① 考查服务商的合法地位。网络是虚拟的世界,与传统世界有相当的差距。对网络服务商的考查,主要是确定对方是否是可以信赖的法律实体。

② 服务商是否有成功案例,这决定了他是否有足够的相关经验和资历提供电子商务解决方案。

③ 是否能真正得到所需要的服务,能否为企业带来实际的赢利,这种赢利是长期潜在的还是短期现实的。

④ 服务商在行业中的形象和声誉。

⑤ 服务商是否能对企业的额外要求,提出中肯、合理、专业、令人信服的解释。

⑥ 纵向比较服务商业务。服务商所承诺的服务项目能否体现出很强的技术性和专业性,是有别于其竞争对手的特色。

⑦ 服务商是否有良好的沟通能力,在沟通过程中观察其工作效率,服务商是否体贴客户。

⑧ 了解服务商的服务收费在同行业中是否有竞争性。如果收费高了,其价值体现在何处,能为客户带来何种真正的好处。

第六节　企业网站的技术维护

一、企业网站维护的重要性

全面管理网站是网站高效运行的前提和保障,管理的对象不仅指网络链路的畅通、服务器的正常运行等硬因素,更包括网站创意、内容延伸、网民咨询等软因素。网站管理者必须时刻关注本企业的网站,让网站常变常新。

计算机技术和业务都在不断发展,较好的可扩充能力是系统生命力和适应未来需求的重要方面。系统的使用人员除了有计算机操作经验的专业人员外,还有各类业务人员,所以必须保证系统具有较好的维护性和操作简便灵活的特性,以及在错误操作情况下的容错能力。同时,系统运行过程中,业务制度和模式都会不断地变化,因此保证系统设计具有较好的前瞻性,对业务规程进行合理的参数化设计等都是非常必要的实际原则。

对浏览者通过网站进行的任何对企业或企业网站的咨询,无论褒贬,都要做出及时反馈,让浏览者感到访问企业网站所受到的应有重视甚至尊重。有条件的企业应该对网站进行全面的统计,不但了解客观与详细的网站访问统计报告和数据总汇,而且了解浏览者的来历等,以便为所有来访者提供有针对性的跟踪服务。

目前,很多企业并不具备网站维护管理方面的力量,而倚重网络服务提供商的服务,某些网络服务提供商本身实力较弱,使得企业网站重"开通"轻"维护"的现象屡见不鲜,这里除了经济因素外,更重要的是缺乏意识。企业建设网站必须注入很大的人力和财力,才能发挥出网站潜在的作用。

二、企业网站的技术维护内容

1. 系统账号管理

电子商务站点管理系统负责整个站点所有资料的管理,因此管理系统的安全性显得格外重要。系统账号管理应该限制所有使用电子商务站点管理系统的人员与相关的使用权限。将给予每个管理账号专属的进入代码与确认密码,以确认各管理者的真实身份。

此外,也有账号等级的设定,依据不同的管理需求设定不同的管理等级,让各管理者能分工管理自己份内的工作,且不能改动其没有权限去改动的资料。其他如密码有效天数、账号有效期限的设定等,让管理账号的安全性更为提高。而账号进入首页则可让不同的管理账号等级看到不同的管理网页样式,拥有不同操作界面的管理网页,让其管理工作更为方便。

2. 站点及商品资料管理

站点及商品资料管理的功能应该是,提供电子商务站点管理者对于整个站点各商店与商店内商品的管理，让管理者可以很方便地新增、删除与修改各项资料，并可针对各商店不同的需求能有不同的商品属性与商品管理功能。

除此之外，还应有对于特价商品的管理功能，使站点内特价商品能在特别明显的位置出现，让顾客在选购时能更为便利。

3. 订单资料管理

订单资料管理应包含所有对于站点订单的管理功能，可以统计出目前站点中各项商品的销售情况，依据销售数量与销售金额等来排名，使得结果更一目了然。也可查询站点中目前的订单处理状态如何，有多少新订单进来，能打印出订货单，设定订单出货，以及进行线上清款与顾客退货等相关信用卡交易行为。

4. 会员资料管理

电子商务企业通常采用会员制，可让顾客登录为会员，以保留顾客的基本资料，除了可借此了解顾客并与顾客取得联系外，同时系统将记录下顾客的相关资料，有需要时可直接从资料库取出，不需顾客重复输入很多繁杂的资料。

管理系统也应提供相关的功能让站点管理者能够简单地管理会员资料，随时依所需查询会员资料，了解顾客的消费群等资料，以作为销售商品的参考。

5. 论坛管理

论坛是为了增加站点及顾客间良好互动关系而设的，顾客可在此留下各种要求与其他顾客或站点共同分享的意见与想法。对于论坛管理部分，系统应提供有多项功能以协助管理者能方便地新增、删除与修改论坛板上的内容，以及对部分内容能加以回应。

6. 最新消息管理

最新消息管理应提供对站点最新公告事项的相关管理功能，包含了新增、删除、修改等功能，使得网上商店管理者能很方便地发布要告知顾客的各项最新消息。

7. 备份和恢复系统

大量的市场信息、销售数据、客户信息以及内部的财务数据在整个企业的运营中起着极为关键的作用。任何数据的丢失或损坏，对整个电子商务站点的运营，乃至整个企业的业务都会产生严重的影响，甚至会造成无法挽回的损失。因此就要求配备备份服务器，有意外情况发生时，备份服务器要能够确保原来服务器上的数据不至于丢失或损坏，能够保证系统的迅速恢复。

计算机中备份的概念很简单，就是保留同现有系统相同的一个后备系统，这套后备系统或者是现有的系统拷贝，或者具有能够替代现有系统的功能。而网络备份则不同，它不仅仅是指网络上的各计算机的文件备份，实际上还包含了整个网络系统的一套备份体系。它要能够完成网络文件的备份和恢复、网络数据库的备份和恢复、网络系统的灾难恢复、网络任务管理等功能。

参考案例

中国企业建站网

随着建站技术的发展,软件建站方式已经成为网站建设的主要方式。当一个企业为网站功能不够强而顾虑,为网站不能个性化定制而烦恼,为网站系统中一大堆不适合的多余功能而感叹,中国大地上涌现出许许多多自助建站企业,帮助用户将顾虑得到完美解决。本案例只是这类网站中的一个。

网站针对不同用户的要求,提供符合实际需要的智能网站。现已推出企业网站、网上花店、网上书店、综合网店、医院网站、学校网站、商贸信息网站、城市美食门户网站等多种专业网站,支持多语言、HTML生成、模版个性化定制和灵活的栏目内容管理功能。创建的智能网站采用独立域名、独立空间、独立数据库,具有更好的安全性。只要选择合适的网站系统,经过简单的申请,就可立即开通需要的网站。

易华合讯是一家位于北京中关村科技园区的高新技术推广应用型企业,主要从事网络通信、网络游戏、网站建设与推广及综合软件开发等工作,并致力于积极拓展更广阔的高新技术领域,秉承"客户第一、质量第一、效率第一"的企业方针和服务准则,每种建站系统都设置有多套模板,每套模板样式各异,可满足不同类型的人对建设一个富于个性化网站的别样诉求。

公司与新浪、搜狐、网易、TOM、3721、万网、百度、网通、电信、中关村数据等公司紧密合作,为用户提供全面一体化的网站推广和主机托管,光纤宽带架设等服务。该网站的主页如图2-6所示。

图2-6 "中国企业建站网"网站主页

建站方法一：选择合适的网站产品→网站试用→自动生成网站→会员中心网站管理→付款开通。

建站方法二：选择合适的网站产品→直接订购→自动生成网站→直接付款开通。

该网站提供部分服务类型如下。

1. 服装服饰店系统

具有服装类网店的常用功能和完善的商品类型管理、商品管理、配送支付管理、订单管理、会员分组、会员管理、查询统计和多项商品促销功能。系统具有静态 HTML 生成、UTF-8 多语言支持、可视化模板引擎等技术特点，适合建立服装、鞋帽、服饰类网店。

2. 网上手机店系统

具有完善的商品类型管理、商品管理、配送支付管理、订单管理、会员分组、会员管理、查询统计和多项商品促销功能；具有品牌选机、手机参数专用输入界面等手机销售网站的特色功能。系统具有静态 HTML 生成、UTF-8 多语言支持、可视化引擎等技术特点，适合销售手机、配件等商品。

3. 城市分类信息网站系统

适合单个城市使用的分类信息发布平台。系统预设了几十种信息类别，针对不同信息具有不同的发布表单和查询界面。具有会员注册、分类信息发布、会员积分、实名验证，信息管理等功能。采用灵活的可视化模板引擎，支持 HTML 静态页面生成和 UTF-8 多语言开发。

4. 律师网站系统

具有律师简介、案例精选、律师风采、法律文书、法律法规、法律常识、在线咨询等律师网站常用的栏目，并预设了二十多种常用分类。用户也可以根据自己的需要创建各种文章、图文、下载型栏目，支持栏目内容加密访问和会员阅读权限控制，支持 HTML 静态网页生成和多语言，可用于创建律师个人网站、律师事务所网站。

5. 建站代理系统

网站空间：200MB，企业邮局：无，免费试用：7 天。

6. 文章网站系统

网站空间：200MB，企业邮局：无，免费试用：7 天。

7. 美食网站系统

网站空间：500MB，企业邮局：无，免费试用：7 天。

8. 商贸网站系统

网站空间：200MB，企业邮局：无，免费试用：7 天。

9. 医院网站系统

网站空间：200MB，企业邮局：无，免费试用：7 天。

10. 学校网站系统

网站空间：200MB，企业邮局：无，免费试用：7 天。

11. 网上书店

网站空间：500MB，网店 LOGO：1 个，免费试用：7 天。

12. 网上花店系统

网站空间：500MB,网店 LOGO：1 个,免费试用：7 天。

13. 综合网店

网站空间：500MB,网店 LOGO：1 个,免费试用：7 天。

14. 月租型三语易站

简繁英三语易站系统,网站空间：100MB,企业邮局：无,免费试用：7 天。

15. 定制型三语易站

简繁英三语易站系统,网站空间：200MB,企业邮局：50MB,网站代制作服务。

16. 推广型三语易站

简繁英三语易站系统,网站空间：200MB,企业邮局：50MB,赠送 GOOGLE 关键词排名。

17. 标准型三语易站

简繁英三语易站系统,网站空间：200MB,企业邮局：50MB,免费试用：7 天。

18. 经济型三语易站

简繁英三语易站系统,网站空间：100MB,企业邮局：无,免费试用：7 天。

19. 企业网站英文

企业网站系统英文,网站空间：200MB,企业邮局：无,免费试用：7 天。

20. 企业网站

企业网站系统,网站空间：200MB,企业邮局：无,免费试用：7 天。

选择模板时的网页,如图 2-7 所示。

图 2-7　选择模板时的网页

本章小结

网站是电子商务经营的平台，有不同规模和层次的电子商务，目前用得最多的是依靠互联网的电子商务。随着计算机网络技术的普及，网站建设的技术已非高不可攀，出现了很多新的软件工具，企业为了发展自己核心竞争力，经常选择网络服务商，将网站建设的具体业务外包。

域名具有商业价值，是企业的无形资产，选取域名有一定的规则和技巧，对企业形象树立有一定作用。网页设计由很多因素构成，网站维护是企业经营的保证，网站推广是营销的重要内容。

复习思考题

1. 网站规划要考虑哪些因素？
2. 企业网站域名的重要性和商业价值表现在哪些方面？
3. 企业电子商务运行涉及社会哪些部门？对环境有什么要求？
4. 企业网站的维护与管理应从哪几方面考虑？
5. 如何判断企业电子商务主页的优劣？
6. 选择 ISP 要考虑到哪些因素？

实践课堂

［**实训项目**］　IIS 安装及其使用

［**实训目标**］　通过安装和使用 IIS，让学生学会自己制作电子商务网站的基本功。

［**实训须知**］　使用 ASP 制作动态网页，必须使用 IIS，所以掌握 IIS 是一个必备的知识点。

［**实训内容及实训过程**］

1. 实训内容

- 安装 IIS；
- 配置和使用 IIS。

2. 实训过程

（1）启动计算机，启动“控制面板”→“添加或删除程序”→“Windows 组建向导”，选择“Internet 信息服务（IIS）”，如图 2-8 所示。

（2）选中“Internet 信息服务（IIS）”，单击“下一步”按钮，一般情况下，系统会提示“插入磁盘”，如图 2-9 所示，放入光盘后，选择正确的目录即可进行安装，如图 2-10 所示。

（3）运行计算机“程序”→“管理工具”→“Internet 信息服务（IIS）管理器”，如图 2-11 所示。

（4）在左边的网站文件夹单击右键，在快捷菜单中选择“新建”→“网站”，如图 2-12 所示，自动进入“网站创建向导”界面，如图 2-13 所示。

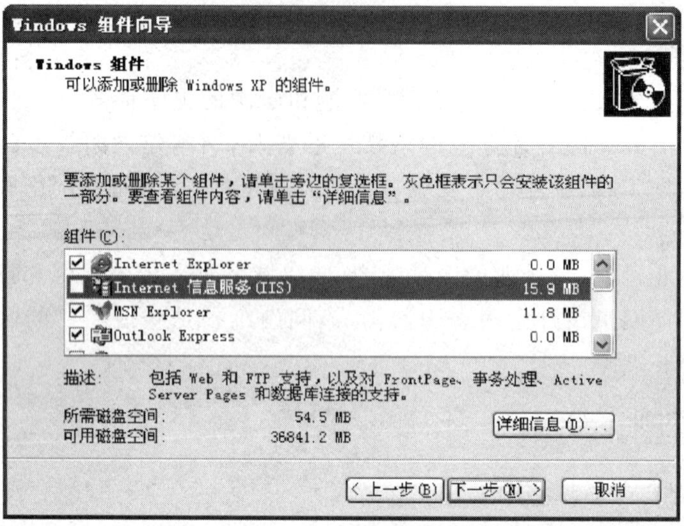

图 2-8 Windows 组件导向

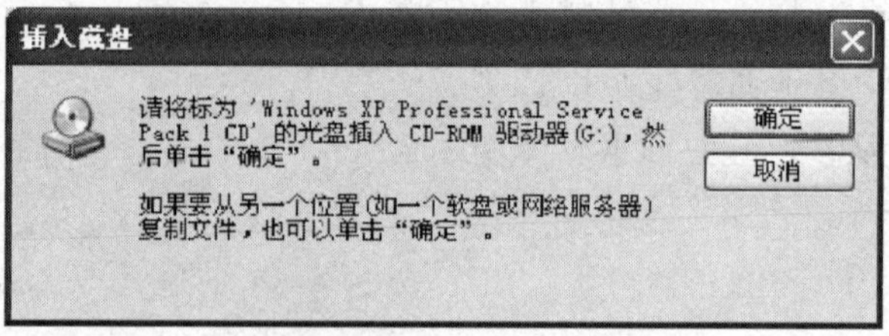

图 2-9 “插入磁盘”提示框

图 2-10 光盘安装

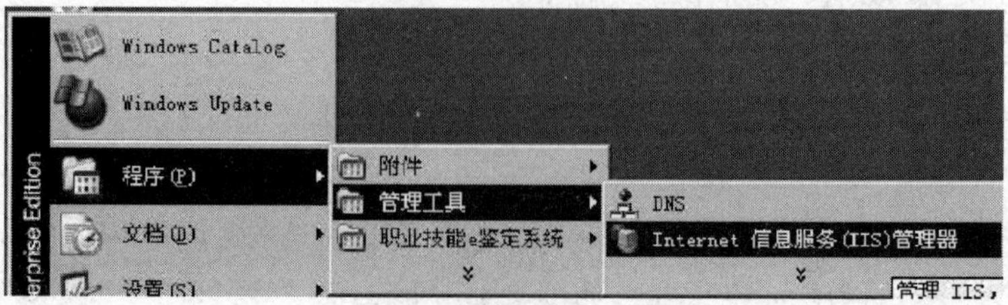

图 2-11 启动 IIS 管理器

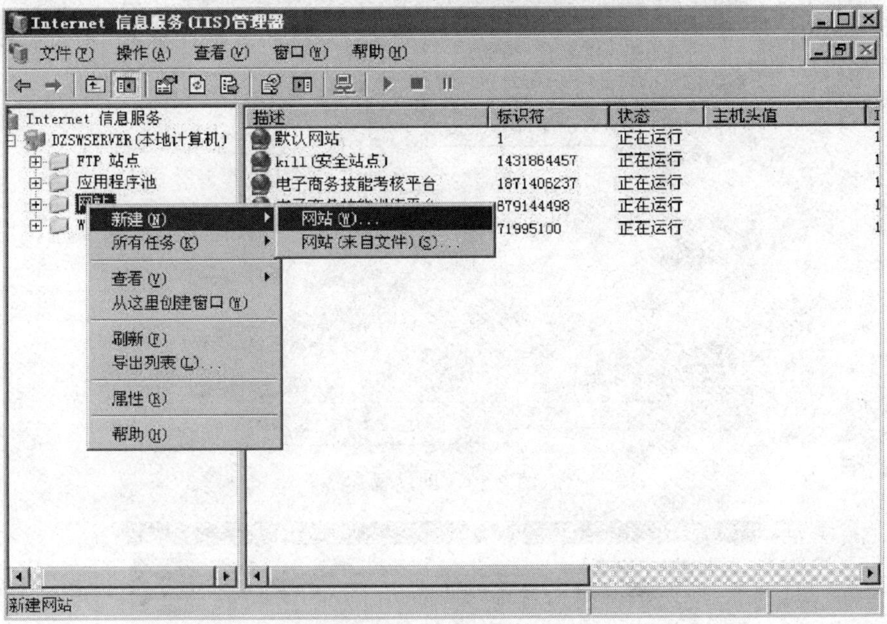

图 2-12　新建网站

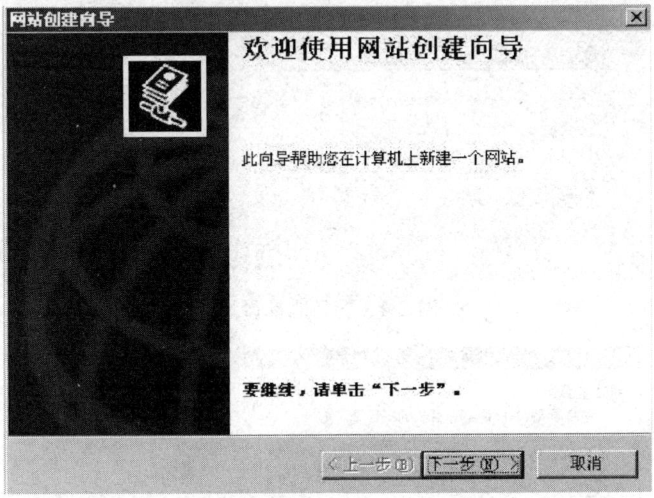

图 2-13　“网站创建向导”界面

(5) 输入网站描述(如图 2-14 所示)后，单击“下一步”按钮。

(6) 输入网站 IP 地址和对应的端口，如图 2-15 所示然后单击“下一步”按钮。

(7) 输入主目录的路径，如图 2-16 所示然后单击“下一步”按钮。

(8) 设置一般访问者访问的权限，如图 2-17 所示。最后在已成功完成网站创建向导页，单击“完成”按钮，此时，Web 站点就创建好了。

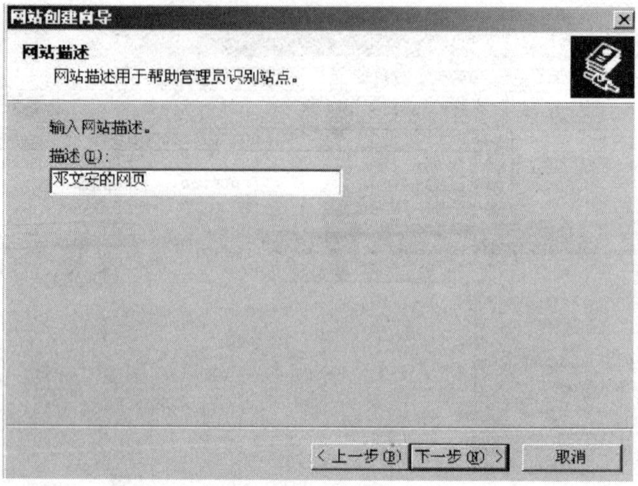

图 2-14　网站描述

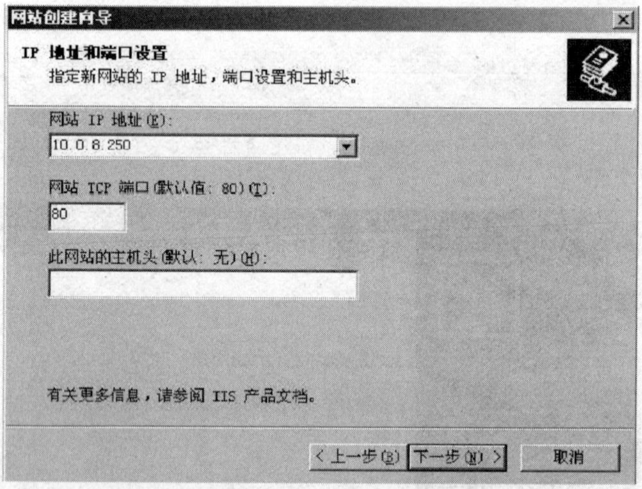

图 2-15　IP 地址设置

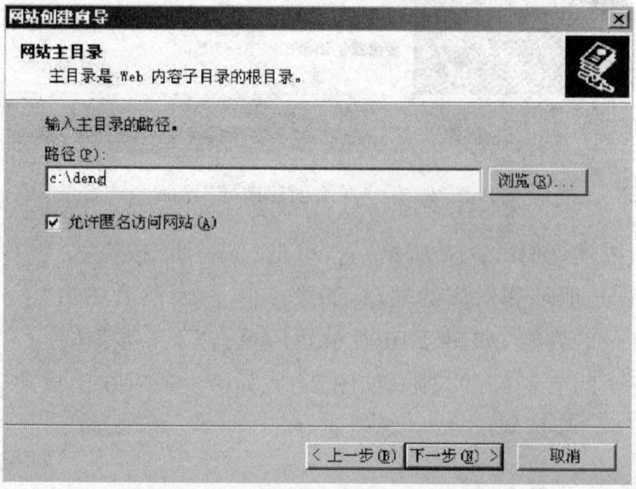

图 2-16　主目录路径的设置

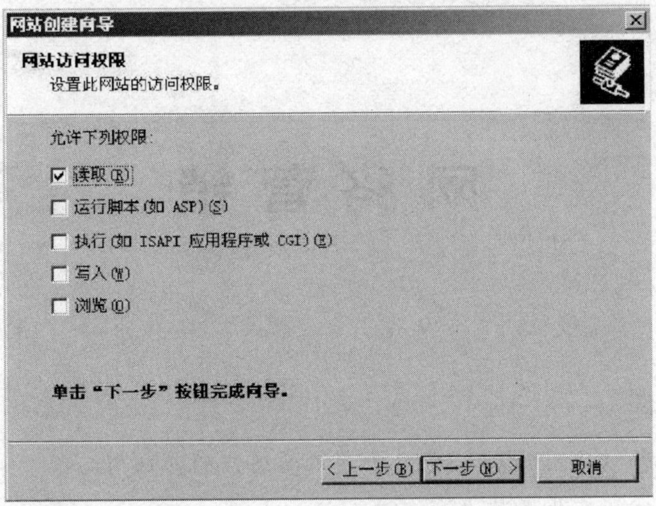

图 2-17　访问权限

[**实训注意**]　IIS 的设置主要是安全性设置,而且经常升级 IIS,防止被黑客入侵。

[**实训练习**]　两个同学一组,分别模拟两种角色,一个是网站管理者,负责管理网站,设置 IIS,另一个扮演一般访问者。

第三章

网络营销

学习目标

1. 了解网络营销规划的基本过程，熟悉网络适应的营销商品；
2. 掌握网络营销的基本特点。

技能要求

1. 能运用常用的网络营销手段促销，能掌握网络调查和分析的方法；
2. 能对网络营销进行成本分析。

引导案例

看 VANCL 与 PPG 的成败谈网络直销

如果要为 VANCL 和 PPG 两家获得今天的成功找相同的理由的话，那么只有两点：因为是男士衬衫；因为实惠。拥有二十多年历史的中国服装业龙头企业雅戈尔的男士衬衫日均销量被新生仅两三年的 PPG 超越，哪位从商的人会不为此而疯狂着迷？

而当 VANCL 陈年在 2008 年 3 月对外宣布日均销量超越 PPG 时，会有更多的商人去探寻其中的奥妙，到底衬衫网络直销领域还能创造多少奇迹。

但只有随着时间过去，大家都从热潮中冷静下来，看得更透彻时，我们才能检验目前的成败，看到未来的发展。

◆ 高速成长之后的思考

基于强大的生产制造能力，中国不缺产品，如果仅仅是依靠优惠的价格去长期打拼市场的话，国产家电行业、国产手机产业的进化史可以作为很好的参考范例。因此，从企业长期经营发展的战略来看，无论仅仅是圈定在网络直销领域还是扩散到全国的衬衫销售市场，及早地认识到这点，会让我们的发展更稳妥。“低价”不应该是两家的核心竞争力和明天成功的根本理由。

相信，男士衬衫适合在网上销售已经成为共识。因为这个共识，数十家 PPG 模式的企业已经杀进男士衬衫网络直销市场，甚至实力雄厚的传统的服装企业也按耐不住。虽然中国男士衬衫消费市场容量庞大，但在群雄面前，现在选择男士衬衫作为创业切入点也许不是你获得成功的一个好理由。

一样是男士衬衫，一样是实惠，通过对 VANCL 和 PPG 这两家风格迥异、经营策略处在两个极端上的企业比较和分析，也许我们能够描绘出明天胜利者的轮廓。

◆ 赌桌上的新手——PPG

PPG 的成功仅仅是因为无处不在！

超过 80%的订单来源于呼叫中心的直接下单是对“PPG 无处不在”的最直接回报。

和 PPG 类似，红孩子、小康之家、麦考林三家依托直销起家发展的公司同样有 70%～90%的订单是直接通过呼叫中心下单的。不过这三家企业都有着 PPG 无法比拟的庞大客户积累和更为深厚的行业沉淀。

红孩子依托全国 16 家分公司 1600 多名的员工支撑着 60 多万活跃客户。

15 年积累和持续经营的 800 万客户数据是小康之家的“持家之本”。

每月超过 200 万的 DM(传单、广告)和遍地开花的线下门店使麦考林成为“直邮、网络、门店”三栖实力派代表。

同样是直销模式，相比起前辈们，PPG 的行业沉淀有明显差距，而最为缺失的其实就是直销模式的灵魂——客户数据库。从这些差距可以判断，托起 PPG 惊人销量的理由只有一个，那就是无处不在的广告。但“无处不在”的成本是巨大的。当不能在短时间之内积累起足够的客户数据库规模时，当投入的产出比和计划的年度销量都严重偏离投资方心理底线时，也许 PPG 的身影就会砰然消失。这也是“轻公司”最大的风险之处。当广告嘎然停止，供应商悄然散去时，“轻公司”还剩下些什么？剩下空荡荡的仓库和呼叫中心的几部电话吗？

但这是所有人都不愿意看到的情形。因为 PPG 不仅触动了所有服装行业企业主的商业神经，引发了服装业网络直销的变革，更是中国 B2C 电子商务跃上新台阶的领航者之一。我们期待的是 PPG 为所有人带来更大的惊喜和成功。

◆ “赌桌”上的新手——浓重的博彩心理

PPG 的广告费用最少有一半被浪费了，但 PPG 不知道浪费的是哪一半。在精准营销概念和应用都逐渐成熟的今天，PPG 的营销重点和大部分的钱却偏偏选择放在了难以掌控直接收益的、相对昂贵的电视、报纸、杂志和户外广告上。而且广告的诉求以品牌宣传和网购衬衫新生活概念宣传为主。PPG 普及了上网买衬衫的理念，但对于成长期的直销公司来说，获得足够的订单是重中之重。况且，打明星牌、打造新生活理念带动产品销售已经是老套路，不再像早两年前那么成效卓著了。在今天，通过烧品牌撑起企业的发展，而且是依托于新兴的网络直销模式，风险之大，无异于博彩。

当然，会有朋友提出“富贵险中求”的观点。如果是经验老道的“职业商界赌徒”，我们有理由给予更多的支持和信赖，但从 PPG 对供应商的管理控制能力、网络营销的策略和技巧、用户购物体验的不佳以及公关危机的生涩处理手法上看，PPG 更像是“赌桌”上的新手。

◆ 互联网成就了后来者VANCL的强大和稳健

PPG用两年多的时间实现了男士衬衫日销量超越雅戈尔，随后，VANCL仅用了5个月超越了PPG，而我想，这还只是陈年重出江湖，上演B2C电子商务好戏的第一幕。

“68元”+“陈年”B2C电子商务里一个漂亮的案例

早期以网络营销为主要推广渠道的VANCL成功的理由可以归纳为两点：那就是“68元”和“陈年”。

在很多方面，VANCL和PPG都非常相似，但营销策略和订单来源这两个关键点上，两者有着截然相反的表现。

VANCL的衬衫有超过80%是直接通过网络销售出去的。到目前为止，VANCL的广告和营销渠道重心集中在互联网，而且营销方面的成本远远低于PPG。这是VANCL和PPG的最大不同之处。

“68元”是VANCL所有广告投放策略、营销策略、产品策略的核心。68元一件的、质量和档次达到相当水平的衬衫在国内几乎是绝无仅有的，在相同品质档次上比PPG还要实惠的衬衫彻底打破了潜在客户群的心理底价，也贴合了消费者潜意识里网络购物比线下购物便宜的心态，VANCL给足了一个让你马上下单订购的理由。

当然，不少行内的专家还会点到许多成功的必要条件，例如衬衫质量的控制和保障、产品的及时补货、物流配送的及时和配送人员服务态度良好等，但我相信这些因素已经成为基础条件，是直销企业获得长远发展的最基本的要求，最近几年里大家不断探讨，通过差异化营销、差异化产品和差异化竞争才能在当今日记激烈的市场竞争中获得成功吗？我想在那么多的衬衫网络直销企业里，不少的经营管理团队都有相当的行业经验，在一些基础性、共性的销售因素上不会有在短期内影响全局的差距存在。因此，“68元”是VANCL成功的核心理由之一。诚然，我们通过媒体上得来的信息可知，VANCL的产品品质优于PPG，而且VANCL的物流配送做得确实不错。

（案例来源：http://www.tui18.com）

第一节 网络营销的相关理念

一、网络营销新概念

（一）网络整合营销

整合的含义包括消费者与营销过程的整合、企业利润和消费者利益的整合。

1. 消费者与营销过程的整合

网络互动的特性使顾客这个角色在整个营销过程中的地位得到提高，使顾客真正参与到整个营销过程中来成为可能，顾客不仅参与的主动性增强，而且选择的主动性也得到加强，因为网络上信息丰富的特征使顾客的选择余地变得很大，在满足个性化消费需求的驱动之下，企业必须严格地执行以消费者需求为出发点，以满足消费者需求为归宿点的现代市场营销思想,否则顾客就会轻而易举选择其他企业的产品。为此,网络营销首先要求把顾客整合到整个营销过程中来,从他们的需求出发开始整个营销过程。

网络营销需要从顾客需求的角度出发研究市场营销理论,从购买者的观点来看,每一种营销工具都是为了传递顾客利益。也就是说企业的每一个决策都应该给顾客带来价值,因为顾客在有很多商品选择余地的情况下,不会选择对自己没有价值或价值很小的商品。

2. 企业利润和消费者利益的整合

在此前提下寻找能实现企业利益最大化的营销决策,可能同时达到利润最大和满足顾客需求两个目标。这应该是网络营销的理论模式,即营销过程的起点是消费者的需求,营销决策是在满足消费者要求的前提下的企业利润最大化;最终实现的是消费者满足和企业利润最大化。

由于消费者个性化需求的良好满足,消费者对企业的产品、服务形成良好的印象,在他第二次需求该种产品时,会对公司的产品、服务产生偏好,他会首先选择公司的产品和服务。随着第二轮的交互,产品和服务可能更好地满足他的需求。

如此重复,一方面,顾客的个性化需求不断地得到越来越好的满足,建立起对公司产品的忠诚意识;另一方面,由于这种满足是针对差异性很强的个性化需求,就使得其他企业的进入壁垒变得很高,这样,企业和顾客之间的关系就变得非常紧密,甚至牢不可破,这就形成了"一对一"的营销关系。

上述这个理论框架称为网络整合营销理论,它始终体现了以顾客为出发点及企业和顾客不断交互的特点,它的决策过程是双向的。

(二)网络"软营销"

网络营销是一种"软营销",这是网络营销中有关消费者心理学的另一个理论基础。导出这个理论基础的原因仍然是网络本身的特点和消费者个性化需求的回归。

1. 传统营销的"硬"方式

传统营销中最能体现强势营销特征的是两种促销手段:传统广告和人员推销。传统广告企图以一种信息灌输的方式在消费者心中留下深刻印象,它不考虑你需要不需要这类信息;人员推销也是一样,他不事先征求推销对象的允许或请求,而是企业推销人员主动地"敲"开顾客的门。在网络上这种以企业为主动方的强势营销会遭到反感的。

2. 网络营销的"软"方式

网络的信息共享、交流成本低廉、传递速度快这一特点形成了网上信息自由,但另一方面,如果没有良好的控制机制,又可能造成信息的泛滥。假如网络营销仍然允许类似传统的强势广告,你每天打开 E-mail 信箱时,可能会发现一大堆垃圾广告,或者是你正在进行文字处理的时候,屏幕上突然出现一幅商业广告,你的感觉如何?

在网上提供信息必须遵循一定的规则,这就是"网络礼仪"。网络礼仪是网上一切行为都必须遵守的规则,网络营销也不例外,"软"营销的特征主要体现在"既遵守网络礼仪又通过对网络礼仪的巧妙运用而获得一种微妙的营销效果"。

概括地说,软营销和强势营销的一个根本区别就在于:软营销的主动方是消费者,而强势营销的主动方是企业。个性化消费需求的回归也使消费者在心理上要求自己成为主动方,而网络的互动特性能使他真正成为主动方。他们不欢迎不请自到的广告,但他们会在某种个性化需求的驱动下自己到网上寻找相关的信息。此时的情况是企业在那儿静静地等待消费者的寻觅,一旦消费者找到你了,这时你就应该活跃起来,使出浑身解数把他留住,更美好的未来是永久的忠诚。

(三) 网络直复营销

从销售的角度来看,网络营销是一种直复营销。直复营销中的"直"是指不通过中间分销渠道而直接通过媒体连接企业和消费者,网络上销售产品时顾客可通过网络直接向企业下订单付款。直复营销中的"复"是指企业与顾客之间的交互,顾客对这种营销有一个明确的回复(买还是不买),企业可统计到这种明确回复的数据,由此可对以往的营销做出评价。

网络销售最大的特点就是企业和顾客的交互,不仅可以以订单为测试基础,还可获得顾客的其他数据甚至建议。所以仅从网上销售来看,网络营销是一类典型的直复营销。网络营销的这个理论基础的关键作用是要说明网络营销是可测试、可度量、可评价的。有了及时的营销效果评价,就可以及时改进以往的营销方式,从而获得更满意的结果。所以,在网络营销中,营销测试是应着重强调的一个核心内容。

网络这个媒介既是市场调研的工具,又是销售产品的渠道,同时还是广告和公关的媒体。顾客想用电子货币付款可在网络上进行,甚至网络还是某些可下载的产品的运货路线。这就使得网络营销是一种很紧凑的全程营销,有时对某个具体的操作方法是属于哪个营销策略很难分得清楚,这也是网络营销作为直复营销的一个具体体现。

二、网络营销的特征和优势

1. 网络营销的特征

(1) 利用互联网全程跟踪营销服务。网络营销是企业以现代营销理论为基础,利用互联网技术和功能,最大限度地满足客户需求,它是营销的最新形式,是由互联网替代了传统媒介,利用互联网对产品的销前、销中、售后各环节进行跟踪服务,满足消费者需求和商家需求。

(2) 以消费者为主导。网络营销的最大特点在于消费者将拥有比过去更大的选择自由,他们可根据自己的个性特点和需求在全球范围内寻找商品,不受地域和时间的限制。通过进入感兴趣的企业网站或虚拟商店,消费者可获取产品的更多的相关信息,使购物更显个性。

个性消费的发展将促使企业重新考虑其营销战略,以消费者个性需求作为提供产品及服务的出发点。此外,随着计算机辅助设计、人工智能等技术的进步,现代企业将具备以较低成本进行多品种小批量生产的能力,这一能力的增强为个性营销奠定了基础。

(3) 具有双向互动的沟通作用。早期的营销方式属于单向式、间接性、多阶层的方式，从业者们为了传达其产品信息与相关的活动内容，大都是透过媒体、广告等方式以达到与消费者接触的机会，但是却很难正确掌握客户的反应和反馈信息，客户也必须透过多层中介媒体才能得知信息，正因为透过中间多层媒体，就不得不花费庞大的营销预算支出。

网络营销是一种互动、直接、具有即时反馈的模式，从业者们透过网络这项新媒体提供公司产品信息给目标客户，消费者亦可透过网络将其需求和意见直接反馈给厂商，节省了传统上买卖双方交易过程中必须花费的交易成本与搜寻成本，并且厂商与客户的双向沟通可以持续不断地进行，以形成良性的正向反馈。即使是中小企业也可通过电子公告栏、线上讨论和电子邮件等方式，以极低成本在营销的全过程中对消费者进行即时的信息收集，消费者则有机会对产品从设计到定价和服务等一系列问题发表意见。

这种双向互动的沟通方式提高了消费者的参与性和积极性，更重要的是它能使企业的营销决策有的放矢，将特定的营销信息传达给特定的个人，包括透过丰富的资料库内容来分析、辨识线上消费者的行为模式或其偏好的交易形态，甚至做到一对一营销。

2. 网络营销的优势

网络营销的优势体现在以下几个方面。

(1) 虚拟市场突破了空间限制。自人类出现商品交换以来，商人们经历了从露天叫卖到进入各种现代化商品交易场所的漫长过程。传统商务的地理分散性造成了低效市场及生产和消费的彼此隔绝，消费者需要了解哪些供应商的产品更好、货源更充足；生产方希望自己的产品有更广泛的销路。当今世界，市场在商品交换过程中所起的作用仍然是最重要的，然而，网络的出现和发展改变了数千年来人们对市场的理解和认识。

网络营销跨越了时间和空间的限制，创造了一个虚拟的市场。以互联网为基础的营销网络的出现缔造了全新的电子时空观，大大淡化了物理意义上的市场作为商品交换场所的原始概念和功能，网络营销方式降低了有形交易市场在商品交换中的作用和地位，取而代之的是更加广泛、频繁、多样化和及时性的商品网络交换，市场变得更加广阔，更加充满诱惑力。

(2) 全天营业促进了商品流通。八小时工作是世界上大多数国家通行的劳动制度。地域的扩展带来时差，但全球市场却是 24 小时运行的，因此在互联网上的市场是"7 天 24 小时制"。这将大大增加交易的机会，使流通更发达，消费者购物更方便。消费者通过互联网，可以 24 小时进行购买，不仅可以节省时间，方便快捷，而且可以省钱省力。

网络上的信息传播以光速运行，这种运行速度将带动整体经济运行速度加快。光速经济最重要的影响是在资本市场上，由于资本市场是信用交易，快速流动的信用交易一旦受阻，将带来很大的风险。

(3) 供求平衡最大限度减少浪费。网络营销缩短了生产者和消费者之间的距离，节省了商品在流通中经历的诸多环节，有利于降低流通费用和交易费用。当企业无法对产品的配置和数量加以精确规划时，供应商不清楚客户何时需要他们的产品，不得不建立库存以应付各种局面，库存常有积压，由此导致供应链臃肿和清理库存造成的损失。网络经济使这种现象逐渐得到改善。

(4) 加强沟通的互动性和实时性。供求交流是一个复杂的劳动与信息密集型过程,传统的营销沟通方式有人员沟通和非人员沟通,人员沟通的效果较好,但沟通费用高,覆盖面小。而非人员沟通虽然能够获得大量的观众,但信息的传递是单向的。由于企业对这样的过程实行的是人工处理,效率十分低下。在合适的时间内把合适的信息送达合适的人,想在单一大型组织中做到这一点都十分困难,更不必说在多个企业中协调了。

网络营销的成功之处,在于它提供了一种双向的、互动的、多媒体的和实时的全新信息传播模式,构建了一条企业和消费者交互式沟通的通道。在网络环境下,任何在线客户都能通过 Web 页面获取所需的信息,企业也可以通过网络与客户进行面对面的交流。与交互式沟通相对应,网络上信息的传递是实时进行的,企业传递信息的过程同时就是客户接受信息的过程。网络营销带来了一种新型的消费观念,消费者从大众中分离出来,消费者直接参与生产和商品流通循环,逐步成为大范围选择的理性的购买者。

(5) 交易费用大大降低。与自给自足经济不同,市场经济中生产者和消费者所处时间和空间都是不对称的。商品在这样的自然空间中要经过多次流通,借助于各种中介组织,才能完成交易过程。由于流通过程的无序以及中介层次多,所以交易费用很高。

在互联网上进行交易活动,就可以在很大程度上避免流通的无序和减少中介层次,降低企业和消费者获取信息的成本,使互联网的时空优势在电子商务中体现出来,经济活动中空间和时间隔离造成的成本将大幅度降低,经济活动的效率提高。

对于企业来说,低成本地获得有价值的商业信息是销售活动取得成功的第一步,网络营销活动是以互联网为基础的,互联网的特点在于开放性、信息自由流动性和共享性。企业可以通过接入相关网络浏览信息,这种信息与传统的纸面广告、电话、传真相比,成本是非常低的,由此降低了经营成本,改善了企业的经营环境。

(6) 有利于企业实现低成本扩张。传统的市场是一个受时间和空间限制的市场,对于资金、实力有限的小企业而言,要实现销售的大规模扩张是极其困难的。网络带来的信息传递和资源共享优势突破了原有的时空界限,企业无论大小,只需较低的成本就可以通过互联网在更大的范围内构建自己的销售网络,使市场更加多样化、个性化和市场细分的彻底化。

(7) 实现以客户为导向的营销目标。网络营销能够真正实现以客户为导向的企业营销目标。在传统营销方式中,由于企业和消费者之间缺少有效的沟通渠道,生产者难以准确地了解消费者的真正需求,造成大规模、标准化的生产模式。互联网的出现将逐渐消除这些障碍,有利于厂商向消费者提供个性化的服务。在产品设计、生产、销售、服务等价值链的各个环节,都可以引入客户的参与,真正实现需求导向。营销工作可以从研究开发阶段就开始,并贯穿营销的始终。

由此可见,网络营销和传统营销方式相比,交易的市场范围大大扩展,交易机会明显增加,交易双方获取信息的成本显著降低,同时,在网络营销中,与客户的沟通方式由单向传递转化为双向、互动式的传递，简化了交易双方的信息沟通过程，使企业以客户需求为导向的营销目标更具有可操作性。

三、网络营销对企业经营的影响

（一）网络营销对企业经营的冲击

1. 改变传统营销模式

传统营销依赖层层严密的渠道，并以大量人力与宣传投入争夺市场的做法，在网络时代将成为无法负荷的奢侈。电子商务的发展使人员营销、市场调查、广告促销、经销代理等传统营销手法与网络营销相结合，并充分运用网上的各项资源，形成以最低成本投入，获得最大市场价值的新型营销模式。

未来的营销方式，将依赖网络作为顾客联系与产品促销的主要渠道，企业的网页成为企业对外的重要联络界面。传统营销的组织与运作方式势必要进行大幅度的转型调整，这也是营销部门未来面临的一大变革挑战。

2. 企业组织的重整

互联网以及企业内联网、外联网带来的效率，使业务人员与直销人员减少、组织层级减少与扁平化、经销代理与分店门市数量减少、渠道缩短；虚拟经销商、虚拟门市、虚拟部门等企业内外部虚拟组织盛行，这些变化将促使企业的组织结构发生变化。

由于内部网络的兴起，改变了企业内部作业方式以及员工学习成长的方式，个人工作者的独立性与专业性将进一步提升。因此个人工作室、弹性工作制、委托外包、分享业务资源等，在未来也将进一步推动企业的内部体制改革。

3. 竞争形态的转变

由于网络的自由开放特性，互联网时代的市场竞争是透明的，人人都能掌握同业与竞争对手的产品信息与营销行为。因此胜负的关键在于如何适时获取、分析、运用从网络上获得的信息，并制订具体的竞争策略。

此外联盟策略也是网络时代的主要竞争形态，如何运用网络来组成合作联盟，并以联盟所形成的规模资源创造竞争优势，是未来企业经营的重要手段。

4. 顾客关系的再造

网络营销的企业竞争是一种以顾客为焦点的竞争，争取顾客、留住顾客、扩大顾客群、密切顾客关系、分析顾客的特性、满足顾客需求，建立顾客对于企业的信任感。这一切与以往会有很大的差异，因此如何跨越地域、文化、时空差距，再造顾客关系，将会需要许多创新的营销作为。

5. 跨国经营的实现

过去企业只需专注本企业与本地市场，国外市场则委托代理商或贸易商经营。但互联网跨越时空连贯全球的功能，已使得全球营销的成本并不见得高于地区营销，因此企业将进入跨国经营的时代。网络时代的企业，不但要熟悉跨国市场顾客的特性、争取信任与满足他们的需求，还要安排跨国生产、运输与服务等。

(二)网上销售对传统商业的影响

1. 对零售业态产生直接影响

据有关方面的估计,在电子商务普及后,以网上交易为主导的无店铺销售有可能达到40%以上。已有不少厂商表示,现有的零售渠道并不能完全令人满意,今后一旦条件成熟,他们将独立地开展直销业务。可以想见,一旦这种局面出现,就意味着厂商可以不通过批发商和零售商向顾客供货,传统流通业将会因此受到极大冲击。

2. 商品配送和交割方式产生变化

现行的商品零售一般是在商店里完成的,商家在店里集中出样,顾客进店现场选购,在多数情况下商店无须为顾客送货上门。电子商务中的网上零售,实际上已经破除了商家对各种商品批量购进、集中存储、坐店销售的方式,商品可以直接送到消费者家中。

这种商品交割方式的变化,说明网上购物使传统的物流配送开始向消费末端延伸,不仅涉及商品配送体系的结构调整及各类有形零售业态如何适应的问题,而且对商业批发集配商品可以提高流通效率、节约社会劳动的理论是一种挑战。传统的批发商、代理商等,在这种冲击面前将有可能萎缩。

3. 配送中介企业兴起

随着电子商务,尤其是网上购物的发展,商品流通基础设施和配套行业的重点将会发生偏转。这个问题目前在美国已初见端倪,各类送货系统、快递运输公司、支付公司信息服务公司等新型物流和中介机构发展呈加速态势,并且有很大的发展空间。

不难看出,由于电子商务的出现和发展,商品流通领域将面临全方位的深刻变革。美国等经济发达国家正在抓紧推进的电子商务革命,将对中国商品流通领域和整个经济发展带来种种影响,确实值得我们认真研究。特别是在全球经济一体化的国际背景下,在我们继续扩大国内流通领域对外开放的同时,深入研究这个问题,审慎制订相应的宏观对策,尤其重要和迫切。

四、网络营销的流程

网络营销的流程包括经营整体策划、扩大网站的访问、营销策略规划等。

(一)经营整体策划

网站策划必须从企业特点、产品结构、发展方向、营销策略出发,对网站规模、基本功能和运作方式进行系统规划,并首先要弄清楚以下几个问题。

1. 确定经营的具体目标

具体考虑的是:建站主要目的是为树立企业形象还是为展示产品;是销售为主还是售后服务为主;是推销新产品还是经营老产品;是品牌为主还是一般产品为主;是收集反应为主还是联络客户为主。当然,企业建立网站可能涉及以上各个方面,但必须有主次、轻重之分。

2. 明确主要目标受众

网站建成后主要是面向什么客户,客户属于哪些群体,客户的年龄分布、职业特征、消费能力、心理特征、需求倾向都要了解。

3. 预期网站特色

网站本身以什么为特色：是以内容为本，设计密集的栏目，还是图片设计新潮；是追求登录速度快而少采用图片和动画，还是忽略登录速度注重视觉效果。

4. 网站的经营方式和经营目标

网站由自己经营还是委托专业服务商经营，是自己定期指导设定要求、目标，还是完全委托别人代劳。

（二）扩大网站的访问

网络世界的网站数目多得不计其数，如何让网络使用者进入到你的网站是一大学问，是网络营销的重点工作，具体方法有下列几种。

1. 提高企业知名度

最直接的做法就是营造公司的知名度，而且申请好记的网址，搭配传统的营销媒体来营销网址。例如，新浪、SOHU、网易等，都是以日常生活中经常会出现的名词为公司的名称和网址，这样的好处是当人们需要这家公司的信息时，不用再费一番心力去查，就可以直接输入网址，进入公司的网站。

2. 登录各大搜索引擎网站

对于大部分的网友来说，门户网站的搜索引擎仍是当大家想要找寻网络上某种信息时，首先考虑的途径。因此主动到这些搜索引擎登录公司网站资料，是一种经济有效的方法。此外，有些网站在提供登录的服务之外，让你的网站排名尽可能靠前，是良好的网络营销方法。

3. 透过广告链接交换

可以设计小型的网站识别图示，然后找门当户对的网站来作为合作伙伴，双方互换广告，无形中提升了网站的访问数量。

（三）营销策略规划

1. 处理好与传统营销的关系

对于已经拥有传统渠道的商家而言，开设网上商店应考虑对传统渠道的影响，并重新拟定整体市场行销策略。网上商店的设立可能引起下游经销商的疑虑，造成传统渠道与新渠道间互相排斥的现象。因此，开设网上商店时应审慎思考，在经营初期，不要孤注一掷，以避免投资的损失。

2. 设计好商品的销售及配送方案

当然，如果商品可以用数字化的方式传送，那么可直接利用网上商店将数字化的产品（如软件、电子书籍、图片）传送给客户；所售商品如果是需要人工递送的实体化商品，网上商店可利用作为商品的展示，考虑使用最经济合理的配送方式。商品的配送应掌握便利与效率的原则。

3. 设定具体可行的营运目标

如果网上商店是开设的第一家店，而且是唯一的渠道，那么暂时先不要将营运目标定得太高,因为依据业者的统计:上网浏览的客户中,真正的购买者仅占 10%以下。营运的初期应以拓展渠道及增加知名度为目标。

4. 经营成本预估

建设网上商店都需要花费一定的成本。直接在互联网上架设自己独立的网上商店,需要申请专用的线路、配置主机、路由器、配备专业人才,一年至少要花费几十万元。普通企业难以承受;采用虚拟主机、服务外包的方式是中小企业最合适的方法,每年的花费大约可以控制在几万元以内,许多企业建立网上商店都采用这种方法。也可以考虑加入网络大型商场租个专柜,费用还可以进一步降低。

小贴士

新浪营销概念

新浪网在新浪汽车网络营销年会上推出了“IMPACT ”这一酝酿许久的网络营销理念。新浪根据自身作为网络营销平台的十年网络营销经验,推出了“IMPACT”网络营销理念。“IMPACT”是六个字母的组合,分别代表互动性(Interactive)、用户黏性(Magnetism)、聚合性(Popularity)、公信力(Authoritative)、创意性(Creative)和精准性(Target)六个网络营销要素。

第二节　网络营销的规划

一、对网络市场的细分

市场是由消费者所组成的,消费者具有不同特性,如地理环境、性别、年龄、文化、生活方式等,这些都可以作为市场细分的变量。一般而言,主要指标有四类:地理指标、人口统计指标、心理指标和行为指标。

1. 以地理指标细分网上市场

地理指标有国别、省市大小、密度、环境和气候等。地理之所以可以用来细分市场,是因为假设不同地理区域的消费者其需求和偏好不一致。然而要注意的是,互联网是开放性的全球网络,它打破了常规地理区域的限制,因此,在网上营销,除非所营销的是区域性的产品或服务或者带有文化差异的产品或服务,否则不宜过分强调用地理来区分市场。

2. 以人口统计指标细分网上市场

人口统计指标包括年龄、种族、性别、家庭人口数、家庭生命周期、收入、教育、宗教、国籍等。人口统计指标常与消费者的需要、偏好和使用频率有关,这些指标常用来作为细分市场的依据。

3. 以心理指标细分网上市场

心理指标包括消费者所属的社会阶层、生活方式、个性特征等。以此细分网上市场,则可以得到不同子市场中的消费者具有不同的心理层面。在生活方式指标的运用上，有著名的AIO分析模式和VALS分类模式。AIO分别指态度、兴趣和意见，VALS是价值观和生活形态的缩写。以此模式可划分出多种生活方式的群体。

这两个分析模式非常适合在互联网上使用。网站可以先依这两个模式的内容来设计问卷，然后在互联网上收集信息，将收集到的信息配合人口统计变量来对其生活方式作分类，从中找出特殊的生活方式群体。同时也利用监视软件追踪浏览者在网上行为的简单办法来分析用户的生活方式。

4. 以行为指标细分网上市场

行为指标主要根据消费者的购买及使用时机（场合）、追求的利益、使用者的状况、使用频率、忠诚度、准备购买的阶段、对产品的态度等进行市场的细分。很多营销人员相信，行为指标是构成市场细分的最佳途径。网站可以设立BBS、网络论坛或者提供网上对话功能，让网友有双向交流的机会，从他们交互过程所留下的信息中，我们可以知道网友的许多想法、兴趣和偏好等。当然，其中也包含他们购买商品所寻求的利益。

以上的各个细分指标并非在任何场合都适用。例如，用收入来细分牙膏市场可能是无效的，因为收入的高低与购买的牙膏数量和品牌之间并无显著的差异。因此，市场细分是否有效，必须具备以下五个特点：

- 可测量性，即细分市场的大小及购买力可以被衡量；
- 可盈利性，指细分市场的规模足够大，有足够的利润空间；
- 可进入性，指企业能有效地进入市场并为之服务；
- 可区分性，从概念上讲，各个细分市场是可以识别的，并且对于不同的营销组合方案有不同的反应；
- 可行动性，企业能系统地制定有效的营销计划来吸引细分市场，并为之服务。

二、制定网上营销计划

制定网上营销计划，具体包括设置网上营销的目标，定位网上营销的形象，确定网上营销的领域等。

1. 设置网上营销的目标

与传统营销一样，网上营销同样需要设置明确的营销目标。只有这样，才能对营销成果作出及时的评价。一般而言，网上营销的目的包括开辟新的市场和销售渠道；开发新的商品和服务；降低产品支持费用；提升企业形象；更好地服务顾客；提供基于Web的决策支持等。

2. 定位网上营销的形象

客户、商业报道、股东或其他投资者等总是在把企业与竞争对手作对比中得到对企业的总体印象。通过对网上竞争对手的分析和不断跟踪，企业可以在如下四类形象中选择自己的定位。

（1）创新型。努力使企业成为网上的革新者，这意味着企业要创造一个规模更大、花费更高、更吸引人的网上形象,在现实世界里投入巨资为网上形象做宣传,而且也力图与其他领先者合作。

(2) 追随型。当一名积极的追随者是一个聪明的办法。这意味着企业要观察竞争对手在网上的尝试,吸取他们好的做法。做追随派可以规避风险,保持网上营销和传统营销之间的平衡。

(3) 观望型。观望型即建立一个中庸的网上形象。企业偶尔会搞些创新,但在大多数领域内,企业要等到有确凿的证据表明那些尝试是成功还是失败之后,才决定自己是否采用。

(4) 保守型。这种策略是企业花在网上的投资微乎其微,仅仅拥有一个起码的网上形象,让竞争对手领先。企业之所以选择这种定位,是因为决定把钱投资在其他商务领域。

3. 确定网上营销的领域

网上营销可以进入网上世界的一个领域、多个领域甚至全部领域。这需要企业根据自己的目的和需要、预算和竞争对手的情况做出决策。网上营销涉及的领域包括：Web站点、电子邮件和新闻组、网上服务。

(1) Web站点。充分利用企业自己的主页页面和相应的链接传递信息,是进行网上营销工作的关键所在。

(2) 电子邮件和新闻组。使用电子邮件,支持企业的网上营销。同时为寻求网上客户支持,要创建列表服务器,以使用邮件列表。

(3) 网上服务。监控网上服务的有关论坛,包括竞争对手的论坛,也包括开辟自己的论坛,为客户支持提供服务。

三、网络商品资源开发

选择和开发网上商品资源对网络营销是十分重要的,每一个企业都要根据市场的需求和企业自身的特点选择好适合本企业网上营销的商品。

(一) 网上商品的定位

确定要开一家网上店铺后,“卖什么”就成为最主要的问题了。要综合自身财力、商品属性以及物流运输的便捷性,对售卖商品加以定位。在这方面,网上开店与传统的店铺并无太大区别,寻找好的市场和有竞争力的产品,是成功的重要因素。

选定网上目标市场后要做的事是对网上商品进行定位,以期在目标市场中确定一个有价值的地位,要有自己与众不同的商品,与本企业的目标市场密切结合。

一个完整的商品概念可分为核心商品、实体商品和延伸商品三个层次。核心商品是商品所提供的核心利益或服务,营销人员可使用网上渠道倾听消费者的心声,以满足消费者的真正需要。实体商品是核心利益概念的转化,通常实体商品都具有五种特点：类型、特性、质量、品牌和包装。实体商品需要经过物流配送体系的支持送达消费者手中。

适合网上营销的实体商品应该是看得到、听得到或想象得到；消费风险小、容易通过联想得到实体感受；质量稳定可靠、能增强消费者的网上购买信心的；品牌产品，具有品牌联想效应，它可暗示商品质量和信誉；包装适当、易于运送的。在实体商品之外更多的服务与利益，构成了延伸商品，如安装、销售服务、运送等。互联网为延伸商品提供了方便、创造了空间，通过网站公司可为顾客提供一系列的增值服务，它们与实体商品一起构成了商品带给顾客的整体感受，也是网上商品定位成败的关键。

（二）网上商品的选择

与传统的零售商业一样，网上零售业同样能够提供零售商重要的竞争能力。首先它允许经营者提供差别化的商品，使之有别于现有的或潜在的竞争对手。其次，在别的竞争者提供相同或类似的替代品时，它可以帮助经营者挽留自己的客户。

不过，网上货源组织与现有的资源组织渠道不同，网上营销需要零售商有全新的技能，特别是商品组织的技能。为了更好地利用网络渠道的交互性、多媒体的技术特征，必须学会筛选适于网上销售的商品。目前，在互联网上销售可能较好的商品有以下几类：

- 标准化程度高，差异性小的商品，如书籍、电子零件。
- 具有独特用途的商品，如鲜花、礼品。
- 购买前的试用并不重要的商品，如一般文具、办公用品。
- 可以用数字技术保存和传递的商品，如软件、电子出版物。
- 消费者已经熟悉、需经常购买的商品，如饮料、食品。
- 寻找挑选费用高的商品，如房屋。

（三）对适销网络商品的分析

就目前的电子商务发展现状和科技水平，并非所有的商品都能在网上销售，今后也永远会有一些商品无法搬到网上经营，对适用于网络营销的商品问题，不同的国家有不同的答案，不同的人士有不同的见解，但还是有一些基本的共识的。

1. 计算机软硬件产品通常销路比较好

目前的网络用户大多数是熟悉计算机的，对于这类信息最为热衷，再加上计算机产品的升级换代快，使得这一市场有着永不衰退的增长点。其次，计算机软件通过网络传输是非常便利的，可以采取试用等方法引起消费者的兴趣。

2. 知识含量高的商品比较受欢迎

音像制品可以借助网络的多媒体特性，将产品的优点淋漓尽致地表现出来，更可以使用免费下载部分产品的方法增加顾客对产品的了解。

3. 创意独特的新产品适应特殊顾客心理

由于可利用互联网沟通的广泛性、便利性将产品的别致之处更主动地向更多的人展示，满足了那些品位独特、需求特殊的顾客的“先睹为快”的心理。

4. 服务等无形商品方便快捷

这类商品包括旅馆预订、鲜花预订、文艺演出票的订购、旅游线路的挑选、储蓄业务和各类咨询服务等发展迅速。借助于网络，这类服务显得更加方便、快捷、有效，也更加人性化。

如果泛泛而言,可以说在互联网上进行市场营销的商品可以是任何商品或者任何服务项目。但是,就像不同的商品适合采用不同的销售渠道一样,网络营销也有其适用范围。有些商品在网上大兴其市,有些商品却迟迟得不到开张,这不能不说与网上商品的适销对路与否有极大的关系。

四、客户群体的掌握

在商品丰富的时代,客户占有消费主动权,因此客户的获得比商品更重要也更困难。

1. 识别客户

识别客户的重要性不言而喻,可以让企业了解哪些客户是最有价值的,这是后续步骤的基础。如果企业不能识别最终的客户,便只能和中间商打交道。

识别客户就是要得到尽可能详尽的客户信息,所谓的详尽信息就不能仅仅是名字和地址,还必须尽可能地包括习惯和爱好等类型的信息。

那么一个庞大的企业面临的客户可能数以百万计,这显然不是一个人或是几个人可能记住的。所以这样的大公司往往会建立一个客户数据库,将所有的客户信息记录在中央信息系统中。相应地也必须建立一套客户识别的机制,对网站来说识别客户是比较容易的,因为网站往往要求每个客户注册一个用户名,用户名是不重复的,而用户需要得到服务必须以注册的用户名和密码进行登录。

2. 区分客户

区分客户是为了将客户分为不同的客户群。最基本和简单的区分方法是将整个客户群分为两类:VIP 客户群和非 VIP 客户群。这两类客户群的需求往往是有很大差别的,企业要将主要的精力集中在那些重要客户身上,为他们提供更好的产品和服务。

根据管理学中的"20%~80%"原理,企业的 80%的营业收入都是来自 20%的重要客户。当然,还可以将客户群更进一步细分为三种、四种,甚至更多种的类别,为每种类别设立不同的优先级。

3. 与客户交互

下一步就是同客户的交互或者说是交流。因为有了不同优先级的客户群,这种交互便是针对于不同的客户群甚至是单个客户而有区别的。为了使这种交流更加经济有效,企业需要采用尽量现代化和自动化的工具和手段;可以考虑采用呼叫中心的方式,也可以考虑将服务从电话移到网上,或者分流一部分到网站上。

与客户交互的目的是为了进一步了解每一个客户的个性化需求,为了将每一个客户的潜在价值以尽可能量化的方式体现出来。

4. 企业客户化

企业最后要做的就是客户化,就是向客户提供个性化的服务。这也是一对一营销的最终目的——提高客户的忠诚度。客户化可以同时表现在产品和服务上,比如产品的不同选件,产品的不同包装和运输方法,还可以体现为每个客户登录网站后看到的不同欢迎页面和显示菜单。

回顾一下一对一营销的概念，就是区别地对待不同的客户，而这种区别对待是建立在前面三个步骤的基础上的。每个客户所说的（客户信息）和所做的（历史记录）都是不同的，企业就是根据这些差异了解到每个客户不同的需要和价值，于是企业可以提供不同的产品和服务。

五、网络消费的心理和行为分析

（一）网上消费者行为分析

互联网用户作为一个特殊的群体，它有着与传统市场群体中截然不同的特性，因此要开展有效的网络营销活动就必须深入了解网上用户群体的需求特征、购买动机和购买行为模式，从而最大限度地捕捉受众的注意力，并将它转化为企业的经济收益。

互联网作为信息沟通的工具，正成为许多兴趣、爱好趋同的群体聚集交流的地方，并且形成一个特征鲜明的网上虚拟社区，了解这些虚拟社区的群体特征和偏好是网上消费者行为分析的关键。

当今企业正面临前所未有的激烈竞争，市场正由卖方垄断向买方垄断演变，消费者主导的营销时代已经来临。在买方市场上，消费者将面对更为纷繁复杂的商品和品牌选择，这一变化使当代消费者心理与以往相比呈现出一种新的特点和趋势。

1. 个性消费的回归

人类的进步和历史的发展常常处于肯定与否定的变化之中，这种轮回不是简单的回归，而是曲折发展，螺旋形上升。人们在历史这张白纸上涂抹上图画，一定时期后，又会将其抹掉，另画一幅，这样循环往复，以至无穷。

在过去相当长的一个历史时期内，工商业都是将消费者作为单独个体进行服务的。在这一时期内，个性消费是主流。只是到了近代，工业化和标准化的生产方式才使消费者的个性被淹没于大量低成本、单一化的产品洪流之中。

另一方面，在短缺经济或近乎垄断的市场中，消费者可以挑选的产品本来就很少，因而个性不得不被压抑。但当市场经济发展到今天，多数产品无论在数量还是品种上都已极为丰富，消费者能够以个人心理愿望为出发点挑选和购买商品或服务。逐渐地，消费者开始制定自己的准则，他们不惧怕向商家提出挑战，这在过去是不可想象的。

用精神分析学派的观点考察，消费者所选择的已不单是商品的使用价值，而是还包括其他的“延伸物”，这些“延伸物”及其组合可能各不相同。因而从理论上看，没有一个消费者的心理是完全一样的，每一个消费者都是一个细分市场。心理上的认同感已成为消费者做出购买的品牌和产品决策的先决条件，个性化消费正在也必将再度成为消费的主流。

2. 消费主动性增强

在社会分工日益细分化和专业化的趋势下，消费者对购买的风险感随选择的增多而上升，而且对单向的“填鸭式”营销沟通感到厌倦和不信任。

在许多日常生活用品的购买中，尤其在一些大件耐用消费品的购买上，消费者会主动通过各种可能的途径获取与商品有关的信息并进行分析比较。这些分析也许不够充分和准确，但消费者却可从中获得心理上的平衡，以减轻风险感或减少购后产生后悔感的可能，增加对产品的信任和争取心理上的满足感。消费主动性的增强来源于现代社会不确定性的增加和人类追求心理稳定和平衡的欲望。

3. 购买方便性需求与购物乐趣追求并存

一部分工作压力较大，紧张度高的消费者会以购物的方便性为目标，追求时间和劳动成本的尽量节省，特别是对于需求和品牌选择都相对稳定的日常消费者，这点尤为突出；然而另一些消费者则恰好相反，由于劳动生产率的提高，人们可供支配的时间增加，一些自由职业者或家庭主妇希望通过购物来消遣时间，寻找生活乐趣，保持与社会的联系，减少心理孤独感。

因此他们愿意多花时间和体力进行购物，而前提必须是购物能为他们带来乐趣，能满足心理需求。这两种相反的心理将会在今后较长时间内并存和发展。

(二) 网络消费者群体的价值

电子商务的初期，网上商家几乎不约而同地采取了“抓眼球”战略。大家都认为，抓住了眼球，就抓住了电子商务的效益。当然，这个战略是切实可行的，但是在具体的战术应用中，恐怕还得看抓什么样的眼球。因为，从某种意义上讲，网上的眼球就有值钱与不值钱之分，发展电子商务，是否应该考虑多抓一些值钱的眼球。

那么，什么样的眼球最值钱呢？下面的分析可能有一些参考价值。

1. 女人的眼球最值钱

在中国，女人大多是家中的一把手，而且女人对商场有一种天生的偏爱，有朝一日让她们迷恋上了电子商场，那么家里的存折就要跟着“倒霉”了。所以，尽管目前网上的消费者中，主流是一些在线男人，但是他们的购物，在家庭开支里只算得小头——只是用少得可怜的私房钱买几本书、购几张光碟而已，真正的消费“大户”，是我们的内当家。

在今后的电子商务大战中，谁能把女性的眼球抓住，把女性的眼球吸引到电子商场，那么，这个商家就是最大的赢家，满可以扯开口袋装银子。

2. 青少年的眼球更值钱

青少年爱上网，是因为网上有许多让他们感兴趣的新鲜事儿，把网上购物这种带刺激的活动当成一种惬意的时尚，尤其是一些从事网络方面工作的青年，他们中大多属于网虫，巴不得吃、住、睡都在网上，加上电子商务也是他们的倡导，自然会带头在网上消费。

因此，可以说，青少年的眼球更值钱。他们在网上接受的新消费观念，将会使他们在今后的日子里成为网上最忠诚的顾客，其潜在价值大得很。作为一出生或一懂事便必然地接受数字文化洗礼的一代，青少年比任何年龄段的人都更容易为“数字生活”所同化、所塑造。

由于这一群青少年的出生或成长期，正值网络科技出现并迅猛发展，他们比起其父母更懂得应用网络科技，更懂得通过网络学习和玩乐，尽管他们没有经济实力，但等他们一旦实力雄厚、羽毛丰满后，将是网上最大的消费群。

3. 银发族眼球也值钱

有人说，中国正向老龄化社会迈进。从现在开始，将有占人口比例越来越大的银发族出现在社会人群中。从上网的要求来看，这些银发族有三个方面的特点。

（1）老来有时间。许多退休老人虽年过花甲，但仍然精神矍铄，没有任何老态。其寿命长者，恐怕还会有一生中的 1/3 时间看世界。生命中余下这么长的时间，总不能天天潭边垂钓、树下对弈，或到老年俱乐部唱唱跳跳。总该有人去寻找一些有意义的事情来做吧！可以说，上网将是他们的一大乐趣。

（2）人老不服老。退下岗位的老人们的心始终没有闲着，他们仍然对社会的变化十分敏感、十分关注，尤其是对自己曾为之奋斗的事业仍有一种参与的愿望。虽然不在其位不谋其政，但是总会从各个方面了解有关信息，或通过一些途径提出自己的一些建议。

（3）越老越有钱。到了退休年龄的人，吃、穿、用相对不多，而其退休工资却相对较高。

银发族这三方面的特点，决定了他们具备上网的条件：有钱有时间，上网又无经济匮乏之虑。特别是他们关心社会发展进步，就会想办法获得社会发展的信息，满足自己参与社会的愿望。而事实上，不少老年人也有上网的愿望。他们说，不求在什么方面超过年轻人，至少不要掉在时代后面太远，那么上网则是他们保持自己永不掉队的最好选择。银发族上了网，电子商务就有把他们的眼球吸引过去的可能。

老年人行动有诸多的不便，子女多半不在身边，而电子商务有可能解决他们的忧虑。只要尝过电子商务甜头的老人，会把自己生活方面的各种需求，都委托给电子商务帮助实现。从事电子商务的企业家们绝对没有任何理由放弃这一潜力十分巨大的市场。

小贴士

对 90 后消费群的营销战略

利用网络等新媒体开展营销活动，要善于借助新媒体的互动传播提升品牌知名度和美誉度，充分利用专业网站、个人网站、BBS、网络游戏、MSN、博客、QQ 群、短信平台以及音频和视频等多种形式结合的方式广泛传播商品信息，更要发挥代言人的影响力和重要参照群体的号召力引导“90 后”的消费方式，还要注重培养“90 后”自己的意见领袖，通过他们的口碑宣传和“病毒性营销”效应和同龄人之间信息交流的相互影响，快速复制和传播营销信息，激发购买行为。

针对“90 后”的个性化营销，要深入挖掘他们的消费特点和个性化元素，并将这些个性化元素与企业的品牌诉求及产品研发密切融合，强力塑造产品及品牌的个性化特点，创造同年轻消费者在精神上的契合和心灵上的共鸣。促销沟通以张扬个性、凸现自我为主,重在培养他们的品牌偏好和品牌忠诚。

第三节 网络营销经营策略

一、企业网站的宣传与推广

无论人们上网做什么,都要预先知道对方的网址,这个特点决定了一个新的站点诞生后,要有一定的宣传期和经营期才会逐渐产生效果。所以,宣传网站是开展网络营销的第一步和重要前提。

(一)网站的宣传

网站推广的常用方法有以下几种。

1. 用电子邮件进行宣传

通过电子邮件进行宣传是一种很直接的推销方式,很像我们常常收到的普通宣传印刷品邮件,不过它是以电子邮件的形式,并对选定的目标客户进行宣传。可以定时向潜在的客户群集中发送目标电子邮件,宣传网站及其内容,通过大量发送的目标电子邮件,可以从中获得非常有价值的客户。

2. 友情链接

当站点有一定访问量和知名度之后,会有一些网站要求建立免费的相互链接,也可以选择一些适合的网站主动请求建立免费的相互链接。这种互惠互利的方式受到很多网站管理员的欢迎。

建立链接之前,首先要确定观看广告的对象,假设产品主要是机械制造类产品并准备提供给国外的用户,那么就要寻找一些国外的机械制造类经销商或服务商的网站,并发出网站链接请求。然后需要选择标题广告显示的地方,一般是选择合适的目录,即在合适的目录内予以显示。最后还要根据对方的要求而定制一个简明扼要的标题广告。

3. 搜索引擎注册

目前互联网站里,有许多知名的搜索引擎,它自动收录提交的网址,并将收集到的信息加以整理、编目并生成分类信息。在进行搜索引擎注册时要注意:将网址提交到最合适的目录里,最简单的办法是看同类产品或服务的网址在哪一个目录下。

4. 利用传统方式推广网址

① 公司印刷品,包括公司信笺、名片、礼品包装都要印上网址名称。

② 报纸是使用传统方式宣传网址的最佳途径。

③ 户外利用公交车身、街头、地铁、建筑物构筑广告牌。

④ 在电视台节目屏幕上,打网址名称或字幕滚动。

⑤ 口头传播,可以通过同事、朋友和家人进行宣传。

(二)吸引流量

吸引流量有以下几种主要方法。

1. 在各大媒体进行广告投放

在各大媒体进行广告投放包括电视广告，网络广告，户外广告等，这种宣传一般都是大公司才有能力投入的，一般的小公司因为经费有限，所以没有太多财力支付。

2. 搜索引擎营销

搜索引擎营销分两种。一个是在搜索引擎进行关键字竞价排名，购买关键字，一个是针对搜索引擎进行网站的优化，这两种方法各有利弊。搜索引擎营销一般是中小型企业常用的方法，也是比较有效的一种方法，因为据调查网站70%的流量都来自于搜索引擎。

3. 开放，合作，双赢

网站发展初期一定要跟别的网站进行合作、交流，一方面能够提高自己网站的流量，另一方面能够提高网站的知名度和美誉度。合作是网站发展的一个非常好的方式，是一个双赢的模式，是一种借力的行为。

4. 由网站业务人员到各大论坛、博客、贴吧等进行大量的帖子文章宣传

这种方式是很多小网站初期采用的方式。这种方式也很有效果，不过对于一个网站品牌的塑造不是很有利。

二、网络营销基本原则

（一）差异性的营销策略

以往工业化和标准化的生产方式使得消费个性被压抑。但网络客户可根据自己的个性特点和消费需求在全球范围内寻找满意产品，而不受地域限制。通过进入感兴趣的企业网址或虚拟商店，消费者可获取产品的更多的相关信息，使购物更显个性。消费者能够以个人消费心理、购物愿望为基础挑选和购买商品或服务。

消费的个性化和竞争的白热化，使网络营销必须以消费者为主导，更注重差异性市场营销策略的运用。所谓差异性营销策略，就是企业利用网络高效率收集和加工来强化处理信息的功能优势，及时把握了解网络客户的不同需求，生产出各类不同的商品，满足其个性化需求。

（二）整合性的网络营销策略

传统的市场营销是单向式的。以广告为例，电视、报纸、广播、路牌都是通过单向信息吸引受众的视觉、听觉，试图将有关信息强加给受众。而在网络营销中，消费者手中掌握着鼠标，他们能够由被动成为主动，参与到双向互动营销过程中。消费者有权自由访问，既可以只看标题，粗略浏览，也可以从头到尾详细查看。

在交互式网络广告页面下，客户可以充分获取新产品的各种信息（产品的特性与功能），对感兴趣的话题可以一步步深入查询，从而明确该产品是否适应自身需求，直到满意为止，而对单向的“填鸭式”营销沟通感到厌倦和不信任。

在许多日常生活用品的购买中，尤其在一些大件耐用消费品（如计算机）购买上，消费者会主动通过网络广告获取与商品有关的信息并进行分析比较，可从中获得增加对产

品的信任和达到心理上的平衡。由于网络销售突破了传统销售的时间及地域限制,客户不仅是营销活动的对象,也是整个营销活动的积极参与者,网络信息传递的丰富性和及时性,使得客户参与产品的设计开发成为可能,大大增强了客户消费的积极性、主动性。

这种双向互动的沟通方式使生产与销售各职能部门实现了高效互动,提高了消费者的参与性和积极性,更重要的是它能使企业的生产目的、营销决策有的放矢,实现生产和消费的统一,从根本上提高消费者满意度,强化其消费的主动性。

(三) 利用网络优势提高消费者的购物效率

在现代社会,随着生活节奏的加快,使得人们越来越珍惜闲暇时间,越来越希望在闲暇时间内从事一些有益于身心的活动,并充分地享受生活。消费者的购物观念因此而发生了改变,迫切需要新的快速方便的购物方式和服务,以最大限度地满足自身需求。

(四) 实行价格优惠满足消费者的心理需求

虽然营销工作者倾向于以各种差别化来减弱消费者对价格的敏感度,避免恶性削价竞争,但价格始终对消费心理有重要影响。网络客户也可在全球范围内找寻最优惠的价格,甚至可绕过中间商直接向生产者订货,以更低的价格实现购买。因为只有尽量实现价格优惠,并且网上的商品交易价格完全公开,才能促使网络客户进行网上购物的尝试并做出购买决定。

网络营销对价格的作用不可忽视。传统营销产品的定价方法有成本导向定价法、竞争导向定向法等,但均以生产成本为基准。网络营销则采用需求导向定价法,以客户为中心定价,以客户的需求强度、心里认可的成本价格作为定价的依据,然后组织生产销售。网上产品的价格具有传统营销不可比拟的价格优势。

由此看来,网络营销利用价格低廉的超级传播通信媒体,使企业的营销活动从传统营销活动所需要解决的生产和消费的几大矛盾中解脱出来,并能提供给网络用户最满意的产品和服务功能。随着网络的延伸,企业可以利用网络营销以较低的成本把自己的产品推向更大的市场,推向整个互联网连接的世界范围。

三、网络营销手段运用

网络营销的方法很多,目前应用的主要有以下几种。

(一) 网络广告营销

由于WWW提供的多媒体平台,使得通信费用降低,对于企业而言,利用它进行产品宣传,非常具有诱惑力。

1. 普通网络广告的特点

网络广告可以根据精细的个性差别将顾客进行分类,分别传送不同的广告信息。而且网络广告不像电视广告那样被动接受广告信息,网络广告的顾客是主动浏览广告内容的。未来的广告将利用最先进的虚拟现实界面设计达到身临其境的效果,给人们带来一种全新的感官体验。以汽车广告为例,你可以打开汽车的车门进去看一看,还可以利用计算机提供的虚拟驾驶系统体验一下驾车的感受。

网络广告是网络营销的主要方法之一，网络广告已不再仅仅局限在标准 BANNER 广告形式，各种规格的按钮广告、异型广告、插播式广告、文字链接广告已经获得普遍的应用，其效果也获得了广泛的认可。

当前，搜索引擎竞价广告是被中小企业广泛使用的一种营销工具，它基于搜索引擎，效果比较直观，只要肯花钱就能占据较好的展示位置，是一种很好的推广方式。

2. 新兴的窄告

窄告是一种新型的网络广告模式，是由天下互联科技有限公司推出的，在新浪网、网易、TOM、中华网、人民网、新华网、中国新闻网等上千家权威网站投放的与文章上下文内容智能匹配的网络分众广告。窄告开创了"每次点击最低价 0.2 元人民币、免费展示"的全新收费模式，被誉为"全球价格最低的广告"，覆盖 90%以上的中文网民。不仅适合于各行各业推广宣传品牌、产品等，也适合各种规格的网络广告发布商。

窄告就是"窄而告之"、"专而告之"，指客户投放的窄告直接投放到与之内容相关的网络媒体上的文章周围，同时窄告还会根据浏览者的偏好、使用习性、地理位置、访问历史等信息，有针对性地将窄告投放到真正感兴趣的浏览者面前。

窄告以其特有的优势与服务，使得投放力度大大增强，给投放商的宣传带来了更多的回报，如节约了更多的资源，宣传推广范围与力度得到强有力的提升，最重要的是为窄告投放者带来了更多有效的客户，从而也带来了更高的宣传回报。

窄告适用于各行各业各种类型的公司、厂家、企业、事业、机关，只要想在互联网上做相关宣传均可投放窄告。例如，宣传自身产品、品牌形象、宣传促销活动、招聘等。

窄告可以直接命中有效的客户，使得广告的回报率提高，同时，窄告的投放对投放商来说是一个可控的过程，投放商可以根据窄告的效果、自己的业务需求，随时改变窄告的投放方式，包括宣传目标、文字、画面等。除此之外，窄告作为新生的服务，在向客户提供服务的同时，也提供了一套专业、完善的服务，因此，窄告是目前广告投放商另一个最佳的宣传途径。

窄告以多种投放方式有机结合的方式，形成业界独有的广告推广模式。

（1）按语义投放。通过对窄告与网站正文内容的语义分析，窄告投放到与之语义相匹配的正文周围，使得窄告与正文的内容具备相关性、延续性。

（2）按地区投放。网络没有时间与空间的区分，但窄告可以通过对访问者所在地域的判断，能自动将窄告投放给指定的目标人群。

（3）按访问者投放。系统可以根据访问者访问历史，确定访问者的职业、兴趣、偏好等，然后通过这些特性，系统有针对性地为其展示适合的窄告。

相对于搜索引擎竞价广告，窄告通过以下几点优势弥补了竞价广告的不足之处：

首先，从受众价值来看，搜索引擎竞价广告基于搜索引擎，只有习惯于进行搜索的网民，才能经常看到竞价广告。而"窄告"基于网络新闻，影响的网民以具有浏览新闻习惯、工作稳定、收入丰厚的中青年人士居多，很多处于管理决策层，不仅消费能力更强，决策权也更加集中,“窄告”的主体客户群商业价值较高。

其次,从消费者接触面来看,搜索引擎竞价广告,只是在搜索结果的单一页面出现,如果网民不进行以“鲜花”为主题词的搜索,则“鲜花”的竞价广告是展示不了的;而“窄告”和文章上下文自动关联、智能匹配,属于嵌入式网络广告。比如,一个关心汽车新闻的网民,不论是通过搜索后点击,还是通过浏览新闻目录,都会浏览到汽车的最新新闻,在新闻旁边,和汽车相关的“窄告”就会自动出现。窄告比搜索引擎竞价广告覆盖面更广、曝光率更高。

再次,从价格来看,搜索引擎竞价广告基于单个关键词竞价,而窄告并不是基于搜索引擎,所以一个窄告可以设定多个关键词,价格也比搜索引擎竞价广告低得多。

最后,从品牌影响力来看,搜索引擎竞价广告的入口比较单一,比如Google、百度,都各自推出自己的搜索竞价广告产品,但只能在它们自己的搜索引擎结果页面上出现,很难覆盖到大型的门户网站;而“窄告”属于广告范畴,克服了搜索引擎竞价广告入口单一的局限,更能通过权威的媒体网络,建立起产品、服务的分众品牌。

窄告为广告主实现了广告的无风险投放,是“按效果计费”的广告。由于窄告可以按点击数来计费,也就是说窄告展示在大量用户面前时,并不产生费用,而只有在浏览者点击了窄告真正进入到广告主自己的网站时,才会计算一次点击费用,所以称为“不点击不收费”,而那些大量的展示都是免费的。

随着上下文广告、个性化定制广告等功能在窄告中实现,更为壮观的变革将产生。以国内零售市场3万亿元总额估算,其中营销费用将达到700～800亿元,窄告带来单位营销成本的巨幅下降,将导致使用窄告的机构数量增长,进而带动中国网络分众广告市场的膨胀。窄告不仅意味着中国单位营销成本的大幅下降,更意味着全新的网络化、分众化的营销方式已经开始对全球最具潜力的市场产生影响。

(二) 电子邮件营销

电子邮件是互联网上使用最多的服务之一。据中国互联网信息中心(CNNIC)最新的调查,我国网上的信息沟通手段中排在前三位的是:即时通信、电子邮件和博客,一些国际著名的咨询公司的研究报告估计E-mail营销的反馈率高达5%～15%,不仅高于网络广告的点击率,而且也高于传统直邮广告的回应率,网络营销人员也对此深信不疑:E-mail营销已成为最常用的网络营销手段之一。

1. 电子邮件营销的基本方法

(1) 收集E-mail地址。最直接的主动收集方法就是:制造某种网上特殊事件让客户参与进来,如竞赛、评比、猜谜、网页特殊效果、优惠、售后服务、促销等。用这种方式来有意识地营造自己的网上客户群,不断地用E-mail来维系与他们之间的关系。这个客户群就是你最大的财富,可以让你将很多营销手段应用于此。

还有一种最简单的办法:从别人手中购买。但是这些地址可能比较过时,而且可能由于别的商家已经对他们进行过大规模的散发广告活动,使他们开始有逆反情绪了。所以,最好的办法是自己去收集。

(2) 管理邮件。当你面对一大堆 E-mail 地址时，首先要考虑用什么方法发送信息。最好的方法是使用设置邮件列表；还可以用电子邮件软件来管理你的 E-mail 地址，比如 Eudora 的 Nicknames 工具，只要建立一个别名就可以包含所有的 E-mail 地址，然后用 Bcc(秘密抄送)的方式发出就可以了。前者的管理效率比后者高，后者主要是手工操作，相对麻烦一些。

2. 电子邮件营销遵循的原则

(1) 快速回复。起码得在 24 小时之内回复客户的询问，而像保单等复杂的问题也许需要较多的时间准备，但至少得立刻通知客户已收到来信。

(2) 内容要言之有物。客户时间宝贵，所以信件要言之有物，让客户觉得读后没有白看之叹。

(3) 附上电话。信件寄出之前一定要请人过目一遍，并附上电话号码，以免消费者需要协助时，不知如何联络。

(4) 避免叠床架屋。若促销渠道包括媒体、电子邮件、电话和其他多种方式等，务必要事先协调，以免同一个客户重复收到相同的促销信息。

(5) 尊重隐私权。征得客户首肯前，不得转售或出租收信人名单与客户背景。

(6) 添加人情味。若碰到客户生日或结婚周年等别忘了做些表示，如附赠折价券等，让客户备觉关心。

(三) 网络新闻营销

如果将电子邮件比喻为私人谈话，将互联网邮件列表比作是一个聚会，那么网络新闻组就像是广场上的公开讨论。网络新闻组是一些有着共同爱好的互联网用户为了相互交换信息而组成的用户交流网。这些信息实际上就是网络用户针对某一主题向新闻服务器张贴的邮件。

新闻组内部又分为若干子专题，子专题下还可以有更小的专题。其内容从日用百货到计算机知识，从风土人情到航天科技，无所不有。由此看出，网络新闻组中的“新闻”概念完全不同于大众媒体对新闻的定义。由于新闻组从诞生开始就是交流信息的渠道和载体，因此，它被誉为网上广告的发源地。随着 Web 技术的发展，新闻组技术已经走过了它的全盛期。

(四) 网上论坛营销

网上论坛是以产业或特定兴趣为主题的讨论。

网上论坛主要运用于顾客服务营销，开拓网上服务市场。它的优点是明显的，可以集中网民的注意力，与网络新闻组相比，每个网上服务论坛瞄准更专门化的用户对象，挖掘更深的、更广的信息。作为一名网上论坛的用户，可以自由地选择加入论坛，与其他的用户进行交流；可以调阅系统上储存的消息，并对它们进行评论；还可以对它们进行检索，搜寻某个关键词或词组。

(五) 网上公关营销

因为网上营销不是一种面对面的销售，所以需要用知识性、趣味性、情感诉求等方式来维系自己的网上社区,如在网页上设置一些公益性栏目或服务性栏目。我们在很多网站上都会看到像“在线反馈”、“读者留言”这样的栏目,它们大都是通过交互式表格 Form 实现的。

(六) 会员制营销

我国不少电子商务网站推出了会员制营销的形式,这种网络营销手段被证明为有效的方式,为众多网上零售网站所采用。会员制营销在中国的前景如何,取决于多个方面的因素,如网站的技术水平和管理能力,会员网站的理解和努力程度,以及整个网上消费市场规模等。

小贴士

网 络 营 销

网络营销产生于 20 世纪 90 年代,发展于 20 世纪末至今;网络营销产生和发展的背景主要有三个方面,即网络、信息、技术的发展。

网络营销概念的同义词包括心动营销,线上营销,互联网营销,在线营销,口碑营销,视频营销,网络事件营销,社会化媒体营销,微博营销,博客营销,知识营销,整合营销,百科营销,百度知道,百度贴吧,百度推广,B2B 营销,B2C 营销,网络品牌推广,邮件营销,即时聊天软件营销,网络精准推广等。

第四节　网络营销中的市场调查

市场调查是针对特定营销环境进行资料收集和分析的活动。利用互联网进行市场调查有两种方式:一种是利用互联网直接进行问卷调查等方式收集一手资料,另一种方式是从互联网收集二手资料,称为网上间接调查。

与传统调查方式比较,网上调查在组织实施、信息采集、信息处理、调查效果等方面具有明显的优势。

(1) 组织简单,费用低廉。网上调查在信息采集过程中不需要派出调查人员、不受天气和距离的限制、不需要印刷调查问卷,调查过程中最繁重、最关键的信息采集和录入工作分布到众多网上用户的终端上完成,可以无人值守和不间断地接受调查填表,信息检验和信息处理由计算机自动完成。

(2) 调查结果客观性高。一是被调查者是在完全自愿的原则下参与调查,调查的针对性更强。二是被调查者在完全独立思考的环境下接受调查,不会受到调查员及其他外在因素的误导和干预,能最大限度地保证调查结果的客观性。

(3) 网络调查具有交互性。网络调查的一大好处是交互性,在网上调查时,被调查对象可以及时就问卷相关问题提出自己更多看法和建议,可减少因问卷设计不合理导致调查结论偏差。同时被调查者还可以是自由的,不受时间限制,在充分了解问卷问题后发表自己的看法，这在传统调查中是不可能的，如平常遇到路上拦截调查，它的调查时间不能超过10分钟，否则被调查者肯定不耐烦，因此对访问调查员的要求非常高。

（4）便于检验和控制。一是网上调查问卷上可以附加全面规范的指标解释，有利于消除因对指标理解不清或调查员解释口径不一而造成的调查偏差。

二是问卷的复核检验由计算机依据设定的检验条件和控制措施自动实施，可以有效地保证对调查问卷100%的复核检验和保持检验与控制和客观公正性。

三是通过被调查者身份验证技术可以有效地防止信息采集过程中的舞弊行为。

（5）无时空地域限制。网络调查是24小时全天候的调查。

一、网上市场调查的步骤

网上市场调查与离线市场调查一样，应遵循一定步骤，以保证调查过程的质量。正规的步骤包括明确问题和调查目标、制定调查计划、收集信息、分析信息以及提交报告。

1．明确问题和调查目标

明确问题和调查目标对使用网上搜索的手段来说尤为重要。互联网是一个永无休止的信息流，当开始搜索时，可能无法精确地找到所想了解的重要数据，但会发现一些其他有价值的信息。

所以，在开始网上搜索时，头脑里要有一个清晰的目标并留心去寻找。一些可以设定的目标是：谁有可能想在网上使用你的产品或服务？谁是最有可能要买你提供的产品或服务的客户？在你这个行业，谁已经上网？他们在干什么？你的客户对你竞争者的印象如何？在公司的日常运作中，可能要受哪些法律法规的约束，如何规避，等等。要提高网上搜索的效益，解决之道是把头脑中概略的、笼统的问题给予分解和具体化。

2．制定调查计划

网上市场调查的第二阶段是制定出最为有效的信息搜索计划。具体来说，要确定资料来源、调查方法、调查手段、抽样方案和联系方法。

在资料来源方面，必须确定收集的是二手资料还是一手资料（又称原始资料），或者两者都要。在互联网上，我们既可以方便地查询到二手资料，也可以收集到一手资料。

在调查方法方面，网上市场调查可以使用专题讨论法、问卷调查法和实验法。专题讨论法是借用新闻组、邮件列表讨论组和网上论坛（也可称为BBS，电子公告牌）的形式进行。问卷调查法可以使用E-mail分送和在网站上刊登等多种形式。实验法则是选择多个可比的主体组，分别赋予不同的实验方案，控制外部变量，并检查所观察到的差异是否具有统计上的显著性。

在调查手段方面，网上市场调查可以使用问卷和软件系统。在线问卷制作简单，分发迅速、回收方便，但要设计得完美和有效，仍有很多要点。除了在线问卷外，还可以采用交互式计算机辅助电话访谈系统和网络调研软件系统。前者是利用一种软件程序在计算机辅助电话访谈系统上设计问卷结构并在网上传输。互联网服务器直接与数据库连接，收集到的被访者答案直接进行储存。后者是专门为网络调研设计的问卷链接及传输软件。

这种软件设计成无须使用程序的方式,包括整体问卷设计、网络服务器、数据库和数据传输程序。一种典型的用法是:问卷由简易的可视问卷编辑器产生,自动传送到互联网服务器上,通过网站,使用者可以随时在屏幕上对回答数据进行整体统计或图标统计。

在抽样方案上,要确定抽样单位、样本规模和抽样程序。抽样单位是确定抽样的目标总体。样本规模的大小涉及调查结果的可靠性,它必须足够地多,必须相应地包括同目标总体范围内所发现的类型相同的各种类型。在选择抽样程序上,为了得到有代表性的样本,应采用概率抽样的方法,因为可以计算出抽样误差的置信度。在概率抽样的成本过高或时间过长时,可以以非概率抽样方法替代。

最后,联系方法是确定以何种方式接触主体,网上市场调查采取网上交流的形式,如E-mail传输问卷、参加网上论坛等。

3. 收集信息

网络通信技术的突飞猛进使得资料收集方法迅速发展。互联网没有时空和地域的限制,因此网上市场调查可以同时在全国甚至全球进行,这与受区域制约的传统调研方式有很大不同。例如,公司要了解各国对某国际品牌的看法,只需在一些著名的全球性广告站点发布广告,把链接指向公司的调查表就行了,而无须像传统调查那样,在各国找不同的代理分别实施。此类调查活动如果利用传统方式是无法想象的,当然问卷的设计要符合网上调查的特殊要求,而不能把传统问卷照搬到网上。

被访者经常会有意无意地遗漏掉一些信息,这可以通过在页面文件中嵌入脚本或CGI程序进行实时的监测。如果被访者遗漏掉了问卷上的一些内容,调查表会拒绝提交或者验证后重发给被访者要求补填。完成后,他们会收到证实完成的公告牌,这就是在线问卷的优点。但遗憾的是无法保证问卷上所填信息的真实可靠性。

4. 分析信息

收集信息后要做的是分析信息,这一步非常关键。"答案不在信息中,而在调查人员的头脑中",调查人员如何从数据中提炼出与调查目标相关的信息,直接影响到最终的结果。这时要使用一些数据分析技术,如交叉列表分析技术、概括技术、综合指标分析和动态分析等。

网上信息的一大特征是即时呈现,而且很多竞争者可能从一些知名的商业网站上看到同样的信息,因此分析信息的能力相当重要,它能使你在动态变化中捕捉到商机。在这方面,有个广为人知的故事。

1997年10月,一家美国商社的老板Neal Bob先生,在互联网上看到以色列的一家当地报纸报道伊拉克可能会对以色列人使用化学武器,以色列的老百姓惶惶恐恐,于是敏锐地捕捉到以色列需要大量的防毒面具的信息。

他马上通过美国的商业站点发布紧急求购防毒面具的信息,接着打电话通知他在以色列的分店经理跟当地最有声望的传媒——以色列电视台和工党党报联系,发布本店即将供应防毒面具的消息；当天就收到来自美国的5家厂商的供货消息，Neal Bob使用的是V-Tel公司的多点广播视讯会议系统，每个供货商彼此都能看到各自的产品和标价，因此为了得到这个合同，彼此竞相降价，最终从原来的145.25美元/件，降到86.6美元/件成交，而且三天之内必须全部运到旧金山的空军基地。

他包租两架美国空军的运输机，于第三天晚上直飞以色列，结果在短短的四天时间，他以每件330美元的高价销售了将近5万多个防毒面具，净赚842万美元，创造了现代商业圈赚钱的奇迹。

5. 提交调研报告

调研报告的撰写是整个调研活动的最后一个阶段。报告不是数据和资料的简单堆砌，调研人员不能把大量的数字和复杂的统计技术扔到管理人员面前，否则就失去了调研的价值。正确的做法是把与市场营销关键决策有关的主要调查结果报告出来，并以调查报告所应具备的正规结构写作。

作为对填表者的一种激励或犒赏，网上调查应尽可能地把调查报告的全部结果反馈给填表者或广大读者。如果限定为填表者，只需分配给填表者一个进入密码。对一些“举手之劳”式的简单调查，可以实施互动的形式公布统计的结果，效果更佳。

二、利用互联网收集竞争者的信息

1. 收集信息的方法

商场如战场，“知己知彼、百战不殆”，互联网作为信息汇集点，在互联网识别出竞争者、分析竞争者，对企业采用正确的营销战略来说是非常关键的。

一般在市场竞争中有三个层次的竞争者，即领导者、挑战追随者和补充者。

领导者在竞争中处于领先地位，关注的是行业内外的有潜在威胁的新出现事物，以保持自身的竞争优势，因此领导者的竞争对象不仅来自行业内部，还必须关注相关行业的威胁，利用互联网收集信息时要扩大收集的范围。

挑战追随者主要是跟踪领导者，在学习和模仿领导者的基础上，寻找机会成为新的领导者，因此追随者的竞争对象主要是领导者，利用互联网主要收集领导者信息。

补充者由于力量较弱不可能直接参与对抗竞争，因此补充者的竞争，表现在利用互联网主要收集被领导者和追随者忽视或不重视的信息，从而寻找市场机会。

2. 收集信息的途径

(1) 访问竞争者网站。领导型的企业由于竞争需要一般都设立网站，我国一些大型企业也纷纷设立网站，如联想、海尔等，这也是挑战追随者获取其竞争者信息的最好途径。

(2) 收集竞争者发布的信息。收集竞争者网上发布的信息，如产品信息、促销信息、招聘信息及电子出版物，最好的办法是作为竞争者的一名顾客。

(3) 多方获取竞争者的信息。从其他网上媒体获取竞争者的信息，如通过网上电子版报纸和电视台的网上站点对竞争者的报道。

(4) 保护性访问。从有关新闻组和BBS中获取竞争信息，如微软为提防Linux对其操作系统Windows的挑战,就经常进行保护性访问,访问有关Linux的BBS和新闻组站点,以获取最新资料加强防护,有人发现微软居然是Linux的BBS站点访问次数最多的。

3. 收集信息的步骤

(1) 首先识别竞争者。寻找网上竞争对手的最好方法是在导航网站中查找。首要任务是确定查询用的关键词。确定关键词要考虑以下因素:在网上开展业务的性质,一般的浏览者在网上查找这类业务时常用的关键词等。通常要确定5～10个关键词或关键词组。

在各大导航站点上分别检索,会得到大量的结果。由于时间和精力的限制,不可能将所有的站点都看一遍,建议根据以下两个因素来选择:审看每条检索结果的描述和只审看前十名或二十名站点。当然,对于国内来说,上网企业还不是很多,通过引擎可能只能搜索到部分的竞争对手,这是要注意的。

(2) 选择收集信息途径。由于互联网上的信息易于获取,因此收集信息必须有选择性,领导者可选择一些公众性媒体收集信息如网上报纸和参与BBS与新闻组讨论,便于发现潜在威胁者和最新竞争动态,然后有针对性访问其挑战者的网站了解其发展状况,以做好应战准备。

挑战追随者主要是选择访问领导者的网站和扮作领导者的顾客收集其信息,同时以一些公众性网上媒体为辅助;补充者可能限于资金等因素,主要通过访问竞争者网站了解竞争动态。

(3) 建立有效的信息分析处理体系。收集信息后必须能有效处理收集来的信息,否则信息再多也成了"垃圾";对于信息收集与处理最好由专人完成,分类管理,并用数据库系统将信息进行组织管理,以备将来查询和使用。

三、利用互联网收集市场行情

1. 主要收集的内容

企业收集市场行情资料,主要是收集产品价格变动、供求变化。目前互联网上设有许多信息网:实时行情信息网,如股票(如中公网证券信息港)和期货市场的、专业产品商情信息网(如慧聪计算机商情网)、综合类信息网(如中国市场商情信息网)。

2. 内容要新要全

收集信息时,通过搜索引擎找出所需要的商情信息网站点地址;访问该站点,登记注册,有的站点是收费的,可以根据所需信息的重要性和可靠性选择是否用收费信息;在商情信息网站点获取需要信息时,一般要用站点提供的搜索工具进行查找,查找方法与搜索引擎基本类似。不同商情信息网侧重点不一样,最好是能同时访问若干家相关、但不完全相同的站点,以求找出最新、全面的市场行情。

四、利用互联网了解消费者的偏好

通过互联网了解消费者的偏好,主要采用网上直接调查法来实现。了解消费者偏好也就是收集消费者的个性特征，为企业细分市场和寻求市场机会提供依据。由于网上的信息开放性，网上用户一般都比较注意保护个人隐私信息，因此直接获取消费者涉及个人隐私的信息时是非常困难的，必须注意一定技巧，从侧面通过关联或测试来了解。

在进行网上问卷调查时，一定要注意网上礼仪，尊重消费者的个人隐私权，否则很难得到正确有效的调查结论，甚至招致报复和攻击。

在利用互联网了解消费者偏好，首先是要识别消费者个人特征，如地址、年龄、E-mail、职业等，为避免重复统计，一般在对已经统计过的访问者在其计算机上放置一个Cookie，它记录下访问者的编号和个性特征，这样一方面消费者下次接受调查时不用填写重复信息，也可以减少对同一访问者重复调查；另外一种办法是采用奖励或赠送办法，吸引访问者登记和填写个人情况表，以获取消费者个性特征。

其次，在对消费者调查一些敏感信息时，应注意一些技巧，如果想知道消费者的个人收入情况，可以通过了解消费者所在地区的邮政编码和它的职业这些不敏感信息，然后根据邮政编码来了解当地收入水平，并根据其职业划分其收入水平档次，同样达到了调查目的，但又不引致消费者的抵触。

通过网页统计方法了解消费者对企业站点的感兴趣内容，现在的统计软件可以如实记录下每个访问网页的IP地址、如何找到该页等信息。根据这些信息，可以判定消费者感兴趣的内容是什么，注意的问题是什么，当然仅仅根据这些信息还是不够的。

五、利用互联网了解市场的相关信息

企业仅仅了解一些与其紧密关联的信息是不够的，特别是在做重大决策时，还必须了解一些政治、法律、文化、地理环境等相关信息，有助于企业从全局高度综合考虑市场变化因素，寻求市场商机。

互联网作为信息海洋，在网上基本都可以了解到上述信息，关键是寻找到有用的信息。对于政治信息，一般可以从一些政府网站和一些ICP站点新闻中查找。对于属于知识性的法律、文化和地理环境信息，可以通过查找一些图书馆中有关电子版书籍获取信息，查找时先利用搜索引擎找出图书馆的站点，然后通过搜索功能查找有关信息。

小贴士

调查问卷题目设计三大要领

消费者愿意填写——选择消费者最关心、与商品使用价值最密切的问题，避免过多隐私。

消费者能够填写——将专业的技术问题转成消费者知识范围内的问题和通俗的语言。

消费者容易填写——尽可能利用选择和判断题型，在5分钟内完成填写。

第五节　网络营销中的顾客关系

一、顾客关系管理的作用

随着市场竞争的愈演愈烈,传统的、静态的、平面的系统越来越难以胜任对动态客户信息的管理,对于客户行为的变化不能做出迅速反应而丧失市场机会的例子不胜枚举。而信息技术尤其是互联网技术的发展,为企业营销提供了全新的平台,互联网催生的CRM(Customer Relationship Management,客户关系管理)系统给企业带来营销方式的重大变革。

CRM系统能够很好地促进企业和客户之间的交流,协调客户服务资源,给客户做出最及时的反应。不但拓展了开发新客户的渠道,而且,有了CRM的支持,所有的客户关系都将贯穿客户的终生。通过对客户资料的管理和挖掘,不仅有助于现有产品的销售,而且能够根据客户特定的需求为他们量身定做,真正做到"以客户为中心",从而赢得客户的"忠诚"。

客户关系管理是企业与客户之间建立的管理双方接触活动的信息系统。在网络时代的CRM应该是利用现代信息技术手段,在企业与客户之间建立一种数字的、实时的、互动的交流管理系统。

CRM营销就是利用有效的客户关系管理达到营销的预期目标。其实,客户关系管理工作不是什么新鲜事,所有的企业都需要管理好自己的客户关系。但是,随着CRM系统的推出,一种全新的营销观念逐渐形成。客户被作为一种宝贵的资源纳入到企业的经营发展中来了。企业把任何产品的销售,都建立在良好的客户关系基础之上,客户关系成为企业发展的本质要素。

二、顾客关系管理的内容

- 客户概况分析,包括客户的层次、风险、爱好、习惯等。
- 客户忠诚度分析,指客户对某个产品或商业机构的忠实程度、持久性、变动情况等。
- 客户利润分析,指不同客户所消费产品的边缘利润、总利润额、净利润等。
- 客户性能分析,指对不同客户消费产品种类、渠道、销售地点等指标划分的销售额。
- 客户未来分析,包括客户数量、类别等情况的未来发展趋势、争取客户的手段等。
- 客户产品分析,包括产品设计、关联性、供应链等。
- 客户促销分析,包括广告、宣传等促销活动的管理。

三、管理客户数据的手段

客户数据一般收集在网络系统的数据仓库中,数据仓库是CRM的灵魂,CRM的很多工作都是以数据仓库为基础展开的。利用数据仓库,企业可以制定准确的市场策略与促销活动,CRM充分利用数据仓库的分析结果制定市场策略、产生市场机会,并通过销售和服务等部门与客户交流，从而提高企业的利润。

客户关系管理系统可以划分为数据源、数据仓库系统和CRM分析系统三个部分。

1. 数据源

数据主要来自四个方面：客户信息、客户行为、生产系统和其他相关数据。

2. 数据仓库系统

数据仓库系统主要分为数据仓库建设和数据仓库两部分。数据仓库建设利用数据仓库的数据ETL和设计工具，将与客户相关的数据集中到数据仓库中；然后在数据仓库的基础上，通过OLAP、报表等将客户的整体行为分析和企业运营分析结果传递给数据仓库用户。

3. CRM分析系统

CRM分析系统由数据准备、客户分析数据集市、客户分析系统和调度监控模块构成。在数据仓库的基础上，由分析数据准备模块将客户分析所需要的数据形成客户分析数据集市；然后在客户分析数据集市的基础上，客户分析模块进行客户行为分组、重点客户发现和性能评估模板的设计与实现；最后，CRM分析系统的分析结果由OLAP和报表传递给市场专家。

四、客户关系管理的过程

首先，数据仓库将客户行为数据集中起来，为市场分析提供依据；其次，数据仓库将对客户行为的分析以报表形式传递给市场专家，市场专家利用这些分析结果，制定准确、有效的市场策略。数据仓库在CRM中有以下三方面的作用：客户行为分析、重点客户发现和市场性能评估。

1. 客户行为分析

客户行为可以划分为两个方面：整体行为分析和群体行为分析。整体行为分析用来发现企业所有客户的行为规律，但仅有整体行为分析是不够的，企业的客户千差万别，根据客户行为的不同可以将他们划分为不同的群体，各个群体有着明显的行为特征，这种划分方式叫做“行为分组”。

通过行为分组，CRM用户可以更好地理解客户，发现群体客户的行为规律。基于这些理解和规律，市场专家可以制定相应的市场策略，同时可以针对不同客户组进行交叉分析，帮助CRM用户发现客户群体间的变化规律。

行为分组只是分析的开始。在行为分组完成后，还要进行客户理解、客户行为规律分析和客户组之间的交叉分析以及发现重点客户。

(1) 客户理解。客户理解又可以称为群体特征分析，其目标是将客户在行为上的共同特征与已知的资料结合在一起，对客户进行具体分析。特征分析至少应包括以下功能：

- 哪些人具有这样的行为？
- 哪里的人具有这样的行为？
- 具有这些行为的人能给企业带来多少利润？

- 具有这样行为的人是否对本企业忠诚?

(2) 客户行为规律分析。客户行为规律分析的目标是发现群体客户的行为规律。一般来说,客户行为规律分析至少应该包括以下内容:

- 这些客户拥有企业的哪些产品?
- 这些客户的购买高峰期是什么时候?
- 这些客户通常的购买行为在哪里发生?

通过对这些客户的行为分析,能够为企业在确定市场活动的时间、地点、合作商等方面提供确凿的依据。

(3) 客户组之间的交叉分析。通过对群体客户的特征分析和行为规律分析,企业在一定程度上了解了自己的客户,但客户组之间的交叉分析对企业来说更为重要。例如,有些客户同时属于两个不同的行为分组,且这两个分组对企业的影响相差很大,但这些客户的基本资料非常相似。此时,我们就需要充分分析客户发生这种现象的原因,这就是客户组之间的交叉分析的重要内容。通过客户组之间的交叉分析,企业可以了解以下内容:

- 哪些客户能够从一个行为分组跃进到另一个行为分组中?
- 行为分组之间的主要差别有哪些?
- 客户从一个对企业价值较小的组上升到对企业有较大价值的组的条件是什么?

这些分析帮助企业能够准确地制定市场策略,获得更多的利润。

2. 发现重点客户

发现重点客户的目标是找出对企业具有重要意义的客户,这些重点客户主要包括以下几类:

- 潜在客户——有价值的新客户。
- 交叉销售——同一客户有更多的消费需求。
- 增量销售——更多地使用同一种产品或服务。
- 客户保持——保持客户的忠诚度。

3. 市场性能评估

根据客户行为分析,企业可以比较准确地制定市场策略与策划市场活动。然而,这些市场活动达到预定的目标是改进市场策略和评价客户行为分组性能的重要指标。因此,CRM 系统必须对行为分析和市场策略进行评估。重点客户发现过程也同时需要对其性能进行分析,然后在此基础上修改重点客户发现过程。这些性能评估都是以客户所提供的市场反馈为基础。

通过数据仓库数据清洁与集中的过程,可以将客户对市场的反馈自动地传输到数据仓库中,这个获得客户反馈的过程被称为客户行为跟踪。

性能评估是改进的重要依据。针对行为分组和重点客户发现过程,性能分析至少具备以下功能:

- 针对每个市场目标设计一系列评估模板，从而使企业能够及时跟踪市场的变化。同时在这些报告中，给出一些统计指标来度量市场活动的效率，这些报告应该按月份更新，并根据市场活动而改变。
- 在一定的时间范围内(3～6 个月)给出行为分组的报告。

小贴士

长尾理论

长尾理论是指，当商品储存流通展示的场地和渠道足够宽广，商品生产成本急剧下降以至于个人都可以进行生产，并且商品的销售成本急剧降低时，几乎任何以前看似需求极低的产品，只要有卖，都会有人买。这些需求和销量不高的产品所占据的共同市场份额，可以和主流产品的市场份额相比，甚至更大。

这个理论近一两年对电子商务及网络营销产生了非常深远的影响。

第六节　电子商务的赢利目标

一、网络营销的成本

（一）网络技术使企业趋向微利化

技术带来价值的增加不等于是企业的赢利。互联网技术革命带来的最大的好处是消费的微利时代的到来，对于生产企业可能带来的是整个赢利水平的降低，而不是提高。不仅如此，企业之间还存在着利润的再分配问题，不同的企业拿到不同的利润份额。

如果新技术使企业赢利在降低，那么企业为什么要采用新技术？是否采用新技术在西方会产生一个“囚徒困境”问题——企业如果都不采用新技术，日子可能都过得好一点；但是率先采用新技术者，就可以打垮后来采用新技术者；企业如果都采用新技术，最终的结果却是企业的赢利率变得越来越低。中国企业所追求的目标与西方企业不一样，国有企业更追求控制权的收益。尽管在所有企业采用后，利润会降下来，但是早采用新技术却可以使企业利润得到大幅度的提高。

（二）网络营销的成本构成

一般说，网络营销的经营成本是关系赢利水平的重要因素，其成本包括以下几项。

1. 交易前的成本

交易前的成本是当用户想上网购物之前，搜索信息时，根据脑海里出现的相关线索进行连接，并试着从这些资料中提取出最合适的信息。这个由过去的经验所形成的基础，可能来自亲友的告知(口语行销)，或来自电视的广告(广告行销)，也可能来自用户的使用经验。然而信息的量可能很多，有时也可能掺杂着情感因素，所以人无法以最有效的方式去判读这些信息，必须借助其他的辅助工具。

许多入口网站所提供的搜索引擎,就是在降低用户寻找信息时的成本。他们提供信息分类功能,是想让有序的分类使用户可以找到所要的内容。更进一步,有些网站还提供了减少比价时间的功能,如 CNET 将搜索器与寻找网络最低价相结合,网擎提供的信息代理人的服务,可以将所需信息寄回自己的电子信箱。有些网站则提供专家、网友的评比作为用户参考的依据。

2. 交易中的成本

交易前的信息搜索完后,双方便开始进行交易。在这期间,交易的安全性可以降低用户因为网络所产生的不确定感。安全性可能包含了银行的安全性、用户资料的安全性、用户隐私的保护,以及产品的保障期限。而网站自身所提供的界面亲和性、动态的便利性、功能的完整性,以及交易时间的长短也会影响交易的成功率。除了上述因素外,事前的交易成本也可能有所分担,这可能是品牌效应或产品的口碑。

3. 交易后的成本

交易完毕后是不是就银货两讫,两不相干了呢?当然不是。这期间的货物能确实、准时、完整地送到,才是用户所关心的,这也就是用户验货的成本,这也包含了后端物流系统的建立。为了减少消费者验货成本的不确定性,亚马逊提供的不满意马上退货、免付邮资的服务,获得了很多用户的青睐。

二、电子商务目前的赢利状况

电子商务的赢利需要一些基本条件。

1. 解决成本控制问题

电子商务企业成本控制主要需要在人力资源、广告宣传、商品库存物流等几个方面,作为一个简单的网上商店,在人力资源上应该调配相当多低层次的服务人员而不是大量的管理人员,而在国内这些企业正好相反,我国不少网站的高层管理人员是从跨国公司挖来的职业经理人,这一笔人力资本的开支相当大。

广告宣传的资金应该控制在 20%以下,事实上在传统的零售业大多数没有相当大的宣传广告,如果广告宣传资金过高而超出商品本身所能带来利润的范围,那企业只能在亏损下生存。商品从库存到配送的一系列流程都应该尽量建立在现有资源基础之上,如果一手包揽将付出相当大的代价以至超过了商品买卖的差价。

2. 提供快捷方便的服务

这个实现起来相当艰难。现在的网上购物在服务上的缺陷主要体现在两个方面:一是商品目录庞杂,查找商品信息困难,并且最终完成认证、在线支付手续相当不方便,而且现在国内大多数支付还是通过传统支付的方式;二是电子商务缺乏完善的后台传统服务的支撑,比如物流、配送等,人们往往需要在一个星期甚至几个星期后才能收到订购的商品,这成为阻碍人们网上购物的重要原因。

正常的电子商务可以节省交易时间,比如戴尔公司使原来要一个星期才能制造交货的计算机减少到一到二天内就可以出货,如果电子商务不能使自己在服务上比传统商务做得更好，以目前它的经营运作，就根本没有任何和传统商务相比的优势。

3. 提高电子商务的战略认识

从国内大的经济环境来看，无论从消费者接受能力和消费能力来看，电子商务在国内都将有一个相当漫长的发展时期。据新华社电 截至 2013 年 6 月底，我国网民数量达到 5.91 亿，较去年底增加 2656 万人。手机网民规模达 4.64 亿，网民中使用手机上网的人群占比提升至 78.5%。如果剔除没有多少消费能力的 20 岁左右的年轻人，再剔除相当大一部分在网吧上网的中学生和一些无力购置上网设备的人，电子商务将迎来它发展的黄金时期。

三、电子商务赢利的途径

电子商务赢利的途径除了增加销售外，就是降低成本。电子商务降低成本主要有以下几个方面。

（一）开店成本

每个互联网上的网店都需要花费一定的建店成本。直接在互联网上架设自己独立的网店，一般要申请专用的线路，配置主机，路由器，配备专业人才，一年至少要花费几十万元，普通企业难以承受。

或者，可以寻找合适的接入网络技术经营商，申请网上主机服务，不需要额外配置，由于多个客户主机共享一台主机的资源，每个客户承受的硬件费用、网络维护费用、通信线路的费用均大幅度降低，是当前非常可靠实惠的做法。

（二）采购成本

1. 批量订购

利用互联网可以将采购信息进行整合和处理，统一从供应商订货，以求获得最大批量折扣。如美国的沃尔玛就是通过其零售管理信息系统将需要采购的信息统一汇集到总部，然后由总部再通过网络统一向供应商批量订购，获得最大限度实惠。

2. 实时订购

利用互联网将生产信息、库存信息和采购系统连接在一起，可以实现实时订购，企业可以根据需要订购，最大限度降低库存，实现“零库存”管理。这样的好处是：一方面减少资金占用和减少仓储成本，另一方面可以避免价格波动对产品的影响。

如美国的戴尔公司通过其灵活的网上采购系统，将其零部件库存时间压缩到一周以内，而其他计算机公司则大多一个月甚至三个月，这对计算机硬件产品一天一价而且不断下降的行业来说，积压库存意味着产品的零部件价格总是比现在价格高，这也是戴尔公司为什么能以比同行低 15%的价格进行优惠销售的重要原因所在。

3. 订购管理的科学化

通过互联网实现库存、订购管理的自动化和科学化，可最大限度减少人为因素的干预，同时能以较高效率进行采购，可以节省大量人力和避免人为因素造成不必要的损失。

4. 信息共享

通过互联网可以与供应商进行信息共享,可以帮助供应商能够按照企业生产需要的进行供应,同时又不影响生产和增加库存产品。

(三) 销售成本

销售成本主要有销售人员费用、运输费用、销售管理费用、广告等促销费用等。互联网出现给企业带来了新的销售模式和管理方式,如网上直销(网上订货)和网上促销等新的销售模式大大降低了销售成本。

1. 利用网上直销降低相关费用

互联网的信息交换可以跨越时间和空间限制,能以低廉费用实现任何地点、在任何时间的一对一交流。借助互联网进行直销,一方面可以将其服务市场拓展到全球,另一方面无须分利给中间商,同时借助互联网用户可以自由访问企业站点,查询产品信息和直接进行订购。

企业借助自动的网上订货系统,可以自如组织生产和配送产品,同时提高销售效率,减少对销售人员的需求。根据分析统计,在未来三年内,信息类企业的产品销售 60%是通过网上订货完成。

2. 利用网上促销降低费用

互联网作为第四类媒体,具有传统媒体无法具有的交互性和多媒体性,可以实现实时传送声音、图像和文字信息,同时可以直接为信息发布方和接收方架设沟通桥梁。如网上广告比同样效果的电视、报纸广告低廉,还有大量免费广告方式,而且可以将广告直接转成交易,吸引消费者通过广告直接产生购买行为。

3. 降低销售管理费用

利用互联网进行网上直销,可以实现订货、结算和送货的自动化管理,减少管理人员需求,提高销售管理效率。如亚马逊的销售管理部门其实只是一些信息处理员,主要进行产品信息目录维护。

4. 降低售后服务费用

大量售后服务可以在网上自动完成。一般的企业网站都有"FAQ"栏,解答顾客常见问题,这降低了售后服务的费用。

(四) 管理成本

利用互联网降低管理中的交通、通信、人工、财务、办公室租金等成本费用,可最大限度提高管理效益。许多在网上创办的企业也正是因为网上企业的管理成本比较低廉,才有可能独自创业和寻求发展机会。

1. 降低交通和通信费用

对于一些业务涉及全球公司,业务人员和管理人员必须与各地业务相关者保持密切联系,许多跨国公司的总裁有 1/3 时间是在飞机上度过的,因为他们必须不停地在世界各地周游以了解业务进展情况。现在利用互联网则可以很好地解决这些问题,通过网上工具如 E-mail、网上电话、网上会议等方式就可以进行沟通。根据统计，互联网出现后可减少企业在传统交通和通信中费用的 30%左右，这一比例还可以增加。

对于小公司而言，互联网更是给他们长了一个“翅膀”，不出家门就可以将业务在网上任意拓展，如美国一个小女孩在 1995 年就利用互联网在家里创办一家网上花店，而且生意覆盖美国，她所需要的只是一台上网的可以接受订单和提供产品信息的服务器，然后聘请几个小工负责按地址进行邮寄即可，后来她与美国联邦快递进行联网后，她只需要将订单信息处理转交给联邦快递，由它将花从花棚直接送到订花者，这一切都是在网上完成的，小女孩的生意现在非常红火。

2. 降低人工费用

传统管理过程许多由企业员工处理的业务，都可以通过计算机和互联网由顾客自己完成。比如，美国的戴尔公司，最开始的直销是通过电话和邮寄实行直销，后来通过互联网进行，由用户通过互联网在计算机帮助下自动选择和下订单，带来的效益非常明显，不但用户在网上可以选择自如，Dell 也无须雇佣大量的电话服务员来接受用户的电话订单，而且避免电话订单中许多无法明确的因素，大大提高效率同时降低大量人工费用。

因此，将互联网用于企业管理，不仅提高工作效率，还可利用它减少工作中不必要的人员，降低人为因素造成的损失。

3. 降低企业财务费用

企业按需生产，按需订货，无须大量存货，或只需为少数特别畅销的商品保持一定存货，大大降低了资金占用，同时借助互联网实现企业管理的信息化、网络化，可以大大降低企业对一般员工、固定资产投入和日常运转费用开支，节省大量资金和费用。

4. 降低办公室租金

通过互联网商业企业可以实现无店铺经营，工业企业可以实现无厂房经营。如亚马逊的网上书店就是典型例子，由于业务是通过网上来完成的，它无须在繁华地段租用昂贵的办公场所。目前，借助互联网许多企业都把办公室从城市繁华中心搬到安定的郊区，既避免市区的拥挤交通，又可以在环境幽雅的低廉费用环境下工作，可谓一举两得。

参考案例 1

海尔家电的新浪微博营销

海尔是国内及国际最著名的白色家电品牌之一，也是中国最具价值品牌。海尔白色家电以其在创新品质及客户服务方面的卓越表现而享有盛誉，并以此长期处于行业领先地位。在海外社会化媒体营销风起云涌的今天，海尔再次引领潮流，在国内其他家电厂商尚未知觉或等待观望的情况下，率先进入了新浪微博开展社会化网络营销活动。本案例尝试对其在新浪微博的营销活动进行一次初步的分析，因海尔家电进入微博的时间尚短,从目前的数据看,可能未必能完整反映海尔社会化媒体营销的真实情况,因此本案例分析仅供社会化媒体营销的爱好者们参考。

第一部分:海尔参与新浪微博营销的现状及相关数据

一、关于现状的一些情况

- 进入新浪微博的切入点:以海尔世博全球营销计划为切入点。
- 营销目标:品牌传播。
- 入驻时间:4月13日,至今(截止到6月3日),不到两个月时间。
- 传播方式:以单向发布海尔与世博相关的新闻、海尔新品上市新闻为主,以跟踪事实热点新闻为辅,双向互动较少。
- 海尔家电微博账号的数量:一个。
- 名称、签名及网址:名称为"海尔家电";签名为海尔集团是世界白色家电第一品牌、中国最具价值品牌;未添加海尔官方网址。
- 背景和头像:微博背景为世博主题背景;头像为海尔Logo。
- 认证:通过新浪V认证。
- 微博资料:目前未填写。
- 标签:物联网、低碳生活、全球化、科技、绿色、上海世博会。

二、一些基础数据

- 粉丝数(到目前为止):13 561人。
- 关注数:12人。
- 发微博数:134篇。
- 日均发微博数:2.5篇。
- 总转发数:334次。
- 最高一次转发量:23次转发,内容为:全球首款物联网洗衣机在海尔诞生。
- 日均转发量:6.3次。
- 总评论数:189个。
- 最高一次评论数:16个评论,内容为:全球首款物联网洗衣机在海尔诞生。
- 日均评论数:3.6个。
- 收藏:基本无数据。

三、其他一些相关数据(效率数据)

- 互动平衡度:关注数/粉丝数=12/13 561≈0。
- 互动热度:评论数/发微博数=189/134=1.41。
- 传播率:转发次数/发微博数=334/134=2.49。
- 用户参与度:评论数/粉丝数=189/13 561=0.01。
- 微博信息质量参数:收藏数/发微博数=0/134=0。

第二部分：对现状与数据的解读

一、现状部分

海尔微博营销的切入点找得较好，营销目标设定为品牌传播也很合理。社会化媒体营销，切忌从打折促销开始，那样的话，用户会感觉社会化媒体营销与传统营销没什么不同，可能很快对这种营销产生免疫，不再关注。在初期阶段，只使用一个账号也有一定好处，这使操作相对简便，用户也不会因为多账号的存在而被弄糊涂。但海尔家电没有填写微博资料，也没有提供官方网站地址，给人的感觉是对微博营销的操作还比较粗糙。既然做了，就要做好，虽然是细节问题，但不能忽视给用户的第一感觉。

二、数据部分

从基础数据部分看，海尔的确是有很大的影响力，其粉丝数量的增长趋势还是不错的。然而其关注数只有12人让人诧异，而且，这12个被海尔关注的人中，几乎都不是海尔的用户。这可能是海尔微博营销管理人员的私人爱好么？粉丝来粉你，你即使不去跟粉丝打招呼，也要立刻关注一下，这关乎海尔品牌的基本用户体验。海尔应该不是来微博唱独角戏的，那为什么不去关注用户？这让人费解。

关于企业微博日发量，没有一定之规，个人的感觉，不要低于3篇即可，多的话，要看企业本身的信息量及信息质量，也不是越多越好。海尔电器的日发帖量为2.5篇，略低。从转发和评论看，目前的互动性还不是很好，互动几乎完全是用户自发，海尔直接进行回复或直接转发用户微博的数量极少。海尔最高评论和最高转发，都出现在同一条微博上，即物联网洗衣机新闻。这说明，目前用户最关心的，还是海尔的产品或新产品。世博营销，是个好题材，但空泛宣传，对用户吸引力并不大，必须结合用户偏好进行推广，才能起到效果。

最后说说几个效率指标。互动平衡度指关注数和粉丝数，要适当平衡，比率在1附近比较合理，过低，说明你还不重视用户，过高，说明你营销过度了，大家会反感。互动热度指一段时期内，你所发的微博的用户响应程度，比值越高，说明相应程度越高，这里应注意，相应程度高不一定就好，也可能是有大量抱怨评论。海尔的互动热度并不很高。传播率，这个不用说，指用户自发转发的效率。与热度一样，好事和坏事都能引起高传播率，这个需要企业随时监控。参与度也不用过多解释，根据字面意思理解即可。信息质量参数，要多说一句，目前很多企业不太关注这个参数，发微博，本来就字数少，因此，企业一定要注意，宁可少发，也要发精华，多发低质量的微博，有害无益。话痨总是被鄙视的，这个做微博营销时，一定要注意。海尔在效率指标方面，目前看表现一般或很差。可以想象的是，海尔还没有真正理解什么是社会化媒体，没有弄清楚社会化媒体营销究竟应该怎么做。

第三部分：案例相关问题讨论

海尔在传统家电行业里几乎是第一个吃“社会化媒体营销”这个螃蟹的企业。但从它参与新浪微博的情况看，似乎海尔还没有把社会化网络营销真正纳入其营销战略，还处于尝试阶段，它在微博中的所作所为，还在秉持传统营销的老一套，也就是，它还没有放下身段，也没有融入到用户中去，还在进行单向的、迫使用户被动接受的说教。这在网络世界里，这实际是行不通的。这个问题，值得所有想参与社会化媒体营销的企业思考。

(案例来源：http://www.tui18.com)

参考案例2

斯沃琪网络营销案例

斯沃琪作为瑞士名表的典范，有着世界名表中的青春力量。斯沃琪手表以其时髦缤纷的色彩、活泼的设计以及颠覆传统的造型，滴答地随着摩登生活的节奏向前迈进。在斯沃琪之前，没有任何流行品牌获得这样的成就：在极短的时间内，占据全球爱好者的心，地位屹立不摇；除了维持既有的版图，同时还持续向其他领域延伸度发展。斯沃琪成功的原因并不是秘密：斯沃琪不只是报时的手表。

斯沃琪，名字中的“S”不仅代表它的产地瑞士，而且含有“second-watch”即第二块表之意，表示人们可以像拥有时装一样，同时拥有两块或两块以上的手表。斯沃琪不仅是一种新型的优质手表，同时还将带给人们一种全新的观念：手表不再只是一种昂贵的奢侈品和单纯的计时工具，而是一种“戴在手腕上的时装”。

斯沃琪品牌通过企业的网络营销发现，目前的网络营销都处在整合资源阶段，品牌企业正在努力的方向是将消费者从之前的单纯接受信息者演变为互动交流者，吸引参与，吸引体验，通过这样的努力，目的很明显，在于提升忠诚度。

所以，对于斯沃琪网络营销来说，从两个角度思考，一是如何整合旧有资源，令旧有资源条件下的消费者开始接受新的传播方式；二是寻找更多的方式令消费者在新的传播方式中培养交流习惯，建立稳固的消费群体。

除此之外，在Web 2.0的个性化和信息自主权的条件下，斯沃琪增进消费者自主性，更多地去开发品牌或产品本身与网络营销之间密切联系的契合点。

更为重要的是，网络营销在未来应该可以成为研究消费者的平台，从中发现消费者需求，作为开发新产品和新业务方向的信息来源，同时因为可以聚集起稳定的消费群体，更可以利用该渠道来进行各类全新尝试，将此前必须在现实中耗费大量人力和物力的工作放到网络中来，快捷而方便地完成这些事务。

还有，①斯沃琪网页使用简短、有吸引力的标题，直接明了斯沃琪表达产品的卖点。②根据最有可能会浏览斯沃琪内容的浏览者群体类型来调节斯沃琪发布的信息。③强烈的吸引力。斯沃琪提供30%的折扣，那就需要用高亮度黑体字来显示它们。④斯沃琪突出产品的信息和创意重点以及与市场上其他产品的对比性。⑤在斯沃琪的网页上，没有使用单一的促销方法，以便增加整体营销力。斯沃琪网站上，在网页的顶部、中部和底部都进行着不一样的促销。这样大大增加斯沃琪产品的成交率！

斯沃琪作为全新的营销理念，将改善对产品的品牌策略、定价策略、营销渠道和广告策略。

斯沃琪的网络营销是一种以顾客为焦点的竞争形态，争取顾客、留住顾客、扩大顾客群、建立亲密顾客关系、分析顾客需求、创造顾客需求。

总之,好的网络营销手段能够为斯沃琪发现大量的潜在顾客,创造极大的利润,斯沃琪品牌定位于时尚的、运动的、音乐的、艺术的……去创造。

(案例来源:http://www.tui18.com)

本章小结

网络营销是电子商务的核心,网络的特征和优势使得传统的营销理论发生变化,出现了新的经营理念。网络营销规划的核心是要准确定位,进行调查分析,综合市场的因素和企业自身的优势,找到适合自己发展的道路。

网络营销的方法和技巧要充分利用和发挥网络的特征,针对市场变化,满足消费者的需求。市场细分有很多方法,网络市场的细分要以人为本,体现服务至上。

复习思考题

1. 电子商务的营销与传统营销相比具有哪些新特点?
2. 制定企业营销战略要考虑的主要因素是什么?
3. 怎样充分利用网络的功能和特点进行市场调研?
4. 网上营销的主要方式和技巧有哪些?
5. 电子商务企业的赢利模式表现在哪些方面?

实践课堂

[实训项目] 网络营销中的市场调查

[实训目标] 掌握在互联网环境下如何进行市场调查的方法。

[实训须知] 在网络上进行网络营销市场调查是一件很容易的工作,但是要达到实训目标所要求的内容,必须按照实训步骤,认真完成,才能达到预期目标。

[实训内容及实训过程]

1. 实训内容

做一个球星问卷调查,设计、发布问卷,并统计问卷数据。调查内容是:被调查者所喜欢的球星。

2. 实训步骤

(1) 进入能进行网络调研问卷使用的网站,这里以“问卷网”为例。在浏览器地址栏输入“http://www.wenjuan.com/”,打开“问卷网”主页,如图 3-1 所示。

(2) 输入注册邮箱,单击“立即注册”,注入注册邮箱,单击“激活”链接激活,然后填写注册信息,如图 3-2 所示。填写完后单击“完成”按钮。

(3) 注册成功后,返回“问卷网”首页。在用户登录处输入用户名和密码后,如图 3-3 所示,单击“登录”,进入“问卷王”管理器。

(4) 单击“创建新问卷”,就可以进行调查问卷的编辑了,如图 3-4 和图 3-5 所示。

图 3-1　“问卷”网站首页

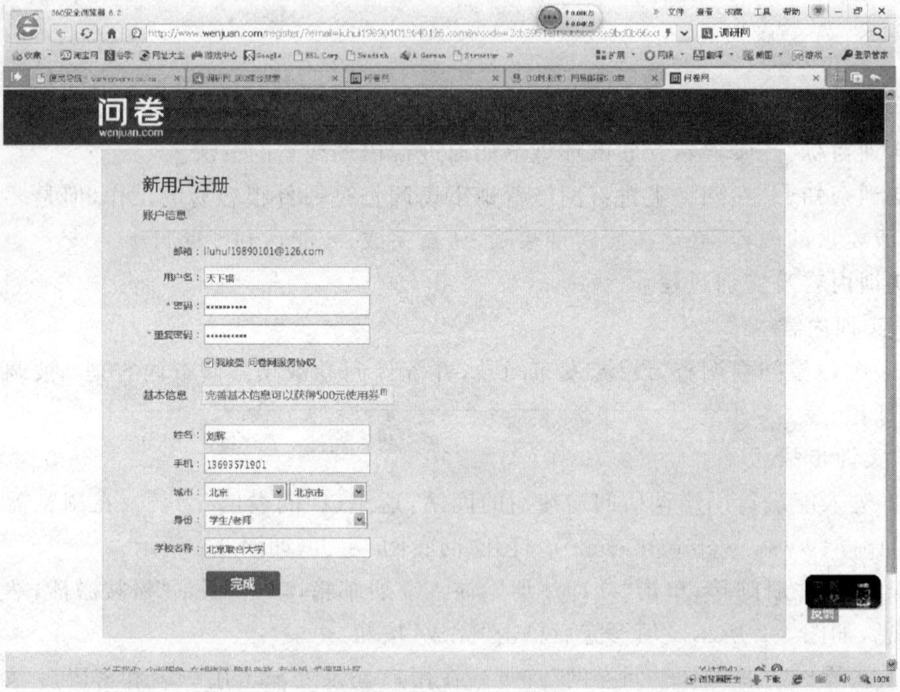

图 3-2　用户注册

图 3-3　用户登录

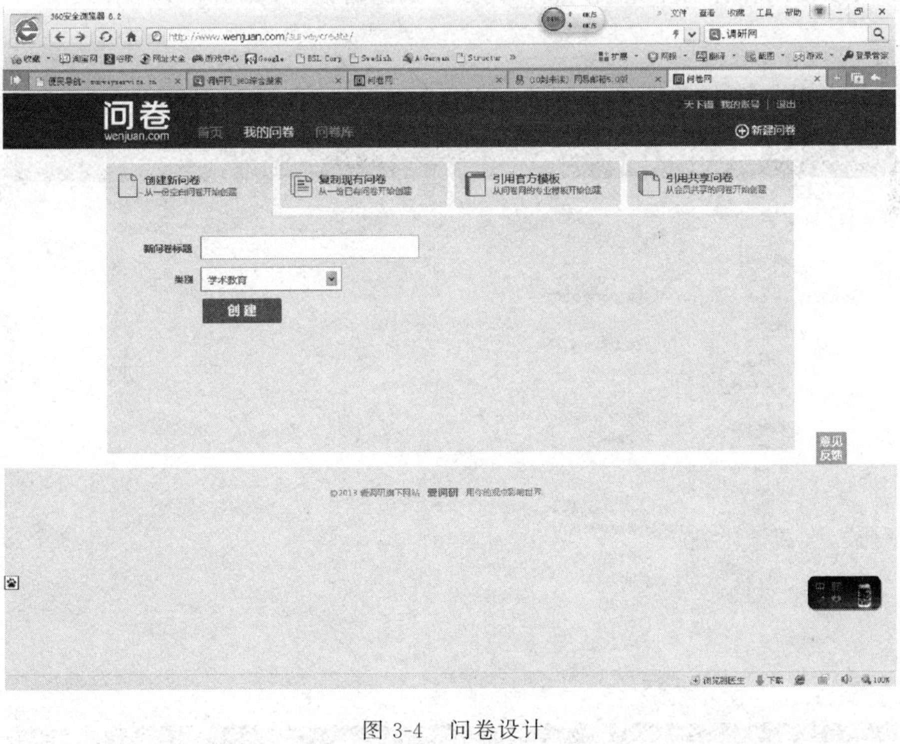

图 3-4　问卷设计

图 3-5　编辑问卷

(5) 可以使用各种功能完成问卷。例如多选题目设计，如图 3-6 所示。

图 3-6　多选题目设计

(6) 题目设置好后,单击“预览问卷”,预览页面如图 3-7 所示。核实相关信息,若无误,则单击“发布问卷”,发布页面如图 3-8 所示。

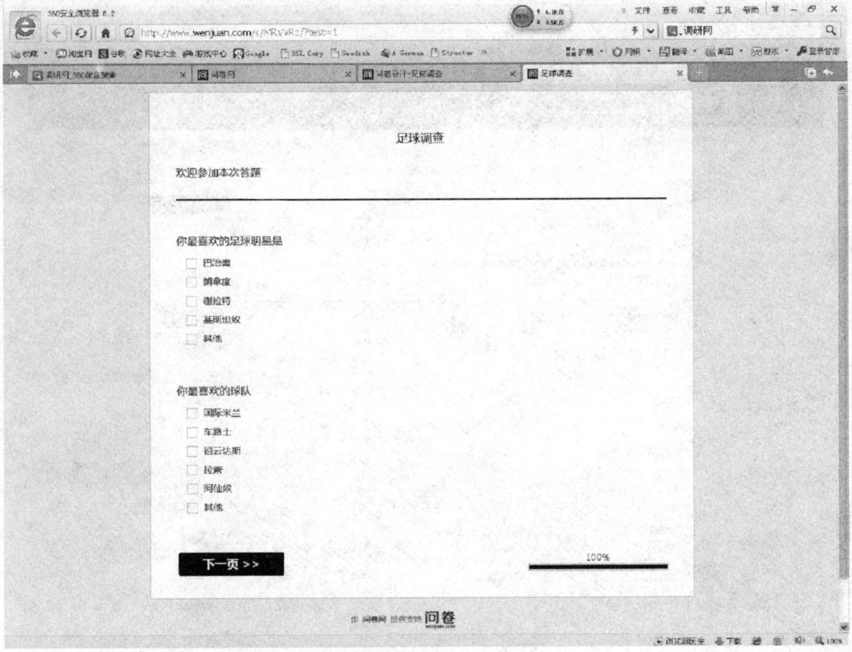

图 3-7 预览页面

图 3-8 发布页面

(7) 最后完成整个问卷设置,系统会给出对应的域名地址,如图3-9所示。在浏览器的地址栏输入问卷网给的这个域名地址后,就能正常进行调研,如图3-10所示。

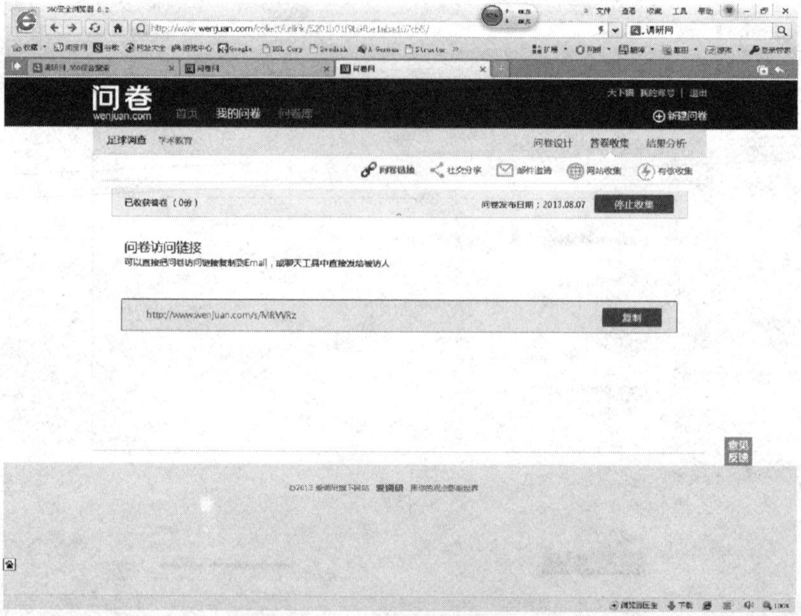

图3-9 问卷访问链接

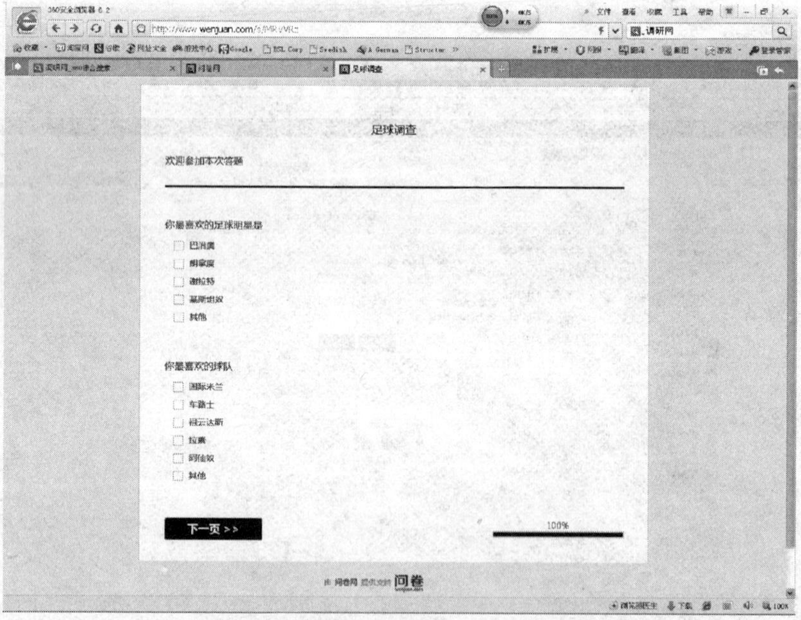

图3-10 问卷页面

[实训注意] 问卷结构的安排,一般按照先易后难、先熟识后陌生、先客观后主观等顺序。

[实训练习] 大家制作一个调研问卷,内容自定。

第四章

电子商务支付

学习目标

1. 了解网络支付存在的主要问题，熟悉电子现金、电子支票、电子钱包的使用；
2. 掌握电子商务支付的基本特征。

技能要求

1. 能分析网络支付存在的优势和不足，能从网上下载网络支付工具；
2. 能掌握电子商务支付的基本流程。

引导案例

手机支付

手机支付也称为移动支付(Mobile Payment)，是指允许移动用户使用其移动终端(通常是手机)对所消费的商品或服务进行账务支付的一种服务方式。继卡类支付、网络支付后，手机支付俨然成为新宠，2009 年中国手机支付市场规模已达到 19.74 亿元。此外手机支付用户规模也早在 2009 年内增长到 8250 万人，2010 年以来国内的三家运营商都加大了在手机支付上的投入力度，但是行业标准的缺失让运营商在发展过程中存在一定盲目性，行业标准的尽早出台势必能够加快手机支付业务的普及速度，工信部等有关部门正在着手小额手机支付标准的研究制订工作。

通过特殊技术(主要是 NFC 近距离通信技术)实现手机支付的手机，可支持电子支付和数据下载等多种功能。未来手机将集成公交卡、银行卡和钥匙等功能，支付部分日常生活服务，方便市民出行购物，这一技术在日本已经十分成熟。这将大大提高公众的生活质量，使出行更加方便。整个移动支付价值链包括移动运营商、移动支付技术实现方案主要有五种：双界面 JAVA card，SIM Pass，RFID-SIM，NFC 和智能 SD 卡。

手机支付是指通过手机对银行卡账户进行支付操作，包括手机话费查询和缴纳、银行卡余额查询、银行卡账户信息变动通知、公用事业费缴纳、彩票投注等，同时利用二维码技术可实现航空订票、电子折扣券、礼品券等增值服务。

手机支付有三种方式。

第一种途径：费用通过手机账单收取，用户在支付其手机账单的同时支付了这一费用，在这种方式中，移动运营商为用户提供了信用，但这种代收费的方式使得电信运营商有超范围经营金融业务之嫌，因此其范围仅限于下载手机铃声等有限业务，交易额度受限(手机话费支付方式)。

第二种途径：费用从用户的开通电话银行账户(即借记账户)或信用卡账户中扣除，在该方式中，手机只是一个简单的信息通道，将用户的银行账号或信用卡号与其手机号连接起来，如果更换手机号则需要到开户行做变更(指定绑定银行支付)。

第三种途径：无绑定手机支付，个人用户无须在银行开通手机支付功能，即可实现各种带有银联标识的借记卡进行支付，采用双信道通信方式进行通信，非同步传输，更加安全快捷，相对而言此种方式最为简单，方便，快捷(即称银联快捷支付)。

第一节　支付与支付系统的演进

一、支付的概念与支付系统的构成

1. 支付的概念

只要有交易发生，就必然引起资金的流动，而资金的流动具体体现为商务伙伴间的支付活动。由于银行的“信用”中介作用，商品交易双方的收付活动，经常演化为银行与客户、银行与客户的开户银行之间的资金收付活动。

2. 支付系统的构成

支付系统主要由下面几个部分构成。

(1) 银行。在当前的各种支付系统中，银行扮演着重要的角色，绝大部分交易的支付是以银行转账的形式进行的。因此，要求银行具备高水平的支付业务设施，为广大客户提供支付服务。

(2) 清算机构。清算机构负责金融机构(银行)间以及金融机构和非金融机构间资金的清分和结算。例如，美国支付系统的银行间资金清算划拨主要是通过两个系统来实现的：一是美国联邦储备体系经营管理的联邦电子资金划拨系统；二是纽约清算所协会经营的银行同业支付系统。

(3) 支付系统的管理者。管理者负责制定支付系统的运作规章，维护支付系统日常运作。一般由中央银行承担这个角色，也有民间组织做管理者的情况，如VISA信用卡组织。

(4) 支付工具。支付工具可以被看做支付命令的载体，是支付体系内用于进行清算的中介，它必须是被交易双方同时认可的一种支付手段。这一载体可被分为有形和无形两种。有形的支付工具有现金、支票、银行卡等，无形的支付工具主要指承载支付命令的电子信息，这些信息必须为有关支付系统所承认。

(5) 国家法律与运作规章。国家法律与支付系统的运作规章为支付系统的参与者明确了各自的权利和义务，并对一些基本问题，如支付工具的使用、支付命令的有效性等进行了规定。明确的法律与规章是支付系统正常运作的基础。

二、支付系统的发展与演进

支付活动是随着商品社会及商品经济的发展而发展的，伴随着支付工具和支付技术的变革与进步，支付系统大致经历了 3 个发展阶段。

1. 实物货币支付系统

从商品物物交换到以实物货币为中介的交换，是支付系统发生的第一次重要变迁。黄金和白银由于它们自身的特性，而充当了一般等价物——货币。此时，交换和支付是同时发生的，货币作为支付工具，初级的支付系统开始形成。

2. 传统信用货币支付系统

纸币的现金支付是现今社会货币支付最普遍的形式，它使用方便，便于携带，特别适合于小额交易，并且不留下交易痕迹。但出于大额支付以及安全性考虑，纸币有不可克服的问题，因此产生各种具有银行信用性质的支付工具，如支票、汇票、本票等。

具有银行信用性质的支付工具，主要通过收、付款人之间存款账户金额转移进行债权债务结算，一般用于企业之间金额较大的支付。此时，商品的交换过程与支付过程发生分离，比较完善的支付系统已经建立。

3. 电子支付系统与网上支付系统

随着电子商务的兴起，产生了与之对应的网上支付系统，网上支付可以使电子交易高效率、低成本的优越性真正发挥出来。如果没有良好的网上支付环境，用户只能采用网上订货、网下支付的方式，也只能实现较低层次的电子交易应用。

三、传统支付方式及其局限性

（一）传统支付方式

传统支付方式主要有三种：现金、票据和信用卡。

1. 现金

在现金交易中，买卖双方处于同一位置，交易是匿名的，卖方不需要了解买方的身份。现金具有使用方便和灵活的特点，多数小额交易是由现金完成的。其交易流程一般是一手交钱，一手交货。现金的交易流程，如图 4-1 所示。

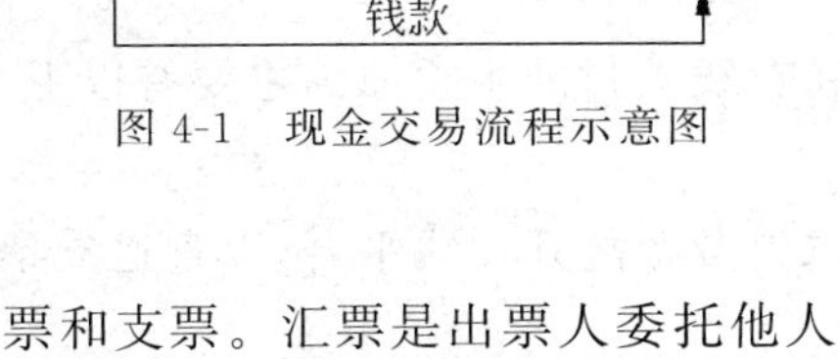

图 4-1　现金交易流程示意图

2. 票据

票据主要包括汇票、本票和支票。汇票是出票人委托他人于到期日无条件支付一定金额给受款人的票据；本票是出票人自己于到期日无条件支付一定金额给受款人的票据；支票则是出票人委托银行或其他法定金融机构于见票时无条件支付一定金额给受款人的票据。

无论是使用支票、本票还是支票，都需要有出票人的签名方能生效。在使用支票进行支付的过程中，支票由买方签名后即可生效。卖方需通过银行来处理支票，需要为此支付一定的费用，而且需要等待提款。具体交易流程，如图 4-2 所示。使用汇票进行支付的流程大致与支票支付流程相同，本票支付流程则有所不同。本票是由买方通过银行处理的，而汇票、支票则是由卖方通过银行处理的。

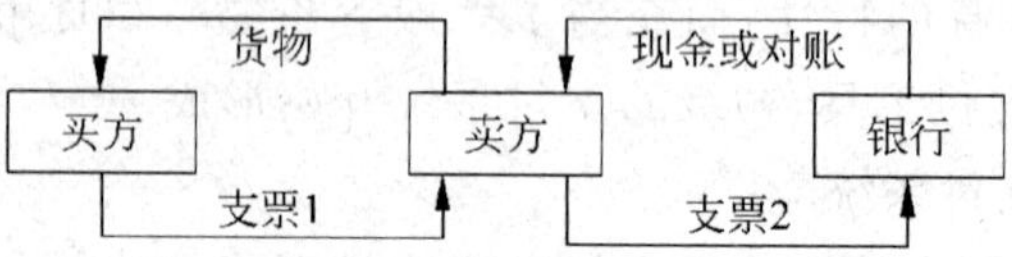

图 4-2　支票交易流程示意图

3. 信用卡

使用信用卡作为支付方式，高效便捷，可以减少现金货币的流通量，简化收款手续；同时，持卡人即使到外地，也可以凭卡存取现金，十分灵活方便，免去了随身携带大量现金的不便，又有安全保障。正是这些特点，信用卡在世界范围内被广泛使用。

我国传统的 4 大银行分别发行了工商银行的牡丹卡、中国银行的长城卡，建设银行的龙卡和农业银行的金穗卡。银联卡，即“银联”标识卡，是经中国人民银行批准，由国内各发卡金融机构发行，采用统一业务规范和技术标准，为解决我国金融机构银行卡的跨行交易而使用的银行卡。

有关信用卡交易的流程，如图 4-3 所示。很多情况下，银行本身就是发卡人，这样使用信用卡进行结算就变得更方便了。

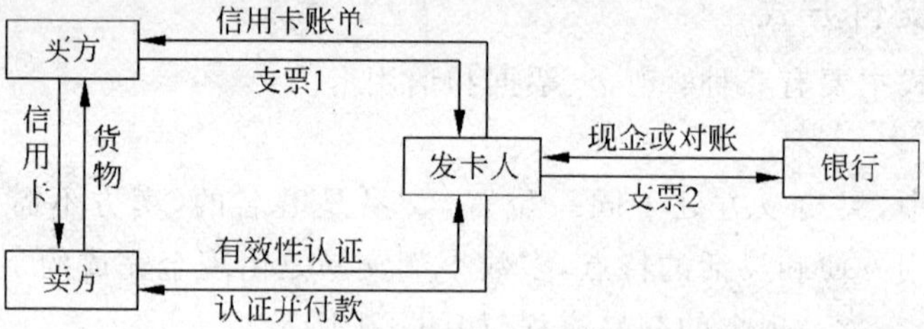

图 4-3　信用卡交易流程示意图

（二）电子商务时代传统支付的局限

传统支付方式不能用在在线支付的主要原因主要有以下几点。

1. 缺乏方便性

传统支付方式通常要求消费者离开在线平台，以寄送支票或使用电话的方式付款。

2. 缺乏安全性

为了在互联网上完成传统支付，消费者必须在线提供卡/账户的信息以及其他个人资料。而传统支付指令传递主要依靠面对面的手工处理和经过邮政、电信部门的委托传递，而且凭证传递时间长、结算成本高，还会引起安全上的风险。

3. 缺乏覆盖面

信用卡只能在特约经销商处使用，一般不支持个人或企业之间的支付交易。

4. 缺乏适用性

并不是所有的购买者都能达到合格的信用卡标准而拥有信用卡或支票账号。

5. 缺乏小额交易的能力

互联网上的许多交易都是小额交易，所以为了此笔交易所花费的电话或信件的费用都是额外的开销，导致其支付成本相对过高，很多销售商不能接受。

小贴士

纸币的起源

纸币的出现是货币史上的一大进步。钱币界有人认为中国纸币的起源要追溯到汉武帝时的“白鹿皮币”和唐代宪宗时的“飞钱”。“白鹿皮币”只是作为王侯之间贡赠之用，并没有用于流通领域，只能说是纸币的先驱。“飞钱”出现于唐代中期，实质上只是一种汇兑业务，它本身不介入流通，不行使货币的职能，因此也不是真正意义上的纸币。北宋时期四川成都的“交子”则是真正纸币的开始。

第二节　电子支付系统

在电子商务活动中，支付环节的重要性越发突出。虽然电子商务也可通过传统的支付方式进行清算，例如银行支票、旅行支票或汇款单等，但是电子支付方式显然有着更大的优越性。因为它们比传统的支付方式更加快捷，成本更加低廉，而且实现了对网上购物者来说更加方便的网上支付。

一、电子支付的概念及其特征

1. 电子支付的概念

中国人民银行于2005年10月发布《电子支付指引(第一号)》，提出了有关电子支付的定义为：电子支付是指单位、个人直接或授权他人通过电子终端发出支付指令，实现货币支付与资金转移的行为。电子终端是指客户可用以发起电子支付指令的计算机、电话、销售点终端、自动柜员机、移动通信工具或其他电子设备。

参照上述定义，电子支付可以表述为以计算机和通信技术为手段，通过计算机网络系统以电子信息传递形式实现的货币支付与资金流通。

2. 电子支付的特征

与传统的支付方式相比，电子支付具有以下特征。

(1) 数字化的货币。电子支付是采用先进技术通过数字流转来完成信息的传输；而传统的支付方式则是通过现金的流转、票据的转让及银行的汇兑等物理实体来完成款项支付的。

(2) 互联网的平台。电子支付的工作环境是基于一个开放的系统平台(如互联网)，而传统支付则是在较为封闭的系统中运作(如金融专用网络)。

(3) 现代通信手段。电子支付使用的是最先进的通信手段，而传统支付使用的则是传统的通信媒介。电子支付对软、硬件设施的要求很高，而传统支付在客户端几乎没有什么要求。

(4) 突破传统界限。电子支付打破了时空的限制，可以满足 24/7(每周 7 天，每天 24 小时)的工作模式，而且支付费用相对于传统支付来说也非常低。

3. 电子支付的发展阶段

互联网和电子商务的快速发展极大地推动了银行支付系统的创新与发展，银行进行电子支付的 5 种形式分别代表着电子支付发展的不同阶段。

(1) 第一阶段，银行间采用安全的专用网络进行电子资金转账(EFT)，即利用计算机及通信网络进行账户交易信息的电子传输，办理结算，如工商银行实时电子汇兑系统。

(2) 第二阶段，银行计算机与其他机构的计算机之间进行资金汇划结算，如代发工资、代交水电费等。

(3) 第三阶段，银行利用自动柜员机(ATM)等网络终端向客户提供各项银行服务，如客户在 ATM 机上进行存取款操作。

(4) 第四阶段，银行通过销售点终端(POS)向客户提供自动的扣款服务和转账业务，这也是现阶段电子支付的主要形式。

(5) 第五阶段，电子货币可以随时随地通过互联网进行直接的转账结算，形成电子商务交易平台，以资金流的畅通来支持电子商务，这是电子支付的最新发展阶段，又称为网上支付或在线支付。网上支付的形式称为网上支付工具，主要有信用卡、数字现金、电子支票等。

二、电子商务支付系统的基本体系构成

电子商务支付系统的基本体系构成如图 4-4 所示，其主体主要由以下几部分组成。

1. 客户

客户是指与某商家有交易关系并存在未清偿的债权债务关系(一般是债务)的一方，客户用自己的支付工具(如信用卡、电子钱包等)来发起支付，是支付体系运作的原因和起点。

2. 商家

商家是拥有债权的商品交易的另一方，可以根据客户发起的支付指令向金融体系请

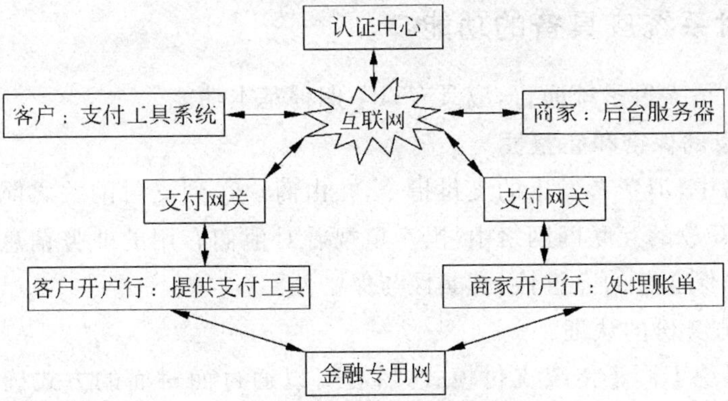

图 4-4　电子商务支付系统的基本体系构成

求获取货币给付。商家一般使用服务器来处理这一过程，包括认证以及不同支付工具的处理。

3. 客户开户行

客户开户行是指客户在其中拥有账户的银行，客户的支付工具由开户行提供，开户行提供了一种银行信用，即保证支付工具的兑付。客户开户行又被称为发卡银行。

4. 商家开户行

商家开户行是商家在其中开设账户的银行，其账户是整个支付过程中资金流向的地方，商家将客户的支付指令提交给其开户行后，就由开户行进行支付授权的请求及银行间的清算等工作。商家开户行又称为收单银行。

5. 支付网关

支付网关是指连接互联网和传统的金融专用网之间的一组服务器，其主要作用是安全连接互联网和金融专用网，将不安全的互联网上的交易信息传给安全的金融专用网，起到隔离和保护专网的作用。它主要完成通信、协议转换和数据加解密功能，以保护银行内部网络。

6. 金融专用网

金融专用网是银行内部及银行间进行通信的网络，它不对外开放，具有较高的安全性，如中国国家金融通信网，上面运行着中国国家现代化支付系统(CNAPS)、中国人民银行电子联行系统、工商银行电子汇兑系统、银行卡授权系统等。

7. 认证中心

在网上交易中，消费者、商家、银行不可能直接见面，为了确认交易各方的真实身份以及保证交易的不可否认，需要有一份数字证书进行检验，这就是安全电子证书。安全电子证书由认证中心发放。

除以上参与各方外，网上电子商务支付系统还包括支付中使用的支付工具以及遵循的支付协议，支付过程就是交易参与各方与支付工具、支付协议的结合。

三、电子支付系统应具备的功能

对于一个电子支付系统而言,应具有以下四种基本功能。

1. 业务信息的保密和完整性

在网上交易中,消费者发出的支付指令,在由商户送到支付网关之前,是在公用网上传送的,而在这开放的互联网网络中,黑客窥视着对他们有用的业务信息,支付系统需要用安全技术来确保业务的完整性、真实性与保密性。

2. 交易双方身份的认证

电子支付系统不同于传统支付模式,后者可以通过面对面的方式确认身份,而在电子支付系统中代表支付结算关系参与者的只不过是网络中的某些电子数据,如何确认这些电子数据所代表的身份以及这些身份的真实可信性,这就需要进行身份认证。为实现交易的安全,可以使用数字签名和数字证书实现对各方的认证。

3. 保证对业务的不可否认性

这用于保护通信用户对付来自其他合法用户的威胁,如发送用户否认他所发的消息,接受者否认他已接受的消息等,支付系统必须在交易的过程中生成或提供足够充分的证据来迅速辨别纠纷中的是非。可以用数字签名等技术来实现。

4. 能够处理贸易业务的多边支付问题

由于网上贸易的支付要牵涉到客户、商家和银行等多方,其中传送的购货信息与支付指令必须连接在一起,因为商家只有确认了支付指令后才会继续交易,银行也只有确认了支付指令后才会提供支付。但同时,商家不能读取客户的支付指令,银行不能读取商家的购货信息,这种多边支付的关系就可以通过双重签名等技术来实现。

四、电子支付系统的分类

电子支付系统,根据不同的标准有不同的分类方法。

(一) 根据交易中是否有第三方参与划分

1. 在线

在线系统的每次交易过程都要求与第三方(如银行)在线通信,用第三方的数据来校验对方提供的信息是否正确,包括授权、认证。在线系统安全性较高,适用于大额交易,目前大多数支付系统都是在线的。

2. 离线

无须第三方介入交易的系统即为离线系统。由于无须在每次交易时都与第三方通信,其系统开销比在线系统要少。安全性也比在线方式低,适用于小额交易。

(二) 根据交易与支付时间的关系划分

1. 预支付系统

预支付系统是指先付款,然后才能购买到产品和服务。预支付系统通常是通过事先将电子货币保存在硬盘或一张智能卡上的方式来运作的。其工作方式就像在真实商店里一样，顾客进入商店选购并支付货款后才得到所需商品。

预支付是银行和商家首选的解决方案，由于他们要求用户预先支付，所以不再需要为这些钱支付利息，而且可以在购买产品的瞬间将钱传送给在线商店以防止欺骗。

2. 后支付系统

后支付系统允许用户购买商品后再付款。信用卡是一种最普遍的后支付系统，但是信用卡事务处理的费用较高，可能还会因受欺骗而增加费用。

3. 即时支付系统

这是目前电子商务系统最常见的支付系统，它的实现模式主要是基于互联网的在线支付，也称网上支付，在交易发生的同时，货款也被从银行账户转入卖方。为了实现即时支付，就必须直接访问银行的内部数据库，因此即时支付系统需要执行比其他系统更严格的安全措施。商家可以从即时支付模型获得利益，因为货款与订单是同时到达的，这可以减少发生欺骗行为的可能。

（三）根据每次交易支付金额的大小不同划分

1. 大额支付

大额支付所涉及交易的金额较大，因此对安全性的要求较高。

2. 小额支付

交易的货币金额相对大额支付较小。对于系统的设计和安全策略的确定有着不同的需求，要求每笔交易的相对费用较小。

3. 微支付

交易的金额非常小，如几分甚至更少。对于微支付系统，要求交易成本最低化。

电子支付是电子商务中最为核心和复杂的环节，所以电子支付方式的选择一定要根据电子商务交易的实际情况，选择一种或多种支付方式，并在安全性和效率方面进行综合考虑。

五、电子支付存在的问题

1. 安全问题

安全问题是电子支付中最关键、最重要的问题，直接关系到电子交易各方的利益。

买方可能因为信用卡资料在网上进行传输时候被窃或泄露，甚至被冒用而导致个人资金流失，或者因为商家没有经过认证鉴别而造成付了款却收不到自己订购的货物。

卖方存在的安全性问题主要是未能有效鉴别电子伪钞而向不真实的买主交货，导致钱财两空的结果；银行则存在向虚假商家兑现后因买方收不到货从而拒付的风险。

同时，网上交易所能带来的巨大机遇和丰厚利润也无时无刻不在吸引着那些喜欢冒险的网络入侵者，买方、卖方和银行都必须承担来自外部的风险。

2. 支付方式的统一问题

电子支付中存在若干种支付方式,每一种方式都有其自身的特点,且有时两种支付方式之间不能做到互相兼容。即使是单种支付方式,也存在着标准不一的问题。这样,当电子交易中的当事人采用不同的支付方式且这些支付方式又互不兼容时,双方就不可能通过电子支付的手段来完成款项支付,也就不能完成互联网上的交易活动。

从推动电子商务的角度出发,有必要将各种不同的支付方式统一起来,结合形成一种标准规范的、功能强大的新支付方式。

3. 跨国交易中的货币兑换问题

随着跨国交易在互联网上广泛地开展,必然面临货币的兑换问题。几乎每个国家都有其自己的货币体系,因此,在跨国电子交易中就存在一个问题,即一个国家的网络消费者如何了解另一国家的销售者的产品报价折合成本国货币是多少。这个问题至关重要,因为它直接影响人们潜在的购买欲望。

4. 法律问题

电子支付中的法律问题包括电子支付中付款人和受款人的权利和义务;对买卖双方不履行合同义务的补救方法;作为支付认证机构的支付第三方的法律地位;客户和网上银行的法律关系;网络交易中心的法律地位等。不同的支付手段,其涉及的法律问题各不相同,而在不同的国家里,这些法律法规也不尽相同。

小贴士

网 上 银 行

网上银行又称网络银行、在线银行,是指银行利用Internet技术,通过Internet向客户提供开户、查询、对账、行内转账、跨行转账、信贷、网上证券、投资理财等传统服务项目,使客户可以足不出户就能够安全便捷地管理活期和定期存款、支票、信用卡及个人投资等。可以说,网上银行是在Internet上的虚拟银行柜台。

网上银行又被称为"3A银行",因为它不受时间、空间限制,能够在任何时间(Anytime)、任何地点(Anywhere)、以任何方式(Anyway)为客户提供金融服务。

第三节 电子支付工具

电子支付工具是电子商务的重要组成部分,是制约电子商务发展的关键因素。随着计算机技术的发展,电子支付的工具越来越多。从广泛意义上讲,电子支付工具可以包括电子现金、电子支票、电子钱包、信用卡等。

一、电子现金

电子现金(E-Cash),又称数字现金,是一种以数据形式流通的货币。电子现金把现金数值转换成为一系列的加密序列数，通过这些序列数来表示现实中的各种金额。它是一个适合在互联网上进行小数额实时支付的系统，用户在开展电子现金业务的银行开设账户并在账户内存钱后，就可以在接受电子现金的商店购物了。

电子现金不仅具有数字化带来的便利，而且具有纸制现金所不具有的安全性和隐私性，正在成为电子商务中实现网上支付的主要工具。

（一）电子现金的特性

电子现金是纸币的电子化，它具有以下几个特性。

（1）货币价值。电子现金必须具备货币价值，它必须有一定的现金、银行授权的信用卡或银行证明的现金支票作为支持。若一家银行创造的电子现金能被其他银行接受，那么银行间必须能够毫无障碍地进行对账。若没有银行的支持，即使在有存款时，仍然会存在以资金不足为理由而被拒绝的风险，这样的数字现金就没有任何货币价值了。

（2）可交换性。电子现金必须具有可交换性。电子现金可以与纸币、商品或服务、网上银行卡、银行账户存储金额、支票等进行互换。一般倾向于数字现金在一家银行使用，但事实上，不是所有的买方会使用同一家银行的数字现金，他们甚至不使用同一个国家的银行的数字现金。因而，数字现金就面临多家银行的广泛使用问题。

（3）可存储性。电子现金的存储是从银行账户中提取一定数量的电子现金，存储在远程计算机、智能卡或其他易于转换的标准或专用设备上。为了避免随意复制和伪造，应把电子现金存储在不可修改的专用设备上，这个设备应该具有适当的界面，可以通过口令或其他方式来鉴别使用者的身份，并用显示器来显示相关内容。

（4）不可重用性。必须防止电子现金的复制和重复使用。电子现金是高科技发展的产物，它融合了现代密码技术，提供了加密、认证、授权等机制，只限于合法人使用，能够避免重复使用，电子现金一次花完后，就不能用第二次。

（二）电子现金的缺点

电子现金具有匿名性、可分解性和方便性等许多优点。以匿名性为例，电子现金由于运用了数字签名、认证等技术，也确保了它实现支付交易时的匿名性和不可跟踪性，维护了交易双方的隐私权。买方用电子现金向卖方付款，除了卖方以外，没有人知道买方的身份或交易细节。如果买方使用了一个很复杂的匿名系统，则甚至连卖方也不知道买方的身份。

但同时，电子现金也存在缺点，主要有以下几点。

（1）使用范围有限。目前，只有少数商家接受电子现金，而且只有少数机构提供电子现金发行和管理服务，不利于电子现金的流通。

（2）现行成本较高。电子现金对于硬件和软件的技术要求都较高，例如，为了防止重复使用，需要建设一个大型的数据库存储用户完成的交易和电子现金序列号。在进行电子现金交易时，银行先要拿数据库里的资料来检查。对于大量处理付款的银行而言，这种检查过程十分烦琐和耗时。同时，银行必须不断检查和进行安全记录。因此，电子现金的推广成本较高。

(3) 安全风险较大。如果用户存有电子现金的硬盘损坏或存储设备出现系统故障,都有可能造成电子现金的无法恢复。又比如顾客忘记将电子现金存放在何处,这很可能就和丢失一样。此外,更令人担心的是一旦出现电子伪钞,将给发行人及用户带来毁灭性的损失。

(4) 其他问题。从技术上讲,电子现金发行者可以很广泛,但如果不加以控制,电子商务将不可能正常发展,甚至由此带来相当严重的经济金融问题,如干扰货币供应和带来金融危机可能性等潜在问题。对于无国家界限的电子商务应用来说,电子现金还存在征税困难、货币兑换等一系列问题。因此,有必要制定严格的经济金融管理制度,保证电子现金的正常运作。尽管存在这些问题,电子现金的使用仍然呈现增长势头。随着更为安全可行的电子现金解决方案的出现,电子现金一定会像商家和银行界预言的那样,成为未来电子商务方便的交易支付手段。

(三) 电子现金的网上支付流程

电子现金的支付过程包括以下几个步骤,可用如图4-5所示来表示。

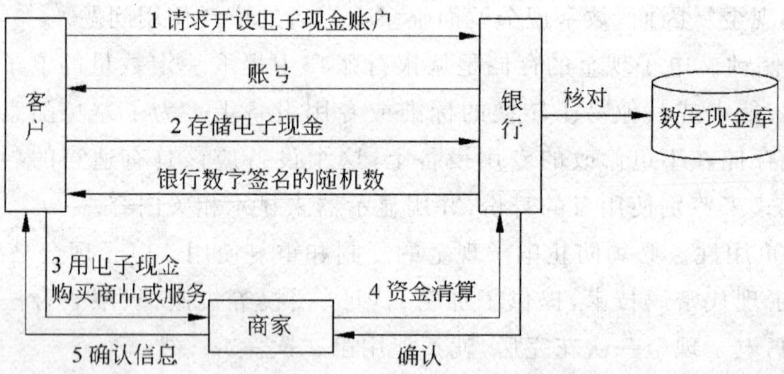

图4-5 电子现金的支付过程示意图

1. 请求开设电子现金账户

客户在使用电子现金进行购买商品或服务之前,必须首先向电子现金发布银行申请开设电子现金账户,存入现金并购买电子现金。

2. 存储电子现金

客户通过个人计算机电子现金终端软件从电子现金银行取出一定数量的电子现金,存储在硬盘上以备使用。当然根据电子现金的模式不同,也可以存放在卡或其他介质上。

3. 用电子现金购买商品或服务

客户在同意接收电子现金的商家订货,使用电子现金支付所购商品的费用,只需要将所需支付数额的代币通过互联网或者其他设备传输到卖方那里。

4. 资金清算

接收电子现金的商家与电子现金发放银行之间进行清算,商家将收到的电子现金发送到银行进行确认。银行鉴别证实该代币有效后,回收电子现金,同时将等价的货币转移到商家的银行账户。

为了防止重复使用，在电子现金被花出去之时，银行都会记录其序列号码。如果某正在被支付的电子现金的序列号码已存在数据库中，银行就能立即发现某人正在试图多次使用同一电子现金，并及时通知卖方该电子现金没有使用价值。

5. 确认信息

商家获得付款后，向消费者发送订单确认信息。

二、电子支票

电子支票是一种借鉴纸张支票转移支付的优点，利用数字传递将钱款从一个账户转移到另一个账户的电子付款形式。电子支票可通过专用网络系统传输，也可以通过公共网络来传送。

（一）电子支票的优点

电子支票具有以下优点：电子支票使用简便；电子支票应用广泛；电子支票处理速度高；电子支票可以节约资源、降低成本；电子支票的安全性能较好。

（二）电子支票的局限性

① 开立支票账户必须有一定的限制，以维护信用交易的秩序。

② 签发支票涉及的法律规定多，退票风险须由收票人承担。

③ 出票人、收票人、票面金额等买卖双方的隐私无法保护。

④ 签名所用的密钥一旦遗失，支票便有被盗用的危险。

（三）电子支票的支付流程

使用电子支票付款时，客户使用电子支票簿。电子支票簿只是一个形象的称谓，它是一种类似于IC卡的一个硬件装置。这个卡片大小的装置中有一系列程序和设备，插入客户的计算机插口以后，客户通过密码或其他手段激活这个装置，使其正常运作。

客户的电子支票簿中装有其私人密钥，电子支票簿自动生成使用电子支票，然后通过互联网将电子支票发向商家的电子信箱，同时把电子付款通知单发到银行。用户可以在网络上生成一个电子支票，像纸质支票一样，电子支票需要经过数字签名，被支付人数字签名背书；使用数字证书确认支付者/接收者身份、支付银行以及账户。

通过上述过程，金融机构就可以根据签过名和认证过的电子支票把款项转入商家的银行账户了。电子支票的支付主要会涉及客户、商家以及银行三个实体，交易的过程可用如图4-6所示来表示。

根据电子支票交易的过程，可以把电子支票系统的工作流程分为如下几个步骤。

(1) 注册申请：客户到银行开设支票账户，存入一定数额的存款，再申请电子支票的使用权。

(2) 电子支票：负责授予电子支票使用权的开户行审核申请人的资信情况，决定是否授予申请人使用电子支票的权利。当确定授予申请人使用权后，由开户行发给客户统

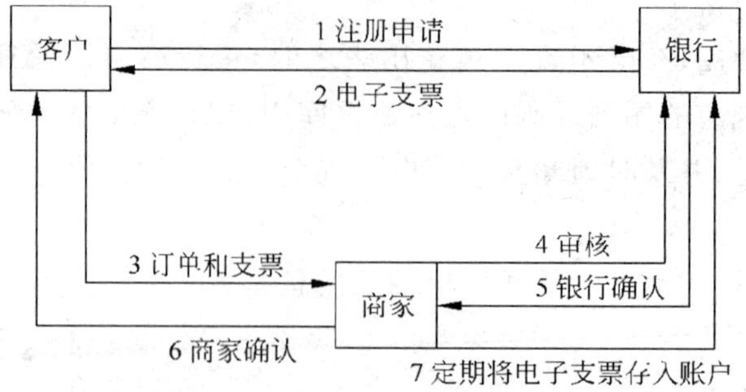

图 4-6　电子支票的支付流程示意图

一设计开发的电子支票生成软件，这个专用软件可以自动生成包含有开户行标志的电子支票。

但是如果客户使用不同开户行的电子支票，则需要安装多个不同开户行的专用软件，这将会带来使用上的不便。因此电子支票的生成软件应该设计为多家银行所公用，其中某个开户行的授权信息只能作为电子支票生成的一个参数。设计这样的系统对信息的认证和安全性的要求比较高，却是一种较为成熟的电子支票支付体系。

(3) 订单和支票：客户网上购物，选好商品后，先要填写订货单，然后使用电子支票生成软件和开户行发放的授权证明文件产生一张电子支票用于支付订货单上的货款，再将其连同订货单一起发送给商家。

(4) 审核：商家将电子支票信息通过支付网关送到收单行进行认证，收单行通过金融网络验证客户电子支票的有效性，并将确认后的信息传回商家。这里收单行起验证和记录的作用，以此凭据为商家入账，客户开户行做出确认记录后，便可以此进行转账，必要时可临时冻结此笔款项，以防止欺诈行为和其他商业上的纠纷。

(5) 银行确认：在确认支票有效的信息传回商家后，商家即可确认客户的购货行为，并按客户的要求将货物送到指定的收货人手中。

(6) 商家确认：在支票有效期内，商家将支票向收单行背书提示，请求兑付，也可以在积累了一定数量的电子支票后进行批量处理。在背书的过程中需要生成数字时间戳及其他一些背书标志，防止商家利用支票复制本多次背书进行欺诈。而收单行则可根据上面的验证信息确定是否接受背书，背书成功返回给商家相应的消息。

(7) 定期将电子票存入账户：若客户与商家不是同一银行，商家的开户银行把电子支票发送给票据交易所进行清算。票据交易所可由一独立的机构或现有的一个银行系统承担，其功能是在不同的银行之间处理票据。票据交易所向客户的开户银行兑换电子支票，资金从客户的开户银行转账到商家的开户银行，客户的开户银行为客户下账。

目前，只有美国银行支持的支票才能在互联网上被接受，因为在线检验需要依赖美国的支票兑现基础设施。因此，尽管电子支票可以大大节省交易处理的费用，但是对于在线支票的兑现，人们仍持谨慎的态度。电子支票的广泛普及还需要有一个较长的过程。

三、电子钱包

电子钱包是电子商务活动中客户购物常用的一种支付工具，简单地说就是用户加密的银行账户。使用电子钱包在网上购物，必须首先到银行里开一个账户，在使用电子钱包时，将有关的应用软件安装到电子商务服务器上，利用电子钱包服务系统就可以把自己的各种电子货币或电子金融卡上的数据输入进去，从而使钱包“有钱可付”。

当用户要用电子信用卡付款时，只要单击一下相应项目(或相应图标)即可完成。

(一) 电子钱包的分类

电子钱包基本上可分为两类。

1. 具有实物形态的电子钱包

它以智能卡为电子钱包的电子现金支付系统，应用于多种用途，具有信息存储功能，最典型的代表是 Mondex 卡。

2. 软件形态的虚拟电子钱包

虚拟电子钱包能够存储货币值和重要信息，可以把自己的各种电子货币、电子金融卡上的信息和数据以及电子信用卡输入到电子钱包内，随时能够进行在线支付。网上购物使用电子钱包，需要在电子钱包服务系统中进行。用户可以将自己的各种电子货币或电子金融卡上的数据输入进去，在发生付款时，顾客只需单击相应的图标即可完成支付过程。

(二) 电子钱包的功能

(1) 电子证书的管理。电子证书的管理包括电子证书的申请、存储、删除等，在进行交易时辨认商户的身份并发送交易信息。

(2) 存储信息。电子钱包和实际钱包一样，可存放信用卡、电子现金、所有者的身份证、所有者地址以及在电子商务网站的收款台上所需的其他信息，而且可以保存每一笔交易记录以备日后查询。

(3) 提高购物的效率。在一般的网上购物中，客户在网站选好货物后，到收款台进行付款时，每次都需要输入姓名、地址、信用卡号等很多个人信息，客户必须填完所有信息才能完成结账，而填写这些表格很烦琐，很多人会因此而放弃购物，致使电子商务行业损失巨大。使用电子钱包减少了这类麻烦，信息自动输入到收款表里，大大加速了购物的效率。

(三) 电子钱包购物的流程

使用电子钱包的客户通常在有关银行开立账户。在使用电子钱包前，客户向提供电子钱包的银行申请注册电子钱包，并利用电子钱包软件把自己的各种电子货币或电子金融卡上的数据输入进去。这样在发生付款时，则只要单击一下相应图标，客户就可以用电子钱包进行支付了。使用电子钱包在网上购物的步骤如下。

(1) 客户使用浏览器在网上商店主页上查看在线商品目录浏览商品，选择要购买的商品。

(2) 客户填写订单,包括确定网上商店购买商品的名称,购买数量,订货单上还要注明将此货物在什么时间送到什么地方以及收货人等信息。订单可以以电子化方式从商家传来,或由用户的电子购物软件建立。

(3) 客户确认后,选择用电子钱包来支付,单击“支付”激活电子钱包,然后输入客户的密码口令,在确认是自己的电子钱包后,从中取出一张电子信用卡来付款。

(4) 电子商务服务器采用某种交易协议,将此订单发送到商家。商家收到订单后,将自己的客户编码加入电子购货账单后,再转送到电子商务服务器上去。商家可以看到有关的交易信息,而对客户银行方面的个人信息是看不到的,无权也无法处理信用卡中的钱款。经过电子商务服务器对客户和商家确认后,将其同时送到银行和发卡机构,进行相应的账款结算处理及有关请求确认和授权处理。

(5) 如果银行拒绝授权,则说明该卡已经没钱或已透支,用户应该重新打开电子钱包,取出另一张信用卡,重复以上操作。

(6) 经银行对客户的账号确认并授权后,商家就可交货。与此同时,商店留下整个交易过程中发生的财务数据,并发送一份电子数据给顾客。然后商家按照客户提供的电子订货单送货,此次交易宣告结束。

使用电子钱包的购物步骤虽然很多,要经过银行、信用卡公司等多次身份确认、银行授权、各种财务数据交换和账务往来等,但从客户发出订货单到商店出具电子数据为止的整个过程只用5~20秒时间。这样的网上购物方式十分省事、省力、省时,而且,对于顾客来说,整个购物过程自始至终都是十分安全可靠的。

四、信用卡

作为电子货币的重要载体,信用卡的使用大大方便了持卡人,使其在外出旅游、购物时不用带现金,不用开支票,信用卡已成为一种普遍使用的支付工具和信贷工具,使结算速度更快、结算范围更广、结算效率更高。

(一) 相关概念

信用卡在产生初期仅仅是一种商业信用凭据,随着银行业的介入以及计算机和网络技术的广泛运用逐步演化为以银行信用为基础,集支付结算、储蓄汇兑等众多功能为一体的信用卡。

国外的信用卡主要是指由银行或专营公司发行的贷记卡,即指不需要先存款,就可以透支消费的信用卡。而在我国,中国人民银行对信用卡的定义是“信用卡是指由商业银行(含邮政金融机构)向社会发行的具有消费信用、转账结算、存取现金等全部或部分功能的信用支付工具”(《信用卡业务管理办法》,1999年1月印发),信用卡包括信用卡和借记卡。

(二) 信用卡种类

信用卡有多种分类方法,最常用的划分方法是按结算方式和信息载体材料分类。

1. **按结算方式分类**

(1) 贷记卡。贷记卡是最早发行的信用卡,是银行向金融上可信赖的客户提供无抵押的短期周转信贷的一种手段。它是由银行或专门的信用卡公司签发的证明持卡人信誉良好并可以在指定的商店或场所进行直接消费的一种信用凭证。

发卡银行根据客户的资信等级,给贷记卡的持卡人规定一个信用额度,持卡人就可在任何特约商店先消费后付款,也可在 ATM 上预支现金。

(2) 借记卡。在贷记卡的基础上,银行推出了借记卡。持卡人是某特定银行的客户,即该持卡人在该银行有存款。持卡人在特约商店消费后不像贷记卡那样增加债务,而是将顾客在银行存款账户上的资金直接划拨到商户的账户上。

(3) 复合卡。兼具贷记卡和借记卡两种性质的信用卡称为复合卡,我国称之为准贷记卡。持卡人必须事先在发卡银行缴存一定金额的备用金,持卡人用复合卡时,当备用金账户余额不足时,允许在发卡行规定的信用额度内适度透支。

(4) 现金卡。在现金卡内记录有持卡人持有的现金数。持卡人持卡消费后,商户直接从现金卡内扣除消费金额,这样,现金卡中的现金数也就相应减少了。因此,现金卡同现金一样,可直接用于支付,不同的是现金卡内的货币是数字货币。

2. **按信息载体材料分类**

按材料类型划分,信用卡经历了塑料卡、磁卡、集成电路卡、复合介质卡和激光卡等发展阶段。

(1) 塑料卡。20 世纪 50 年代末,发达国家率先用塑料卡制成信用卡。顾客消费时,必须出示此卡以示身份,验明无误后,即可享受信用消费。这种塑料卡与计算机无关。

(2) 磁卡。磁卡诞生于 1970 年,它是在塑料卡片上粘贴一条磁条而成的,是一种最简单有效的计算机输入介质。随着 PC 机的推出和普及,磁卡的应用也迅速得到推广。

直到现在,磁卡仍然是使用最广的信用卡。优点是制作成本低,其缺点有一是安全性低,磁条中的数据易被破译和仿制;二是不适合脱机处理;三是记忆容量小,存储数据可靠性也比较差;四是无运算能力,只能被动地被读取,无法进行数字签名运算等。

(3) 集成电路卡。集成电路卡也称 IC 卡,是一种将具有微处理器及大容量存储器的集成电路芯片嵌装于塑料基片上制成的卡片,消费者信息和电子货币可以存储在智能芯片上。与磁卡相比,IC 卡具有安全性高、可靠性高、存储容量大、适用范围广,既可在线使用,也可脱机处理等特点。

(4) 复合介质卡。鉴于磁卡已有的广泛应用市场,同时兼顾 IC 卡的发展,金融机构发展了一种混合性质的信用卡。它之所以被称之复合介质卡,即是一种在磁卡中内藏 IC 芯片,在识别磁卡和 IC 卡的器具上都可以使用的过渡卡。

(5) 激光卡。激光卡也称光卡,国际标准称之为“光储卡”,是在塑料卡片中嵌入激光存储器而成的。激光卡系统由激光卡、激光卡读写器和与之相连的计算机系统构成。激光卡上的光区域依次由透明层、光层和保护层所组成。激光卡同 IC 卡相比,除了可提供多重功能服务外,安全性更高,储存量极大,比 IC 卡的存储量大百倍以上。目前,光卡尚处于试验阶段,将来有可能是IC卡的替代者。

此外,还可以根据使用范围、授信额度、持卡对象以及合作单位的不同,可以划分为多种类型的信用卡,具体分类如表4-1所示。

表4-1 信用卡的分类

分类方式	类型	特点
使用范围	国际卡	可以在全球多个国家和地区使用,如VISA卡和万事达卡等
	地方卡	只局限在某地区内使用,如仅在中国境内使用的我国各商业银行发行的信用卡
授信额度	普通卡	授信额度较低,如我国大多为1万元人民币以下
	金卡	允许透支额度较高,如我国一般为1万~5万元人民币之间
持卡对象	个人卡	持有者有稳定收入来源的社会各界人士,卡中金额属于个人款项
	公司卡	持有者为各企事业单位或部门中的指定人员,卡中资金属于各企事业单位或部门
合作单位	联名卡	与企事业单位合作,可消费打折的盈利性质的信用卡
	认同卡	与公益单位合作的非盈利性质的信用卡,一般属于宣传性质或公益性质
	基本卡	不与任何机构合作,如中国银行的长城卡
结算方式	贷记卡	允许持卡人"先消费、后付款",提供短期消费信贷,到期按有关规定清偿的信用卡
	借记卡	持卡人在卡中先有存款,具有取款、消费、储蓄等功能,但是不可透支的信用卡
信息载体	磁卡	卡中磁条内存有客户业务所必需的相关数据信息,使用时需要专门的读卡设备
	芯片卡	集成电路卡,卡片中嵌有芯片,专门存储相关业务数据信息,由于芯片具有数据处理功能,该卡片既可联机使用,也可脱机使用

(三)国际信用卡组织及其信用卡

1. VISA国际组织及VISA信用卡

VISA(维萨)国际组织是目前世界上最大的信用卡国际组织,总部设在美国的旧金山,在200多个国家和地区设立会员机构,经营网络覆盖全球,是全球最大的信用卡支付系统。带VISA标志的这些卡可在全球300个国家和地区的1600万个以上的特约商店使用。1987年,中国银行加入了VISA国际组织,1989年开始发行人民币VISA卡。

2. 万事达卡国际组织及万事达信用卡

万事达卡国际组织是全球发卡量仅次于VISA卡的第二大信用卡国际组织,总部设在美国纽约。1987年中国银行成为首家加入万事达卡国际组织的中国金融机构,并于同年在国内发行了人民币长城万事达卡。中国已成为万事达信用卡的全球第二大市场。

3. 美国运通公司及其信用卡品牌

美国运通公司是一家独立经营信用卡业务的跨国公司,充分利用其在美国及全球的旅游服务优势,将信用卡与旅游服务两类业务很好地结合起来,在全球信用卡及旅游服务领域中独树一帜。

五、信用卡的网上支付

信用卡已经成为一种十分普及的支付工具,也是近年来最常见的网上支付方式。信用卡网上支付中的主要问题是安全问题。网上支付所产生的欺诈风险较传统支付方式更大，主要是因为网络传输的快速特征，使得欺诈在发现之前有可能已经蔓延，而网络全球性特征又使欺诈行为的扩散不受地域限制；同时，互联网作为开放性的网络，其本身在安全性方面就有很多漏洞。因此，围绕安全问题的解决，产生各类信用卡网上支付方案，目前出现的网上信用卡支付主要有三种模式。

（一）通过第三方代理的支付模式

1. 通过第三方代理的信用卡支付流程

通过第三方的协助来保证信用卡信息的安全，即在消费者和商家之间，不直接进行信用卡信息的传递，而是以一定方式通过第三方来完成的。其目的是使卖方看不到买方的信用卡信息，避免信用卡信息在网上多次公开传输而导致的信用卡信息被窃取。通过第三方代理的信用卡支付流程如图 4-7 所示。

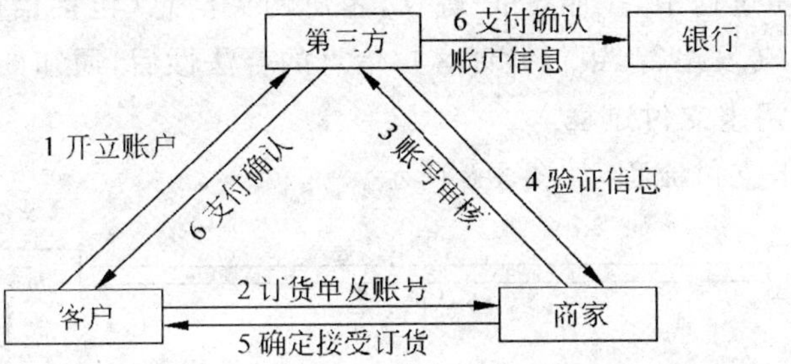

图 4-7　通过第三方代理的信用卡支付流程图

（1）开立账户：用户在线或离线在第三方代理人处开立账户；第三方代理人持有用户账号和信用卡号。

（2）订货单及账号：用户用账号通过商家网站浏览商品并订货，将账号及订单传送给商家。

（3）账户审核：商家将用户账号提供给第三方代理人。

（4）验证信息：代理人验证账号信息，将验证信息返回给商家。

（5）确定接受订货：商家确定接收订货。

（6）支付确认：同时，第三方代理人验证商家身份，给用户发送电子邮件，要求用户确认购买和支付，然后将信用卡信息传给银行，完成支付过程。

2. 通过第三方代理的信用卡支付的特点

（1）用户账号的开设不通过互联网。

（2）信用卡信息不在开放的网络上传送。

（3）使用 E-mail 来确认用户的身份，防止伪造。

（4）商家自由度大，无风险。

（5）支付是通过双方都信任的第三方代理人完成的。

(二)简单支付加密模式

使用这种模式付费时,用户提供信用卡信息,此信息被简单加密,安全地作为加密信息通过网络从买方向卖方传递。采用的加密技术有SSL、SET等,加密后的信息只有业务提供商或第三方付费处理系统才能识别。由于用户在线购物时只需一个信用卡号,所以这种付费方式给用户带来了方便,目前的B2C网上支付大多采用这种办法。

1. SSL的安全技术

SSL协议即安全套接层协议,由美国网景公司开发并推出,主要用于解决互联网上的主要协议TCP/IP难以确定用户身份的问题。SSL电子支付安全协议是国际上最早的一种电子商务安全协议,至今仍然有许多网上商店在使用。这个协议是根据邮购的原理设计的。在传统的邮购活动中,客户首先寻找商品信息,然后汇款给商家,商家再把商品寄给客户。这里,商家是可以信赖的,所以,客户先付款给商家。

在电子商务交易过程中,按照SSL协议,客户购买信息(包括信用卡信息)首先发往商家,商家再将信息转发银行,银行验证客户信息的合法性后,通知商家付款是否成功。

2. 简单加密信用卡支付过程

简单加密信用卡支付流程,如图4-8所示。

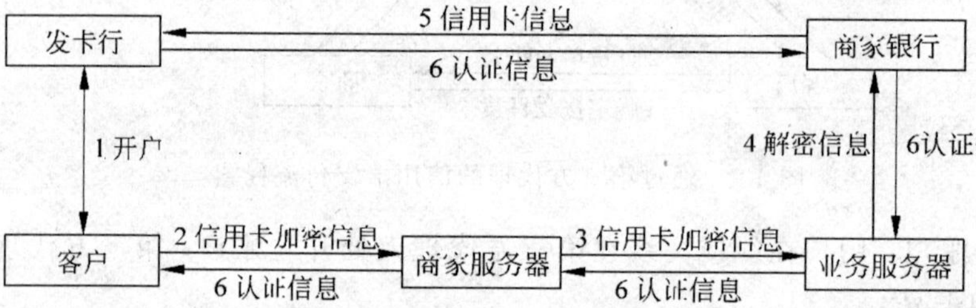

图4-8 简单加密信用卡支付流程图

(1) 用户在银行开设一个信用卡账户,并获得信用卡账号。

(2) 用户在商家订货,并把信用卡信息加密后传给商家服务器。

(3) 商家服务器验证接收到的信息后,将用户加密的信用卡加密信息传给业务服务器。

(4) 业务服务器验证商家身份后,将信息解密后传送到商家银行。

(5) 商家银行与用户信用卡发卡行联系,确认信用卡信息的有效性。

(6) 将证实结果传送给业务服务器,业务服务器通知商家服务器交易完成。

(三)安全电子交易(SET)支付模式

1. 安全电子交易(SET)支付系统的组成

安全电子交易协议的出现就是为了保障互联网上信用卡交易的安全性,即提供对信用卡持卡人、卖方和受让人的身份认证,保护信用卡数据的保密性,保持信用卡数据的完整性,并界定这些安全服务所需要的算法和协议。此前,虽然已经有了安全套接层(SSL)协议,可以保证在商家和消费者之间传输数据和其他敏感信息的安全,但SSL不能验证消费者是否就是信用卡的持有人。

利用 SET 给出的整套安全电子交易的过程规范，可以实现电子商务交易中的机密性、认证性和数据完整性等安全功能。由于 SET 提供商家和收单银行的认证，确保了交易数据的安全、完整可靠和交易的不可抵赖性，特别是具有保护消费者信用卡号不暴露给商家等优点，因此它成为目前公认的信用卡/借记卡的网上交易的国际标准。

SET 支付系统主要由持卡人、商家、发卡行、收单行、支付网关和认证中心等 6 个部分组成。对应地，基于 SET 协议的网上购物系统至少应包括电子钱包软件、商家软件、支付网关软件和签发证书软件。

2. SET 的安全技术

SET 协议并未对电子商务的一般流程进行改动，只是在一般流程之上，对信息的传递规定了复杂的流程和加/解密方式。为了保证发送者对所发送信息的不可抵赖性和消息的完整性，需要对信息进行验证，为此，SET 协议使用了对称加密、非对称加密、消息摘要、数字签名、数字信封、双重签名和认证等技术。只让相关方看到他该看的信息，即保证商家只能看到订货信息，看不到持卡人的账户信息，而银行只能看账户信息，看不到订货信息。

3. 使用 SET 进行信用卡支付交易的工作流程

使用 SET 进行银行支付交易的工作流程，如图 4-9 所示。

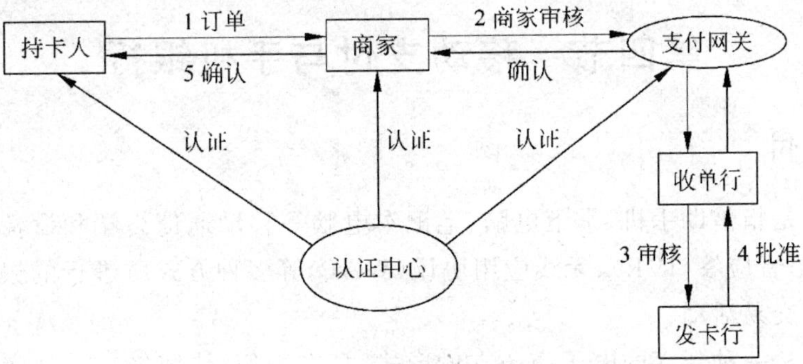

图 4-9 使用 SET 进行银行支付交易的工作流程

（1）订单：持卡人使用浏览器在商家的网站上查看在线商品目录，浏览商品。持卡人选择要购买的商品。持卡人在网上填写订单，包括所购商品的名称及数量、价格、总价、运费、交货时间及地点、联系方式等信息。持卡人选择付款方式，此时 SET 协议开始介入。持卡人发送给商家一个经确认的完整订单及要求付款的指令。在 SET 协议中，交易的参与各方要经过认证中心的身份认证。订单和付款指令由持卡人进行数字签名，同时使用双重签名技术，保证商家看不到持卡人的账号信息。

（2）商家审核：商家接收订单后，向持卡人的金融机构请示支付认可。

（3）审核：通过支付网关到银行，再到发卡机构确认。

（4）批准：发卡行确认后，批准交易，返回确认信息给商家

(5) 确认：商家发送订单确认信息给客户，客户端软件可记录交易日志，以备将来查询。

商家给客户装运货物，完成订购的服务。到此为止，一个购买过程结束，商家可以立即请求银行将钱从购物者的账号转移到商家的账号上，也可以等到某一时间，请求成批划账处理。商家向持卡人的金融机构请示支付。

小贴士

什么是动态密码？

动态密码是根据专门的算法生成一个不可预测的随机数字组合，每个密码只能使用一次，目前被广泛运用在网银、网游、电信运营商、电子政务、企业等应用领域。

目前主流用于生成动态密码终端有硬件令牌、短信密码、手机令牌三种。

短信密码以手机短信形式请求包含6位随机数的动态密码，身份认证系统以短信形式发送随机的6/8位密码到客户的手机上，客户在登录或者交易认证时候输入此动态密码，从而确保系统身份认证的安全性，短信动态密码认证技术被认为是目前能够最有效解决用户的身份认证方式之一，可以有效防范黑客木马盗窃用户账户密码、假网站等多种网络问题，导致用户的财产或者资料的损失。

第四节　移动支付与手机银行

一、移动支付

所谓移动支付是指借助手机、掌上电脑、笔记本电脑等移动通信终端和设备，通过手机短信息、交互式语音应答(IVR)、无线应用协议(WAP)等多种方式所进行的银行转账、缴费和购物等商业交易活动。

移动支付是一种新兴的电子商务支付形式，具有方便、快捷、安全、低廉等优点，将会引领移动电子商务和无线金融的发展，有着广阔的商业应用前景。现在越来越多的用户开始用手机缴纳话费、购买彩票，甚至在商场消费。

(一) 移动支付的发展

移动支付业务20世纪90年代初期在美国出现，随后在日本和韩国出现并得到了迅速发展，随着3G商用进程的日益推进，从日韩到欧洲，移动支付业务的发展步伐在不断加快，成为移动运营商十分看好的业务增长点。国内虽然起步较晚，但在电信运营商、银行及第三方服务提供商的大力推进下，移动支付业务发展迅速。

(二) 移动支付系统的主要参与者

移动支付系统的主要参与者包括设备终端提供商、移动运营商、金融机构、移动支付服务提供商、商家和消费者。其中，移动运营商、金融机构和移动支付服务提供商为系统运行搭建了平台。

1. **移动运营商**

移动运营商的主要任务是搭建移动支付平台，为移动支付提供安全的通信渠道。可以说，移动运营商是连接用户、金融机构和服务提供商的重要桥梁，在推动移动支付业务的发展中起着关键性的作用。

2. **金融机构**

银行作为与用户手机号码关联的银行账户的管理者，需要为移动支付平台建立一套完整、灵活的安全体系，从而保证用户支付过程的安全通畅。金融机构从每笔移动支付业务的获得利润分成，手机银行账户上的预存金额，也能增加其储蓄额。

3. **移动支付服务提供商**

作为银行和运营商之间的衔接环节，独立的第三方移动支付服务提供商具有整合移动运营商和银行等各方面资源并协调各方面关系的能力，能为手机用户提供丰富的移动支付业务，吸引用户为应用支付各种费用。

从欧洲的情况来看，最早出面推广和提供移动支付服务的并不是那些主流的移动运营商，而是像瑞典 Pay box 这样的第三方门户网站。不管用户属于哪家移动运营商，也不管其个人金融账号属于哪家银行，只要在这家公司登记注册后，就可以在该公司的平台上享受到丰富的移动支付服务。

（三）移动支付业务的运作模式

1. **以移动运营商为运营主体的运作模式**

当移动运营商作为移动支付平台的运营主体时，移动运营商会以用户的手机话费账户或专门的小额账户作为移动支付账户，用户所发生的移动支付交易费用全部从用户的话费账户或小额账户中扣减。目前，中国移动与新浪、搜狐等网站联合推出的短信、点歌服务以及与中国少年儿童基金会等福利机构联合推出的募捐服务，都是由移动公司从用户的话费当中扣除的方式来实现的。

以移动运营商为运营主体的移动支付业务具有如下特点：直接与用户发生关系，不需要银行参与，技术实现简便；运营商需要承担部分金融机构的责任，目前这种方式进行的交易仅限于 100 元以下的交易；用户每月的手机话费和移动支付费用很难区分，无法对非话费类业务出具发票，税务处理复杂。

2. **以银行为运营主体的运作模式**

银行通过专线与移动通信网络实现互联，将银行账户与手机账户绑定，用户通过信用卡账户进行移动支付。银行为用户提供交易平台和付款途径，移动运营商也只为银行和用户提供信息通道，不参与支付过程。当前我国大部分提供手机银行业务的银行（如招商银行、广发银行、工商银行等）都由自己运营移动支付平台。

以银行为运营主体的移动支付业务具有如下特点：各银行只能为本行用户提供手机银行服务，移动支付业务在银行之间不能互联互通；各银行都要购置自己的设备并开发自己的系统，因而会造成较大的资源浪费；对终端设备的安全性要求很高，用户需要更换手机或STK卡(新一代的智能卡)。

3. 以第三方服务提供商为运营主体的运作模式

移动支付服务提供商即第三方服务提供商是独立于银行和移动运营商的第三方经济实体,同时也是连接移动运营商、银行和商家的桥梁和纽带。通过交易平台运营商,用户可以轻松实现跨银行的移动支付服务。

以第三方交易平台为运营主体提供移动支付业务具有如下特点:银行、移动运营商、平台运营商之间分工明确、责任到位;平台运营商发挥着"插转器"的作用,将银行、运营商等各利益群体之间错综复杂的关系简单化,将多对多的关系变为多对一的关系,从而大大提高了商务运作的效率;用户有了多种选择,只要加入到平台中即可实现跨行之间的支付交易;平台运营商简化了其他环节之间的关系,但在无形中为自己增加了处理各种关系的负担;在市场推广能力、技术研发能力、资金运作能力等方面,都要求平台运营商具有很高的行业号召力。

二、手机银行

手机银行又称移动银行,是指通过移动通信网络将客户的移动电话与银行连接,实现通过手机界面提供直接完成诸如账户查询、账户转账等各种金融服务的一种崭新的业务产品。即银行以手机为载体,依靠移动GSM无线网络,利用移动的短信息资源,通过手机发送短信息的形式对银行账户进行操作,实现手机"金融理财"、"无线POS"、"电子钱包"等功能。

简单地说,手机银行就是利用移动电话办理银行相关业务的简称,是银行实现电子化的一种渠道,它是一种将货币电子化与移动通信业务相结合的崭新的服务方式。

(一) 手机银行的功能

1. 金融理财

(1) 查询功能。主要对账户余额、最近账户明细账、证券保证金、外汇牌价、股票行情、黄金价格、国债行情、存款利率、银行最新金融产品等信息进行查询。

(2) 提醒功能。主动通知定期存款到期;贷款到期;汇款到账;挂失到期;信用卡到期;信用卡透支;电费、电话费、手机费缴费等内容。

(3) 外汇买卖功能。将手机银行与个人外汇实盘买卖业务联系起来,客户可以通过手机发送信息进行包括汇率查询、外汇买入、外汇卖出、撤单、成交查询等各种外汇业务服务。

(4) 黄金与国债买卖功能。

(5) 证券服务功能。例如,对深、沪两地证券的行情查询、实时股票买入、实时股票卖出、撤单、成交查询、股票预定价格通知、股票预定价格买卖等。

2. 电子钱包

(1) 转账支付功能。转账支付功能包括银证转账、不同账户之间转账等。不同账户之间的转账分两种方式:一种是主动方式,由付款人发起,需事先通过网上银行或手机银行建立对应关系;一种是被动方式,由收款人发起,付款人确认,不需事先建立对应关系。

(2)缴费功能。缴费功能应包括用户手机充值、手机话费自缴、电视收视费、电费、水费、煤气费、固定电话费、人寿保险费等。

3. 无线 POS

用手机代替 POS,实现信用卡的购物消费功能。用户到已与银行签订手机钱包支付协议的特约商户,可实现手机消费支付,也就是上面所说的被动转账方式,即由收款人发起,付款人确认,不需事先建立对应关系。一个无线 POS 账户可对应若干台手机。

4. GPRS 全球定位系统

用户向银行发送短信,经移动平台测定方位,银行向用户返还附近网点、ATM 位置,使客户可以就近到银行网点办理业务,或到 ATM 机取款。

5. 系统设置

提供诸如密码修改、借记卡和信用卡等丢失或被盗后紧急挂失,由客户自行增加或删除使用手机银行缴费的项目等系统设置功能。

(二)手机银行的优势

1. 安全可靠

手机银行的信息在传输过程中全程加密,由于其解密的密钥不在通信网络中,而是保留在银行的主机里,解密的过程全部在银行主机中进行,从而能有效地保证客户资金和信息的安全。

2. 可随时随地进行资金交易

手机银行服务商能为客户提供全天候的不间断服务,客户可根据自身需要随时随地使用手机银行业务,而且具有可移动性的优势,这对于一些经常出门在外而且资金交易频繁的人士来说无疑能起到十分重要的作用。

3. 操作简便、灵活

电话银行的操作步骤多,要不断地按一连串单调的数字,这样容易发生误操作。而手机银行则主要由菜单和人机对话框组成,其业务提示均通过移动电话网络的短消息系统来实现,既直观又方便。

(三)手机银行的制约因素

1. 资费比较昂贵

现在大多数的手机用户使用的都是 SIM 卡,由于它容量太小,要开通手机银行,就必须换成 STK 卡,从而增加了用户的费用。此外,还有要另交月租费、短信息费等费用,而电话银行和网上银行除了电话费和上网费外无须缴纳其他任何费用。

2. 技术还不够成熟

由于手机银行技术是一种新兴的技术,其功能还处于初级阶段,在此期间难免会出现一些问题,如抗干扰能力差等。

3. 信息处理返回的时间长

手机银行从发送交易请求到获得交易结果是一个分阶段的过程,通常需要十几秒的时间,这对实时性要求较高的外汇和证券买卖在一定程度上会有影响。而且由于操作的时间较长,会影响手机接收电话等重要的信息。

参考案例 1

工商银行牡丹卡网上购物支付全过程

一、网上支付的申请

1. 申请开通网上银行

客户需要亲自到银行办理信用卡,注册个人网上银行并开通电子商务功能,即可在网上商城中购物、进行在线支付。为了网上支付的安全,还必须申请动态口令卡或 U 盾。

(1) 对办理动态口令卡的客户。携带本人有效证件及注册网上银行时使用的牡丹卡前往工商银行任何一个储蓄所,提交网上银行业务申请单,并向柜台申明开通“电子商务”功能;首次支付前,先登录工行网上银行“个人网上银行登录”修改网上银行登录密码、支付密码为数字和字母的组合,并激活口令卡;单笔支付限额 1000 元,每日累计支付限额 5000 元;口令卡可使用 1000 次,之后需要前往柜台重新申领。

(2) 对办理 U 盾的客户。携带本人有效证件及注册网上银行时使用的牡丹卡前往工商银行任何一个储蓄所,提交网上银行业务申请单;首次支付前,先登录工行网上银行安装驱动、下载证书;U 盾客户不受交易限额控制,可享受 24 小时大额转账汇款等各种服务。关于如何使用 U 盾,可参考工商银行使用说明或拨打工行服务热线 95588 咨询。

客户也可在线申请开通网上银行,但是这种方法申请的网上银行,只能查看账户余额,不能交易转账。

2. 网上账户登录

网上支付申请成功后,用户即可通过登录界面,输入卡号、登录密码和验证码,进入个人网上银行账户,使用账户查询、同城和异地转账汇款、B2C 交易各项服务功能。

二、用信用卡网上购物并在线支付

1. 选购商品

用户可以在工商银行主页上(http://www.icbc.com.cn),单击“商城”并进入,如图 4-10 所示。再选择“B2C 商户”进入工商银行的特约网上商户,选择其中一家特约网上商户进行在线选购商品和接受服务。

本案例选择在当当网上购物并用信用卡进行在线支付。客户也可以在 IE 浏览器的地址栏输入“http://www.dangdang.com”进入当当网。如果客户是第一次进入当当网,首先要进行会员注册,然后进行商品的搜索选购。选好要买的商品后,单击“购买”按钮,把选中商品放入购物车中,在购物车中可以对商品进行删除或修改订购数量。如果客户还想购买其他感兴趣的商品,单击购物清单中的“继续挑选商品”即可。

如果不需要购买其他商品,则可单击“结算”按钮,即进入“注册/登录”页面。进行登录并输入密码后,则进入填写核对订单页面。一定要准确填写收货人信息,核对无误后

图 4-10　中国工商银行网上商城页面

单击“确认收货人信息”按钮。然后选择送货方式，并单击“确认送货方式”按钮。

2. 网上支付

在接下来的选择付款方式时选择“网上支付”，同时选择工商银行进行网上支付，如图 4-11 所示。

单击“确认付款方式”按钮后，出现“商品清单”页面，在提交订单前输入验证码输入验证码。核对信息无误后，单击“提交订单”按钮。出现如图 4-12 所示的信息。

在图 4-12 所示的页面中单击“工商银行网上支付”按钮，就会自动链接到中国工商银行个人网上银行。根据 SSL 协议规范，客户端验证工商银行服务器的数字证书，并取得证书上的相应信息。通过数字证书的验证后，就可以自动建立密钥长度为 128 位的 SSL 安全连接。此时，地址栏的协议变成“https: //”，而不再是“http: //”，说明 SSL 安全连接已建立。银行服务器根据商家发送的订单号，显示此次网上交易的结算金额，提示持卡人在线输入支付卡号（即牡丹灵通卡号）以及验证码，如图 4-13 所示。

在线输入信用卡信息和验证码，然后单击“提交”按钮，持卡人的上述信息通过网络

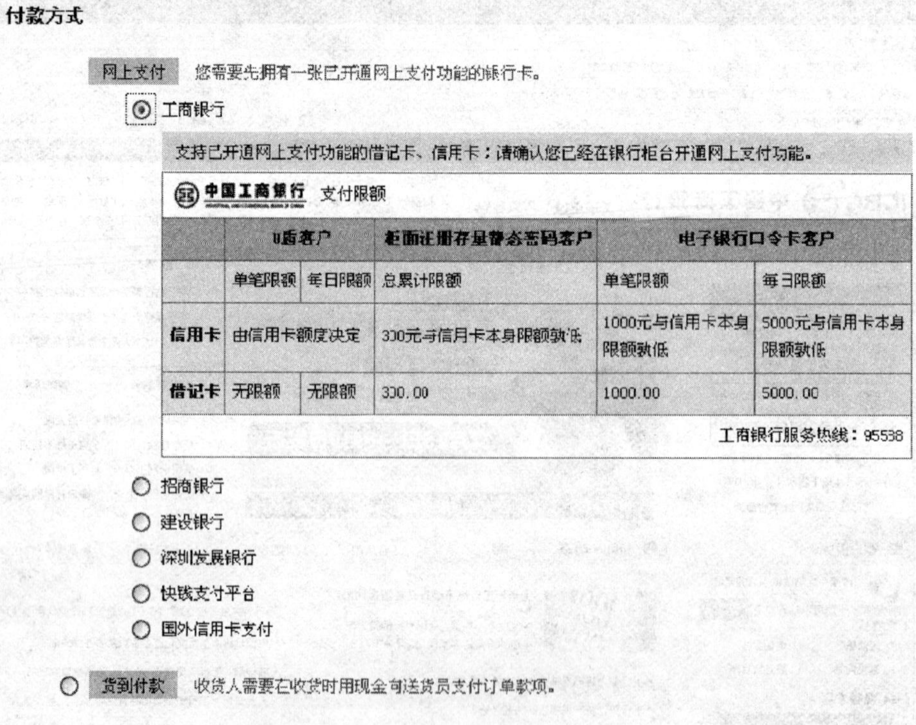

图 4-11　当当网购物的付款方式选择

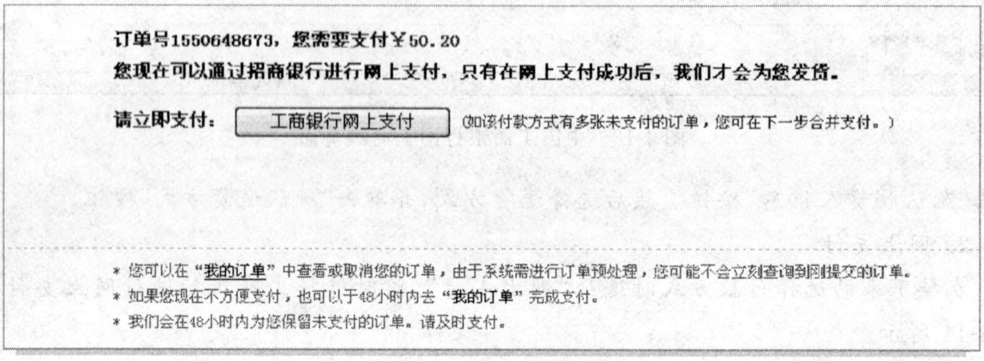

图 4-12　提交订单准备网上支付

即时传递给网上银行，网上银行收到加密的用户信息后，进行解密，并验证用户账户的有效性，则出现如图 4-14 所示的网上支付页面。这时需要插入 U 盾并输入支付密码(使用动态口令卡的客户则需要填写网上银行登录密码与电子口令卡密码)。

单击"提交"按钮，最后出现交易成功页面，如图 4-15 所示。此时便意味着用户正式授权工商银行进行资金转账，银行通过内部的转账系统，将对应订单的支付金额从用户账户转到商家账户。同时，银行通过网络将用户已付款的信息传递给商家，商家收到该信息后即可准确回复客户，确认订单并发货。到此为止，网上支付全部结束。

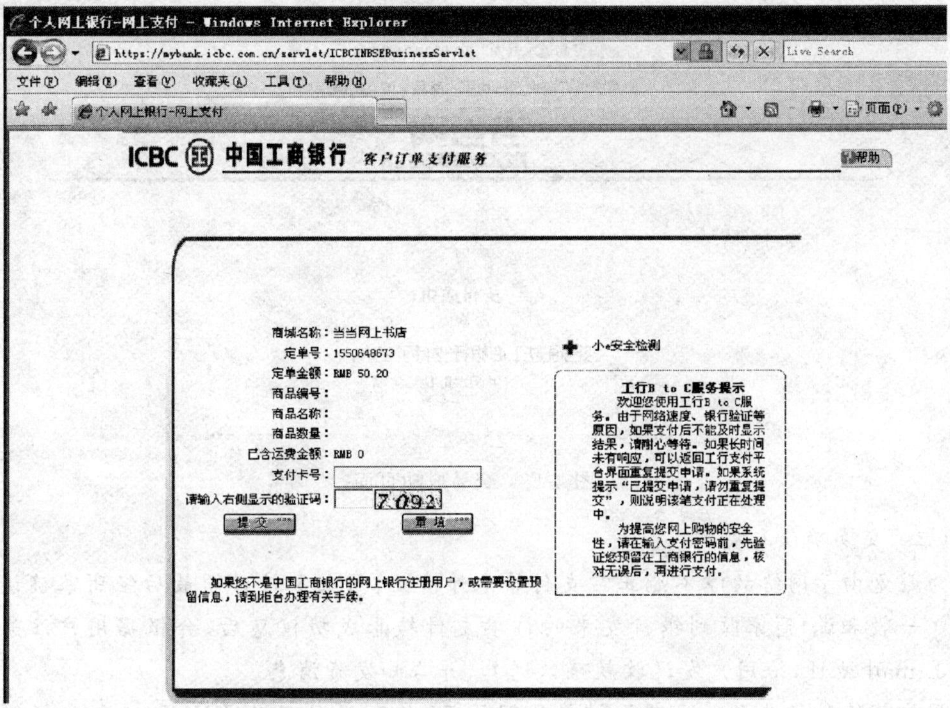

图 4-13　中国工商银行进行网上支付页面

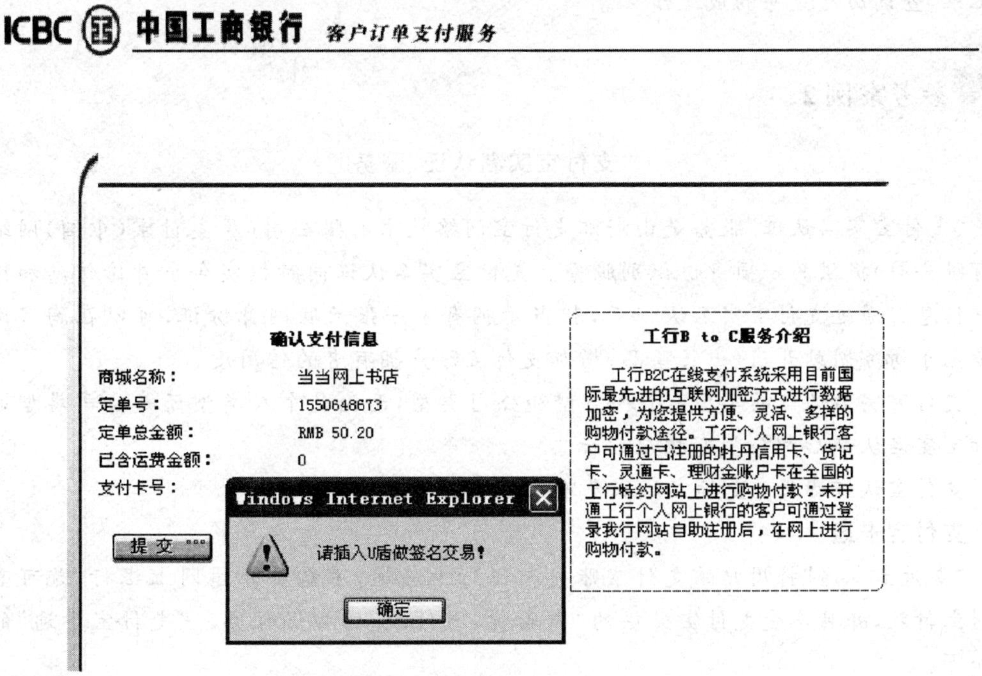

图 4-14　确认支付信息页面

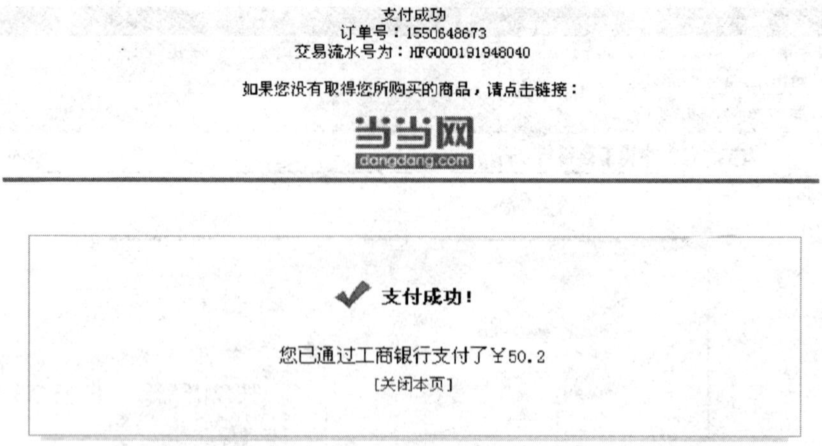

图 4-15　交易成功页面

(三) 交易确认与查询

为避免由于网络故障不能正常支付等意外情况，网上支付必须最后经商家确认方可成立。一般来说，商家收到银行发来的订单支付转账成功信息后，会根据用户注册时填写的 E-mail 地址，给用户发送收款确认通知，并告知发货消息。

用户可随时登录当当网查询订单处理状况，若有疑问可以通过 E-mail、电话等方式咨询当当网的客服中心。用户也可随时通过中国工商银行个人网上银行提供的 B2C 交易记录，查询历史交易的成交情况。

参考案例 2

"支付宝实名认证"服务

"支付宝实名认证"服务是由浙江支付宝网络技术有限公司(原支付宝(中国)网络技术有限公司)提供的一项身份识别服务。支付宝实名认证同时核实会员身份信息和银行账户信息。通过支付宝实名认证后，相当于拥有了一张互联网身份证，可以在淘宝网等众多电子商务网站开店、出售商品，增加支付宝账户拥有者的信用度。

支付宝实名认证的类型：个人类型和公司类型，无论是个人类型还是公司类型通过支付宝实名认证后都会带有相应的标志。

支付宝认证费用：支付宝认证是不收费的。

支付宝卡通

"支付宝卡通"将用户的支付宝账户与银行卡连通，不需要开通网上银行，就可直接在网上付款，并且享受支付宝提供的"先验货，再付款"的担保服务。"支付宝卡通"的特点如下：

- 输入支付密码立刻充值或支付，不需开通网上银行。
- 自动帮您完成实名认证，即刻可以成为收款账户。

- 一个支付宝账户可以绑定多个银行和多张银行卡。
- 在支付宝网站随时查询银行卡内余额。
- 实时提现，真正零等待。

卡通是支付宝与工商银行、建设银行、招商银行等超过 50 家银行联合推出的一项网上支付服务。输入支付宝密码就可以完成付款，不需要登录网上银行。办理成功即可在淘宝网开店。

数字证书

支付宝数字证书是由支付宝通过与公安部、工信部、国家密码管理局等机构认证的权威机构合作，采用数字签名技术，颁发给支付宝客户用以增强支付宝客户账户使用安全的一种数字凭证，并根据支付宝客户身份给予相应的网络资源访问权限。

支付盾

支付盾是支付宝公司推出的安全解决方案。支付盾（天威）是联合第三方权威机构（天威诚信）一起推出的安全产品。它是具有电子签名和数字认证的工具，保证了在网上信息传递时的保密性、唯一性、真实性和完整性。支付盾是酷似一面盾牌，时刻保护着在支付宝上操作的资金和账户安全。

支付宝余额

当支付宝账户中有余额时，直接输入支付密码用余额支付。

支付宝卡通

让你的银行卡与支付宝账户合二而一，从此无须在付款时再登录网银，只需输入支付密码，即可轻松用银行卡上余额完成支付，同时避免网银密码外泄风险，就像刷卡一样安全、方便！

附加功能

实现实时提现功能，真正零等待。自动帮您完成支付宝认证，收款、开店两不误。

网上银行

使用支付宝付款时，可以自由选择任一银行的网银进行支付。支付宝支持全国14 家主流银行网银。

国际卡支付

支付宝支持香港发行的带有 VISA/MasterCard 标志、开通 3D 认证的信用卡，只需在付款时登录相应网银，即可享受购物乐趣！

消费卡

无须开通网银，只要拥有一张百联 OK 卡就可以给支付宝充值进行网上购物了！

网点支付

没有网银？担心网吧不安全？没关系，支付宝全国 3 万个线下网点让您突破互联网限制，在线下网点即可轻松充值、付款。可以在中国邮政、连锁便利店的拉卡拉终端、连连支付空中充值店使用现金或银行卡购买支付宝充值码，或为网上交易的订单直接付款。

货到付款

没有网银？不想在烈日炎炎下到处奔波？支付宝货到付款让您在家"坐享其成"。只需在拍下商品后选择货到付款功能，即可等待物流公司送货上门，验货完毕后将款项当面交付，轻松完成交易(注：该服务仅限淘宝网指定店铺使用)。

邮政付款

中国邮政和支付宝共同推出的支付方式，无须开通网上银行，只需到邮政柜台办理"邮政网汇e业务"就可以给支付宝账户充值，或者办理"邮政代收业务"直接完成支付宝交易付款。

转账服务

支付宝转账产品包括我要付款、我要收款、找人代付、代充、代扣、送礼金、交房租、AA收款8项产品，力求为用户提供一个安全快捷的转账平台。

我要付款

"我要付款"是支付宝提供的付款产品，基于您对交易对方的信任，自愿付款给对方，当您单击"我要付款"，款项就马上到达对方支付宝账户。每个支付宝认证账户有10000元的免费转账额度，每日可转账2000元。同时，若安装了数字证书，可将每日转账额度免费提升至20000元。

我要收款

"我要收款"是通过支付宝向另一位用户发起的收款产品，只要对方有邮箱就可以向他(她)发起收款，对方付款后，款项将直接到您的支付宝账户中。每个账户每日可发起21笔收款，每笔金额不超过2000元。

找人代付

"找人代付"是指当在网上购买商品后，可以找别人帮忙完成网上付款。"找人代付"已支持82家商户，包括淘宝网、苹果官网等购物网站。

代充

"代充"是您可以帮其他支付宝账号充值的产品。为保证您的资金安全，每日只可以为同一个账户充值3次，每笔不超过500元。

代扣

"代扣"是指支付宝根据您设置的付款理由、付款金额、付款时间等信息，自动帮您付款的产品。开通"代扣"功能后，支付宝会为您自动扣款并及时通知您。

送礼金

"送礼金"是支付宝付款产品的一种，您只需有朋友的邮箱或手机号码，立刻就可以给他(她)送礼金。

交房租

"交房租"是支付宝付款产品的一种，只需要房东的邮箱或手机号码，就可以随时随地给房东付房租，方便快捷。

AA 收款

“AA 收款”是支付宝收款产品的一种，当朋友一起聚餐聚会后产生了费用，可以用“AA 收款”向与会者发起收款，只需要朋友名字，就可以轻松创建收款，把链接用 QQ、微博、MSN 发出去，即可把款项收回。

收款主页

“收款主页”支付宝推出了一个针对个人收款的新功能，可以免费申请收款主页，以后收款可以直接将主页链接发送过去，对方可以在收款主页上直接付款，同时你收到款后也会收到 E-mail 和短信通知。

值得一提的是，收款主页的要求为 4～15 个字符，由于新功能刚刚推出，还有不少词可选，还没有开通的朋友快出手了。

收款主页上只显示你的姓名和注册时间以及是否为实名认证用户，支付宝账户和手机都进行了省略处理。这对于需要长期收款的个人用户是相当方便的，在你的网店、博客挂上付款链接后客户即可直接进入付款，方便很多。

本章小结

电子商务的支付是交易流程的重要环节，曾经一度滞后于电子商务的需求，目前已有多种支付方式满足电子商务的营销需要。网络支付对安全的要求很高，提供安全可靠和便捷的交易是电子商务发展的保证，一般要通过交易双方信任的中介形式。

移动商务的发展趋势使手机支付在未来扮演重要角色。

复习思考题

1. 简述支付系统的发展与演进。
2. 与传统的支付方式相比，电子支付具有哪些特征？
3. 简述电子支付的发展阶段。
4. 简述电子商务支付系统的基本体系构成。
5. 电子支付系统应具备哪些功能？
6. 简述电子现金的特性与优缺点。
7. 简述电子支票的特点与局限性。
8. 描述使用 SET 进行信用卡支付交易的工作流程。

实践课堂

[**实训项目**]　电子支付

[**实训目标**]　熟识掌握信用卡支付功能申请的方法。

[**实训须知**]　现在网上银行业务发展迅速，已经有不少银行提供网上申请，每个银行的具体操作大同小异。

[实训内容及实训过程]

1. 实训内容

访问光大银行网站(http://www.cebbank.com/),掌握申请信用卡网上支付功能的方法。

2 实训过程

(1) 申请信用卡的网上银行功能。启动计算机,连接到互联网,打开浏览器,在地址栏输入“http://www.cebbank.com/”,并单击旁边的“转到”按钮,将打开光大银行首页,如图 4-16 所示。

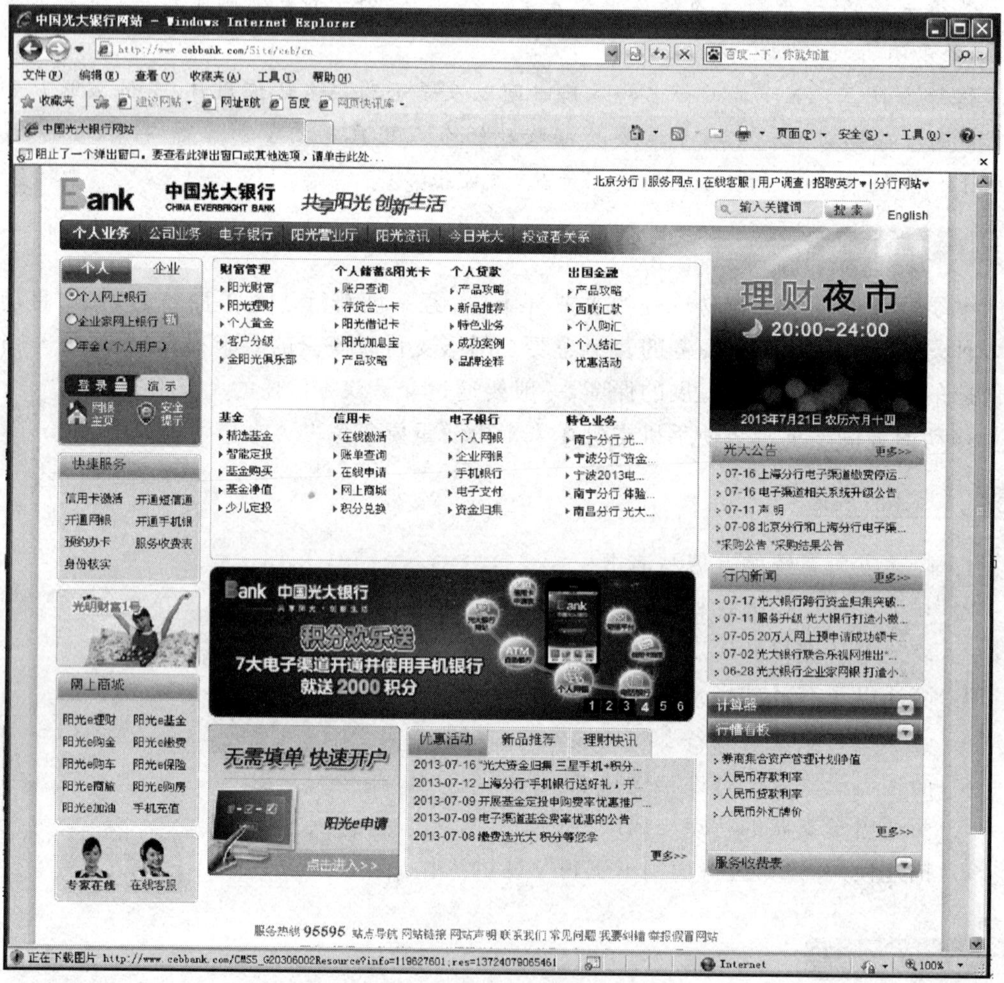

图 4-16 “光大银行”网站主页

(2) 单击左边“登录”按钮下面的“网银主页”图标,进入“网上银行主页”,如图 4-17 所示。

(3) 单击左边的“大众版在线注册”,进入注册确认协议页面,如图 4-18 所示。

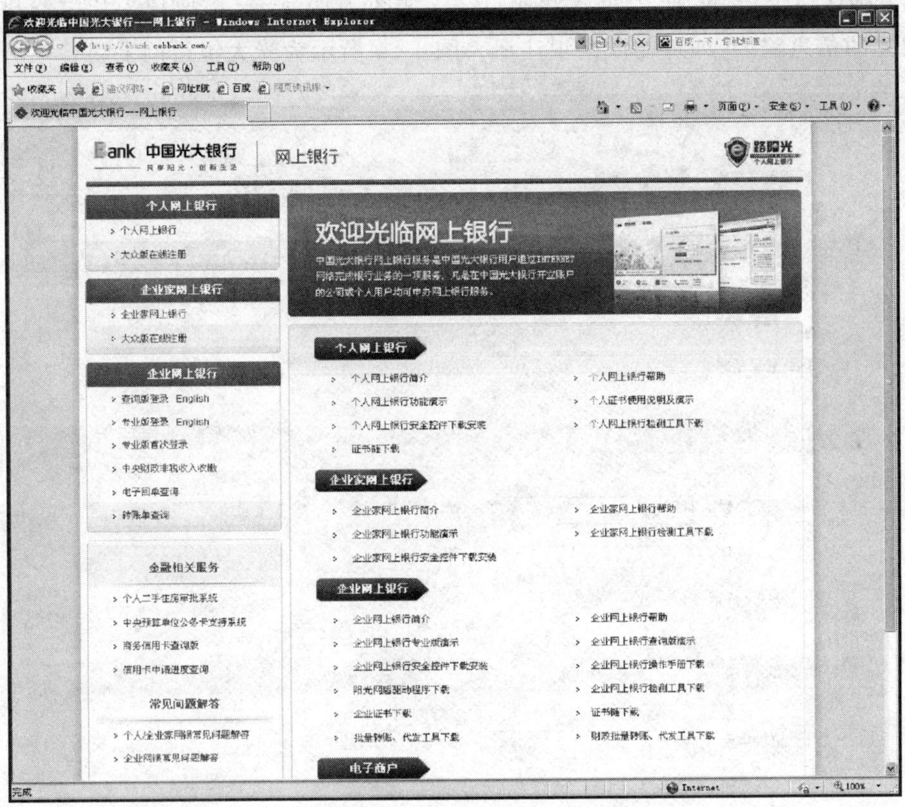

图 4-17　“网上银行”主页

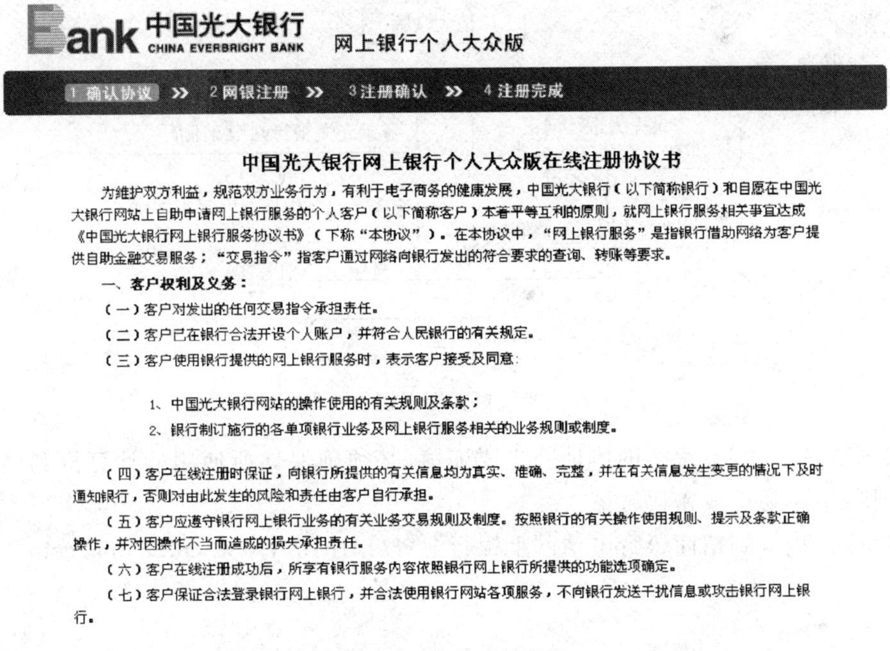

中国光大银行网上银行个人大众版在线注册协议书

为维护双方利益，规范双方业务行为，有利于电子商务的健康发展，中国光大银行（以下简称银行）和自愿在中国光大银行网站上自助申请网上银行服务的个人客户（以下简称客户）本着平等互利的原则，就网上银行服务相关事宜达成《中国光大银行网上银行服务协议书》（下称“本协议”）。在本协议中，“网上银行服务”是指银行借助网络为客户提供自助金融交易服务；“交易指令”指客户通过网络向银行发出的符合要求的查询、转账等要求。

一、客户权利及义务：

（一）客户对发出的任何交易指令承担责任。

（二）客户已在银行合法开设个人账户，并符合人民银行的有关规定。

（三）客户使用银行提供的网上银行服务时，表示客户接受及同意：

1、中国光大银行网站的操作使用的有关规则及条款；

2、银行制订施行的各单项银行业务及网上银行服务相关的业务规则或制度。

（四）客户在线注册时保证，向银行所提供的有关信息均为真实、准确、完整，并在有关信息发生变更的情况下及时通知银行，否则对由此发生的风险和责任由客户自行承担。

（五）客户应遵守银行网上银行业务的有关业务交易规则及制度。按照银行的有关操作使用规则、提示及条款正确操作，并对因操作不当而造成的损失承担责任。

（六）客户在线注册成功后，所享有银行服务内容依照银行网上银行所提供的功能选项确定。

（七）客户保证合法登录银行网上银行，并合法使用银行网站各项服务，不向银行发送干扰信息或攻击银行网上银行。

图 4-18　注册确认协议

(4) 确认协议后,就到了"网银注册"环节,如图4-19所示,需要填入相应资料。完成后面相关的信息输入,即可完成网银注册。图4-20所示为光大银行网上银行注册流程。

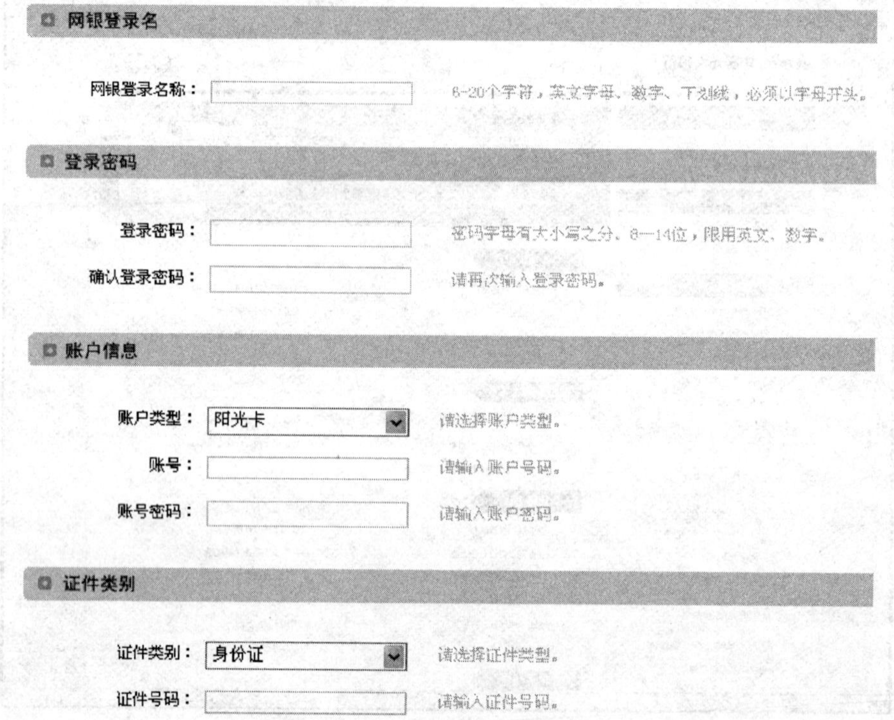

图4-19 网银注册

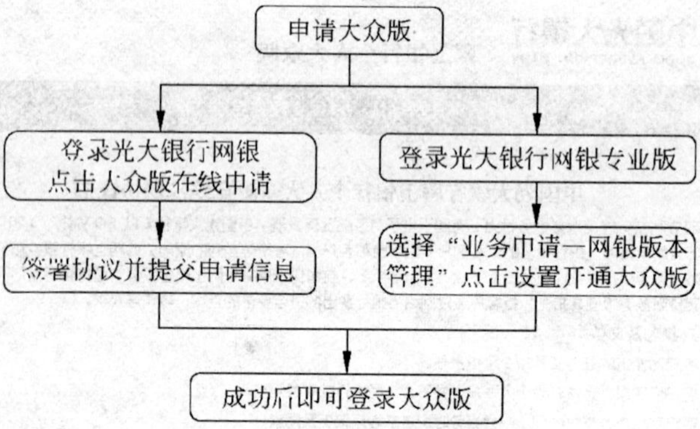

图4-20 光大银行网上银行注册流程

[实训注意] 网上银行的申请一定要谨慎,必须确保你所使用的计算机和网络是安全的,否则,很容易造成密码被盗。

[实训练习] 到招商银行申请网上银行业务(http://www.cmbchina.com/)

第五章

网上银行

学习目标

1. 了解网络银行的发展和趋势，熟悉我国主要网络银行的功能；
2. 掌握网络银行的主要概念和特征。

技能要求

1. 掌握网络银行使用的流程；
2. 掌握维护网络银行安全的基本措施。

引导案例

著名网银

支付宝

支付宝(中国)网络技术有限公司是国内领先的独立第三方支付平台，是由阿里巴巴集团CEO马云先生在2004年12月创立的第三方支付平台，是阿里巴巴集团的关联公司。支付宝致力于为中国电子商务提供“简单、安全、快速”的在线支付解决方案。

支付宝公司从2004年建立开始，始终以“信任”作为产品和服务的核心。不仅从产品上确保用户在线支付的安全，同时让用户通过支付宝在网络间建立起相互的信任，为建立纯净的互联网环境迈出了非常有意义的一步。

支付宝提出的建立信任，化繁为简，以技术的创新带动信用体系完善的理念，深得人心。在六年不到的时间内，为电子商务各个领域的用户创造了丰富的价值，成长为全球最领先的第三方支付公司之一。截止到2010年12月，支付宝注册用户突破5.5亿，日交易额超过25亿元人民币，日交易笔数达到850万笔。

支付宝创新的产品技术、独特的理念及庞大的用户群吸引越来越多的互联网商家主动选择支付宝作为其在线支付体系。除淘宝和阿里巴巴外，支持使用支付宝交易服务的商家已经超过46万家；涵盖了虚拟游戏、数码通信、商业服务、机票等行业。这些商家在享受支付宝服务的同时，还是拥有了一个极具潜力的消费市场。

支付宝以稳健的作风、先进的技术、敏锐的市场预见能力及极大的社会责任感,赢得了银行等合作伙伴的认同。目前国内工商银行、农业银行、建设银行、招商银行、上海浦发银行等各大商业银行以及中国邮政、VISA国际组织等各大机构均与支付宝建立了深入的战略合作,不断根据客户需求推出创新产品,成为金融机构在电子支付领域最为信任的合作伙伴。

财付通

财付通是腾讯公司于2005年9月正式推出专业在线支付平台,致力于为互联网用户和企业提供安全、便捷、专业的在线支付服务。

财付通构建全新的综合支付平台,业务覆盖B2B、B2C和C2C各领域,提供卓越的网上支付及清算服务。针对个人用户,财付通提供了包括在线充值、提现、支付、交易管理等丰富功能;针对企业用户,财付通提供了安全可靠的支付清算服务和极富特色的QQ营销资源支持。

财付通先后荣膺2006年电子支付平台十佳奖、2006年最佳便捷支付奖、2006年中国电子支付最具增长潜力平台奖和2007年最具竞争力电子支付企业奖等奖项,并于2007年首创获得"国家电子商务专项基金"资金支持。

合作银行

工商银行、农业银行、中国银行、建设银行、招商银行、上海浦东发展银行、邮政银行、农村信用合作社、中国银联、深圳发展银行、广东发展银行、民生银行、兴业银行、北京银行、广州市商业银行、深圳农村商业银行、交通银行、光大银行。

(资料来源:百度百科)

网上银行是银行体系顺应电子商务的发展而产生并逐渐发展起来的。电子商务的发展离不开银行网上支付的支撑,以保证资金及时、安全地在网上流通;另一方面,电子商务的发展也给银行带来了机遇,网上银行为突破银行传统的业务模式,拓展和延伸银行的服务提供了可能。

有专家预言,21世纪的银行将是建立在计算机通信技术基础上的网上银行。网上银行正在成为金融机构拓宽服务领域、实现业务增长、调整经营战略的重要手段。

第一节 银行电子化

早在20世纪60年代,美国、日本等发达国家将计算机这一新兴科技成果引入银行业,迈出了银行电子化的步伐,使具有数百年历史的银行业发生了根本性的变革。

银行电子化最初虽然不是源于电子商务活动,但是电子商务的发展使得个人和企业消费者对支付结算和现金管理提出了更高的需求,直接导致网上支付的兴起,从而在客观上加速了银行电子化的发展进程。银行电子化的不断完善和发展,为网上银行的产生与发展创造了良好的条件。

一、银行电子化的产生与发展

（一）银行电子化的发展历程

银行电子化大约经历了将传统业务处理实现电子化、提供自助银行服务、提供信息增值服务和提供网上银行服务四个发展阶段。其中第四个阶段即网上银行，将成为传统银行发展的必然选择。

1. 传统业务处理实现电子化阶段

银行的传统业务一般是处理存款与取款、发放贷款、办理汇款、处理支付结算、资金信息查询等，在银行电子化过程中，这些交易是最早采用信息技术实现数据通信与辅助处理的领域。其建设目标，是尽量减少手工操作，既要提高劳动生产率，又要减少人为错误并且改善对客户的服务水平，还要降低银行的运行成本。

2. 提供自助银行服务阶段

银行柜员机系统的建立，为银行开发一系列新型的自助银行服务打下良好的物质与技术基础。自助银行服务项目，一般以信用卡为介质，提供 ATM 服务、POS 服务和家庭银行服务。自助银行服务是完全依赖于信息技术等现代科技发展起来的全新服务项目，是传统银行没有的服务项目，其运营成本更低。

3. 提供信息增值服务阶段

银行电子化和信息化的实现，使银行从提供单一的支付结算等传统服务，发展到既提供支付结算服务又提供金融信息增值服务，增加了银行的收益，也满足了客户的多方不同需求。银行进入提供信息增值服务阶段，提高了银行经营管理的决策水平和科学性，从而使银行从传统银行时代进入真正的电子银行时代。

4. 提供网上银行服务阶段

随着电子商务迅速崛起，作为资金流的负载者，银行的参与至关重要。此外，在电子商务的推动下，银行为了开发新市场，争取新客户，进一步降低成本，也需要依托计算机网络通信技术，利用具有廉价、跨区域、互动等特点的互联网，使之与银行采用的现有计算机与通信技术、信息技术结合起来，形成一种崭新的网上银行服务模式。

（二）美国银行业电子化进程

1. 20 世纪 60 年代的后台电子化

电子数字计算机诞生后逐渐在军事、科技、金融等重要领域得到应用和推广，银行业也在这一时期迈入电子化的最初阶段。此时，应用的软件多以改善会计系统为主，在后台更新账目和打印报表。因此，这一时期被称为“后台电子化时期”。

2. 20 世纪 70 年代的前台电子化

20 世纪 70 年代，银行业计算机可在终端上输入客户的交易信息，由主机响应并处理。这种模式的应用在很大程度上提高了前台的工作效率，但银行业务流程仍是以手工模式为其设计基础，计算机只是帮助人工流程提高效率。

3. 20世纪80年代的网络化发展

信息技术成本大幅降低,也为银行业大面积推广应用信息技术提供了有利条件。这一时期,美国银行业将网络延伸到商业公司内部的财会部门和超级市场,开始推广ATM、POS及电话银行、企业银行等,应用软件也得到更新、评估和改进。

4. 20世纪90年代以来的金融创新

美国银行业利用外部集成服务来增加以前内部信息技术处理的价值,通过综合内外各方面的资源,从各种专业角度打破银行原有的常规进行创造性的思考,更加注重创新,使新的金融产品和服务不断涌现。

(三) 发达国家银行电子化的信息系统

1. 银行业内部的信息系统

主要以银行会计为依据的银行内部业务处理,即技术先进且相互协调的柜台业务服务网络和以银行经营管理为目标的银行管理系统网络。这类系统功能完善,不仅大大提高了银行的工作效率,而且大大加强了银行的管理决策科学化程度。

2. 银行业之间的信息系统

随着银行各项业务之间交往的频繁,银行间的支票、汇票等转账结算业务量急剧上升,在客观上要求建立银行间统一的、标准化的资金清算系统,实现快速、安全、有效的资金清算,以提高银行经营管理效率。

3. 银行业与客户之间交付的信息系统

银行推出了面向大众的各类自动服务,建立了自动客户服务系统网络,包括银行与企业客户之间建立企业银行,银行与社会大众之间建立电话银行、家庭银行、自助银行、网上银行,通过各类终端为客户提供各类周详、多样、自助的银行服务。

(四) 我国银行电子化的产生与发展

我国银行电子化建设经历了三个重要的、具有历史意义的发展阶段。

1. 起步阶段

20世纪70年代中后期到80年代初,我国银行电子化建设进入试点。这一阶段的主要特征是以计算机替代手工操作,采用脱机批处理方式进行大量繁琐的账务处理工作,目的在提高银行业务的工作效率和准确性,实现了对公业务、储蓄业务、联行对账业务、编制会计报表等日常业务活动的自动化。

2. 推广应用阶段

从20世纪80年代后期到90年代初,商业银行以全面实现柜台业务处理计算机自动化为目标,开发了许多业务应用系统,这一阶段主要还是以计算机替代手工操作为主,引进一大批更高性能的计算机主机,用以扩大业务处理范围,增强业务处理能力,并在此基础上分别建立自己的联网系统,实现了本行系统内活期储蓄的通存通兑。

3. 发展创新阶段

20世纪90年代中期至今,我国初步搭起了中国银行电子化、信息化的基础框架,逐步形成了安全、高效、规范的银行电子化服务体系，基本实现了业务操作计算机化、支付结算电子化、信息处理网络化和管理及办公自动化；同时还通过不断完善业务的集中处理，利用互联网技术与环境，加快金融创新，逐步开拓了网上金融服务，推出了自助银行、电话银行及网上银行等新型银行服务形式。

二、银行电子化的意义

银行实施电子化的发展策略，使其逐渐从单一的完成支付结算等传统业务的信用中介部门，发展成为多功能、全方位、全天候的金融服务体系，有力地推动了电子商务的发展、世界经济的发展与社会的信息化进程。

1. 促使商业银行的业务发展实现三次飞跃

第一次飞跃，是使银行从手工操作实现电子化，推出自助银行服务。这些自助银行拥有较为完善的设备，如信息查询机、ATM机、存折打印机、自动存款机、外币兑换机和其他各种专用自助终端机等，可以办理存取款、付账、转账、外币兑换、信息查询等所有传统银行业务。

第二次飞跃，是使传统银行发展成电子银行。银行实现电子化后，在金融综合业务服务基础上，将银行的电子化与近20年来飞速发展的IT技术结合，有力地推动银行的信息化建设，建立金融信息增值服务体系，开始为客户提供金融信息增值服务。

第三次飞跃，是使实体银行向虚拟的网上银行发展。银行电子化建设又一次进入全新的发展时期。虚拟的网上银行，无需设立分支机构，就可以将自己的银行业务服务推向全国以至全球，而且以最大化满足客户需求的个性化产品和信息增值服务为特色。

银行电子化建设所带来的这三次飞跃，使银行的产品结构、业务流程、管理模式、运行方式、组织结构和收入结构等，都发生了根本性的变化。所有这些变化，对银行的性质、业务、职能、组织机构和管理体制等，产生了一系列深远的影响。

2. 增强中央银行的宏观调控作用

中央银行作为一个国家金融运转形式的监控者和金融政策的制定者，它对这个国家甚至世界的经济发展具有重大影响。中央银行通过电子银行系统，可以实时掌握整个社会纷繁变化的资金运用状况和经济运行状况，并据此采取有效的宏观调控措施。

中央银行通过与各商业银行之间的电子支付与结算活动，及时有效地控制信贷规模，监督商业银行的金融活动，办理政府财政业务，控制国家货币的发行和资金的储备，以加强中央银行的宏观调控作用，稳定货币，促进国民经济的持续、稳定、协调发展。

3. 促进信息化建设和国民经济的发展

银行的信息化，是国民经济信息化的基础和先决条件，西方发达国家在这方面的经验已经证明了这一点。世界经济的发展以及电子商务带来的发展机遇，迫切要求用IT技术改造传统产业，加快国民经济信息化进程，使国民经济实现跨越式的发展。

银行实现了电子化，才能为整个社会的商品生产、流通和消费过程提供高效的支付手段，推进商业和服务业的现代化，减少社会的现金和纸质票据的流通量，加速企业的资金周转速度和资金利用率,促进国民经济高效、安全、健康地发展。

三、银行电子化系统的特点

一个完善的银行电子化系统通常具有及时有效、准确可靠、连续可扩、开放多功能、安全保密等特点。

1. 及时有效

资金融通时间的长短意味着资金成本的高低,在现代经济社会中,缩短资金在途时间和提高资金使用效益是充分发挥资金效益的有效手段,而现代计算机技术、通信技术和网络技术能够提供高精度、高速度、高容量的技术支撑,运用这些先进的技术建立起来的银行电子化系统能够为客户提供及时、准确的各项资金融通服务,不仅能实现本行内的资金及时融通,而且还能实现跨行甚至跨国界的及时有效的资金融通。

2. 准确可靠

银行电子化系统采用了先进的技术和手段,采用了自动化的处理方法,减少了人工干预,避免了由于各种人为因素造成的不安全的可能。高精度的运算工具避免了人工计算所造成的差错,自动化的通信线路能快捷、准确地确保信息顺利通畅地到达目的地,各种加密防伪技术也能避免各种干扰和破坏,使所有数据的采集、录入、加工、处理、存储、传输全过程准确可靠。

3. 连续可扩

银行电子化系统采用了先进的技术手段,使得其从手工系统转向自动化系统、低级的处理系统转向高级的处理系统都能保持业务的连续性。同时,随着新技术的运用,新的金融工具、新的金融产品也不断涌现,银行电子化系统先进的结构化、模块化的设计方法,使得功能上的拓展简便且易于实现。大容量、高速度、强功能的硬件的选择,则使得系统的处理能力有相当的冗余以满足日后系统扩展的需要。

4. 开放多功能

银行电子化系统与传统处理方式相比具有更丰富的功能,不仅能处理传统方式所能处理的一切业务,而且能为客户办理各种新颖的业务,如开办自助银行、实现证券的自动交易、实施资金的瞬时清算等;不仅能满足业务部门的要求,而且能够为管理部门提供各种有效的信息服务,并进一步为社会其他部门、政府部门等提供所需要的信息帮助。

银行电子化系统具有广泛收集、处理、存储、传输大量数据信息的能力,具有开放性,能够为管理决策提供有效的可靠的数据。

5. 安全保密

银行电子化系统运用了最先进的安全保密技术,对客户信息、资金信息以及其他各类银行信息采取多种加密手段和授权措施,以确保信息安全保密,维护银行业的信誉。

四、银行电子化系统的分类

银行业务涉及的范围广、人员多、信息量大,各业务之间联系密切,关系错综复杂。

银行电子化系统是一个综合性、多功能的庞大系统，它的开放性、多重性和服务性决定了它的复杂性。银行电子化系统不是一个全面集成的包罗所有业务的系统，而是根据不同的业务要求、不同的业务性质构架不同的系统功能，因此通常由多个不同侧重点的子系统构成。

（一）国外商业银行电子化系统的分类

在国外，传统的商业银行电子化系统主要分为零售银行业务系统、批发银行业务系统和信用卡业务系统。

1. 零售银行业务系统

零售银行业务系统面向个人和规模较小的商业客户，主要处理临柜、ATM、电话银行以及小额支付等，该系统客户量大、账户数多、交易金额小、实时性要求高，因此，建立的系统必须达到高效率、高存储容量和完备的渠道结合等要求。

2. 批发银行业务系统

批发银行业务系统面向中大型商业客户，主要处理这些客户的存款、贷款、贸易、融资、外汇、资金市场等业务，该系统客户量相对较小、账户数相对较少、交易金额比较大、安全性要求高，因此，建立的系统必须达到业务处理高效率、资金管理多元化以及严谨的风险防范措施。

3. 信用卡业务系统

信用卡业务系统则通常是独立于核心业务系统的，一般分为发卡处理和业务处理两类，这类系统客户量大、账户数多、实时性安全性银行电子化业务处理系统要求和异地处理的要求高，因此建立的系统必须达到授权的及时性、业务处理的方便性和安全性。

（二）我国银行电子化系统的分类

我国银行电子化系统一般分为三类：银行电子化管理系统、银行电子化业务处理系统和银行电子化自动处理系统。

1. 银行电子化管理系统

商业银行电子化管理系统主要包括办公自动化管理系统、资产负债管理系统、信贷管理系统、财务管理系统和客户信息管理系统等；中央银行电子化管理系统一般包括金融数据管理系统、金融信息采集传输系统、资金监测系统、货币发行系统、外汇管理系统、黄金管理系统和稽核系统等。

2. 银行电子化业务处理系统

银行电子化业务处理系统也分为商业银行电子化业务处理系统和中央银行电子化业务处理系统。商业银行电子化业务处理系统包括对公、储蓄、计划管理、统计信息等各项综合业务的处理系统；中央银行电子化业务处理系统则包括同城、辖区、全国甚至跨国的支付清算系统。

3. 银行电子化自动处理系统

银行电子化自动处理系统，主要包括 ATM 系统、POS 系统、CallCenter 系统、自助银行系统和信用卡业务处理系统。

五、几种电子银行服务方式简介

(一)电话银行

电话银行是20世纪80年代末推出的一种新型银行服务系统,它采用先进的计算机技术、通信技术和数字与语言转换技术,采用预先分配用户编号和个人密码控制,充分利用电话在时间上的及时性和空间上的无限性,为客户提供诸如查询、密码修改、挂失、转账等金融服务,是当今先进的金融服务工具之一。

1. 电话银行的系统构成

电话银行是利用计算机与电话集成技术(CTI),通过电话自动语音应答和人工服务等方式为客户提供金融服务的一种业务,它涉及多种技术和设备。通常,电话银行系统主要由处理银行业务的计算机主机处理系统、前置机和城市公用电话网与客户电话等三部分构成。其中,前置机是电话银行中最关键的设备,主要完成电话用户的电话接入、主叫识别、按键识别、语音播放、传真处理等功能,目前,通常采用交互式语音回应设备(IVR)作前置机。IVR作为银行主机和客户用电话机之间的一道桥梁,一端接银行主机,另一端接电话线,客户利用按键/音频电话接通银行主机,就可进行数据查询和财务处理。

2. 普通的电话银行系统

普通的电话银行系统是一个实时查询和转账交易系统,它采用先进的计算机技术、通信网络技术和数字语音转换技术,利用现实生活中广泛使用的普通音频电话同银行计算机相连接。电话银行的客户通过电话机拨号发出服务请求,银行计算机系统将银行的客户数据信息转换成声音信息传给客户,客户就可以在电话语音的提示下,通过“对话”方式获得所需的金融信息,完成所需的金融服务,具有快捷、简便、高效、安全等特点。

因此,只要有电话机,客户就能方便地进行自我服务。硬件一般包括多媒体计算机(包含有声卡、录像采集卡、麦克风、扫描仪)、电话信息处理机和系统业务服务器。软件通常由两个部分组成:语音应答系统和数据管理系统。

3. 电话银行系统提供的功能

目前,这种电话银行系统主要提供包括对公业务、储蓄业务、国际业务、信用卡业务、商户业务、利率查询、外汇牌价查询、汇价查询、公共语音信箱、个人外汇买卖、其他业务查询以及代收费、银行金融信息发布、投诉留言和证券转账等多项银行业务。

例如,对公业务中可以实现对公业务的余额、发生额查询,修改密码,传真对账单,转账、支票挂失和到款通知等功能。

(二)银行呼叫中心

1. 呼叫中心及其组成

呼叫中心在国外又称“用户服务中心”,它通过电话系统,连接到某个信息数据库,并由计算机语音自动应答设备或人工坐席将用户要检索的信息传递给用户，使企业的业务系统最大限度地与用户建立联系，共享用户的需求等信息资源，从而能够最大限度地为用户服务。

呼叫中心系统由若干成员组成，这些成员包括普通的人工坐席员和一些自动语音设备、语音信箱等。这些成员通过网络实现相互间的通信，不仅共享网络上的资源，并且实现与业务系统及办公自动化系统的互联。用户拨打服务电话后，通过语音的导引，转到某一个人工坐席员上，这个人工坐席员的显示屏上将会显示这个用户的所有资料，以及系统为这个用户的所有服务记录。这样，当坐席员为用户服务时，将会根据已经了解的用户资料，为用户定制服务。

2. 银行呼叫中心的主要功能

将网上银行与呼叫中心整合在一起，可实现跨平台多种交易形式的全方位金融电子化服务，可方便进行网上交易资金的实时划转交割，还可向用户提供实时查询、账务管理、代理收费、银证转账等多项金融服务，实现用户与银行之间的互动服务。

一般来说，银行呼叫中心系统可以实现的主要业务功能有咨询、查询、通知服务、证券服务、转账服务、用户管理、决策支持、申请预约等。例如，通知服务功能包括挂失通知、透支通知、到账通知、低于约定金额通知、余额不足通知、服务受理通知和缴费通知。此外，银行呼叫中心还可以提供一些其他服务功能，如民航订票、存折口头挂失、银行产品营销、非银行产品营销、顾客投诉与建议、缴移动电话费及电话支付等。

3. 银行呼叫中心在呼入业务上的应用

根据用户呼入业务的响应方式不同，呼叫中心的呼入业务处理方式分为 3 种。

(1) 交互式语音应答系统。用户通过电话按键方式，由自动语音菜单导航，实现用户业务的操作。整个语音应答过程由银行设计，用户拨号按键必须在语音菜单提示的范围内操作，最终给予用户需要的信息。该系统可以完成银行存贷款信息的查询、用户账户管理、电汇、核定票据信用、授权业务的核准与核销以及股票交易等多种银行业务。

例如，顾客可以使用按键式电话，由一系列声音菜单导航，逐步选定要查询的存贷款种类、期限及其他要素，由自动语音拨报程序从数据库中取得信息。这种业务功能缩短了用户与银行间的物理距离，用户不用再为询问一个简单的资料专程跑到柜台，同时也使柜台人员从简单劳动中释放出来，从事其他银行业务的开展。

(2) 传真回复系统。当用户需要从银行获取图表等大量复杂的资料时，可以依靠传真回复系统得以实现，它可以提供图像实时传送到任何一台传真机上，以响应用户的请求。例如，用户期望及时获得财务表格或准确的投资市场信息，则可以通过传真回复系统实现这一需要。

呼叫中心的传真回复系统连接着银行巨大的信息数据库，它可以根据用户在自动应答系统中留下的要求对资料进行筛选，将筛选后的资料传真至用户指定的传真机。

(3) 人工坐席系统。人工坐席系统是将现代技术与专业人员相结合，在技术构成上不但具有上述两系统的功能，而且增加了服务监控追踪的功能，在业务操作上则更具有灵活性。人工坐席系统除上述业务外还包括对话录音、用户交易记录的查询以及解决疑难问题的功能。

例如,只有坐席人员的服务才可以真正解决用户与银行交往中遇到的困惑与烦恼。坐席人员凭借本身丰富的业务知识和长期积累的各方面经验,可以解释用户提出的各种疑难问题。同时,坐席人员通过与用户的沟通可以进一步了解用户的需求,为银行积累用户信息,促进银行的发展。

(三)银行呼叫中心在呼出业务上的应用

呼叫中心经历了一个从呼入到呼出、从通知到销售的发展历程。西方商业银行的呼叫中心已经发展成为十分发达的银行业务销售中心,通过用户主动与呼叫中心建立的联系渠道为银行服务。

(1)通知还款。这项业务是呼叫中心的传统重要业务,存在两种通知还款措施。第一种措施是编定一种强大的拨号程序系统,只是简单地向用户打电话,发送录音信息;第二种措施是流水线式的收账方法,由系统自动拨打用户电话,一旦拨通,用户服务代表和用户就可以直接在电话上交谈。这样做是有必要的,因为很多人听到是催款录音就会马上挂上电话。

(2)用户调查。电话调查已经成为市场调查的重要手段,呼叫中心本身具有技术设备优势,加之有经验丰富的话务员和稳定的来话数量,因此成为银行进行用户调查的主要渠道之一。

(3)业务推广。许多用户为了自身的利益都与呼叫中心建立了紧密的联系,这些联系渠道成为呼叫中心业务推广的前提。由于呼叫中心可以记录用户在系统中的操作,使得呼出的业务变得更有针对性。例如,对经常咨询存款利率的用户可以推荐投资基金账户,对关心透支额度的用户可以推荐信用卡的升级等业务。

(四)家庭银行

1. 家庭银行及其功能

家庭银行是指客户通过家里的电话、电视、计算机等多媒体设备与银行主机系统联网,通过该终端,银行为其办理划拨款项、汇兑结算、查询余额、证券投资及提供金融市场信息等业务,还同商业机构、公用事业机构、信用卡发卡机构进行各种结算,使客户不出家门就能完成银行提供的24小时的各种服务,从而实现个性化客户“消费理财”的优质服务。

家庭银行可处理的业务功能主要包括缴费与消费付款服务、账户管理、银证转账业务、外汇宝交易、金融信息查询和其他专项服务,如手机等项目代缴费、医院预约挂号等。目前,家庭银行产品不断创新,2006年6月,我国交通银行北京分行推出一款可提供24小时买电、缴电话费服务的家庭银行产品——“支付通”。

拥有这一产品后,客户在家就可办理除存、取款外的多项个人金融服务。其集合了电话、ATM和POS机的多项功能,具有自助银行、自助缴费、自助理财等多项功能。与传统受理终端的高昂成本相比较,“支付通”的低成本优势明显,同时其体积小巧,便于维护。今后随着金融创新的深入,将不断涌现多种新颖的家庭银行产品与服务类型。

2. 家庭银行的发展阶段

家庭银行的发展经历了电话家庭银行、视频家庭银行、PC 家庭银行以及网上家庭银行四个阶段。

(1) 电话家庭银行。20 世纪 70 年代,最流行的家庭银行方式即是通过按键电话,只要接通电话,客户就能查询银行账户余额、转账并且缴付账单。

(2) 视频家庭银行。到了 20 世纪 80 年代,随着视频技术的发展,有线电视又被视为家庭银行的可用技术。虽然有线电视解决了电话的画面限制,但是有线电视也有缺点,因为只有少数的美国人拥有双向有线电视。

(3) PC 家庭银行。20 世纪 80 年代,个人计算机已拥有画面显示和双向通信能力,顾客可利用家里的 PC 机,通过公共数据网存取银行主机系统中的数据库,并执行数据查询、转账、付款、个人理财等交易。

(4) 网上家庭银行。从 20 世纪 90 年代中期开始,随着信息技术的飞速发展,在互联网上建立银行虚拟分支机构的障碍大大减少。尤其是电子商务的蓬勃发展,包括我国在内,世界上很多银行纷纷建立网上银行,并通过网上银行为社会大众提供家庭银行服务,从而使家庭银行在全球范围内获得实质性的大发展。

个人银行业务、PC 和互联网紧密结合,使客户通过互联网就可进行电子商务活动、金融交易和获取所需的信息服务。现在,家庭银行已经成为互联网上使用最广泛的一项电子商务活动。

3. 家庭银行的形式

从网上家庭银行的应用来看,目前主要有五种存在形式。

(1) 银行专有的拨号服务。运用计算机和调制解调器的家庭银行服务,使银行成为消费者进入其账户的电子通路,这样,他们就能够直接向债权人账户上转移资金或支付账单。

(2) 现成的家庭银行软件。这种方法在巩固现有顾客与争取新客户之间的关系中,发挥着重要作用。这种软件市场吸引了银行的兴趣,因为它通过升级、更新,以及出售相关产品和服务,能够带来稳定的收益。

(3) 以专有网上服务为基础。这种方法允许银行设立零售分支机构,主要经营以客户为基础的网上服务。

(4) 以互联网为基础。这种方法使银行能够通过互联网直接到达消费者的浏览器。这种模式的优势在于其后端具有灵活性,因此能够适应由电子商务所推动的网上交易运行模式,从而导致中介服务的消亡。

(5) 基于呼叫中心的家庭银行系统。它是将电话银行系统和视频银行系统结合在一起的综合性家庭银行服务系统。银行服务中心的呼叫服务器通过网络同银行业务主机通信,通过多通道集成处理设备与公共电话网、互联网和银行内部的电话系统相连。银行用户可用电话、FAX、微机和其他数字终端同呼叫服务中心进行通信。

这种服务方式可以实现多线并行处理工作,允许多个用户同时使用一个统一呼叫号码提供服务,它还具有通道之间的交换和转移功能,使外部呼叫与内部电话建立动态的、实时的连接,提供功能丰富、操作简单可靠的安全服务。

(五) 企业银行系统

1. 企业银行的概念与特点

企业银行是企业在经营过程中通过银行完成资金往来的电子服务系统,它的服务对象主要是大中型企业以及包括政府机构在内的具有法人身份的组织。企业银行资金往来额度大,必须与电子汇兑系统结合起来,才能完成资金转账过程。

当前,世界上企业银行系统的种类繁多,但是基本上都具有两个共同特点:一是使用计算机网络技术;二是业务处理的范畴多为无现金交易,即只是以账簿的更新和现金数据的流动来完成。

2. 企业银行的功能

企业银行的功能主要分为企业终端部分的功能和银行终端部分的功能。

企业终端部分的功能主要包括对公查询模块、对公转账模块、储蓄模块、信用卡模块、对外结算模块以及其他模块等实现的功能。如对公查询模块具有对公账户余额查询、对公存款利率查询、对公账户对账单查询、对公账户信息查询、对方账户信息查询、当天交易额查询、查汇款与同城转账处理结果等功能。

银行终端部分的功能主要包括系统管理模块、客户档案管理模块、账号票据管理模块、终端管理模块、柜员和交易管理模块、参数控制管理模块等实现的功能。如客户档案管理模块具有开户与销户、冻结与解冻及激活、企业档案查询、强制修改密码等功能。

3. 企业银行的系统结构

(1) 客户机前台子系统。它接受用户的查询、交易的请求,显示查询、交易的结果,进行操作员的管理以及管理客户端本地数据库。

(2) 银行端后台业务处理子系统。接受客户端发来的查询和交易请求,对交易进行支付密码的校验,在通过合法性检查后,与银行主机进行通信,查询公司业务数据库或者进行公司业务的账务处理,把查询或者账务处理的结果返回客户端,并进行相应的制单操作。

(3) 支付密码管理子系统。提供校验函数,根据校验要素进行支付密码合法性校验,返回校验结果;支付密码器的管理包括密码器机具和密码器账号的管理、客户密钥的管理以及日志查询及打印。

(4) 通信子系统。通信子系统是指企业银行客户机与企业银行前置机之间的通信,并提供企业银行前置机的通信监控管理软件,负责显示、控制当前的通信状况及通信日志的管理。

(5) 保密子系统。它提供一整套的保密通信方案,包括通信双方的身份认证、数据加密以及通信报文认证。尤其是在公用网络上传输和在银行外部处理必须保证不被非法篡改和不可否认。

小贴士

网上银行交易成本有多低?

交通银行网络银行部总经理兰福民表示:“我们在网上做一笔业务的查询类和交易类的成本核算下来只有0.16元,交易一笔业务只有0.71元的成本,而银行网点交易一笔业务的成本是7.19元,其中的成本相差近10倍。”网络带来的低成本高效益由此可见一斑。

第二节　网上银行的发展

一、网上银行的概念

一般而言,网上银行应包括3个基本要素:一是必须具备互联网及其他电子通信手段的支持;二是有基于电子通信形式的金融服务提供者,如提供电子金融服务的银行或其他金融机构;三是有基于电子通信形式的金融服务消费者,如以电子通信形式消费的各类终端用户。

网上银行也称网络银行或在线银行,是指利用互联网、企业内部网及相关技术处理传统的银行业务及支持电子商务网上支付的新型银行。它实现了银行与客户之间安全、方便、友好、实时的链接,可向客户提供开户、销户、查询、对账、转账、信贷、网上支付、投资理财等金融服务。

可以说,网上银行是在互联网上设立的虚拟银行柜台,传统的银行服务不再通过物理的银行分支机构来实现,而是借助技术手段在互联网上实现。网上银行是一种全新的服务模式,如图5-1所示描绘了网上银行建设所包括的3个业务层次。

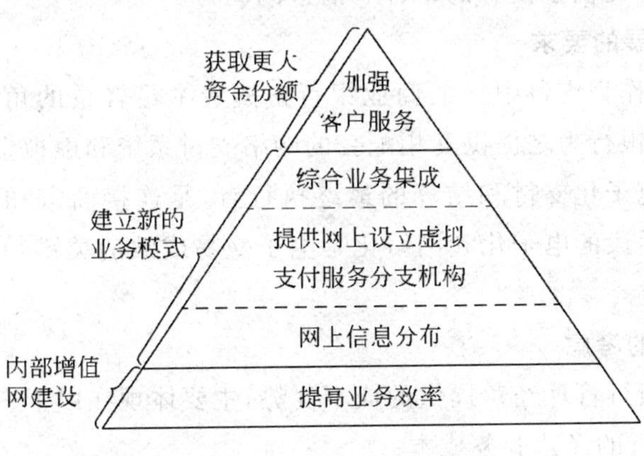

图5-1　网上银行建设

1. 完善内部增值网建设是网上银行建设的基础

银行通过完善内部增值网建设和各种跨行电子银行系统建设,将 IT 技术渗透到银行的所有业务、管理和决策过程中,提高金融机构的综合业务处理水平、信息化水平、管理水平和防范金融风险的能力,可以有效地降低银行的运行成本。

2. 银行采用 Web 技术建立新的业务模式

新的业务模式主要通过互联网实现,主要包括网上信息发布和信息传递、提供网上支付服务、建立虚拟分支机构和同业伙伴联盟,建立虚拟的金融超级市场并实现综合业务集成,即金融一条龙服务。

3. 加强客户服务以获取更大的资金份额

网上银行使商业银行的经营理念从以物(资金)为中心逐渐走向以客户为中心。传统的经营观念注重地理位置、资产数量、分行和营业点的数量,而网上银行的经营理念在于如何获取信息并最好地利用这些信息为客户提供多角度、全方位的金融服务,有利于体现"银行服务以人为本"的金融服务宗旨。

网上银行带来的经营理念的改变,将为传统商业银行创造出新的竞争优势。网上银行还可以在低成本条件下实现对客户"一对一"服务,服务产品更具差别化,业务对每个人更具针对性,更容易对客户的情况进行统计分析,更容易确立市场目标,以帮助银行建立长期稳定的客户群体。

二、网上银行产生的原因

1. 信息技术发展的推动

互联网技术的发展给金融服务业带来发展机遇的同时,也给银行带来了更多激烈的市场竞争。为了在竞争中谋求生存与发展,国内外银行及金融机构纷纷推出网上银行服务品种。先进的计算机和通信技术,再加上商业电子化所能带来的诱人利润,这些都为银行业开展网上服务提供了便利的条件和前进的动力。

2. 电子商务发展的要求

在电子商务中,作为支付中介的商业银行扮演着举足轻重的角色,无论网上购物还是网上交易,都要求银行为之提供互相配套的网络支付系统和虚拟金融服务。

商业银行作为电子化支付和结算的最终执行者,是连接商家和消费者的纽带,它能否有效地实现支付手段的电子化和网络化是电子交易成败的关键,直接关系到电子商务的发展前景。

3. 对服务成本的考虑

互联网为商业银行管理经营提供的成本优势,主要体现在以下三方面:

① 降低商业银行的经营业务成本。

② 互联网降低了商业银行的管理维护成本,管理维护成本包括人员工资、场地租金、室内装修、水电费用等。

③ 互联网可以使商业银行借助电子货币形式节约大量的管理成本，商业银行可以推出更多金融服务品种形成互补效应。

三、网上银行的发展阶段

网上银行的发展，可以分为如下三个发展阶段。

（一）计算机辅助银行管理阶段

这个阶段始于20世纪50年代至80年代中后期。20世纪50年代末，计算机逐渐在美国和日本等国家的银行业务中得到应用。但是，最初银行应用计算机的主要目的是解决手工记账速度慢、提高财务处理能力和减轻人力负担的问题，主要用于分支机构及各营业网点的记账和结算。

20世纪60年代末兴起的电子资金转账技术及应用，为网上银行的发展奠定了技术基础。电子资金转账改变了传统的手工处理票据模式，可以快速有效地处理支付信息，降低处理成本及票据纸张费用等交易成本，还可以有效地降低支付时间的不确定性，保证款项及时转账，提高现金管理质量和支付效率。

（二）银行电子化或金融信息化阶段

随着个人计算机普及率的提高，商业银行逐渐将发展的重点从电话银行调整为PC银行，即以PC为基础的电子银行业务。20世纪80年代中后期，在世界各国的国内各银行之间的网络化金融服务系统基础上，形成了不同国家银行之间的电子信息网络，进而形成了全球金融通信网络。银行电子化使传统银行提供的金融服务变成了全天候、全方位和开放型的金融服务。各种新型的电子网络服务不断出现，如以自助方式为主的在线银行服务（PC银行）、ATM、家庭银行系统和企业银行系统等。

随着银行电子化的发展，电子货币转账逐渐成为银行服务中的主要业务形式。电子货币以分布在金融机构和服务网点的终端机（如POS或ATM）及计算机网络为物质条件，以现金卡、信用卡、IC卡和电子支票等形式为媒介，使货币以电子数据的形式在银行网络间进行传递，从而形成电子货币流通系统。

（三）网上银行阶段

网上银行是网络时代的产物。20世纪90年代中期以来，伴随互联网在各行各业中的广泛应用，银行为满足电子商务发展和金融行业竞争的需要，纷纷借助互联网及其他网络开展各种金融业务，以达到拓展业务、降低运营成本、满足顾客个性化需要的目的，由此直接导致了基于互联网平台的网上银行的出现。

网上银行的出现是使银行服务完成从传统银行到现代电子银行的一次重大变革。网上银行的基本功能之一就是方便实现电子商务交易活动中的网上支付与结算，这使得网上消费真正变为现实，如网上旅游、网上订票、网上购物、网上教学、网上办公、网上证券等。

四、网上银行的发展模式

(一)分支型网上银行及其发展模式

1. 分支型网上银行

分支型网上银行是指已拥有传统物理分支机构和营业点的银行将现有银行业务扩展到互联网上来开展银行金融服务。它是目前网上银行的主要形式,占网上银行数量的80%以上,如招商银行的网上银行。分支型网上银行一般既独立开展业务,又为其他非网上分支机构提供辅助服务。随着网络技术和电子商务的发展及客户对网上银行和电子支付工具的日渐熟悉,目前分支型网上银行已经能够独立开展各类银行业务,包括网上开户、网上贷款、电子支付或账单提交、资产或证券交易等。

由于这种银行模式是在原有银行的基础上投资建立的网上业务渠道,它可以充分延伸银行原有的品牌优势,利用现有银行既有的技术、人员和客户资源,有效地帮助主体银行改善银行形象和客户服务手段,迅速开发新的金融服务产品,拓展市场空间和渠道,满足客户要求,最终实现传统业务与网上银行的协调发展。

2. 分支型网上银行的发展模式

(1) 购并模式。购并模式即收购现有的纯网上银行。加拿大皇家银行(RBC)是加拿大规模最大、盈利能力最好的传统商业银行之一。一百多年来,这家银行在美国只是从事银行批发业务。1998年10月,它以20000美元收购了安全第一网上银行(SFNB)除技术部门以外的所有部分。

加拿大皇家银行进行收购的战略目标有两个:一是为了扩大其在美国金融市场的业务和份额,通过收购可以迅速介入美国的银行零售业务市场;另外一个战略目标是,它可以利用这次收购,将银行业迅速拓展到一个新兴的、飞速发展的领域。这次收购使加拿大皇家银行立即站在网上银行发展的最前沿。

(2) 延伸模式。延伸模式即发展自己的网上银行业务。传统商业银行是凭借其原有品牌和产品服务优势,利用原有IT部门或是与计算机软件厂商合作,发展网上银行业务。如美国加利福尼亚州的Wells Fargo银行,它作为美国最著名的商业银行之一,在十个州都拥有自己的营业机构,管理着数千亿美元的资产,为了实现适应客户多变的交易偏好并降低交易成本的战略目标,早在1992年就开始建设自己的网络信息系统,为开展网上银行业务奠定了基础。

1995年,它们与Microsoft、Intuit建立战略联盟,发展网上银行服务,从而在稳定老客户的基础上,进一步开拓了市场,成为拥有网络客户最多的商业银行。

(二)纯网上银行及其发展模式

1. 纯网上银行

纯网上银行又称虚拟银行,是指那些仅仅凭借互联网来开展银行业务的独立经济组织,它们一般都没有店面柜台,也没有什么分支机构,银行的所有业务完全建立在互联网上，以非面对面式的渠道来完成。例如美国在 1995 年 10 月在成立的安全第一网上银行(SFNB)，它通过互联网网络提供全球范围的金融服务，客户进入该银行网站后，可以看到网页中显示的“开户”、“个人财务”、“咨询台”、“行长”等菜单，用鼠标单击所需服务，就可以按照提示办理自己所需开户、存款、转账、付款等业务。

纯网上银行无须设分支机构，就能将银行业务推向全国以至世界各地，减少了银行运营成本的 2/3。这种网上银行的优势在于它可以树立自己的品牌，以极其低廉的交易费用实时处理各类交易，提供一系列的投资、抵押和保险综合服务。由于其客户服务成本很低，纯网上银行还可以提供更优惠的存贷款利率。但与传统银行相比，纯网上银行也存在一些目前还难以克服的缺陷。

例如，无法收付现金，以致加重了对第三方发展的依赖性；改变以往银行保存交易记录的方式，需要法律和客户方面的不断确认；需要培养银行客户的信任度和忠诚度等。

2. 纯网上银行的发展模式

纯网上银行的发展有两种不同的经营理念：一种是以印第安纳州第一网上银行(FIBI)为代表的全方位发展模式；另一种是以休斯敦的康普银行(CompuBank)为代表的特色化发展模式。

(1) 全方位发展模式。对于采用这种发展模式的网上银行而言，它们并不认为纯网上银行具有局限性。它们认为随着科技的发展和网络的进一步完善，纯网上银行完全可以取代传统银行，它们还认为纯网上银行应该提供传统银行所提供的一切服务。这些纯网上银行始终致力于中小企业，如 FIBI 通过推出所谓的“中小企业贷款服务”，从而改变了纯网上银行没有企业贷款服务的历史。

(2) 特色化发展模式。持有这种经营理念的纯网上银行承认纯网上银行具有局限性，与传统型银行相比，纯网上银行提供现金服务要少得多。例如，由于没有分支机构，它们无法为中小企业提供现金管理服务，也不能为客户提供安全保管箱。纯网上银行若想在竞争中获得生存，应该专注于具有核心竞争力的业务，提供特色化的服务。如位于休斯敦的康普银行只提供在线存款服务。

小贴士

中国第一家网上银行

中国第一家网上银行是中国银行，时间在 1996 年下半年。当时，中国银行就已经认识到 Internet 提供了强大的、无处不在的网络系统，这是银行赖以进行客户服务的最好的物质基础。

上网初期，中国银行网页主要用于发布中国银行的广告信息、业务信息等，此后几年，中国银行在充分研究试用的基础上，利用防火墙和数字加密等安全机制逐步开展了家庭银行、信用卡、商业银行等网上业务。招商银行也是国内较早的网上银行。

第三节 网上银行的特点与优势

一、网上银行的特点

与传统银行相比,网上银行在运行机制和服务功能方面都具有不同的特点。

1. 开放性与虚拟性

对于传统银行来说,增加分支机构来发展金融业务和开拓国际市场,用户往往只限于固定的地域。然而在网络经济时代银行可以通过建立互联网站点的方式,很便捷地设立虚拟的营业网点,不用设任何分支机构就可以将金融业务和市场延伸到世界的各地。

2. 智能化与无纸化

传统银行主要借助于物质资本,通过众多员工辛勤劳动为用户提供服务。而网上银行主要借助智能资本提供比传统银行更多、更快、更好、更方便的业务。网上银行全面实现无纸化交易,票据和单据大部分被电子支票、电子汇票和电子收据所代替;原有的纸币被电子货币代替;原有纸质文件的邮寄变为通过数据通信网进行传送。

3. 互动性与持续性

网上银行系统与客户之间,可以通过电子邮件、账户查询、贷款申请或档案的更新等途径,实现网络在线实时沟通,客户可以在任何时间、任何地方通过互联网就能得到银行的金融服务。银行业务不受时空限制,每天可向客户提供24小时不间断服务。

4. 私密性与标准化

网上银行通过严格的加密系统对客户的商业隐私进行保护。网上银行提供的服务比营业网点更标准、更规范,避免了因工作人员的业务素质高低及情绪好坏所带来的服务满意度的差异。

二、网上银行的优势

网上银行是随着互联网的普及和电子商务的发展逐步成熟起来的新一代电子银行,新兴的网上银行较之传统银行具有很多优势,主要表现在以下几个方面。

1. 网上银行提高了服务的准确性和时效性

网上银行的全部业务都通过互联网进行并由信息系统软件处理,所有传统银行使用的票据和单据全面电子化,真正实现了无纸化和网络化运作,大大缩短了资金在途时间,提高了资金的利用率,避免了人为差错,使银行服务的准确性和时效性达到一个新高度。

2. 网上银行打破了时空限制

网上银行依托迅猛发展的计算机网络与通信技术,打破了时空限制,能在任何时间、任何地方、任何方式为用户提供全天候、跨区域、不间断的银行服务。客户可以随时随地进入网上银行,在家中操作鼠标和键盘,就可以开设账户,进行收付交易。

3. 网上银行降低了银行的运营成本

网上银行交易成本仅是电话银行的1/4,是普通银行的1/10。此外,由于客户使用的是公共互联网网络资源，使银行减少了建立专用通信网络所带来的成本及维护费用。网上银行业务成本优势显而易见。

4. 网上银行有利于满足客户的个性化需求

网上银行利用电子邮件、讨论组等技术，提供一种全新的真正的双向交流方式。这样有助于银行加深与客户之间的互动，广泛获取客户的信息，根据每个客户不同的金融和财务需求"量身定做"相应的金融产品，以满足客户日益增长的个性化需求。

5. 网上银行简单易用

使用网上银行的服务不需要特别的软件，甚至不需要任何专门的培训。只要有一台能够上网的计算机，即可根据网上银行网页的显示，按照提示进入自己所需的业务项目。简洁明快的用户指南，使一般具有互联网基本知识的网民都可以很快掌握网上银行的操作方法。

6. 实现了银行机构网络化

网上银行突破了银行传统业务的操作模式，把银行的业务直接在互联网上推出。利用网络技术把自己与客户连接起来，在有关安全措施的保护下，随时通过不同的计算机终端为客户办理所需的一切金融业务。它突破了营业网点约束对银行业务扩张的限制，使金融服务从有形的物理世界延伸到无形的数字世界。

小贴士

网上银行进行欺诈行为的四种类型

一是通过邮件冒充银行，以系统升级等名义诱骗用户单击进入假网站，并要求他们输入自己的账号密码等敏感信息。

二是利用聊天以网友的身份低价兜售网络游戏装备、数字卡等商品，诱骗用户登录假网站地址，输入账号密码。

三是利用一些人下载、打开来路不明的程序、游戏、邮件等习惯，将木马病毒置入客户的计算机内。

四是利用人们怕麻烦而将密码设置得过于简单的心理，通过试探等方式猜测出密码。

第四节　网上银行的功能与主要业务

一、网上银行的功能

网上银行提供的服务一般包括两类：一类是传统商业银行业务品种的网上实现，传统商业银行把网上银行作为自身业务品种的一个新兴的分销渠道来对待；另一类是完全针对互联网的多媒体互动的特性来设计提供的创新业务品种；同时，在组织机构和业务管理模式上也从根本上打破了传统商业银行的各种条框，成为真正意义上的网上银行。

从业务品种细分的角度来讲,网上银行一般包括以下几方面的功能。

1. 决策咨询

向用户提供业务疑难咨询以及投诉服务,通过收集、整理、归纳、分析用户的各式各样的问题和意见以及用户结构,及时地了解用户关注的焦点以及市场的需求走向,及时调整或设计创新出新的经营方式和业务品种,更加体贴周到地为用户服务。

2. 提供信息

网上银行通过互联网发布公共信息,既向用户提供了有价值的金融信息,同时又起到了广告宣传的作用。客户能随时上网了解这些信息,就可以很方便地认识银行、了解银行的业务品种情况以及业务运行规则,为用户进一步办理各项业务提供了方便。

3. 账务查询

网上银行可以利用互联网门对门服务的特点,向企事业单位和个人用户提供其财产状态、账户余额、账户一段期间内的交易明细清单等事项的查询功能,同时为企业集团提供所属单位的跨地区多账户的账务查询功能。

4. 申请和挂失

申请和挂失主要包括存款账户、信用卡的开户、电子现金、空白支票申领、企业财务报表、国际收支申报的报送、各种贷款、信用证开证的申请、预约服务的申请、账户挂失、预约服务撤销等。

5. 网上支付

向用户提供互联网上的资金实时结算功能,是保证电子交易正常开展的关键性的基础功能,也是网上银行的一个标志性功能。网上支付按交易双方用户的性质分为企业间、企业与消费者间等交易模式,从而实现不同用户之间的资金收付划转功能。

6. 在线账务处理

用户可以在自己名下的各个账户之间进行资金划转,一般表现为定期转活期、活期转定期、汇兑、外汇买卖等不同币种、不同期限资金之间的转换。也可以根据自身需要,在网上银行办理网上转账、网上汇款等资金实时划转业务。

7. 信息增值

在提供金融信息咨询的基础上,以资金托管、账户托管为手段,为客户的资金使用安排提供周到的专业化的理财建议和顾问方案。采取信用证等业务的操作方式,为客户间的商品交易提供信用支付的中介服务。

8. 金融创新

网上银行有效地利用了互联网的快捷性、互动性以及多媒体特点,针对不同客户的需求开展便捷的智能化、个性化的服务,提供传统商业银行在当前业务模式下难以实现的功能。

二、网上银行的主要业务

目前,网上银行服务正在逐步取代PC银行服务,为客户提供个性化的全方位金融服务。客户只要持有安全认证设备和访问授权，就能在任何时间、任何地点通过网络终端享受网络严格提供的金融服务。具体涉及的业务包括以下几个方面。

1．公共信息服务

具体内容包括：银行简介；银行业务、服务项目介绍；银行网点分布情况；ATM分布情况；银行特约商户介绍；存贷款利率查询；外汇牌价、利率查询；国债行情查询；各类申请资料（贷款、信用卡申请）；投资理财咨询使用说明；最新经济信息；客户信箱服务等。这些信息对网上的所有访问者都开放。

2．企业银行业务

具体业务包括：账务查询；内部转账；对外支付；活期定期互转；工资发放；信用管理；企业账务查询和信用查询；网上信用证；金融信息查询；银行信息通知等。例如，企业可以通过网上银行查阅本企业或下属企业的账户余额情况、划转企业内部各单位之间的资金。网上的企业银行业务仅面向在网上银行系统开户的注册客户，所有的交易数据均经过加密后才在网上传输。

3．个人银行业务

具体业务包括：业务查询；转账业务；代收代缴业务；储蓄业务；公积金贷款业务；金融卡消费业务；财务状态管理业务；客户金融咨询服务；客户意见反馈服务等。例如，用户可以通过网上银行查询账户余额交易历史、进行电子转账。

与企业银行业务一样，个人银行业务也仅对在网上银行开户注册的客户提供服务。公众只要在网上银行开立了普通存折或一卡通账户，就可以上网享受网上银行提供的各种个人银行服务。

4．提供商务服务

商务服务主要包括投资理财和网上购物等服务内容。

投资理财服务可由客户主动进入银行的网站进行金融、账户等的信息查询以及财务账目的处理；也可由网上银行系统对用户实施全程跟踪服务，即根据用户的储蓄、信贷情况进行理财分析，适时地向用户提供符合其经济状况的理财建议或计划。

在网上购物方面，网上银行以网上商店的形式向供求双方提供交易平台，商户在此可建立自己的订购系统，向网上客户展示商品并接收订单，商户在收到来自银行的客户已付费的通知后即可向客户发货；客户可进入银行的网上商店，选购自己所需的商品，并通过银行直接进行网上支付，供求双方均通过网上银行这一中介机构建立联系并实现收支，降低了交易的风险度。

小贴士

如何安全使用网上银行

1．要妥善保管好自己的账号和密码。

2．谨防假网站索要账号、密码、支付密码等客户敏感信息。

3. 维护好自己的计算机。不要轻易下载一些来历不明的软件。最好不要在公共场所(如网吧、公共图书馆等)使用网上银行。

4. 最有效的方式就是到工商银行网点申请一个客户证书。一旦拥有了自己的客户证书,就可以有效防范诸如假网站、木马病毒等网络诈骗。

第五节 网上银行的安全保障与风险管理

网上银行的安全主要包括如何进行用户合法身份的确认,如何保证账户资料和交易信息在保存和传输过程中不被窃取或更改,以及如何阻止非法侵入银行主机和核心资料系统等。因此,安全是建立网上银行首先需要考虑和解决的核心问题。

一、网上银行面临的安全威胁

网上银行面临的安全威胁,可以宏观地分为自然威胁和人为威胁。

(一) 自然威胁

自然威胁可能来自于各种自然灾害、恶劣的场地环境(断电、电力波动过大、湿度过高等)、电磁辐射、计算机及网络设备老化、软硬件质量及其安全漏洞等。

(二) 人为威胁

人为威胁是指通过人为攻击系统暴露出来的弱点,使得网络信息的保密性、完整性、可靠性、可控性和可用性受到损害,例如信息泄漏或丢失、非授权访问、误操作、破坏资料完整性、拒绝服务攻击、病毒、黑客、盗窃与欺诈(内部人员占欺诈的大多数)。人为威胁可以分为以下两种。

1. 无意威胁

无意威胁,也称为偶然事故,是一种以操作失误为代表的威胁,例如操作失误(未经允许使用、操作不当、误用存储媒体等)、编程缺陷(经验不足、水平有限等)、管理不善等。

2. 有意威胁

有意威胁,也称恶意攻击,是一种以计算机犯罪为代表的威胁,具有智能性、严重性、隐蔽性及多样性等特点。国际上把这种由于人为恶意攻击对信息系统造成的威胁划分为 3 个级别: C 级威胁是指个体信息犯罪,通常攻击的是标准化网络和系统; B 级威胁是指有组织的多点、多技术的分布式协同攻击,针对一些专用网络和非标准网络系统; A 级威胁通常是指战争威胁。

二、攻击网上银行的主要手段

攻击网上银行的手段主要包括中断、截取、修改和伪造。在网上银行实际运行过程中,这些攻击类型经常表现为假冒用户身份、窃取网络上信息、篡改网络上的信息、否认所发的信息、重发信息等。

1. 中断

中断是使系统资源遭受损失、损坏或不可用，从而使用户得不到所需资源。

2. 截取

截取是指非授权实体对资源的存取，这里所说的是实体，可以是人、程序，也可以是计算机系统，例如非法访问网络、对程序或数据进行非法复制等。

3. 修改

修改是指非授权实体对资源进行篡改而产生的失效方式，包括篡改数据库数据，修改程序，修改正在传输中的数据等。

4. 伪造

伪造是指非授权实体伪造计算机系统中的实体，例如向数据库中非法加入记录等。

三、网上银行安全服务种类

在网络这个不断更新换代的世界里，网络中的安全漏洞无处不在。即便旧的安全漏洞补上了，新的安全漏洞又将不断涌现。网络攻击者正是利用这些存在的漏洞和安全缺陷对系统和资源进行攻击。同样，网上银行也经受到“黑客”们的挑战。

网上银行的安全主要体现在三个方面：银行网站本身的安全；交易信息在商户与银行之间传递的安全；交易信息在消费者与银行之间传递的安全。它涵盖了物理安全、系统安全和信息安全。

（一）物理安全

物理设备是网上银行赖以存在的物理基础，它包括机房、机房内的各种设备和网络通信线路。物理设备安全的安全主要包括以下几个方面。

1. 环境安全

银行内部服务器的运行环境应按照国家有关标准设计实施，应具备消防报警、安全照明、不间断供电、温湿度控制系统和防盗警报，以保护系统免受水、火、有害气体、地震、静电等的危害。

2. 电源系统的安全

电源是所有电子设备正常工作的能量源泉，在银行内部服务器系统中也同样重要。要保证电源系统的安全就要做到电力能源供应不间断、输电线路安全、保持电源的稳定性等。

3. 设备安全

要保证硬件设备随时处于良好的工作状态，建立健全使用管理规章制度，建立设备运行日志。同时要注意保护存储媒体的安全性，包括存储媒体自身和数据的安全。要保证存储媒体的安全就要做到安全保管、防盗、防毁和防霉。

4. 通信线路安全

通信设备和通信线路的装置安装要稳固可靠，具有一定对抗自然因素和人为因素破坏的能力,包括防止电磁信息的泄露、线路截获,以及电磁干扰。

(二)系统安全

系统安全主要包括操作系统、数据库系统和网络管理系统等的安全。其中安全数据库所具有的特性主要有数据独立性、数据安全性、数据完整性、数据库的可审计性。

(三)信息安全

信息安全就是指客户在使用自己的账号和密码登录网站与服务器所进行的一系列数据传递之间的安全。由于其中有客户重要的资料,比如客户的账号密码,因而信息安全在网上银行的安全性方面也扮演着很重要的角色。

四、网上银行的安全防范手段

网上银行安全就是要使网上银行的信息免遭泄露、破坏、篡改和伪造,保障信息的保密性、完整性、不可否认性、可用性和可审计性。为了达到确保网上银行的安全,要根据重要性、复杂性和敏感性等对整个网上银行系统制订分类和分层次的安全策略,保证网上银行的物理安全、系统资源安全、应用系统安全、数据通信安全和运行安全。

目前,网上银行采取的安全防范手段主要包括支付网关和安全措施两种。

1. 支付网关

支付网关是银行金融系统和互联网之间的接口,它由银行提供的将互联网上的传输数据转换为金融机构内部数据的设备或软件,或由指派的第三方处理商家的支付信息和顾客的支付指令。支付网关是网上银行的安全屏障,可以确保交易在互联网用户与交易处理商之间安全、无缝隙地传递,并且无须对原有主机系统进行修改。离开支付网关,网上银行的电子支付功能也就无从实现。

在网上支付协议SET中规定,支付网关必须由商户收单行或收单行联合组织(如信用卡组织)来建立。它关系着网上支付结算安排和金融系统的风险防范。支付网关的主要功能如下:

- 支持商户上传的所有SET消息。
- 支持与CA有关的所有消息及黑名单更新与管理。
- 支持一次性扣款和授权的交易方式。
- 在互联网上接收信用卡支付,实现公共网络与银行金融网络的安全链接。

2. 安全措施

交易信息在由商户送到支付网关之前,是在互联网上传送的。因此,必须考虑公共网络支付信息的安全性,建立完善的网上银行安全机制。

网络层安全机制包括防火墙和入侵检测系统;应用层安全机制主要有加密机制(对称和非对称加密)、数字签名机制、访问控制机制、数据完整性机制、认证交换机制、防业务流分析机制、路由控制机制、审计跟踪机制等。

例如,网上银行通过数字证书对客户身份进行鉴定识别,保证网上交易中客户身份的真实性和不可否认性。数字证书包含用户的身份信息,用户公钥信息以及证书发行机构对该证书的数字签名信息,它由一些权威、公正的第三方认证机构所认证,从而解决了各方相互间的信任问题。又如,访问控制是指主体访问客体的权限或能力的限制,它可以在在身份认证的基础上根据身份的合法性对提出的资源访问请求加以控制。用户只能根据自己的权限大小来访问系统资源,不能越权访问。

目前在实际应用中,主要采用各种加密技术、认证技术,以及使用 SSL 安全协议保护客户的隐私。此外,要加强内部管理,强化人员安全管理(人员审查、安全意识培养),建立安全评估与检查制度以及审计和跟踪体系。

小贴士

支付网关

支付网关是银行金融系统和互联网之间的接口,位于 Internet 和传统的银行专网之间,是将互联网上的传输数据转换为金融机构内部数据的设备,或由指派的第三方处理商家支付信息和顾客的支付指令。支付网关可以确保交易在 Internet 用户与交易处理商家之间安全、无缝隙地传递,并且无须对原主机系统进行修改。

参考案例 1

招商银行业务分析

一、招商银行简介

招商银行成立于 1987 年 4 月 8 日,是我国第一家完全由企业法人持股的股份制商业银行,总行设在深圳。自成立以来,招商银行先后进行了四次增资扩股,并于 2002 年3 月成功发行了 15 亿普通股,4 月 9 日在上交所挂牌(股票代码:600036),是国内第一家采用国际会计标准上市的公司。

2006 年 9 月 22 日,招商银行(3968. HK)在香港联合交易所正式挂牌上市。在英国《银行家》杂志发布的中国银行业 100 强最新排行榜中,按照一级资本排序,招商银行位居第六。在最新的"2008 世界 500 强排行榜"中跃居世界 500 强第 103 位,在入围的25 家中国企业中跻身 8 强,图 5-2 所示为招商银行网站的主页。

二、个人银行

个人银行分为大众版和专业版两个不同权限的版本,以方便、快捷、安全的方式处理客户个人账务,适用于个人和家庭。

图 5-2　"招商银行网站"主页

(一) 个人银行大众版系统的功能。

1. 账户查询

账户查询包括账户管理首页、账户查询、当天交易查询、历史交易查询、密码管理、一卡通挂失、新旧卡号互查、个人企业年金查询、到期换卡申请等。

2. 自助转账

自助转账包括自助转账首页、转出一卡通、定活互转、通知存款转账、银证转账、支付卡转账、理财专户转账、外汇结汇等。

3. 自助缴费

自助缴费包括缴费首页、普通缴费、保险缴费、直付通、神州行充值等。

4. 网上支付

网上支付包括网上支付首页、网上支付交易查询、网上支付额度管理、支付卡管理、支付卡转账、密码修改、卡号查询、网上支付申请、电话支付申请、网上商城等。

5. 投资管理

投资管理包括管理已购买的证券(银证通)、基金(银基通),进行基金交易和基金查询,辅助制订投资计划,管理资金账户等。

6. 贷款管理

贷款管理包括贷款管理首页、个人贷款查询、逾期贷款查询、随借随还还款、客户服务、在线客户服务、定制理财秘书等。

(二) 个人银行专业版系统的特点

1. 完善的安全机制

(1) 在交易认证上采用了完整的证书机制,符合国际标准。在网络通信上采用了招商银行自主开发的封闭通信协议,避免被他人截获分析。

(2) 在加密算法上达到了国际先进系统的强度,防止被他人破译。

(3) 在业务控制上采用了多项措施,确保他人不能从业务环节进行渗透。

2. 增强的服务功能

在完善的安全机制之下,系统增加了如个人汇款、转账等对安全要求较高的新功能,使得对个人的理财服务更加完善。

3. 可自行设定支付限额

用户可以自主设定甚至取消支付限额,一方面使得用户对安全的控制更加个性化,另一方面也方便了用户进行大额网上支付。

4. 自动软件升级

用户软件可随着整个系统的发展而自动升级,使得用户可以随时获得招商银行的最新服务。个人银行专业版系统的功能,如表 5-1 所示。

表 5-1　个人银行专业版系统的功能

我的财务	账户管理	内部互转	转账汇款
欢迎页 我的账户 我的证券 设置快速通道	账户查询 活期交易查询 定期交易查询 新旧卡号互查 个人企业年金查询 密码管理 一卡通挂失 到期换卡申请	本人招行账户互转 转出到协议账户 定活互转 通知存款转账 银证转账 证券基金理财专户转账 网上支付卡转账 外汇结汇	转账汇款指南 转账汇款功能申请及限额设置 转账汇款记录查询 招行同城转账 招行异地汇款 跨行同城转账 跨行异地汇款 批量转账汇款信息编辑 批量转账汇款 收款方信息管理

续表

我的财务	账户管理	内部互转	转账汇款
自助缴费	投资管理	贷款管理	电子商务
普通缴费 保险缴费 直付通 神州行充值	证券 基金 国债 外汇 受托理财 溢财通 风险评估	自助贷款 个人贷款查询 逾期贷款查询 随借随还 按揭试算	网上支付指南 专业版支付功能申请及限额设置 专业版支付交易查询 支付卡支付功能申请 支付卡管理 支付卡支付交易查询 一卡通支付功能申请 一卡通支付额度管理 一卡通支付交易查询 一卡通支付联系信息修改 协议支付 网上商城
理财计划	财务分析	功能申请	电子商务功能申请
理财计划指南 付款计划功能申请 付款计划管理 理财记事簿 债权债务管理	财务分析指南 支出分配图 支出明细表 收入分配图 收入明细表 现金流量图 收支对比图	功能申请列表 转账汇款功能申请及限额设置 专业版支付功能申请及限额设置 支付卡支付功能申请 一卡通支付功能申请 外汇买卖功能申请 神州行充值功能申请 付款计划申请 账户变动通知功能申请 快易理财开户	

三、企业银行系统

1. 企业银行系统简介

网上企业银行 U-BANK 是招商银行网上银行一网通的重要组成部分,它是通过互联网或其他公用信息网,将客户的计算机终端连接至银行主机,实现将银行服务直接送到客户办公室、家中或出差地点的银行对公服务系统,使客户足不出户就可以享受到招商银行的服务。

U-BANK 是全面的、综合化的网上业务平台,2008 年 5 月新推出的 U-BANK 6.0 继承了网上企业银行稳定、安全、高效等诸多优点,整合了结算、融资、现金管理、投资理财、供应链金融五大业务平台,全新推出网上保理、网上透支、网上公司卡、网上商务卡、贸易融资、网上公司理财、第三方存管、期货交易、网上外汇买卖、手机银行十项新产品,全面升级网上票据、网上离岸业务、网上国际业务三项服务,提供跨中港两地的资金管理与理财服务，并推出针对同业金融机构的专署版本，同时优化系统操作，提供个性化、高自由度的用户体验。

2. 企业银行系统的功能

企业银行系统有如下功能：集团公司全国“网上结算中心”和“财务管理中心”；网上自助贷款；网上委托贷款；网上全国代理收付；个性化财务授权管理；网上安全账户管理；全流程透视与交易追踪服务；智能化操作向导；量身定制银行信息主动通知；商务信息海量传递；网上票据；网上信用证；网上外汇汇款业务；网上国际信用证业务；网上国际贸易融资业务；网上国际结算查询通知业务。

3. 企业银行系统的申请

企业银行系统的具体申请流程，如图 5-3 所示。

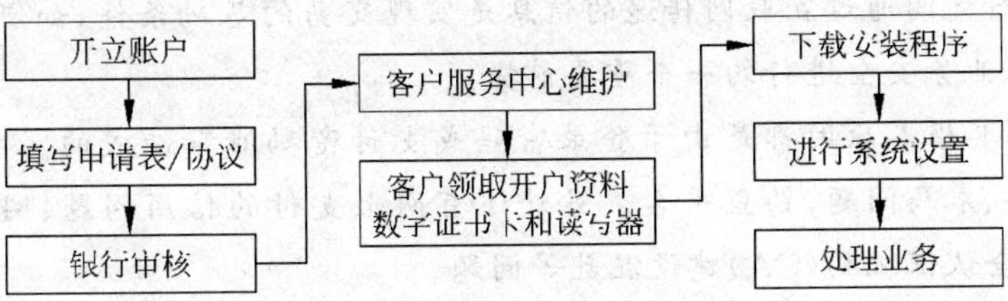

图 5-3 企业银行系统申请流程

参考案例 2

网上银行存在的安全性问题及解决对策

随着电子商务技术的发展，网上银行的使用也越来越广泛，但是网上银行还存在很大的安全问题，必须引起广大网民群众的重视。

一、我国网上银行存在的安全性问题

1. 网上银行网站存在的安全性问题

在网络银行中，企图非法窃取密码的作案者如果采用可以改变登录 ID 的方法，即使登录失败，网站也不会将密码视为无效。除了用软件窃取密码这样的隐忧以外，“冒充站点”也是网上银行使用中一个非常重要的安全隐患。客户在不了解情况时就会向虚假站点发送 ID 和密码。客户发送完毕后，如果显示出一个“服务马上就要停止”的画面，或者把客户访问重新引导到正规站点上，客户当时是很难察觉的。这样一来，就存在有人进行非法资金转移的可能性。

2. 交易信息在商家与银行之间传递的安全性问题

因为互联网的虚拟性，交易双方无法确保对方身份的真实性，尤其在当事人仅仅通过互联网交流时，在这种情况下，要建立交易双方的信用机制和安全感是非常困难的。资金在网上划拨，安全性是最大问题。发展网上银行业务，大量经济信息在网上传递，而在以网上支付为核心的网上银行,电子商务最核心的部分包括CA认证在内的电子支付流程。就是说国内目前的网上银行还不能算真正的网上银行,只有真正建立起国家金融权威认证中心(CA)系统,才能为网上支付提供法律保障。

3. 交易信息在消费者与银行之间传递的安全性问题

目前,我国银行卡持有人安全意识普遍较弱,不注意密码保密,或将密码设为生日等易被猜测的数字。一旦卡号和密码被他人窃取或猜出,用户账号就可能在网上被盗用,例如进行购物消费等,从而造成损失,而银行技术手段对此却无能为力。因此一些银行规定:客户必须持合法证件到银行柜台签约才能使用“网上银行”进行转账支付,以此保障客户的资金安全。另一种情况是,客户在公用的计算机上使用网上银行,可能会使数字证书等机密资料落入他人之手,从而直接使网上身份识别系统被攻破,网上账户被盗用。用户和银行之间通过互联网传递的信息是实现交易的基础条件,如何确保不被第三方知道,是网上业务安全进行的一个重要前提。

综上所述,其根本原因都是由于登录密码或支付密码泄露造成的。比如,密码管理问题,网络病毒、木马问题,钓鱼平台。另外还有网上支付的信用问题、网上支付的法律问题和网上安全认证机构(CA)建设混乱等问题。

二、网上银行安全性问题解决的对策

1. 做好自身计算机的日常安全维护

一是经常给计算机系统升级。

二是安装杀毒软件、防火墙,经常升级和杀毒。

三在平时上网是尽量不上一些小型网站,选大型网站,知名度比较高的网站,避免网站挂有病毒、木马造成中毒。

四是尽量不要在公共计算机上使用自己的有关资金的账户和密码。

五是在有条件的情况下,在初装系统后确认计算机安全的后,给自己的计算机做个备份,在使用资金账户前做一次系统恢复。

2. 设立防火墙,隔离相关网络

所谓防火墙指的是位于不同网络安全域之间的软件和硬件设备的一系列部件的组合,作为不同网络安全域之间通信流的唯一通道,并根据用户的有关策略控制进出不同网络安全域的访问。现实生活中一般采用多重防火墙方案,分隔互联网与交易服务器,防止互联网用户的非法入侵;还用于交易服务器与银行内部网的分隔,有效保护银行内部网,同时防止内部网对交易服务器的入侵。

3. 设置高安全级的Web应用服务器

高安全级的Web服务器使用可信的专用操作系统,凭借其独特的体系结构和安全检查,保证只有合法用户的交易请求能通过特定的代理程序送至应用服务器进行后续处理。

4. 建立完善的身份认证和CA认证系统

在网上银行系统中，用户的身份认证依靠基于"RSA公钥密码体制"的加密机制、数字签名机制和用户登录密码的多重保证。银行对用户的数字签名和登录密码进行检验，全部通过后才能确认该用户的身份。用户的唯一身份标识就是银行签发的"数字证书"。用户的登录密码以密文的方式进行传输，确保了身份认证的安全可靠性。数字证书的引入，同时实现了用户对银行交易网站的身份认证，以保证访问的是真实的银行网站，另外还确保了客户提交的交易指令的不可否认性。由于数字证书的唯一性和重要性，各家银行为开展网上业务都成立了CA认证机构，专门负责签发和管理数字证书，并进行网上身份审核。2000年6月，由中国人民银行牵头，12家商业银行联合共建的中国金融认证中心(CFCA)正式挂牌运营，这标志着中国电子商务进入了银行安全支付的新阶段。中国金融认证中心作为一个权威的、可信赖的、公正的第三方信任机构，为今后实现跨行交易提供了身份认证基础。

5. 加强客户的安全意识和网络通信的安全性

银行卡持有人的安全意识是影响网上银行安全性的不可忽视的重要因素。一些银行规定：客户必须持合法证件到银行柜台签约才能使用"网上银行"进行转账支付，以此保障客户的资金安全。另一种情况是，客户在公用的计算机上使用网上银行，可能会使数字证书等机密资料落入他人之手，从而直接使网上身份识别系统被攻破，网上账户被盗用。

安全性作为网络银行赖以生存和得以发展的核心及基础，从一开始就受到各家银行的极大重视，都采取了有效的技术和业务手段来确保网上银行安全。但安全性和方便性又是互相矛盾的，越安全就意味着申请手续越烦琐，使用操作越复杂，影响了方便性，使客户使用起来感到困难。因此，必须在安全性和方便性上进行权衡。

互联网是一个开放的网络，客户在网上传输的敏感信息在通信过程中存在被截获、被破译、被篡改的可能。为了防止此种情况发生，网上银行系统一般都采用加密传输交易信息的措施，使用最广泛的是SSL数据加密协议。

(资料来源：中国金融网)

本章小结

经济的发展突出了金融的地位和作用，银行的电子化也是电子商务的应用，网络银行已经开始渗透到人们的生活中。网络银行使计算机网络技术得到了充分的发挥。

网络安全是网络银行的命脉，必须有足够的安全措施和技术保证，对风险进行有效的预防和管理。

复习思考题

1. 简述银行电子化的发展历程。
2. 简述银行电子化的主要意义和特点。
3. 什么是网上银行?
4. 简述网上银行的优势和分类。
5. 网上银行的发展有哪些模式?
6. 试分析制约网上银行发展的因素。
7. 网上银行发展中面临着哪些问题?
8. 试述家庭银行的形式与功能。
9. 简述企业银行的特点与功能。
10. 简述网上银行的发展趋势。

实践课堂

[实训项目] 网上银行

[实训目标] 通过对网上信用卡网上支付的实训,让学生理解网上银行的概念、功能和特征。

[实训须知] 各种网上信用卡的使用都是大同小异的,以下以工商银行网银为例,介绍相关操作步骤。

[实训内容及实训过程]

1. 实训内容

访问工商银行网站(http://www.icbc.com.cn/icbc/),掌握网上信用卡使用的基本操作。

2. 实训过程

(1) 启动计算机,连接到互联网,打开浏览器,在地址栏输入"http://www.icbc.com.cn/icbc/",并单击旁边的"转到"按钮,将打开工商银行首页,如图5-4所示。

(2) 单击左边的"个人网上银行登录"按钮,进入登录界面,如图5-5所示。

(3) 输入相关信息登录,可以看到银行提供给用户的多种服务,如图5-6所示。

(4) 这里以一般用户使用最多的汇款来介绍,单击"转账汇款",进入"转账汇款"界面,如图5-7所示。

(5) 单击"汇款"按钮,进入填写详细信息界面,如图5-8所示,信息填写完,就能顺利转账。

[实训注意] 网上银行的使用,一定要按照自己的实际情况选择相应的安全工具。

[实训练习] 使用工商银行的网上银行,练习基本操作。

图 5-4 “工商银行”网站首页

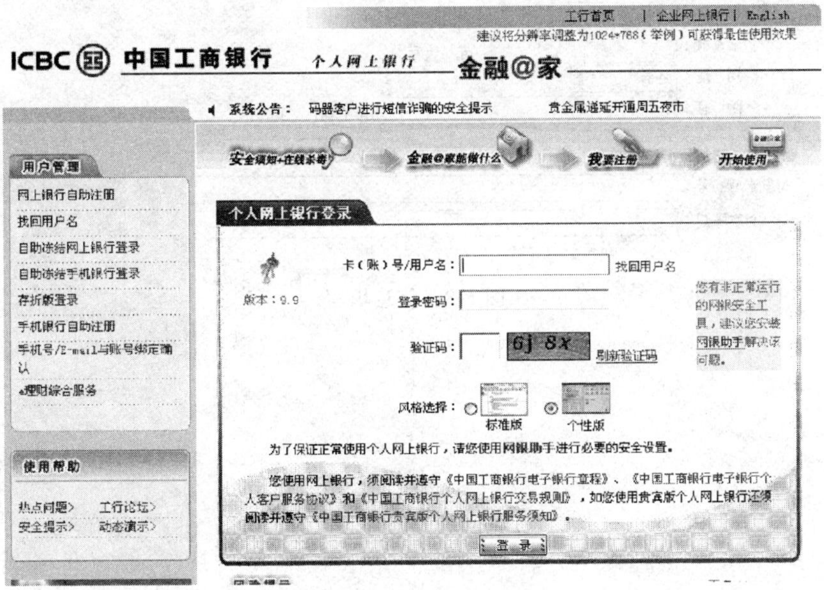

图 5-5　登录界面

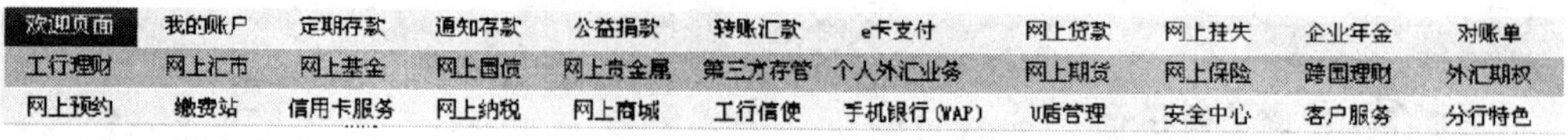

图 5-6　服务列表

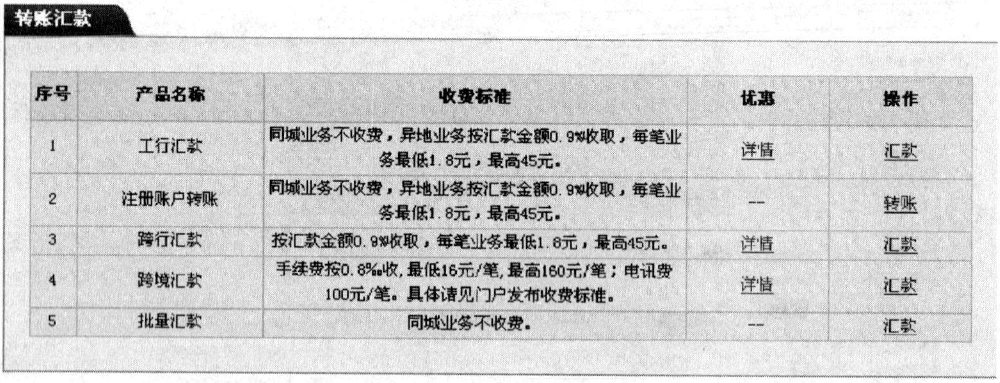

转账汇款

序号	产品名称	收费标准	优惠	操作
1	工行汇款	同城业务不收费，异地业务按汇款金额0.9%收取，每笔业务最低1.8元，最高45元。	详情	汇款
2	注册账户转账	同城业务不收费，异地业务按汇款金额0.9%收取，每笔业务最低1.8元，最高45元。	---	转账
3	跨行汇款	按汇款金额0.9%收取，每笔业务最低1.8元，最高45元。	详情	汇款
4	跨境汇款	手续费按0.8‰收,最低16元/笔,最高160元/笔；电讯费100元/笔。具体请见门户发布收费标准。	详情	汇款
5	批量汇款	同城业务不收费。	---	汇款

图 5-7　转账汇款

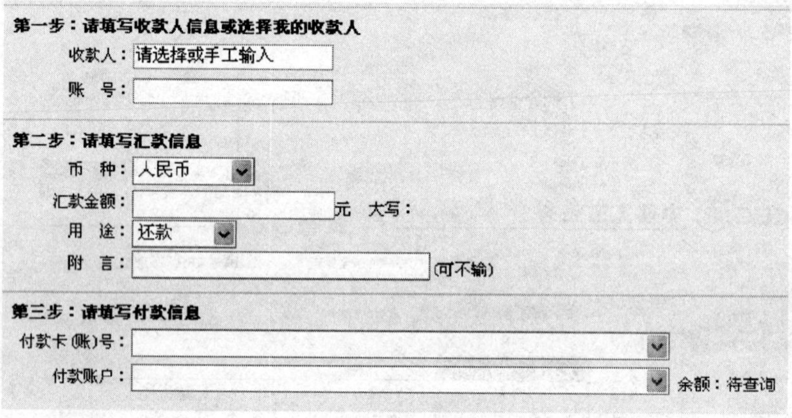

图 5-8　信息填写

第六章

电子商务物流配送

学习目标

1. 了解电子商务和物流的相互关系，熟悉我国物流现状和主要问题；
2. 掌握现代物流的基本特征。

技能要求

1. 掌握不同物流模式的特点，能对第三方物流企业进行简单评判选择；
2. 掌握物流系统软件的使用。

引导案例

中国物流业现状

20世纪80年代以来，随着各种自动化技术和信息技术在制造企业中的不断运用，制造过程本身的技术对提高制造企业产品的竞争力开始变小，企业把提高竞争力的侧重点逐步放在物流方面，着力于把运输、存储、装卸、搬运、包装、流通加工、配送、信息处理等基本功能实施有机结合，从而使物流业有了长足的发展。现在，在发达国家，物流业能发挥带动和支撑国民经济不断发展的作用。我国的物流业起步较晚，存在的问题较多，已经成为我国国民经济发展的瓶颈之一。因此，分析我国物流业存在的问题，理清物流业发展的思路，就成为经济理论界的一项紧迫任务。

一、中国物流业存在的主要问题

(1) 第三方物流服务规模较小。第三方物流是指物流供应链一体化过程中由物品的供方、需方以外的第三方提供物流服务。物流业发展经历过企业内部分散化物流、企业内部专业化物流和第三方物流三个阶段。西方国家物流业的发展表明，独立的第三方物流需占社会的50%，物流产业才能形成。所以第三方物流发展程度反映了一个国家物流业发展的整体水平。目前，第三方物流在整个物流市场的比重，日本为80%，美国为57%，我国仅为18%。

我国不仅第三方物流服务规模较小，而且第三方物流企业的规模也较小。据调查，

2001年中国物流企业平均员工为259人。从事公路运输物流企业平均营运车辆为1.43辆,超过百辆的只有极少数。这方面与国外物流企业差距巨大。2001年全球500强企业中,物流企业有58家,美国零售业巨头沃尔玛连锁公司以2198.12亿美元营业额坐上500强的龙头宝座。我国已经加入WTO,美国的"沃尔玛"、法国的"家乐福"、德国的"麦德龙"等全球500强中的大型物流企业,都已进入我国市场。如果我国的物流企业不能迅速做大做强,市场竞争前景确实令人担忧。

(2) 物流基础设施能力不足。目前我国大多数物流企业是从传统的物资和商业储运企业、各部委所属储运基地以及港口、码头等转运代理点转变过来的。由于这些企业脱胎于计划经济,是粗放型经营,条块分割的产物,其基础设施能力远远不能适应我国经济发展的需要。表现在交通运输能力仍不能满足运输需求,主要运输通道供求矛盾依然突出;仓库储存设施落后,大部分仓库是20世纪五六十年代建的,已经相当陈旧;现代化的集装箱、散件运输发展不快,我国水路集装箱化率仅为42%,而国际上一般为60%;高效专用车辆少,汽车以中型汽油车为主,能耗大,效率低,装卸搬运的机械化水平低。

(3) 物流企业信息技术水平较低。运用信息技术是发展物流业的关键。由于第三方物流企业要和许多货主建立合作关系,要处理来自多个企业的不同种类的数量商品的传递,因此,第三方物流企业必须利用互联网来汇集运输、储存、装卸、包装、加工、配送等众多合作伙伴的信息,根据企业的需要选择每一个环节最合适的合作伙伴,并能及时满足客户的需求,这就要求物流企业要有很强的信息收集、储存和处理的能力:由于我国物流企业从总体来说信息化起步比较晚,信息化程度较低,对企业信息化存在许多分歧,不少物流企业还处在电话联系、手工操作、人工装卸的低级阶段。许多现代信息技术,如条码技术、射频技术、EDI技术、全球卫星定位系统技术等,都处于学习和起步阶段。

(4) 物流管理体制,法规和技术标准不完善。目前我国物流业的管理基本上仍沿袭计划经济体制,物流业的管理权限分割为铁路、交通、民航、海关、商贸等部门。由于没有一个统一的主管部门进行宏观管理和协调,物流中横向联系被纵向的管理体制隔断。在这种体制下,若一个企业的物品想实现多式联运(一次委托,由两家以上运输企业或用两种以上运输方式将某一物品运送到目的地的运输方式),就相当困难。

国家有关部门从各自的管理范围和专业特点出发制定了许多法规,例如,公路和水路各有不同的货物运输合同实施细则;工商、税务、海关、检验部门对物流企业的单证有不同的要求等。由于各个部门规定不统一,不配套,从而使交接手续繁琐,不能保证物流的通畅运行。所有这些都会导致物流企业成本的增加。

此外,物流的技术标准尚未建立起来。制造物流设备的厂家分属不同的部门,各个部门的标准不统一,致使物流设备,如汽车、包装容器、托盘、集装箱等的标准不统一。又如海关,港航两个分中心的EDI应用系统均是各自封闭系统,相互之间不能联网,且技术标准不统一。非标准化造成无效作业增多,物流速度降低,物流事故增加,物流成本上升,降低了物流企业的效益。

(5) 物流管理人才匮乏。近年来,我国物流业发展很快,有数据显示,未来5年,我国第三方物流市场的年增长率将超过25%。目前深圳市就有1500多家物流企业,其中资产过亿元的就有32家。但懂得物流管理的人才匮乏。据统计,全国获得“物流师”资格的不过数百人。北京、上海、深圳三地的调查显示,三地物流人才缺口总数达80万人。造成物流人才匮乏的原因是物流教育落后,在我国高等院校中,开设物流专业的只有9所,物流职业教育基本上是空白。

(6) 我国物流成本较高。由于我国物流企业存在上述5大问题以及其他没有分析到的问题,使我国物流成本大大高于发达国家。目前,发达国家的物流成本占GDP的比重为10%左右,而我国的物流费用占GDP的比重达20%左右。根据世界银行的估算,我国企业的物流费用平均占商品价格的40%,物流过程占用的时间几乎占整个生产过程的90%,而美国的物流费用平均只占货价的10%～20%,最高为32%,英国平均为14.8%,最高为25%。这一方面说明了我国物流业与发达国家物流业之间巨大的差距,另一方面也说明了我国物流、比发展潜力巨大。

二、中国物流业的发展思路

(1) 提高对物流业重要性的认识,要把物流业作为先导产业和重要产业。应该说,长期以来我们对物流业在经济工作中的重要性认识不足,这与我国计划经济的影响和物流业不发达有关。发达国家物流业发展经验和我国物流业发展的实践都表明:物流业的发展是促进经济良性循环,提高经济运行质量和效益的有效途径;是促进消费,培育内需的措施;是我国企业应对国际竞争的重要举措;是规范市场经济秩序的治本之策。随着物流业的发展,物流系统的完善,物流业有可能成为社会生产链条的领导者和协调者,为社会提供综合性的物流服务。

(2) 深化物流企业改革,做大做强物流企业,并建立企业联盟。由于受计划经济影。向,物流业的条块分割,部门分割,缺乏统一规划,重复建设加剧,加上市场发育滞后,全国物流企业处于小、多、散、弱状态。还有工商企业基本上是物流自营,从而形成了较大的物流设施存量。根据中国仓储协会的调查,目前生产企业中73%的企业拥有汽车车队和仓库,33%的企业拥有机械化装卸设备,3%的企业拥有铁路专用线;商业企业中,36%的企业拥有汽车车队和仓库,7%的企业拥有机械化装卸设备。这种粗放经营模式,造成了物流运作效率低、成本高、质量差。这种不适应我国经济发展的物流状况必须改革,需把政府推动和市场化运作结合起来,加快现代企业制度建立的步伐,按照不同业态和产业链来整合,推进收购、售卖、合并和重组,把物流企业做大做强。

在进行物流企业改革和改组的同时,要建立企业联盟。因为企业联盟是一种协作性的竞争组织,它可以减少搜寻交易对象信息的费用,抑制交易双方的机会主义行为,降低资产专用性的风险,从而大大提高物流企业的经济效益。

(3) 建立统管物流业的政府机构和中国物流行业协会,规范物流业的运作。物流作业的各个环节顺利进行牵涉到政府的多个部门和国民经济的许多部门,必须有一个政府权威机构对各个部门进行宏观协调,物流业才能顺利发展。政府管理机构和全国物流管理协会要根据各自的职能分工,分别制定出全国统一的政策法规、计量标准、技术标准、管理标准、数据传输标准等,限期淘汰落后的行业标准。这是物流业发展的基础性工作,应抓紧进行。

(4) 加强物流企业信息化建设,提高物流企业运作效率。物流信息化主要包括物流企业设施自动化和经营网络化两个方面。设施自动化是指货物的接收、分拣、装卸、运送、监控等环节以自动化的过程来完成。设施自动化涉及的技术非常多,如条码技术、射频识别技术、EDI技术、全球卫星定位技术、地理信息系统技术等,通过这些技术设施,可以实现货物的自动识别、自动分拣、自动装卸、自动存取,从而大大提高物流作业效率。经营网络化是指将网络技术运用到物流企业运行的各个方面,它既包括物流企业内部管理上的网络化,也包括对外联系上的网络化。物流企业信息化建设的投资额较大,各个地区和各个企业一定要结合本地区本企业的实际,提出切实可行的目标,认真做好规划,积极稳妥地推进。一定要以企业为主体,按市场经济规律办事,政府不能越俎代庖,不能搞行政命令,更不能搞"形象工程"。信息化建设的落脚点是要降低物流运作成本,提高运作效率,增强物流企业的盈利能力。

(5) 在高等院校设立物流管理专业,抓紧培养熟悉现代物流的高素质人才。当前,物流人才的匮乏已经严重阻碍我国物流业的发展,必须抓紧物流人才的培养。首先,要在高等院校,特别是综合大学设立物流管理专业,培养高素质物流人才队伍。高素质的人才应该熟悉国际商务规则和相关法律;熟悉物流方式,对连锁经营,物流配送,电子商务的基本原理、运行方式、发展规律等,都应该了如指掌,运用自如;熟悉现代物流管理;熟悉现代物流技术。其次,开展职业教育,当务之急是要培训物流企业的职工,因为我国物流企业的管理人员大多数是从经济、外语、工程、交通运输等专业转行过来的,物流知识较为欠缺。通过职业教育,要使物流企业职工达到本工作岗位的要求,从整体上提高物流企业人员的素质。最后,建立职业标准和职业规范,当前应尽快建立物流师职业标准与认证制度。从制度上规范物流企业的用人,保证物流业健康、持续、高速发展。

(6) 利用外资,重点引进跨国物流公司,加快我国物流业的发展。当前,我国物流领域引进外资需要解决的主要问题是:①引进国际上先进的流通观念、流通模式、流通业态、流通管理和流通技术;②利用外资加大对传统商业的改造力度,盘活传统商业,把现代化商业发展起来;③利用外资发展现代物流,提高我国的现代物流技术,改善物流基础设施;④利用已进人中国的跨国商业集团的国际营销网络,带动我国产品的出口。

(7) 尽快建立信用制度,开展商业诚信服务。衡量物流业现代化水平的一个重要标志,就是企业有很高的商业信用,遵守职业道德。因为第三方物流是通过契约形式来规范物流供应者和物流消费者之间关系的。物流服务的行为实际上是一系列委托与被委托、代理与被代理的关系,是完全以信用制度、信用体系为基础的。生产企业以合同方式将物流活动委托给第三方物流企业,第三方物流企业为能及时满足顾客的要求,又以合同方式汇集仓储、运输、包装等众多合作伙伴。在物流正常运行过程中,涉及多个物流参与者,其中任何一个物流参与者出现信用问题,都将影响物流业的正常运作,甚至根本无法进行。因此,要加快信用制度建设,实行企业信用分级制度,特别是要大力推行"黄牌警告”和“黑名单”制度，将那些不讲信用的劣迹斑斑的企业记录在案，公开曝光，逐步静化物流市场，优化物流环境。

（资料来源：中证网）

第一节　电子商务与现代物流

一、现代物流的概念

物流是指物品从供应地向接收地的实体流动过程，具体表现为将运输、存储、装卸、搬运、包装、流通加工、配送、信息处理等基本功能有机结合。

配送指在经济合理区域范围内，根据客户要求，对物品进行拣选、加工、包装、分割、组配等作用，并按时送达指定地点的物流活动。物流与配送关系紧密，在具体活动中往往交织在一起，为此人们常常把物流配送连在一起表述。

在商品交换关系出现时，就有了商品的物理移动，传统意义上的物流在工业化时代的行业划分主要是商品的仓储和运输，而物流管理的概念是在20世纪50年代的美国，随着发达商品经济的出现而产生的，其发展历程和概念的形成经历了漫长的道路。

电子商务的出现使得物流这一概念得到强化并有了更丰富内涵。到20世纪末期，计算机和网络广泛用于商务活动，互联网传递数字化信息优势凸现时，物流才受到了空前未有的重视，物流被当作是电子商务的关键要素和企业的经营策略以及降低商品成本的重要手段，被广泛称为“第三利润源泉”。

二、现代物流的特征

电子商务下的现代物流和传统意义的物流相比，呈现出以下特征。

1. 信息化

物流信息化是电子商务的必然要求，是一切基于电子商务的物流配送活动的基础。物流信息化表现为物流信息的商品化、物流信息收集的数据库化和代码化、物流信息处理的电子化、物流信息传递的标准化和实时化、物流信息存储的数字化等。

在物流信息化过程中，将涉及许多信息技术的应用。没有物流的信息化，许多先进的技术设备都不可能应用于物流领域，尤其是计算机网络技术在物流配送中的应用将会变得极其重要并且会彻底改变传统物流的面貌。实现物流配送信息化后，物流配送过程就像是一条流水线，把原来分散经营的各个物流配送环节系统化，将它们有效地整合、提升，使之成为具有增值功能的综合物流配送系统。

2. 自动化

自动化的核心是信息化基础上的机电一体化，自动化可以扩大物流作业能力、减少物流作业的差错等。物流自动化设施非常多，如自动识别系统、自动分拣系统、自动存取系统、货物自动跟踪系统等。这些设施在发达国家已普遍用于物流作业流程中，而我国由于物流业起步晚发展水平低,自动化技术应用还有一定的差距。

3. 网络化

市场经济的发展使专业分工越来越细,一个加工企业的部件大都外购,生产企业与零售商所需的原材料、中间产品、最终产品大部分由不同的物流配送中心提供,社会化的配送可以进行集约化、合理化物流,从而大量节约流通费用。由于供求需要多批次、少批量的货物,且双方通常不处在同一地理区域之中,所以要想快速、低廉地将产品交付,物流的网络化就必不可少。

这里指的网络化有两层含义:一是物流配送系统的计算机通信网络,包括物流配送中心与供应商或制造商的联系要通过计算机网络,与下游顾客之间的联系也要通过计算机网络通信;二是组织的网络化,按照客户订单组织生产,生产采取分散形式,即将全世界的资源都利用起来,采取外包形式进行生产和供销的重新组合,实现网络化经营。

4. 智能化

这是物流自动化、信息化的一种高层次应用,物流作业过程大量的运筹和决策,如库存水平的确定、运输路径的选择、物流经营管理的决策支持等问题都需要借助于大量的知识才能解决。各种专家系统、机器人等相关技术已经有比较成熟的研究成果。为了提高物流现代化的水平,物流的智能化已成为电子商务下物流发展的一个新趋势。

5. 社会化

社会化程度的高低是区别现代物流配送和传统物流配送的一个重要区别。电子商务模式下,交易虽然少了中间环节从而降低了成本,但由于需求商往往需要多批次、少批量的货物,而消费者所购的只是单一的商品,为了有效提高物流效率,需要实现信息共享,充分利用社会资源,组建专业的物流企业。

建立这样的配送体系后,专业物流企业有专业物流管理人员和技术人员,充分利用专业化的物流设备、设施、发挥专业化物流运作的管理经验,可以将地理上分散的仓库通过网络连接起来,进行统一的管理和调配,其服务半径和货物集散空间放大了,以求取得整体最优的效果。

三、电子商务与物流的关系

电子商务带来了对物流的巨大需求,推动了物流的进一步发展,而物流也在促进电子商务的发展,二者是互相依存,共同发展的。

电子商务与物流的关系可以表现在以下几个方面。

1. 物流是电子商务的基本要素

电子商务的任何一笔交易,都包含着信息流、资金流、物流。其中信息流、资金流都可以完全通过信息网络完成,唯独物流是实物的传递,不能通过信息网络完成。消费者通过信息检索找到了自己需要的商品,在购销合同签订后进行网络支付,这时已经实现了信息流、资金流,而商品实体并没有因此而移动,电子商务的活动并未结束,只有商品和服务真正转移到消费者手中,商务活动才告终结。

2. 物流是实现电子商务的保证

物流实际上是以交易的后续者和服务者的姿态出现的，如果消费者所购的商品没有物流体系来保证送达，电子商务快速、便捷的优势得不到发挥，落后的物流使计算机和网络节约的时间和劳动被抵消，消费者最终仍然会放弃这种方式，转向他们认为更为安全的传统购物方式。由此可见，物流是电子商务中的一个关键环节，是商品和服务的最终体现，是实现电子商务的根本保证。

3. 物流是当前电子商务发展的制约因素

物流配送，表面上看起来传统而简单，实质上是电子商务活动过程中较难实施的一个环节。我国现代物流业起步晚、水平低，在 20 世纪末引进电子商务时，并不具备能够支持电子商务活动的现代化物流水平，不少企业曾因为没有配套物流系统的支持而倒闭，或因为不能有效降低物流成本而亏损，物流一度成了电子商务的“瓶颈”。物流成本过高、物流配送效率低下、配送服务质量差，严重影响着电子商务的快速发展。

4. 物流是实现“以顾客为中心”理念的根本保证

“以顾客为中心”是电子商务的核心理念之一，而物流是实现这一理念的最终保证。这是因为，在整个电子商务的交易过程中，大部分环节使在虚拟环境中进行，只有物流是直接服务于最终顾客的，人们最为关注的热点问题之一是送货时间与安全。因而，物流服务水平的高低决定了顾客的满意程度，同时也就决定了电子商务的形象和地位。

四、电子商务对物流配送的影响

1. 电子商务改变了原来的物流配送观念

传统的物流配送企业往往要具有大面积的仓库。电子商务系统中的配送企业是将分散在各地的分属不同所有者的仓库通过网络系统连接起来，组成“虚拟仓库”，并进行统一管理和调配使用。因此，电子商务系统中的配送企业的服务范围和货物集散空间都放大了，它在组织资源的规模、速度、效率和资源的合理配置方面都比传统的物流配送要优越。

2. 电子商务强化了配送业的地位

电子商务产生之前，物流活动集中在整个社会再生产的上游，物流的“最后一公里”基本上是消费者自己承担，配送不是交易的必要环节，地位并不高，发展也不快。

在电子商务时代，营销的命运与配送业务连在了一起，没有配送，电子商务就无法实现，发展电子商务可以更快、更有力地促进和推动物流业的发展和物流体系的完善，同时，电子商务使制造业与零售业实现“零库存”，实际上是把库存转移给了配送中心，因此配送中心成为整个社会的仓库，由此配送的作用和地位大大提高。从某种程度上说，电子商务时代的物流方式就是配送。

随着电子商务的进一步推广与应用，物流滞后对其发展的制约越来越明显，物流对电子商务活动的影响被越来越多的人注意。电子商务使物流受到重视的同时，也给物流提供了解决矛盾的手段。

3. **电子商务降低了物流成本**

传统的物流配送靠原始的人工方式管理,周期长、流程烦琐,缺货和积压都会造成浪费。在网络支持下的物流技术可以使物流配送周期大大缩短,整个物流配送管理过程变得简单,更有效率,费用更低。任何一个有关配送的信息和资源都会通过网络管理在几秒钟内传到相关部门,环节的简化和时间的节约都在一定程度上降低了物流成本。

4. **电子商务促进物流管理水平提高**

电子商务高效率和全球性的特点,要求物流也必须建立一个适应电子商务运作的高效率的物流系统,实现物流的"电子化",才能满足电子商务的需要,发展电子商务将推动物流技术的应用。只有提高物流的管理水平,建立科学、合理的管理制度,将科学的管理手段和方法应用于物流管理当中,才能确保物流的畅通进行,实现物流的合理化和高效化,促进电子商务的发展。

五、电子商务物流现状和存在的主要问题

随着国民经济的持续增长和互联网的普及,电子商务作为一种新型的交易模式在我国也得到迅速发展,市场规模快速扩大,发展前景广阔。新世纪以来,我国电子商务市场规模连续保持高速稳定增长,电子商务已成为国民经济发展的亮点之一。电子商务的交易特征是通过互联网开放的网络环境达成交易,买卖双方并不见面。随着电子商务的快速发展,物流作为完成产品最终交付的重要环节,在整个电子商务交易过程中的地位不断提升,日益成为电子商务平台企业竞争的主要手段之一。

在高速发展的同时,我国电子商务物流虽然也存在诸多问题,但总体上呈现出蓬勃发展和日益规范的趋势。电子商务物流基本流程是对整个贸易活动的电子化,包括贸易各方以电子交易方式而不是通过当面交换或直接面谈方式进行的任何形式的商业交易活动。电子商务物流是由电子商务引发的各种商品和相关商业要素的物流过程,是电子商务实现最终经济价值不可或缺的重要组成部分。但是电子商务也存在着以下的问题。

1. **物流资源配置不适应**

最近几年在我国涌现出大量的物流公司,物流企业数量虽具有一定的规模,但是有不少是原来的储运公司摇身一变挂了物流的牌子,能适应现代电子商务的物流企业数量仍很少、规模也小;同时电子商务配送数量也没有达到物流所需的规模化运作要求,分散的配送网络不利于物流企业集中配送,在少量的供给条件下,物流企业无法分摊较高的固定成本而难以降低服务价格。

电子商务对物流的要求与物流企业所提供的供给间差距很大,一方面车辆空驶、仓库闲置,同时又有很多企业在寻找车辆和仓库。

2. **物流配送成本较高**

由于物流配送没有规模难以产生效益,因而物流配送中心也就没有能力来更新现有的配送设备。设备的落后加之非专业化的物流配送服务体系,也导致了物流配送的成本

过高，配送的效率低下。

发达国家的物流成本约占商品总成本的10%～12%，中等发达国家占总成本的15%～16%，我国的物流成本则约占总成本的20%以上。高昂的配送成本最终转嫁到消费者身上，使电子商务成了一种奢侈的消费方式而远离大众，方便、快捷优势丧失殆尽。

3. 服务水平存在差距

物流企业提供的配送不仅仅是送货，而是应最终协助电子商务公司完成售后服务，如跟踪产品订单，提供销售统计、报表等，提供更多增值服务内容，增加电子商务公司的核心服务价值。但多数企业的物流信息管理尚未实现自动化，信息资源的利用也未实现跨部门、跨行业整合，服务网络和信息系统不健全，电子商务企业与独立的配送公司信息平台脱节，出现配送延迟、差错率高等让商家与客户皆不满意的现象。

4. 物流配送的社会环境需要完善

在传统的条块分割的体制安排下，物流的许多活动被割裂至各个部门，如交通运输、邮电通信、对外贸易等，部门之间信息封闭，致使各运输方式之间的转运环节耗费大量时间和成本。

此外还有海关管理程序、物资采购等方面的一些规定也影响了物流业综合服务水平的提高和业务领域的拓展，进而制约了物流业的发展，这与电子商务的要求也是背道而驰的。因此，物流发展要跨越部门和地区的限制，做到统一化、标准化，就需要建立一部完备的物流法规，才能适应社会化大生产、专业化流通的要求。

小贴士

传统物流与现代物流的区别

传统物流与现代物流的区别主要表现在以下几个方面：

- 传统物流只提供简单的位移，现代物流则提供增值服务；
- 传统物流是被动服务，现代物流是主动服务；
- 传统物流实行人工控制，现代物流实施信息管理；
- 传统物流无统一服务标准，现代物流实施标准化服务；
- 传统物流侧重点到点或线到线服务，现代物流构建全球服务网络；
- 传统物流是单一环节的管理，现代物流是整体系统优化。

第二节　电子商务物流的模式

用什么样的模式和方法实现物流配送，不同行业和规模的电子商务有不同的要求。

一、物流模式的类别

主要的物流模式有以下几类。

1. 自营物流

自营物流是企业早期物流活动的重要特征。企业为了提高物流效率和服务水平,往往自己组建物流队伍,对物流进行管理,使物流成了营销环节的一部分。

自营物流有利于企业掌握对顾客的控制权,管理方便,但成本高。自营物流由企业直接支配物流资源,控制物流职能,做到供货的准确和及时,保证顾客服务的质量,维护了企业和顾客间的长期关系。由于需要投入大量的资金购买物流设施、建设仓库和信息网络,这对于货流量不大而又缺乏资金的企业,特别是中小企业来说是个沉重的负担。

2. 外包物流

与自营物流相对应的是将物流外包,它以签订合同的方式,在一定期限内将部分或全部物流活动委托给专业物流企业来完成。物流企业利用专业设施和物流运作的管理经验,汇集社会物流需求,为客户定制物流计划,这是促使物流社会化、合理化的有效途径。外包物流对物流规模不大、资金有限和配送分散的中小企业是主要的方式。

3. 物流联盟

物流联盟指货主企业选择少数关系稳定且有较多业务往来的公司形成合作关系,统一使用物流资源,达到规模效益。但是由于现在我国的企业之间存在低水平竞争,许多可以共享的资源被视为商业秘密,行业管理发挥的作用十分有限,缺乏有效的组织和信息沟通,所以目前发展缓慢。

二、物流模式的选择

企业在进行物流决策时,应当从电子商务下物流的特点及企业自身的实际情况出发,并结合物流业发展趋势来考虑。

不同企业到底选择何种物流模式,需综合以下几方面进行考虑。

1. 根据企业的业务规模和资金实力

资金充裕的大中型企业有能力建立自己的物流配送体系,“量体裁衣”制订合适的物流需求计划,保证物流服务的高质量。同时,过剩的物流网络资源还可外供给其他企业。小企业则受资金、人员及核心业务的限制,物流管理效率难以提高,更适宜把物流管理交由第三方专业物流代理公司。如麦当劳公司就是拥有自己的货运公司,每天把汉堡包等保鲜食品运往中国各地,以保证供货的及时准确。

2. 根据企业的物流管理能力及现有的物流网络资源

当企业物流管理能力强,网络资源丰富时,可自营物流。如京东快递从事10多年电子商务行业,有丰富的物流配送经验;专业的安全监控体系和货物摆放规则;高效的5小时逆向上门取件服务;对商家开放快递系统平台,方便商家订单监控和账目核对;2000坐席的客户呼叫中心随时为商家提供咨询服务。

申通快递是一家专业物流公司,品牌创建于1993年,是国内最早经营快递业务的品牌之一，经过二十多年的发展，申通快递在全国范围内形成了完善、流畅的自营速递网络，基本覆盖到全国地市级以上城市和发达地区县级以上城市，尤其是在江浙沪地区，基本实现了配送无盲区。

3. 通过确定企业自身的核心业务来选择物流模式

如果企业的核心业务不包括物流，就应将物流管理外包给从事该业务的专业公司去做，这样从原材料供应到生产，再到产品的销售等都是由专业物流企业来完成的。如计算机行业的 Compaq 和戴尔公司分别将非核心业务的物流外包给英国第三方物流服务商 Exel 物流集团和美国联邦快递 FedEx，而自己专注于计算机研发的核心业务。

总之，如何迅速而准确地实现物流配送，是企业在经营方面必须解决的重要课题。目的在于充分发挥企业人、财、物及时间等方面资源优势，加强核心业务的形成，降低物流成本，提高物流服务效果。

三、第三方物流与电子商务的组合

1. 第三方物流的崛起。

(1) 第三方物流是现代服务行业。第三方物流是物流专业化的形式，它的特点是有专业的物流设施和丰富的客户需求，能使用先进的技术降低物流成本，提高物流质量。随着市场竞争的不断深化和升级，当代企业建立竞争优势的关键已由节约原材料的第一级别和提高劳动生产率的第二级别，转向建立高效的外包物流系统的第三级别。

我国第三方物流市场在增长中细分，第三方物流企业在竞争中整合，第三方物流政策环境进一步改善，中国第三方物流将在新的起点上快速发展。

(2) 第三方物流与电子商务货主是伙伴关系。第三方物流企业的经营效益直接同货主企业物流效率、物流服务水平以及物流系统效果紧密联系、利益一体化，与对象企业的关系不是竞争对手而是战略伙伴，往往能通过物流服务使产品创造新价值，不是一方多赢利，另一方就少赢利的传统交易方式，而是为客户节约的物流成本越多，所获得的利润率就越高。

(3) 第三方物流使用电子商务技术提高经营水平。第三方物流将有限的资源集中于某些业务，使规模经济得以实现。规模经济同时催生信息化要求，应用第三方物流管理软件，运用信息化技术提高运输质量和运输效率，提高客户服务能力，从而提高核心竞争力，是很多第三方物流企业应对市场竞争的必然选择。

(4) 第三方物流面临国际企业竞争。中国第三方物流市场和西方国家第三方物流的发展状况相差很大。近些年开始活跃于中国的 UPS、DHL 等世界物流巨头，和占中国第三方物流企业绝大多数的中小型企业，一直沿着不同的路线发展各自的业务。然而，依据中国加入 WTO 的承诺，金融业、商业批发与零售业、物流业等领域在 2005 年 12 月 11 日面向外资开放，国内物流市场的局面业已悄然变化。

一方面，我国成为世界制造基地，原材料采购、成品销售、进出口贸易快速增长，大大促进第三方物流的需求量的增长，另一方面，进入我国的国外物流企业依仗其强大的物流网络、丰富的运输经验、先进的技术水平,分去了部分物流服务需求量,本土第三方物流企业也开始感觉到来自跨国物流商的强势竞争压力;但总的来看,跨国生产、零售企业带来的需求量的增加会大大多于国际物流公司在我国的服务供应量,而这部分需求空间便会由我国的第三方物流企业来满足。

2. B2B电子商务与第三方物流

企业间的B2B电子商务主要有两种情况:一是原材料、半成品或零部件的采购或供应;二是成品的批发销售。

目前的交易采用第三方物流比例不高,一半以上生产企业的原材料主要采用供方物流,原因在于:一是目前的第三方物流企业供应链整合能力较差,不能为企业提供一缆子物流解决方案,企业难以通过实施第三方物流达到降低成本、加快资金周转、提高竞争力的目的;二是物流在B2B企业战略中处于比较重要的地位,认为不能依赖第三方物流,必须掌握在供应链中的主导权,与原材料供应商结成战略合作伙伴关系。往往不愿意依赖第三方物流,故而普遍采用供方物流和自营物流。

3. B2C电子商务与第三方物流

B2C企业的经营主要分两种情况:一种是交易的对象中有大量音像、在线图书、软件、在线游戏等虚拟化产品或服务,可以在线交货,避开物流配送;另一种交易的对象主要是有形产品,必须借助物流配送。

在B2C企业中,规模较大的公司如亚马逊公司建有自己的物流系统,可以将一部分货物配送由自己的物流系统来处理,由于面对全球市场,不能处理所有物流业务,将部分海外物流业务外包给第三方;规模较小的B2C企业无力组建自己的物流系统,较小规模的业务量也不足支撑一个自营物流体系,这些企业多采用第三方物流。

4. C2C电子商务与第三方物流

我国的C2C电子商务发展势头迅猛,2004的C2C交易额为41.6亿元,而2005年就猛增到139.24亿元,而2006年达到230亿元。2008年,淘宝宣布全年销售额为999.6亿元,与2007年的433亿元比较,同比增长了131%。到2009年,淘宝网一天的交易就达到4亿元。截止2012年11月30日晚间,其旗下淘宝和天猫2012年总交易额已经突破1万亿元。C2C交易多为小件商品,且交易的批量小,物流费用所占比例较高。

目前的C2C电子商务多数使用公用的交易平台,个人在网站上发布商品信息,买方在网页上浏览选择商品后下订单成交。C2C交易平台上客户一般无力承担也没有必要建立自营物流体系,基本上靠第三方物流来完成,选择的承包商一半以上是邮政快递。

四、物流外包业务流程

1. 拟定外包战略

企业物流外包所推崇的理念是:如果我们在产业价值链的某一环节上不是世界上最好的,如果这又不是我们的核心竞争优势,如果这种活动不至于把我们同客户分开,那我们应当把它外包给世界上最好的专业企业去做。因此,拟定外包业务时首先确定企业的核心竞争优势,并把企业内部的技能和资源集中在那些具有核心竞争优势的活动上,然后将剩余的其他企业活动外包给最好的专业企业。

在选择外包前要准确地列出将要外包的项目,公司可能需要供应商提供的服务包括仓储、运输、库存管理、提高附加值的功能(包装、贴标签、组装等)、信息支持(产品跟踪、电子支付、结算等),然后,详细定出这些作业的参数。这些都是选择供应商时需要的参考标准。如果服务需求没有量化或不明确,会导致供需双方理解出现偏差。

2. 认真选择外包商

根据自己的目标需求,对外包进行审慎的选择,一般要从以下三个方面进行考虑。

(1) 外包成本。因为选择外包主要是为了节约成本,所以外包时要注意成本是不是划得来,是不是足够低。

(2) 外包方的配送速度,这是非常关键的一点,特别是对于快递物流。

(3) 外包方的服务质量。这里的服务质量一方面是外包方要求的质量,另一方面是外包方的顾客所需要的服务质量。

成本、速度、质量哪个应该排在第一位,哪个应该排在第二位,不同的企业要求不同。统计数据表明,日本80%的企业物流外包,美国、欧洲只有30%～50%企业物流外包,可见日本外包是比较彻底的。日资企业对成本不是特别看中,它看中的是质量和速度,中国的企业,特别是中小企业,往往比较注重成本,而忽视质量和速度。所以对不同企业来说切入点都不一样。

在选定的合适的物流外包商以后,我们还需在以后的工作中定期对外包商进行考核,来监管物流外包商更好地提供服务,满足要求。对外包商主要从交货准时率,包装破损率、货物遗失率、信息反馈率、价格比等几方面进行考核。

3. 制定良好的规范与流程

签订有效的合同,详细列出责任、期望与解决问题的方法,制订具体的、具有可操作性的工作范围。工作范围即物流服务要求明细,它对服务的环节、作业方式、作业时间、服务费用等细节做出明确的规定,给物流公司一个作业说明书,并包含全部规范、流程与其他外包合同有效执行的必要信息。经常注意可能发生的冲突点,规划出当冲突发生时双方如何处理的方案,发现并避免潜在的冲突。

4. 建立共赢关系

企业与选择的物流伙伴是处于同一个供应链的战友,外包关系一旦确立,就意味着双方利益是捆绑在一起的,物流公司必须被看做企业的延伸,协助第三方物流服务供应商认识企业,彼此要进行有效的双向沟通。同时也要建立考核评测指标和激励机制,通过良好的合作伙伴关系将使双方受益,实现共赢。

小贴士

第四方物流

第四方物流(Fourth party logistics)是1998年美国埃森哲咨询公司率先提出的,是专门为第一方、第二方和第三方提供物流规划、咨询、物流信息系统、供应链管理等活动。第四方并不实际承担具体的物流运作活动。

第四方物流是一个供应链的集成商,是供需双方及第三方物流的领导力量。它不是物流的利益方,而是通过拥有的信息技术、整合能力以及其他资源提供一套完整的供应链解决方案,以此获取一定的利润。

第三节　电子商务的配送系统

一、电子商务配送的特点

配送是电子商务最后一个环节,是完成资源配置和满足消费需求的物流方式。配送由于能实现定时、定量、准时性、计划性、即时性,低费用甚至可以实现零库存,以至可以完全取代客户原有的供应系统,用更高的供应质量和更低的供应成本,对客户实现供应,达到企业销售和客户供应的一体化。配送的特点有以下两点:

① 配送是严格按照用户所要求的货物名称、品种、规格、数量、质量、时间、地点等进行的,具有一定的计划性和相对稳定性。

② 货物的配送是在物流节点上进行的,包括配送中心、中转仓库、生产企业仓库、车站、港口等。

货物配送中的送货是以最合理的方式进行的,是通过科学计算制定的;货物配送中的送货是送到用户认为最合理的地点,不一定是用户所在地。电子商务模式下的配送顾客分布区域分散且不确定,所购商品的品种多,购买量小,对配送时间、配送地点要求严格。它比传统经济模式下的物流配送更加复杂,要求更严格,这就增大了物流配送的难度,也增加了物流配送的成本。因此,电子商务的配送要以最低的价格、在准确的时间、把准确数据的商品送到客户手里。

二、配送中心的功能

1. 库存管理功能

库存管理,包括商品入库的数量清点、质量检验、码垛堆放等;商品在库房中的分类、养护、保管、盘点、货位调整等,出库的拣货、打单、装卸、搬运等。

2. 商品配送功能

商品拣取包装处理好后,需由运输设备送达客户手中,故商品配送时需包括派车计划及出货路线选择、装车调度等。其中派车计划包括该批次出货商品所需配送车辆品种及数量,计算机管理系统中应包括路线选择系统来决定配送顺序,装车人员还可据此顺序装载商品。此外还需开发配送途中配送状况的信息传输,以便在商品配送途中进行商品的跟踪、运送设备的监控管理及意外状况的处理。

3. 流通加工功能

配送中心的流通加工作业包括分类、拆包、分装、改装、组合、贴标、标签等。

三、物流配送信息系统的作用

物流配送信息系统的作用主要有如下几点。

(1) 进行业务管理。主要用于物流配送中心的货物入库、验收、分拣、堆码、组配、发货、出库、输入进(发)货数量、打印货物单据,便于仓库保管人员正确进行货物的确认。

(2) 进行统计查询。主要用于物流配送中心的货物入库、出库、残损及库存信息的统计查询,可按相应的货物编号、分类,便于供应商、客户和仓库保管人员进行统计查询。

(3) 进行库存盘点。主要用于物流配送中心的货物盘点清单制作、盘点清单打印、盘点数据输入、盘点货物确认、盘点结束确认、盘点利润统计、盘点货物查询、浏览统计、盘亏盘盈统计,便于实行经济核算。

(4) 进行库存分析。主要用于物流配送中心的库存货物结构变动的分析,各种货物库存量,品种结构的分析,便于分析库存货物是否积压和短缺问题。

(5) 进行库存管理。主要用于物流配送中心的库存货物的管理,具体有以下几点。

- 用于对库存货物的上下限报警:对库存货物数量高于合理库存上限或低于合理库存下限的货物信息提示。
- 用于库存呆滞货物报警:对有入库但没有出库的货物进行信息提示。
- 用于货物缺货报警:对在出库时库存货物为零但又未及时订货的货物进行信息提示,便于对在库货物进行动态管理,以保持相应合理的库存货物。

(6) 进行库存货物保质期报警。主要用于物流配送中心的库存货物的质量管理,具体有以下几点。

- 对超过保质期的货物进行报警:对当天到期的货物进行信息提示,对超过保质期的货物进行报警,以便及时进行处理。
- 对货物保质期查询:对库存货物的保质期进行查询,便于仓库对在库货物进行质量管理,及时处理超过保质期的货物,提高货物库存质量。

(7) 进行货位调整。主要用于物流配送中心对库存货物的货位进行调整,进行货位调整查询,以便仓库管理人员掌握各种货物的存放情况,便于仓库及时准确地查找在库货物。

(8) 进行账目管理。主要用于物流配送中心核算某一时间段的每种货物明细账,每类货物的分类账和全部在库货物的总账,便于仓库实行经济核算。

(9) 进行条码打印。主要用于物流配送中心的货物自编条码打印、货物原有条码打印等,便于仓库实行条码管理,自动生成打印各种货物的条码。

(10) 统计物流信息。统计物流信息配送中心除进销、流通加工、储存保管等功能外,还能为配送中心提供各种统计信息,为配送中心经营管理政策制定、商品路线开发、商品销售促销政策的制定提供参考。

四、配送的作业流程

流程是根据实际业务过程进行了策划,将整个业务过程分解成若干子流程,现在分别描述如下。

1. **订单处理**

配送中心的交易始于客户的询价、业务部门的报价,然后是订单的接收,业务部门需查询出货日的库存状况、装卸货能力、流通加工负荷、包装能力、配送负荷等是否能满足客户需求。当无法按客户要求交货时,业务部门需进行协调。

由于配送中心不随货收款,因此在订单处理时,需根据公司对客户的信用状况进行查核。另外,需统计该时段的订货数量,并调货、分配出货程序及数量,退货数据也在此阶段处理。此外,业务部门还需制定报价计算方式,做报价历史管理,制定客户订购最小批量、订货方式或订购结账截止日。

2. **入库作业**

入库进货管理员根据采购单上预定入库日期进行入库作业调度;在商品入库当日,进行入库资料查核、入库质检,当质量或数量不符时即进行适当修正或处理,并输入入库数据。入库管理中可按一定方式指定卸货及托盘堆叠。对于退回商品的入库操作需经过质检、分类处理,然后登记入库。商品入库后有两种作业方式:

① 商品入库上架,等候出库需求时再出货。商品入库上架可由计算机或管理人员按照仓库区域规划管理原则或商品生命周期等因素来指定储放位置并登记,以便日后的库存管理或出货查询。

② 直接出库。此时管理人员需按照出货要求将商品送往指定的出货码头或暂时存放地点。入库搬运过程中需由管理人员选用搬运工具、调派工作人员,并安排工具、人员的工作流程。

3. **配货运输**

订单进入配货系统以后,根据库存情况对货物进行自动分配。通过自动配货系统完成配货处理,配送作业包括商品装车并实际配送。完成这些作业需事先规划配送区域的划分或配送路线安排,由配送路线选用的先后次序来决定商品装车顺序,并在商品配送途中进行商品跟踪、控制及配送途中意外状况的处理。

4. **库房管理**

库房管理作业包括库区管理及库存控制。库区管理包括:商品在仓库区域内摆放方式、区域大小,区域分布等规划;商品进出仓库方式的选择,如先进先出方式或后进先出方式;进出货方式的制定,如商品所需搬运工具、搬运方式,仓储区货位的调整及变动等。此外,库区的管理还包括包装容器的使用与保管维修。

库存控制则需按照商品出库数量、入库所需时间等来制定采购数量及采购时间,并计划好采购时间预警系统;制定库存盘点方法,定期打印盘点清单,并根据盘点清单内容清查库存数、修正库存账目并制作盘盈盘亏报表。

5. **补货及拣货作业**

统计客户订单即可知道商品真正的需求量。在出库日,当库存数满足出货需求量时,即可根据需求数量打印出库拣货单及各项拣货指示,进行拣货区域的规划布置、工具选用及人员调派。出货拣取不只包括拣取作业，还需补充拣货货架上的商品，使拣货不至于缺货，这包括补货量、补货时点、缺货作业水准的确定和补货作业人员调派。

6. 加工

配送中心的各项作业中，流通加工能提高商品的附加价值。流通加工作业包括商品的分类、过磅、拆箱重包装、贴标签及商品组合包装。这就需要进行包装材料及包装容器的管理、组合包装规则的制定、流通加工包装工具的选用、流通加工作业的调度、作业人员的调派。

7. 出库作业

处理完成商品拣取及流通加工作业后，即可进行商品出货作业。出货作业包括：根据客户订单为客户打印出货交易计划，制定出货调度计划，打印出货批次报表、出货商品上含所需地址的标签及出货核对表；由调度人员决定集货方式、选择集货工具、调派集货作业人员，并决定运输车辆大小与数量；由仓库管理人员或出货管理人员决定出货区域的规划布置及出货商品的摆放方式。

8. 全程跟踪

在客户提交订单→订单确认→财务确认→订单处理→库房配货→客户收货等各个环节中，系统会记录操作时间并进行自动计算，可以调出进行运作分析，同时系统对每一段的处理时间进行标准化，如果超过标准化时间，系统会自动通过报警系统发送电子邮件给相关人员。

五、城市配送中心的选址

配送中心合理选址的目的是为了提高电子商务企业物流的服务质量，最大限度地增加物流系统的经济效益和社会效益。

（一）配送中心选址宏观影响因素

1. 政策因素

配送中心的建设首先需要使用土地，而城市土地的使用都有其用地规划。因此物流配送中心选址必须在土地使用规划允许的地方选择。同时，还要符合国家、城市的相关政策如环境保护、车辆流控制等，即应尽量选在远离城市中心区的地方。

2. 自然环境因素

配送中心是货物集散、储存、包装、分拣地，储存的货物较多、时间较长。选址时应考虑配送中心的气候、水文、地质、地形、地貌等自然条件，以免因为自然因素的限制而影响物流配送中心的正常运行。

3. 交通因素

物流配送中心的主要功能是储存货物与货物配送，使用交通工具的频率很高，发达的水路、公路、铁路及航空等交通设施有利于货物的配送。

4. 土地价格

不同地段土地价格差异很大，在符合城市土地用地规划的许可、满足企业自身发展的前提下,尽量选择土地价格相对较便宜的地方。

5. 经营环境因素

由于物流配送需要相关行业的支持,物流配送中心选址时必须考虑周边经营环境较好,物流设施、工具较齐全,劳动力充足的地方。

(二) 配送中心选址微观影响因素

1. 库存费用

货物储存在配送中心需要占用资金,保管会产生费用,因此库存费用不容忽视,库存费用的最优化是根据最优库存进行分析的。

2. 配送中心运营费用

物流配送中心在日常的运营过程中需耗用水、电、人力等,因此需要日常运营费用。

3. 运输费用

货物从物流配送中心到达用户需求点,运输过程会产生费用,如果配送中心与需求点之间达到最优,则能够降低运输费用,进而降低整个物流成本。

小贴士

物流中心与配送中心的区别

(1) 从功能上看,物流中心可单可全,而配送中心较为全面。

(2) 从辐射范围来说,物流中心辐射范围大,而配送中心辐射范围小。

(3) 从在供应链的位置看,物流中心在配送中心上游,配送中心在物流中心下游。

(4) 从物流的特点看,物流中心是少品种、大批量、少供应商,而配送中心多品种、小批量、多供应商。

(5) 从服务的对象看,物流中心通常提供第三方物流服务,而配送中心一般为公司内部服务。

第四节　现代化物流技术简介

一、数据采集与识别技术

自动识别技术是对数据自动识读且将数据自动输入计算机的重要方法和手段,它是以计算机技术和通信技术的发展为基础的综合性科学技术。自动识别技术近几年在全球范围内得到了迅猛发展,初步形成了一个包括条码技术、磁条(卡)技术、光学字符识别、射频技术、语音识别及视觉识别等集计算机、光、机电、通信技术为一体的高新技术学科。

(一) 条码技术

条码自动识别技术是信息数据自动识别、输入的重要方法和手段,输入速度快、准确度高、成本低、可靠性强。物流条码是条码中的一个重要组成部分,它不仅在国际范围内提供了一套可靠的代码标识体系，而且为贸易环节提供了通用语言，为电子商务奠定了基础。

1. 条码技术的特点

条码是由一组按特定规则排列的条、空及其对应字符组成的表示一定信息的符号。

条码作为一种图形识别技术与其他识别技术相比有如下特点：

① 简单、易于制作，可印刷，被称为“可印刷的计算机语言”。条码标签易于制作，对印刷技术设备和材料无特殊要求。

② 信息采集速度快。如果计算机的键盘录入速度是每分钟 200 个字符，而利用条码扫描录入信息的速度是键盘录入的 20 倍。

③ 采集信息量大。利用条码扫描一次可以采集十几位字符的信息，而且可以通过选择不同码制的条码增加字符密度，使录入的信息量成倍增加。

④ 可靠性高。键盘录入数据，误码率为三百分之一；利用光学字符识别技术，误码率约为万分之一，而采用条码扫描录入方式，误码率仅有百万分之一。

⑤ 设备结构简单、成本低。与其他自动化识别技术相比较，推广应用条码技术，所需费用较低。

⑥ 灵活、实用。条码符号可以单独使用，也可以和有关设备组成自动化识别，还可和其他控制设备联系起来实现整个系统的自动化管理。

⑦ 自由度大。条码通常只在一维方向上表达信息，而同一条码上所表示的信息完全相同并且连续，这样即使是标签有部分缺欠，仍可以从正常部分输入正确的信息。

2. 条码识别的设备

条码识别采用各种光电扫描设备，主要有以下几种。

(1) 光笔条码扫描器。光笔条码扫描器是一种轻便的条形码读入装置，在光笔内部有扫描光束发生器及反射光接收器。目前市场上出售的这类扫描器有很多种，它们主要在发光的波长、光学系统结构、电子电路结构、分辨率、操作方式等方面存在不同。光笔条码扫描器不论采用何种工作方式，从使用上都存在一个共同点，即阅读条形码信息时，要求扫描器与待识读的条码接触或离开一个极短的距离(一般仅0.2～1mm 左右)。一种光笔条码扫描器如图 6-1 所示。

图 6-1　一种光笔条码扫描器

(2) 手持式枪型条码扫描器。手持式枪型条码扫描器内一般装有控制扫描光束的自动扫描装置。阅读条码时不需与条码符号接触，因此，对条码标签没有损伤。扫描头与条码标签的距离短的在 0～20mm 范围内，而长的可达到 500mm 左右。

枪型条码扫描器具有扫描光点匀速扫描的优点，因此，阅读效果比光笔扫描器要好，扫描速度快，每秒可对同一标签的内容扫描几十次至上百次。手持式枪型条码扫描器如图 6-2 所示。

(3) 台式条码自动扫描器。台式条码自动扫描器适合于不便使用手持式扫描方式阅读条码信息的场合。这种扫描器也可以安装在生产流水线传送带旁的某一固定位置,等待标附有条码标签的待测物体以平稳、缓慢的速度进入扫描范围,对自动化生产流水线进行控制。双窗台式条码自动扫描器如图 6-3 所示。

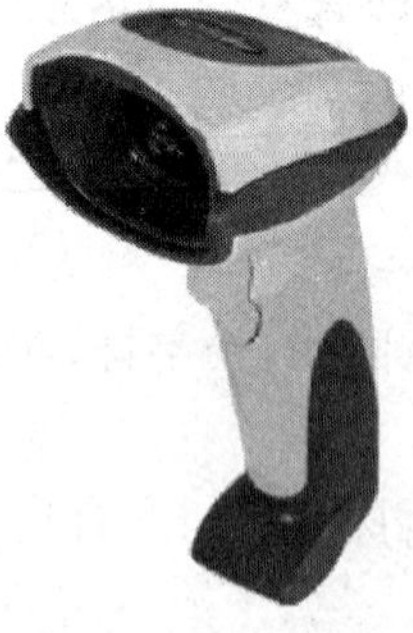

图 6-2 手持式枪型条码扫描器

图 6-3 双窗台式条码自动扫描器

(4) 激光自动扫描器。激光自动扫描器的最大优点是扫描光照强,可以远距离扫描且扫描景深长,而且扫描速度高,有的产品扫描速度可以达到 1200 次/秒,这种扫描器以百分之一秒时间内对某一条码标签扫描阅读多次,而且可以做到每一次扫描不重复上一次扫描的轨迹。

扫描器内部光学系统可以单束光转变成十字光或米字光,从而保证被测条码从各个不同角度进入扫描范围时都可以被识读。激光自动扫描器如图 6-4 所示。

(5) 卡式条码阅读器。卡式条码阅读器可以用于医院病案管理、身份验证、考勤和生产管理等领域。这种阅读器内部的机械结构能保证标有条形代码的卡式证件或文件在插入滑槽后自动沿轨道做直线运动,在卡片前进过程中,扫描光点将条码信息读入。

卡式条码阅读器一般都具有与计算机传送数据的能力,同时具有声光提示以证明识别正确与否。卡式条码阅读器如图 6-5 所示。

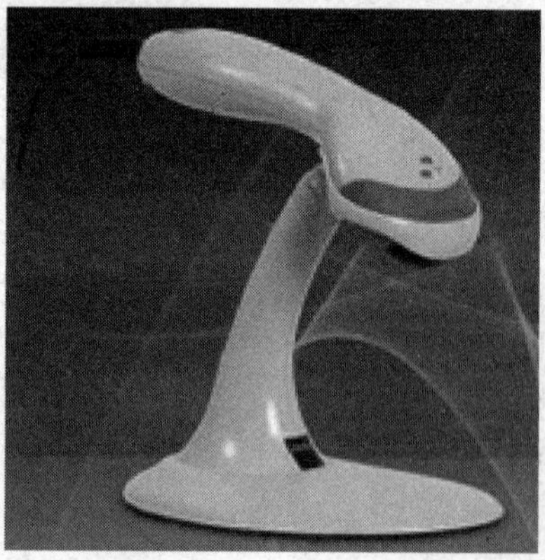

图 6-4 激光自动扫描器

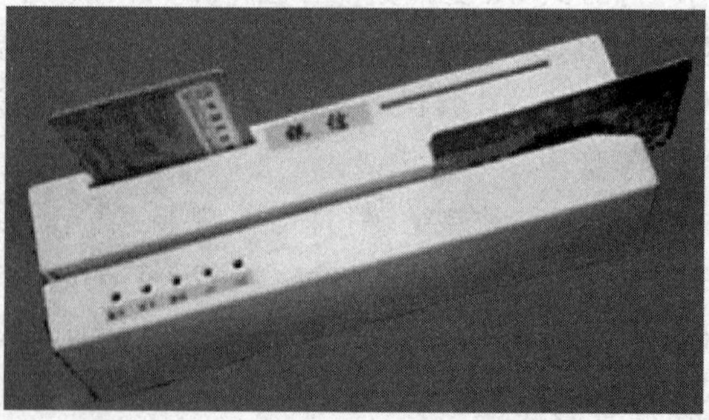

图 6-5 卡式条码阅读器

(6) 便携式条码阅读器。便携式条码阅读器是一台专用计算机,具有对条码信号的译解能力。它有显示屏、键盘、条码识别结果声响指示及用户编程功能。使用时,这种阅读器可以与计算机主机分别安装在两个地点,通过线路连成网络,也可以脱机使用。这种设备特别适用于流动性数据采集环境。

在有些场合,标有条码信息或代号的载体体积大,比较笨重,不适合搬运到同一数据采集中心处理,这种情况下,使用便携式条码阅读器十分方便,实物图如图 6-6 所示。

图 6-6　便携式条码阅读器

3. **条码技术在物流领域的应用**

(1) 生产线上的产品跟踪。贴有条码标签的任务单跟随相应的产品进行流动。每一生产环节开始时扫描任务单上的条码,更改数据库中的产品状态。产品下线包装时,打印并粘贴产品的条码。

(2) 产品标签管理。在产品下线时,产品标签由制造商打印并粘贴在产品包装的明显位置。产品标签将成为跟踪产品流转的重要标志。

(3) 产品入库管理。识读入库商品上的条码标签,同时录入商品的存放信息,将商品的特性信息及存放信息一同存入数据库。

(4) 产品出库管理。产品出库时要扫描商品条码,对出库商品的信息进行确认,同时更改其库存状态。

(5) 库存管理。一方面条码可用于存货盘点。通过扫描收集盘点商品信息,然后将收集到的信息由计算机进行集中处理,形成盘点报告。另一方面条码可用于出库备货。

(6) 货物配送。配送前将资料下载到移动条码终端,到达客户后,用移动终端调出客户订单,根据订单情况挑选货物并验证其条码标签,确认配送情况。

可见,以条码这种标准标识"语言"为基础的自动识别技术,大大提高了数据采集和识别的准确性和速度,并可实现过程中的计算意义,实现了物流的高效率运作。

(二) 多媒体与智能卡识别技术

1. OCR光学字符识别技术

光学字符识别(Optical Character Recognition,OCR),已有30多年历史,有三个重要的应用领域:办公自动化中的文本输入、邮件自动处理、与自动获取文本过程相关的其他领域。这些领域包括零售价格识读,订单数据输入,单证、支票和文件识读,微电路及小件产品的状态及批号特征识读等。

2. 声音识别技术

声音识别技术的迅速发展以及高效可靠的应用软件的开发,使声音识别系统在很多方面得到了应用。这种系统可以用声音指令和应用特定短句实现"不用手"的数据采集,其最大特点就是不用手和眼睛,但比较容易受到噪声的干扰。

3. 视觉识别技术

视觉识别技术可以看做是这样的系统:它能获取视觉图像,而且通过一个特征抽取和分析的过程,能自动识别限定的标志、字符、编码结构。随着自动化的发展,视觉识别技术可与其他自动识别技术结合起来应用。

4. 智能卡识别技术

将集成电路芯片嵌装在一个与信用卡一样大小的基片中,组装成"集成电路卡",称为"智能卡"。其最大特点是具有独立的运算和存储功能,在无源情况下,数据也不会丢失,数据安全性和保密性都非常好。智能卡与计算机系统相结合,可以方便地满足对各种各样信息的采集、传送、加密和管理的需要。它在许多领域,如银行、公路收费、水和煤气收费、海关车辆检查等方面都得到了广泛应用。

(三) 射频技术

射频技术(Radio Frequency,RF)的基本原理是电磁理论,射频识别系统的组成一般至少包括电子标签(Tag)和阅读器(Reader)两部分。电子标签中一般保存有约定格式的电子数据,在实际应用中,电子标签附着在待识别物体的表面。

1. 工作原理

射频识别技术依其采用的频率不同,可分为低频系统和高频系统两大类;根据电子标签内是否装有电池为其供电,又可将其分为有源系统和无源系统两大类;从电子标签内保存的信息注入的方式可将其分为集成电路固化式、现场有线改写式和现场无线改写式3大类;根据读取电子标签数据的技术实现手段,可将其分为广播发射式、倍频式和反射调制式3大类。

RF适用于物料跟踪、运载工具和货架识别等要求非接触数据采集和交换的场合,由于RF标签具有可读写能力,对于需要频繁改变数据内容的场合尤为适用。

2. 国内外发展情况

射频识别技术在国外发展得很快,产品种类很多,被广泛应用于工业自动化、商业自动化、交通运输控制管理等众多领域,具有广阔的市场前景。

我国RF的应用也已经开始，一些高速公路的收费站口使用RF可以不停车收费，我国铁路系统使用RF记录货车车厢编号的试点已运行了一段时间，一些物流公司也正在将RF用于物流管理中。在不久的将来，RF技术就将同其他识别技术一样深入我们的生活，改善我们的生活。

3. 射频技术在物流中心的应用

（1）高速公路自动收费及交通管理。RF技术应用在高速公路自动收费、能够充分体现它非接触识别的优势，让车辆高速通过收费站时自动完成收费，同时可以解决收费员贪污路费及交通拥堵的问题。

（2）门禁保安。将来的门禁保安系统只要人员佩戴了射频卡，进出入口有一台读写器，人员出入时自动识别身份，非法闯入会有报警。公司还可以用射频卡保护和跟踪财产。将射频卡贴在物品上，该射频卡使公司可以自动跟踪管理这些有价值的财产，或是用报警的方式限制物品离开某地。结合GPS系统利用射频卡，还可以对货柜车、货舱等进行有效跟踪。

（3）RF卡收费。目前的收费卡多用磁卡、IC卡，在一些恶劣的环境中，磁卡、IC卡容易损坏，射频卡既不易磨损，也不怕静电及其他情况，如公交车的电子车票、会员制收费卡、职工就餐卡、商店收费卡、电话卡、储蓄卡等均可使用射频卡，射频卡上有内存分区，不同区域有不同的安全级别，可以在各种场合中使用，互不干扰，而未来的发展必将使各种卡的应用统一到一张卡上，每个人手持一张卡就可以在各处使用。

（4）生产线自动化。用RF技术在生产流水线上实现自动控制、监视，可提高生产率、改进生产方式、节约成本。

（5）仓储管理。将RF系统用于智能仓库货物管理，完全有效地解决了仓库里与货物流动有关的信息的管理，它不但增加了一天内处理货物的件数，还监看着这些货物的一切信息。

射频卡是贴在货物所通过的仓库大门边上，读写器和天线都放在叉车上，每个货物都贴有条码，所有条码信息都被存储在仓库的中心计算机里，该货物的有关信息都能在计算机里查到。当货物被装走运往别地时，由另一读写器识别并告知计算中心它被放在哪个拖车上。这样管理中心可以实时地了解到已经生产了多少产品和发送了多少产品，并可自动识别货物，确定货物的位置。

二、自动跟踪技术

1. GPS技术

全球定位系统(Global Positioning System，GPS)，是近年来开发的最具有开创意义的高新技术之一。

GPS在物流配送管理中的应用包括以下几个方面。

（1）用于公路车辆管理。车辆管理包括车辆定位、跟踪调度、陆地救援。车辆导航将成为未来全球卫星定位系统应用的主要领域之一。我国已有数十家公司在开发和销售车载导航系统。中远、中外运等大型国际物流服务企业均建立了装载有卫星定位系统的车队。

(2) 用于内河及远洋船队管理。内河及远洋船队管理包括最佳航程和安全航线的测定、航向的实时调度、监测及水上救援。在我国,全球卫星定位系统最先使用于远洋运输的船舶导航。我国跨世纪的三峡工程也已规划利用全球卫星定位系统来改善航运条件、提高航运能力。

(3) 用于空中交通管理。空中交通管理包括精密进场着陆、航路导航和监视,它利用全球导航卫星系统实现飞机航路、终端和进场导航。

(4) 用于铁路运输管理。我国铁路开发的基于GPS的计算机管理信息系统,可以通过GPS和计算机网络实时收集全路列车、机车、车辆、集装箱及所运货物的动态信息,可实现列车、货物追踪管理。只要知道货车的车种、车型、车号,就可以立即从铁路网上流动着的几十万辆货车中找到该货车,还能得知,这辆货车现在何处运行或停在何处,以及所有的车载货物发货信息。

2. GIS技术

地理信息系统(Geographical Information System,GIS)是20世纪60年代开始迅速发展起来的地理学研究技术,是多种学科交叉的产物。GIS以地理空间数据库为基础,在计算机软硬件支持下,实现对空间信息的采集、存储、管理、操作、分析模拟和显示,采用地理模型分析方法,适时提供多种空间的和动态的地理信息,为地理研究和地理决策服务的计算机技术系统。通过空间数据表达现实生活中的事务,在计算机的帮助下进行相关的分析。

GIS应用于物流分析,主要是指利用GIS强大的地理数据功能来完善物流分析技术,国外公司已经开发出利用GIS为物流分析提供专门分析的工具软件。完整的GIS物流分析软件集成了车辆路线模型、网络物流模型、分配集合模型和设施定位模型等。

(1) 车辆路线模型。用于解决一个起始点、多个终点的货物运输中,如何降低物流作业费用,并保证服务质量的问题。包括决定使用多少辆车,每辆车的行驶路线等。

(2) 网络物流模型。用于解决寻求最有效的分配货物路径问题,也就是物流网点布局问题。如将货物从N个仓库运往到M个商店,每个商店都有固定的需求量,因此需要确定由哪个仓库提货送给那个商店运输代价最小。

(3) 分配集合模型。可以根据各个要素的相似点把同一层上的所有或部分要素分为几个组,用以解决确定服务范围和销售市场范围等问题。如某一公司要设立X个分销点,要求这些分销点要覆盖某一地区,而且要使每个分销点的顾客数目大致相等。

(4) 设施定位模型。用于确定一个或多个设施的位置。在物流系统中,仓库和运输线共同组成了物流网络,仓库处于网络的节点上,节点决定着线路,如何根据供求的实际需要并结合经济效益等原则,在既定区域内设立多少个仓库,每个仓库的位置,每个仓库的规模,以及仓库之间的物流关系等,运用此模型均能很容易地得到解决。

三、其他物流信息技术

1. 移动通信技术

移动通信是在20世纪80年代开始发展起来的，移动通信的发展日新月异，目前我国的移动通信用户数量已经超过固定电话用户。随着现代市场越来越激烈的商业竞争，无论是生产制造行业或大型零售业自己的销售体系，还是城市快递、大型物流公司的专业服务体系，都面临着现代物流配送模式的挑战。物流配送领域的解决方案必须针对该领域的两大特点：信息迅速及时、随时跟踪位置。

正是在这种情况下，无线网络的解决方案开始为越来越多的商家所关注。事实上，无线网络并没有离开网络的概念，而是计算机网络技术的延伸；是依托于有线网络，对移动点和无法布设网络信号线的应用点的扩展。无线网络通信技术在解决了操作人员的流动性问题的同时，实现了数据的实时传输。

采用基于移动平台架构的物流信息交换、决策支持系统将配送业务和客户直接联系，直接取得客户需要配送的信息，从而能迅速安排调度配送；采用基于移动信息采集和移动调配管理，来为客户提供实时货物的位置，及时预测何时送达，同时为配送公司充分利用资源提供实时依据。

应用配送移动解决方案，使得企业能够及时迅速地掌握客户要求、实时了解货物状态，合理安排调配资源，保证企业满足客户越来越高的要求，提高企业竞争力，同时大大降低由于信息（包括货物途中意外）不及时和工作人员数量多造成的高成本。

移动终端的操作区域遍及作业的各个角落，包括收货区、仓库、财务室、车辆管理部门。移动终端在任何地点，都能和主机保持实时的通信。各个区域的工作站均连接在网络设备节点（如HUB）上，移动终端可以在所覆盖区域内漫游。

2. 配送需求计划(DRP)

DRP是配送需求计划（Distribution Requirement Planning）的简称，它是流通领域中的一种物流技术，是物资需求计划（Material Requirement Planning，MRP）在流通领域应用的直接结果。它主要解决分销物资的供应计划和高度问题，达到保证有效地满足市场需要又使得配置费用最省的目的。

DRP在两类企业中可以得到应用：

一类是流通企业，如储运公司、配送中心、物流中心、流通中心等。这些企业的基本特征是，不一定搞销售，但一定有储存和运输的业务，它们的目标是在满足用户需要的原则下，追求有效利用资源（如车辆等）。

另一类是制造企业，企业中有流通部门承担分销业务，具体组织储、运、销活动。

3. 电子自动订货系统(EOS)

EOS（Electronic Ordering System）是指企业间利用通信网络（VAN或互联网）和终端设备以在线联结方式进行订货作业和订货信息交换的系统。EOS按应用范围可分为企业内的EOS（如连锁店经营中各个连锁分店与总部之间建立的EOS系统），零售商与批发商之间的 EOS 系统以及零售商、批发商和生产之间的 EOS 系统。

EOS 系统能及时准确地交换订货信息,它在企业物流管理中的作用如下:

① 对于传统的订货方式,如上门订货、邮寄订货、电话、传真订货等,EOS 系统可以缩短从接到订单到发出订货的时间,缩短订货商品的交货期,减少商品订单的出错率,节省人工费。

② 有利于减少企业的库存水平,提高企业的库存管理效率,同时也能防止商品特别是畅销商品缺货现象的出现。

③ 对于生产厂家和批发商来说,通过分析零售商的商品订货信息,能准确判断畅销商品和滞销商品,有利于企业调整商品生产和销售计划。

④ 有利于提高企业物流信息系统的效率,使各个业务信息子系统之间的数据交换更加便利和迅速,丰富企业的经营信息。

4. 企业资源计划(ERP)

ERP(Enterprise Resource Planning)即企业资源计划,是从 MRP Ⅱ(Manufacture Resource Planning,制造资源计划)发展起来的。

ERP 的核心管理思想就是实现对整个供应链的有效管理,主要体现在以下三个方面。

(1) 体现对整个供应链资源进行管理的思想。在知识经济时代仅靠自己企业的资源不可能有效地参与市场竞争,还必须把经营过程中的有关各方如供应商、制造工厂、分销网络、客户等纳入一个紧密的供应链中,才能有效地安排企业的产、供、销活动,满足企业利用全社会一切市场资源快速高效地进行生产经营的需求,以期进一步提高效率和在市场上获得竞争优势。

(2) 体现精益生产、同步工程和敏捷制造的思想。ERP 系统支持对混合型生产方式的管理,其管理思想表现在两个方面。

① 精益生产(Lean Production)思想。精益生产即企业按大批量生产方式组织生产时,把客户、销售代理商、供应商、协作单位纳入生产体系,企业同其销售代理、客户和供应商的关系,已不再简单地是业务往来关系,而是利益共享的合作伙伴关系,这种合作伙伴关系组成了一个企业的供应链,这即是精益生产的核心思想。

② 敏捷制造(Agile Manufacturing)思想。当市场发生变化,企业遇有特定的市场和产品需求时,企业的基本合作伙伴不一定能满足新产品开发生产的要求,这时,企业会组织一个由特定的供应商和销售渠道组成的短期或一次性供应链,形成“虚拟工厂”,把供应和协作单位看成是企业的一个组成部分,运用“同步工程(SE)”,组织生产,用最短的时间将新产品打入市场,时刻保持产品的高质量、多样化和灵活性,这即是“敏捷制造”的核心思想。

(3) 体现事先计划与事中控制的思想。ERP 系统中的计划体系主要包括主生产计划、物料需求计划、能力计划、采购计划、销售执行计划、利润计划、财务预算和人力资源计划等,而且这些计划功能与价值控制功能已完全集成到整个供应链系统中。

ERP系统通过定义事务处理相关的会计核算科目与核算方式，以便在事务处理发生的同时自动生成会计核算分录，保证了资金流与物流的同步记录和数据的一致性，从而实现了根据财务资金现状，可以追溯资金的来龙去脉，并进一步追溯所发生的相关业务活动，改变了资金信息滞后于物料信息的状况，便于实现事中控制和实时做出决策。

此外，计划、事务处理、控制与决策功能都在整个供应链的业务处理流程中实现，要求在每个流程业务处理过程中最大限度地发挥每个人的工作潜能与责任心，流程与流程之间则强调人与人之间的合作精神，以便在有机组织中充分发挥每个人的主观能动性与潜能。实现企业管理从"高耸式"组织结构向"扁平式"组织机构的转变，提高企业对市场动态变化的响应速度。

5. 物流资源计划(LRP)

LRP(Logistics Resource Planning)是物流资源计划的简称，是在制造资源计划、能力资源计划、分销需求计划的基础上进行功能集成的结果。其基本目标是通过与物资采购、制造支持以及实体分销有关的作业计划的实施，优化配置物资资源，提高物流效率，以实现企业发展战略的经营计划。

LRP的基本思想是面向大市场，以物流为基本手段，打破生产和流通的界限，为企业生产和社会流通的物资需求进行经济有效的资源配置。其核心思想包括以下几点。

(1) 社会化市场化的视角。

① 站在社会的角度，为市场需求进行经济有效的物资资源配置，满足社会物资需要。

② 站在大市场的角度，为企业生产和流通的经济高效运行组织资源，包括从社会和企业内部经济有效地组织资源，改善企业内部物流，提高企业生产效益。

通过上述两个方面的操作，最大限度地提高企业经济效益和社会经济效益。

(2) 打破生产和流通的界限。生产和流通的界限是在传统经济条件下形成的。商品无论从生产领域到流通领域，还是从流通领域到生产流域，都存在着渠道单一、环节繁多、手续复杂流通不畅问题。其结果使企业资源处在一种束缚状态，不能得到充分有效发挥，因而经济效益上不去。所以，只有打破生产和流通的界限，解放资源，使得资源处于一种活性配置状态，才能达到资源的优化组合，提高经济效益的目的。

(3) 灵活运用各种手段。为达到上述的宗旨，除打破生产和流通的界限外，还要打破地区、部门、所有制界限等多种多样的界限，灵活运用各种手段，包括利用各种经营组织、经营方式等组织企业经营活动。特别是企业集团、跨国公司等组织形式能集中体现这种思想。

这种公司，不是单一产品的生产，而是系列产品的生产；不但生产，还从事流通和各种服务活动。什么方式能实现资源的有效配置，用什么方式最能提高经济效益，就采取什么方式是LRP的指导思想。

小贴士

什么是二维条码

由于受信息容量的限制，一维条码仅仅是对“物品”的标识，而不是对“物品”的描述。故一维条码的使用，不得不依赖数据库的存在。在没有数据库和不便联网的地方，一维条码的使用受到了较大的限制，现代高新技术的发展，迫切要求用条码在有限的几何空间内表示更多的信息，从而满足千变万化的信息表示的需要。

二维条码正是为了解一维条码无法解决的问题而产生的。因为它具有高密度、高可靠性等特点，所以可以用它表示数据文件(包括汉字文件)、图像等。二维条码是大容量、高可靠性信息实现存储、携带并自动识读的最理想的方法。

参考案例1

从敦豪公司案例看科技企业物流外包

敦豪公司(DHL)位于上海的4000平方米的宽阔货区内，成堆的印有“ Siemens(西门子)”Logo的货件显得格外显眼。去年，西门子(中国)有限公司自动化与驱动集团和敦豪丹沙海空运公司签订了无限期的合作协议，由后者全面负责其从德国工厂至上海的进口海运、空运及清关程序。现在，在敦豪公司上海货区内，任何时候西门子公司货件的库存量均高于2500件。通过公路、铁路及国内空运，每月2000项左右的订单全部由敦豪公司负责门到门地递送。所有订单均通过连接西门子公司的电子数据交换系统进行处理，使西门子公司与敦豪公司的仓库管理系统互通，实现全面自动化的仓储管理过程。

科技企业由于产品更新速度快，原料和产品单价高且全球化程度高、售后备件处理任务重，面临比较复杂的物流环境。为获得更大的市场，全球性的物流公司也不断出台新的物流和供应链服务。像西门子公司一样，科技企业将物流系统外包给第三方物流企业正在成为一种趋势。

一体化全球物流

科技企业的跨国采购和销售使得其供应链延伸到全球，既有海运、空运等长途运输，也有门对门的递送，还需要进行通关等手续，因此建立一体化的全球物流体系，统一资源规划，减少成本，提高效率就成为科技企业应对激烈竞争的手段之一。在与敦豪公司合作以前，西门子公司的仓储、库存及派送均由公司内部自行管理，其各个生产工厂都需要设小型产品存储仓库，由员工进行手工管理。在敦豪公司接管及引进电子数据交换系统(EDI)后，原来由19名西门子公司员工才能完成的物流管理工作现在由8名驻上海的敦豪公司员工即可完成。西门子公司中国采购及物流服务主管托马斯·费希腾麦尔表示：“敦豪公司的服务集成了海运、空运及物流服务，从而实现了端到端的物流系统。”

科技企业和第三方物流公司的这种合作正在亚太地区逐渐普及。朗讯科技公司(Lucent)和另一家全球性的物流企业美国联合包裹公司(UPS)合作进行物流管理。由联合包裹公司相关业务部门设立一个专门工作组,负责管理朗讯科技公司在所有空中和陆上的货运业务、跨港口仓储业务及物流系统的运行。朗讯科技公司供应链网络部副总裁吉姆·约翰逊(Jim Johnson)认为:“这项物流管理方案将在整个层面上监督物流网络的运行,包括如何管理送货车司机、缩短各个物流环节之间的间隙、提高整个物流系统运行的透明度等。”可见,第三方物流企业的介入可以让科技企业各个物流环节之间的连接更为顺畅。

中外运-敦豪国际航空快件有限公司董事副总经理陈奋祯透露:未来5年,敦豪公司计划在中国投资2.7亿美元用于完善基础设施,包括口岸和服务中心等设施。今年3月,联合包裹公司在上海、苏州和福田分别设立了3个仓库和配送中心,这三大业务基地均毗邻重要的科技制造中心。联合包裹公司计划今明两年在中国的主要城市再建立20个这样的业务基地,将在中国的仓库数量增加到60个,其中2005年完成10个业务基地的建设。

备件物流再借力

科技企业的另一特点是售后服务水平要求高,往往需要对售出商品进行维修、更换等服务。对科技企业来说,售后服务的管理主要是对备件的物流管理。任何科技产品都难以完全杜绝硬件故障,一旦出现故障,及时找到需要的备件就成为衡量服务质量的关键。这种备件物流又叫“逆向物流”,顾名思义,它与正常物流的方向相反,而且具有不可预知性,难度也较大。传统的方法是企业自己建设备件中心,这样前期需要很大的投入,许多企业也正在尝试将备件物流进行外包。

惠普公司GSO(HP Global Service Organization)部门与敦豪公司进行了备件物流上的合作,利用敦豪公司全球的备件物流中心进行逆向物流,包括回收工程师和销售渠道借用的零件,回收、送修、返库缺陷零件,回送缺陷零件给供货商,从用户端到供货商形成了一个完整的逆向物流链条。对于敦豪公司这样的物流企业来说,所谓正向和逆向物流均是其物流服务的组成部分,有许多重合之处,而对于科技企业来说则减少了重新建设一套备件物流系统的工作,提高了效率。

虽然备件物流在中国还并不普及,但全球各大物流企业已经在华开始布局。从20世纪90年代开始,敦豪公司进入备件物流领域。目前,在全球范围内,敦豪公司拥有330个仓库、10个分销中心,另外还在亚洲、欧洲、北美地区有3个区域呼叫中心,在中国设立了16家备件物流中心。

联合包裹公司位于上海的航空转运中心也在2007年前建成,其转运中心的功能之一就是为企业提供售后维修服务。“目前,全球的备件物流市场规模可望达到650亿美元,并以每年4%的速度增长,从而成为全球物流领域中增长速度最快的市场。”敦豪公司亚太区备件物流总监约翰·法雷尔如此预测。

个性化需求尚待突破

科技企业的物流外包需要大发展,仍面临着一些障碍,如何满足科技企业的个性化需求是其中最重要的一点。敦豪公司全球客户解决方案部亚太区电子元器件部销售总监沈剑平说:“运一箱芯片同运一箱衣服的要求当然不同,需要根据客户的需求提供必要的确保货物安全的服务。”如敦豪公司与影像企业爱克发公司(Agfa)在合作中,就必须为爱克发公司的影像产品提供特殊的环境,如对温度和湿度严格控制,在仓库内设置专用工作间用于仪器的校准等。在敦豪公司上海区域转运中心 1.8 万平方米的仓库中常设 500 余个爱克发公司专用库存单元,占据了全部物流中心的六分之一。

个性化的需求显然带来成本的增加。如某物流企业为高价值的芯片等产品提供的特殊服务,采用全球定位、特别保镖和装甲卡车等措施,这样的服务开价不菲。虽然基础设施的限制以及管理体制的制约仍然影响着科技企业外包物流的决心,但科技企业外包物流在中国已经开始兴起。中外运—敦豪国际航空快件有限公司董事副总经理陈奋祯说:“目前在这个领域,发达国家外包的比例在 45%～50%,在中国为 20%～24%,还有很大的增长空间。”

(资料来源:中华考试网)

参考案例 2

戴尔供应链管理模式对中国物流管理的启示

1983 年,美国得克萨斯大学的一年级学生迈克尔·戴尔在自己的大学宿舍里以 1000 美元起家,创立了戴尔计算机公司的雏形。在不足两年的时间里,戴尔的销售额突破 7000 万美元。1988 年,戴尔股票上市。1999 年,戴尔公司在美国计算机制造市场的占有率达到 16%,名列全美第一。进入 2002 年,戴尔公司的年税后收入已经高达 382 亿美元,在全球个人计算机市场上,戴尔的占有率已经上升到了 15.2%,成为该行业世界第二大公司。与其他计算机厂商不同,戴尔公司并不生产任何计算机配件,只从事个性化的整机组装,然而它却战胜了 IBM、康柏、惠普等众多技术实力雄厚的公司。戴尔是如何创造出这一系列的业界奇迹的呢?成功的关键就在于戴尔公司所创造的供应链管理模式——直销模式。

1. 戴尔公司的供应链管理模式

20 世纪 70 年代后期,个人计算机市场开始迅猛发展。当时的个人计算机销售模式以间接渠道为主,苹果、IBM、康柏、惠普等众多著名公司都是利用经销商、零售商将自己的产品间接地投放到市场上。戴尔公司却由创立开始就采用了截然不同的经营理念:绕过中间的销售商,以更低廉的价格直接提供产品给顾客。

戴尔直销模型侧重于缩短订单的执行时间以及减少库存。前者保证戴尔公司以最快的速度提供顾客所需的产品,从而显著提高了顾客的满意程度和忠诚度;后者则有效地降低了公司的成本,从而显著提升了公司的盈利水平和竞争力。简而言之,戴尔直销模型具有如下几个特点:

(1) 机动灵活、成本低廉的配送系统。据康柏公司的一项调查显示，在传统的间接销售模式下，通过分销商和零售商配送产品所产生的渠道费用通常为销售收入的13.5%～15.5%；在戴尔的直销模式下，由于中间环节的省略，这一费用被显著降低到仅为2%。与此同时，戴尔公司在产品配送方面具有了极大的自主权和自由度，简约的直销模型有效地缩短了信息和产品在整条供应链上传送所需的时间。1994年，戴尔公司的库存需要保持35天销售所需的产品；进入2000年，戴尔公司只需要保持5天销售所需的产品就可以应付任何市场变化。迅速的反应能力使得戴尔公司在产品生命周期不断缩短的计算机市场上占尽先机。

(2) 直接客户关系。在传统的间接销售模式下，计算机生产商无法保证零售商和分销商会优先处理客户对其产品的投诉或者服务要求。在戴尔公司的直销模式下，公司与客户直接发生销售和售后服务关系，中间环节的省略显著降低了客户信息传送的时间，同时有效减少了信息的损耗。由于省略了零售商的环节，客户的售后服务要求通过电话热线直接传送到戴尔公司，后者则聘请了数以千计的技术支持人员24小时接听电话，以保证90%的问题可以当场在通话过程中解决，从而极大缩短了售后服务所需的时间和费用。1998年美国《计算机世界》的用户调查显示，戴尔公司客户的满意程度排名第一。这进一步显示了直销模式可以在降低企业经营成本的同时显著提高对客户的服务水平。

(3) 接单后生产(Build-to-order)及准时化(Just-in-time)的生产方式。在传统管理方式下，生产很大程度上依赖需求预测，订单的模式多为“A公司在两个星期内需要5 000台计算机”。然而，在戴尔的直销模型下，客户与公司直接发生销售关系，这使得客户在确定产品类型和数量上具有极大的自由度。这种情况下，订单的模式就成为“明天早上7点钟运送28台A型计算机到公司B仓库C的D门”。为了能够满足客户日趋个性化、多样化的要求，戴尔采用了接单后生产及准时化的生产方式，其装配车间不设置任何仓储空间，原配件由供应商直接运送到装配线上，生产出来的产品直接运送给指定客户，原配件和成品均实行零库存制。这一先进的生产管理方式极大程度降低了库存成本，同时有效提高了客户的满意程度和忠诚度。

(4) 产品和服务定位于特定的客户群体。在直销模型下，客户通过网页、热线电话或者邮件直接向戴尔公司订货，这就决定了戴尔公司的产品和服务并非定位于整个计算机用户市场。初次使用计算机的用户通常需要在零售商的销售地点实际接触到计算机才会确定购买，只有具备足够计算机知识的用户才会选择以直销模式订货，因为他们更加重视产品的性能价格比，更加需要自由确定计算机的设置(如硬盘的大小、处理其运算能力的高低，等等)。随着计算机技术的不断推广，熟练用户的比重不断攀升，戴尔的直销模型必将有更大的用武之地。

2. 戴尔直销模式对我国物流管理的启示

戴尔成功经验主要为我们提供以下三点启示：

第一，供应链的设计与管理直接影响到企业的发展。近年来商业社会的竞争态势已经发生了根本变化。企业之间的竞争由原来在技术上展开已经逐渐转移到在供应链上展开,企业比以往任何时候都更加重视供应链的设计和管理。戴尔的成功经验告诉我们,先进合理的供应链模式可以有效地降低生产成本、提高生产效率、增加税后利润及更好地服务顾客,最终极大地提高了企业的竞争力。近年来,欧美企业纷纷掀起流程再造运动,其实质都是企业对自身供应链的一种调整,以便在今后发展中形成更强的竞争力。因此,我们的企业应该对供应链的设计与管理工作给予高度重视。学习和借鉴发达国家企业的成功经验,组建起与企业发展相适应的供应链体系,从而提高企业的竞争力。

第二,企业之间良好的合作关系是供应链管理的关键之所在。为了保证直销模型的顺利运作,戴尔公司依赖先进的网络信息技术,与供应商实时共享一切重要的客户与生产信息。原配件供应商大多将自己的仓库建在戴尔工厂的附近,以保证生产所需原件在20分钟之内可以运到其装配车间;戴尔的技术设计小组全部配有供应商的工程师,在推出新产品时这些工程师会常驻戴尔,以保证新产品的顺利推出。为了维持这种相互信任、高度默契的企业关系,戴尔公司严格挑选供应商,逐步减少供应商数量,同时努力与供应商建立长期合作关系。

因此,为了提高我国企业的供应链管理程度,我们应该努力促进企业间的长期合作,建立相互信任的合作基础;同时要有效提高信息技术的建设水平,为企业间的信息共享建立有效的操作平台。

第三,借鉴国外先进的供应链管理方式要因地制宜、实事求是。以戴尔为例,其先进的供应链管理方式固然值得引鉴,但它并不适用于所有行业或者所有企业。首先,直销模型只适用于高度标准化的产品,例如计算机、家电等。其他类型的产品,如时装、珠宝首饰等,顾客对产品的亲身体验至关重要,因此零售商在促进这类产品的销售方面不可或缺,直销模型并不适用。其次,即便是应用直销模型在高度标准化的产品上,企业也要谨慎确定正确的目标客户群,正如戴尔公司定位于熟练计算机用户一样,直销模型多适用于有一定产品使用经验的顾客。因此,在引进国外先进的供应链管理经验的同时,我们有必要对其方法的特点和我国企业的实际情况进行客观的分析,避免陷入盲目引进的误区。

(资料来源:中国考试网)

本章小结

物流是交易过程"三流"中最复杂、最艰巨的,曾经是电子商务发展的"瓶颈",目前不少电子商务企业面临物流的困扰。在各种物流模式中,第三方物流是物流社会化的有效模式,我国的物流是振兴经济的重要组成部分。

配送在电子商务经营中举足重轻,延伸了传统经济中的物流范围,配送的发展中很多现代化设备发挥着重要作用。供应链的理念和技术在今后企业竞争和管理中起决定性作用。

复习思考题

1. 现代物流与传统的商品存储有哪些区别？
2. 物流与电子商务的相互关系有哪些？
3. 企业的物流有哪几种模式？
4. 第三方物流有哪些特点？
5. 在选择物流业务外包时要考虑哪些因素？
6. 城市配送中心的选址要考虑哪些因素？
7. 我国物流有哪些方面与电子商务的要求不适应？
8. 物流现代化设备有哪些？

实践课堂

[实训项目]　电子商务的物流配送

[实训目标]　通过浏览联邦快递的网页，了解网站的架构和企业发展的概况，了解联邦快递提供第三方物流在线服务的内容，及其运作的流程介绍。

[实训须知]　通过网络访问联邦快递的网站，在网站内使用公司的身份进行开设账号和注册网上在线工具，然后感受网站为客户提供的各种业务流程。

[实训内容及实训过程]

1. 实训内容

登录联邦快递网站，注册公司账号，并使用网上提供的方法查询货件和托运时间等信息。

2. 实训过程

(1) 打开浏览器，在地址栏输入“http://www.fedex.com/cn”，单击右边的“转到”按钮，将进入联邦快递中国网站主页，如图 6-7 所示。

(2) 在主页左侧单击“开设新账号”，为所在的公司填写相关资料，注册账号，如图 6-8 所示。

(3) 网上寄件工具注册完成后，进入“查询货件”，理解货物目前所处的地点，如图 6-9 所示。

(4) 进入“费率和运送时间查询”界面，如图 6-10 所示。

[实训注意]　联邦快递是世界知名企业，也是为其他公司或个人提供第三方的物流服务公司。通过网上的了解，可以知道联邦快递的网上在线服务功能是比较完善的。

[实训练习]　登录其他第三方物流公司的网页，看看它们有什么功能。

图 6-7　“联邦快递中国”网站首页

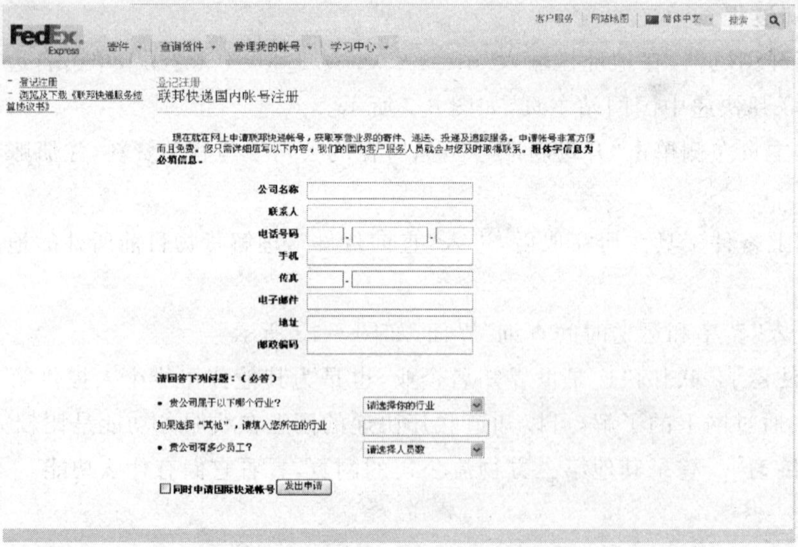

图 6-8　联邦快递中国账号注册

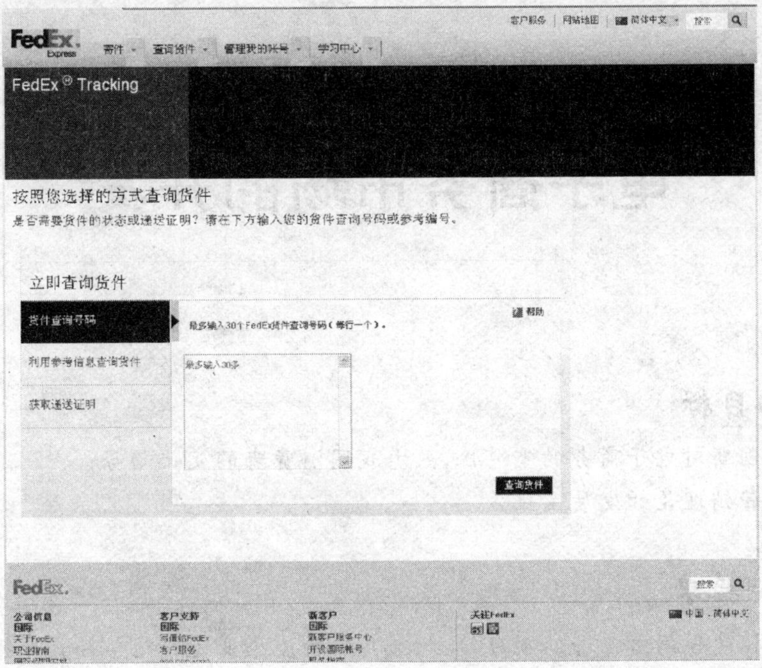

图 6-9　查询货件

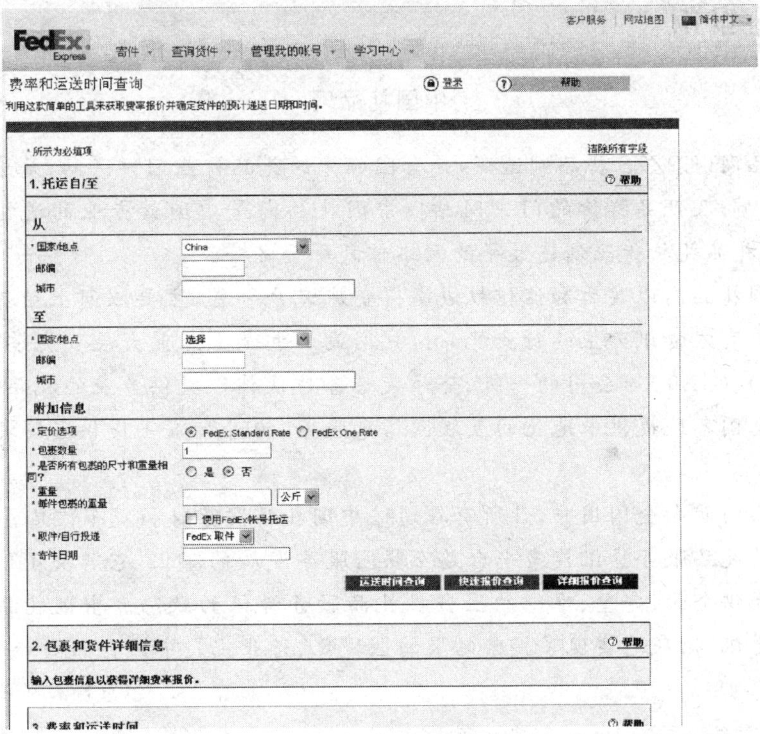

图 6-10　“费率和运送时间查询”界面

第七章

电子商务市场的开发

学习目标

1. 了解创新对电子商务的重要性，熟悉我国消费者的变化趋势；
2. 掌握营销理论的发展变化。

技能要求

1. 能选择适合网络经营的项目，能对第三方物流企业进行简单评判选择；
2. 提高网络创新的能力和勇气。

引导案例

中国礼品网

中国礼品网(LPZZS礼品制造商)是全国领先的礼品行业门户网站，是中国首家敢于公布(对比品质)及产品标价的门户网站！中国礼品网是中国最专业的送礼常识分享平台，也是中国礼品礼物行业创建最早的网络信息平台之一。

其中中国礼品网以实力和诚信权威赢得全球客户赞赏，主要以网上销售及提供全国最新礼品行业官方资讯为主的行业礼品门户网站·也是全球最大展览会举办合作商:励展华博(深圳)、(上海)等公司的一级、全球战略合作伙伴！提供专业的礼品信息资讯，为全球华人及全国各地提供本地化的互联网信息服务，为外行人士提供了解礼品信息的移动互联网窗口。

中国礼品网面向全国用户，让所有人通过中国礼品网获取和发布信息。

本地化的礼品服务资讯搜索平台是互联网服务发展的深化，它解决了门户网站和搜索引擎无法提供全面、完整、唯一的区域性礼品服务资讯的缺陷。中国礼品网收集了大量本地礼品资讯，彻底地实现了搜索结果的区域化、行业化。中国礼品网如图7-1所示。

(资料来源:百度百科)

图 7-1　特色网站

第一节　电子商务市场概述

在发达的经济社会中,商务活动的形式和内容被挖掘得淋漓尽致,而当科技进步创造出新的生产力后,又孕育出新的潜力,给我们展示了广阔的发展空间。

一、我国电子商务市场的发展

在 2012 年广东互联网大会上,工信部通信发展司司长张峰表示:当前我国互联网产业快速发展,前景广阔,截至第三季度,我国互联网用户达 5.5 亿人,同比增长 44.1%,总规模达到 5 万亿元人民币,同比增长 13.7%。

在我国互联网产业不断发展的趋势中,主要呈现两大突出特点:首先是移动化,目前国内移动互联网用户数已经达到 7.5 亿,大大超过固网用户的数量,各种业务不断向移动通信领域渗透;其次是跨界融合,互联网齐聚智能手机领域,小米、百度、盛大、奇虎 360 等先后突出搭载自身应用的智能手机,纷纷进入智能时代。互联网成为中国扩大内需的新引擎。

目前我国电子商务市场已经渐渐走上健康发展的道路,具有以下特点。

(1) 互联网与传统产业融合酝酿新机遇。10 年前的电子商务还以 IT 创业者为主角,以烧钱和炒作吸引眼球。进入新的世纪后,经历了寒流后的反思和观念的调整,传统的商务已经开始熟练地把电子当作手段,形形色色的电子商务服务内容出现在人们的视野中,拉近了和百姓的距离。我国出现了亚洲最大的电子商务企业,涌现了一大批成功的网商。尤其是数量众多的中小企业紧紧抓住新的机遇,将高科技的电子技术和传统的经营融合在一起。我们清楚地看到行业化、平民化的电子商务时代已经到来。

(2) 电子商务已经成为不可或缺的生活内容。由于计算机教育的普及,和计算机的发展同步成长起来的青年一代逐渐成为电子商务实践的主力,我国的网络用户中18～24岁的年轻人占据了三分之一的比例,其中的不少人具有网络消费的经历,是电子商务的积极参与者。更有许许多多的学生投身网络创业,开拓出丰富多彩的网络人生和就业道路,具有中国特色、适合我国国情的电子商务供求市场蓬勃发展。

(3) 新的技术平台引领电子商务追波逐浪。计算机和通信技术的结合,衍生出的种种软硬件设备,扩展了上网的形式,特别是无线通信技术的成熟,使手机用户数已经超过5亿,移动商务的前景已经指日可待。中国移动、中国联通都积极的推出了自己的即时通信产品,并且积极地拓展自己的电子商务业务。这就由传统的互联网固网平台过渡到移动网络平台、有线电视网络平台。

(4) 资本运作助力企业实现跨越发展。资本运作一直是贯穿整个中国互联网产业的主题。从阿里巴巴创造的神话看到了风险投资盈利的前景。越来越多的网商找到了盈利模式,电子商务让曾经踯躅不前的投资者看到了希望之光。

虽然目前电子商务在我国已开始形成热潮,从整个社会来看,有两方面准备的还显得有些不足:一方面是基础工作还不够扎实,主要是企业信息化程度不高。无论是工业企业、商业企业还是外贸企业,使用计算机进行业务处理与信息管理以及开展网上业务,都没有达到应有的规模,企业信息化是开展电子商务的基础,企业没有实现经营业务处理的数字化,就不能保持电子商务发展的后劲。另一方面,政府的工作准备还不够,有助于电子商务发展的法规和标准等环境问题,还有网络的道德、商务诚信和网络安全等问题还困扰电子商务的健康发展。

二、电子商务市场的细分

市场细分就是指按照消费者欲望与需求把一个总体市场划分成若干个具有共同特征的子市场的过程。分属于同一细分市场的消费者,他们的需要和欲望相似;分属于不同细分市场的消费者对同一产品的需要和欲望存在着明显的差别。

(一) 电子商务市场细分的一般原则

1. 需求差异是市场细分的内在要求

市场细分是电子商务进入平稳增长期后的必然趋势,消费者需求的差异是市场细分的内在依据。消费者在享受电子商务带来"便利"的同时,越发感到搜寻"适宜"目标的困难。电子商务要进一步发展,必须变得更加贴近消费者生活。消费者需要亚马逊、阿里巴巴、淘宝等综合性电子商务模式的同时,也需要专业性、细分化的电子商务模式。

这样,消费者既能享受在琳琅满目的商品中畅游的快感,又可以规避选择的困扰。所以,迈向成熟的电子商务需要"细分"。

2. 市场竞争是市场细分的外在动力

很少有一个产品能够同时满足所有客户的需要。既然只能满足一部分客户,那么针对整个市场的营销就是一种浪费。在市场竞争中，一个企业不可能在营销全过程中都占据绝对优势。为了有效进行竞争，企业必须评价、选择并集中力量用于最有效的市场，这便是市场细分的外在动力。

3. 通过对市场的细分明确企业的经营目标

市场细分对企业起着重要作用，首先是有利于选择目标市场和制定市场营销策略，市场细分后的子市场比较具体，容易了解消费者的需求。企业可以根据自己经营思想、方针和营销力量，确定自己的服务对象，即目标市场。

其次是有利于发掘市场机会，开拓新市场。通过市场细分，企业可以对每一个细分市场的购买潜力、满足程度、竞争情况等进行分析对比，探索出有利于本企业的市场机会，使企业及时做出科学的营销决策，更好适应市场的需要。

最后是有利于发挥核心优势，通过细分市场，选择适合自己的目标市场。企业可以整合各种资源，使所推出的增值服务能够真正被目标客户所认同并接受。

4. 市场细分化是经济发展的趋势

目前，许多电子商务企业已不再单一地向所有客户群推销类同的商品，而是在专业领域内，针对一部分具有需求共性的消费群体，为其提供极具竞争力的商品和在此基础上的一体化的网上售物服务。可见，在网上购物需求渐已饱和、市场经营趋同的现状下，细分市场已经成为电子商务的必由之路。

（二）市场细分的趋势

当生产力水平提高，市场走出短缺经济后，消费者的个性选择就会加强，市场细分就成了消费者的期望和经营者竞争的手段。

1. 传统的市场细分

传统市场细分的方法有很多种，最常见的是以商品的自然属性划分，如食品、服装、电器、家具、药品等。除以上方法外有时也按照其他的因素划分市场，如按照地域划分城市、农村市场，按照经营环节划分批发、零售市场，按照业态划分超市、百货、专卖店，甚至按照商品的品牌、档次都可以将市场细分化。传统的市场细分有两个特征，一是根据产品的特点划分，二是站在经营者管理的角度上划分。

2. 现代市场细分趋势

在以人为本的思想指导和消费者个性需求的驱动下，以人的属性细分市场是今后发展趋势和竞争的焦点。在我国传统营销的市场上有过的人文属性市场并不多，保持下来的只有按照性别和年龄划分这两种。我国改革开放三十多年来的事实造成了群体分化和观念多元化，为了满足不同群体和心理的消费者，人的属性还可以按照这些特征细分：

- 收入—VIP、白领、工薪族、贫困者；
- 文化—按照不同学历、文化甚至学校里的年级；
- 爱好—车友、旅友、影迷等；
- 习俗—如全国不同身份的消费习惯和生活规律；
- 身体—如身材、皮肤、健康状况等；

- 家庭—如丁克、三代、标准户等；
- 职业—如社交活动者、技术人员、领导层等；
- 工作—如倒班者、出差者等；
- 居住—如楼房、平房、别墅、上班远近等；
- 特殊—如残疾人、孕妇、左撇子等。

也许上述的人文划分还不足以造成消费上的明显区别，商品和服务存在很多的重叠与交叉，但是可以预见，当人的个性化进一步释放和市场竞争充分体现时，也许商场上的规则就是细节决定成败。

这种人本主义对市场的要求是天然存在的，并不是电子商务的出现而被培养和萌发的，然而传统营销受到物理空间的限制和成本的控制不可能做到如此细分，但是在网络的虚拟空间，实现这一切变得轻而易举，所缺的只是我们的敏感的嗅觉和独特的思维。

三、电子商务市场的类型

1. 专业型电子商务

专业型电子商务包括对现有专业市场的电子商务改造和电子商务市场专业化划分。其中，对现有专业市场的改造占专业型电子商务的绝大部分比重，因为电子商务本身就是传统商务的电子化改造。在信息经济下，传统意义上的商圈将被打破，客户扩展到全国乃至世界，促成真正意义上的国际化市场形成。

传统的专业市场供应链较短，主要依靠经营户个人的商业渠道组织货源和联系客商，不能与全国乃至国际厂商建立有效的供应链关系，限制了专业市场的商圈半径。

其次，部分商品的流通不再按照原来的行业和产业方式进行，也不再遵循传统商业的购进、储存、运销的模式运转。经营者可以实现先销后购、零库存的业务经营，也可以以虚拟企业的形式存在，作为经营传统产业的专业市场必然受到这种新购销方式的影响。另外，具有节省交易成本功能的专业市场，在电子商务时代，也会损失它的优势。

专业市场集聚了大量某一类商品或若干类具有互补和互替关系的商品，这是其他商业形态所不能比拟的，但是仅仅靠产品的陈列来吸引客户和集散信息是不够的。如果能将专业市场与电子商务结合，可以实现优势互补，将发挥强大的市场效应。

实体市场是产品摆设、客户谈判，看样、商品交易、仓储的场所。虚拟市场是商品信息交流、信息搜索、市场网络联系、信息发布、在线交易等手段的集合。传统市场缺乏现代电子商务，而网络交易市场缺乏现实平台，只有两者结合才是最好的办法。专业市场的电子商务化不仅能提高本身的经营管理能力，同时也没有失去它存在的价值，还能确保专业市场本身的服务质量，从而提高知名度。

2. 地域型电子商务

地域型电子商务就是利用地域优势，针对特定地域区间内的客户开展电子商务活动。一般认为网络就是要突破传统的地域束缚，充分发挥网络的超越时间、空间的优势来追求更大的客户群和利润空间。

其实就中国的现状来说，人们在这一点上将网络的超越地域性夸大了。网络的确具有全球性的特点，但网络电子商务特别是中国现阶段的网络电子商务在跨越地域性方面所需具备的条件方面要差很多，因此我们不能轻视或者无视电子商务地域划分的特点，一味地追求全国化、全球化。

事实上，中国现有的物流渠道和支付手段都严重阻碍了电子商务超越地域化发展，由此也给网民的本不太信任的网上消费更增添了几许担心，消费者对距离的认识是很敏感的，毕竟舍近求远不是明智之举。对于电子商务厂商来说，同样也要注重地域划分，不能盲目地将自己的销售范围圈得过大，否则不仅不能使利润最大化，甚至有可能走入卖出东西但不挣钱的怪圈。

3. 个性化电子商务

互联网初期主要以提供大量信息和功能化产品为主，然而时至今日，为客户提供全方位的个性化服务则将占据主导地位。电子商务需要个性化，以往那种千篇一律的电子商务模式和忽视客户需求差异性的服务已经不能适应时代的需求。

电子商务个性化的原因主要有三个方面：一是电子商务个性化是企业创造竞争优势的重要手段；二是消费者的需求个性化是企业电子商务个性化的推动力；三是电子商务个性化是电子商务自身发展的内在要求。

个性化推动了电子商务的发展，同时也使各种增值服务更具有竞争优势。如今，众多专业服务提供商都宣称“能提供个性化电子商务解决方案”，而且一些开展了电子商务的企业也纷纷打出了个性化服务这张王牌。个性化服务是实现商业利润的关键，是促进电子商务增值服务的驱动器。正因为个性化服务在改善顾客关系、培养顾客忠诚度以及增加网上销售方面具有明显的效果，一大批成熟企业已经在个性化服务的道路上迈出了脚步，个性化型电子商务开辟了电子商务市场的一个新天地。

4. 比较搜索型电子商务

比较搜索型购物网站是一种专业化的垂直搜索引擎，其主要功能是通过对海量信息的采集整理，向消费者提供精准的商品、商家资讯，从而帮助他们在进行网上购物时省时、省钱又省心。同时，比较搜索型购物为商家提供一个高效的网络营销平台，帮助商家以极低的推广成本获得大量针对性极高的目标用户。

比较型购物不同于传统意义上的网上购物，其商业价值在于提供给消费者一个购物选择和指导，能够让消费者在购物时确保自己得到相对最好的价格和服务。目前，国内的比较型购物在模式上与国外成熟的比较购物网站已经非常接近。

例如，家电、手机、计算机等商品，每个品牌的主流型号都罗列出数十个经销商，其信息内容丰富，数据容量可观。比较型购物的模式对商家和消费者都具有极大的吸引力，它的兴起为茫茫网海建立了定位的“航标”，不仅优化了电子商务资源，也为网上消费者与电子商务网之间架起了直通道。

购物搜索引擎与一般的网页搜索引擎技术实现相比的主要区别在于,除了搜索产品、了解商品说明等基本信息之外,通常还可以进行商品价格比较,并且可以对产品和在线商店进行评级,这些评比结果指标对于用户购买决策有一定的影响。

通过购物搜索引擎,不仅增加了被用户发现的机会,如果在评比上有较好的排名,也有助于增加顾客的信任。当用户使用购物搜索引擎检索商品时,可以获得比较丰富的信息,用户还可以对产品进行评比,可以发表自己的意见,对制定商品购买决策有较大的参考价值。这也从另一个角度说明,网上商店利用购物引擎进行推广可以增加被用户发现的机会,从而达到促销的目的,因而成为网上销售的一种常用促销手段。

小贴士

电子商务与大学生就业

由劳动保障部中国就业促进会主办,北京中鸿网茂电子商务有限公司具体承办的"中国电子商务就业创业服务工程"(简称"服务工程")在全国范围内正式启动,服务工程将贯彻国务院办公厅《关于加快电子商务发展的若干意见》(国办发[2005]2 号)文件精神,进一步落实劳动和社会保障部关于促进大学生就业的相关政策,旨在提高在校学生和在职人员电子商务相关专业和岗位实践与实际应用能力,提升职业技能水平和就业创业能力,并促进企业电子商务应用水平。

第二节 电子商务经营理念的创新

一、经典营销理念的变化

美国密歇根大学教授络姆·麦卡锡在 20 世纪 50 年代末提出了有关营销的 4P 理论,即产品(Product)、价格(Price)、渠道(Place)和促销(Promotion)。随着经济的发展和消费者地位的上升,4P 已不能顺应时代的要求,为此 4C 理论应运而生,即:消费者的需要及欲望、消费者获取满意的成本、用户购买的方便性、与用户沟通。

美国学者舒尔兹,还提出了包括市场反应(Reaction)、顾客关联(Relativity)、关系营销(Relationship)和利益回报(Retribution)的 4R 理论。随着以 IT 技术为代表的高科技产业迅速崛起,营销理念又有了新的阐述,即差异化(Variation)、功能化(Versatility)、附加价值(Value)和共鸣(Vibration)的 4V 营销组合理论。从 4P 到 4C 到 4R 再到 4V(统称"4X"),代表了营销理论的发展和演变过程,它们都带有强烈的时代背景,也意味着企业所处的营销环境有了巨大的变革。

1. 从 4P 到 4C 的演变

以 4P 为基本框架的传统营销是一种由内向外的推动式营销,4P 出现以后,曾经成为商业人士的经典理论。他们认为进入市场的公司只要明确目标客户,提供相应的产品，选择合适的营销方案，就能获得预期的利润。为了实现这个目标，可供选择的竞争手段就是 4P，而且这四个方面都在企业控制范围内，所以有很好的可操作性。然而，4P 的最大不足就是忽略了客户在企业成长中的重要性，它掩盖了消费大众的多样性，只适合用来销售大量制造的规模化产品。

4C 在对前者扬弃的基础上，将整个营销活动的重点目标置于现实消费者和潜在消费者身上。4C 理论的营销工具是营销过程中消费者、成本等基本因素的组合运用，努力做到产品、服务、成本的和谐统一，它拓展了原有的市场和营销的概念。

从 4P 到 4C 的营销理念具体表现在以下几个方面。

(1) 产品从“物质”到理念的变化。传统意义上的产品多是一种物理的概念，即一个个实实在在的东西。而信息化社会中产品的概念会发生变化，从“物质”的概念演变为一个综合服务和满足需求的概念；也就是说，企业售出的不光是一些物质型的产品，而是一种综合服务的理念。

例如，软件只是微软公司产品的一部分，透过软件产品公司还售出了一系列的技术标准和公司的形象、完善的售后服务体系等“无形”产品。例如，Office 的正式用户随时都可以反映或询问使用中的问题，并通过网络得到来自世界各地的解答。

(2) 产品生命周期的变化。产品的生命周期分为开发、引进、成长、饱和、衰退五个阶段，在这五个阶段中，厂家由于不直接接触消费者，所以很难把握住新产品研制的正确投向。另外，在掌握产品的饱和期和衰退期时总会不可避免地发生滞后；而在新的环境下，产品生命周期的概念会逐步淡化。

由于生产者和消费者可以在网上建立直接的联系，所以满足大部分消费者的需求就是新产品开发的正确投向。从产品一投入市场，就知道了应改进和提高的方向。于是，老产品还处在成熟期时企业就开始了下一代系列产品的研制。系列产品的推出取代了原有产品的饱和期和衰退期，使产品永远保持旺盛的生命力。

(3) 定价策略的变化。传统商品的定价策略基本上是按“生产成本＋生产利润＋销售利润＋品牌系数”来确定的。在这种价格策略中生产厂家对价格起着主导作用，这种价格策略能否为消费者和市场接受是一个具有很大风险的未知数。而新型的 4C 组合则相反，根据消费者和市场的需求来计算满足这种需求的产品和成本。由这种成本开发出来的产品和制定出来的产品价格风险相对是较小的。

(4) 地域观念的变化。在传统商业或营销策略中，企业不得不考虑到营销渠道和地域的问题，一定要受到厂家所在地和目标市场所在地以及用什么样的渠道来售出产品的限制。而商家在制定营销策略时，一定也受到所在地区的商业覆盖范围、收入和消费水平、特点和职业结构等限制。在现代营销策略中，企业和商业的营销过程没有了地域的概念，营销策略中要考虑的重要问题就是如何在网络上用丰富的商品信息资源吸引用户，如何使所开发出的电子商务系统既安全又方便于消费者购买。

从以上分析看出，4P 是站在企业的角度来看营销的。它的出现一方面使市场营销理论有了体系感，另一方面它使复杂的现象和理论简单化，从而促进了市场营销理论的普及和应用。4C理论以消费者为导向,4C中的方便、成本、沟通、消费者直接影响了企业在终端的出货,决定企业的未来,是站在消费者的角度来看营销。

2. 4R理论的长处

(1) 以竞争为导向,在新的层次上概括了营销的新框架,根据市场不断成熟和竞争日趋激烈的形势,着眼于企业与顾客互动与双赢,不仅积极地适应顾客的需求,而且主动地创造需求,运用优化和系统的思想去整合营销,通过关联、关系、反应等形式与客户形成独特的关系,把企业与客户联系在一起,形成竞争优势。

(2) 体现并落实了关系营销的思想,要提高顾客的忠诚度,赢得长期而稳定的市场,通过关联、关系和反应,提出了如何建立关系、长期拥有客户、保证长期利益的具体操作方式,通过某些有效的方式在业务、需求等方面与顾客建立关联,形成一种互助、互求、互需的关系,把顾客与企业联系在一起,这样就大大减少了顾客流失的可能性。

(3) 反应机制为互动与双赢、建立关联提供了基础和保证,同时也延伸和升华了便利性。

(4) 兼容了成本和双赢两方面的内容。追求回报,企业必须实施低成本战略,充分考虑顾客愿意付出的成本,实现成本的最小化,并在此基础上获得更多的顾客份额,形成规模效益。这样,企业为顾客提供价值和追求回报相辅相成,相互促进,客观上达到的是一种双赢的效果。

4R营销理论同样重视消费者的需求,但它更多地强调以竞争为导向,因为处于激烈竞争环境下的企业,不仅要听取来自客户的声音,还要时刻提防身旁的竞争对手,要求企业在不断成熟的市场环境和日趋激烈的行业竞争中,冷静地分析企业自身在竞争中的优、劣势并采取相应的策略。它通过实行供应链管理的营销模式,采用整合营销,快速响应市场,实现企业营销个性化和优势化,在竞争中求发展。

从导向来看4P理论提出的是由上而下的运行原则,重视产品导向而非消费者导向,宣传的是"消费者请注意";4C理论以"请注意消费者"为座右铭,强调以消费者为导向。4R也是以消费者为导向的,"便利与节省"、"沟通与关联",虽然紧密相关,但4R较之4C更明确地立足于消费者,它宣传的是"请注意消费者和竞争对手"。

3. 4V带来的新观念

在新经济时代,培育、保持和提高核心竞争能力是企业经营管理活动的中心,也成为企业市场营销活动的着眼点。4V理论正是在这种需求下应运而生的。

差异化营销就是企业凭借自身的技术优势和管理优势,生产出性能上和质量上优于市场上现有水平的产品,或是在销售方面,通过有特色的宣传活动,灵活的推销手段,周到的售后服务,在消费者心目中树立起不同一般的良好形象。差异化营销所追求的"差异"是在产品功能、质量、服务和营销等多方面的不可替代性,因此也可以分为产品差异化、市场差异化和形象差异化三个方面。

功能化是指以产品的核心功能为基础,提供不同功能组合的系列化产品供给,增加一些功能变成高档品,减掉一些功能就变成中、低档产品,以满足不同客户的消费习惯和经济承受能力。其关键是要形成产品核心功能的超强生产能力,同时兼顾延伸功能与附加功能的发展需要,以功能组合的独特性来博取细分客户群的青睐。

附加价值是指除去产品本身,包括品牌、文化、技术、营销和服务等因素所形成的价值。共鸣是指企业为客户持续地提供具有最大价值创新的产品和服务,使客户能够更多地体验到产品和服务的实际价值效用,最终在企业和客户之间产生利益与情感关联。共鸣强调的是企业的创新能力与客户所重视的价值联系起来,将营销理念直接定位于包括使用价值、服务价值、人文价值和形象价值等在内的客户整体价值最大化。

二、距离经济的理念

中国电子商务从盲目的实践阶段上升到一个理性发展的阶段,"距离经济理论"产生了一定的作用。这里所指的"距离"包含物理空间和虚拟空间的时间、空间、思维、交流等的差异。

1. 距离促进发展

人类从农业经济时代、工业经济时代,走到今天信息经济时代。信息时代的显著特点是人们完全改变了工业经济时代的生产、经营、生活模式,大大缩短了人们在时间、空间、思维、交流等方面的距离。"短距离"的信息经济是对"长距离"的工业经济的扬弃和"背叛",是当今网络经济发展的理论依据。

2. 距离产生市场

一个企业在传统的经济模式下,"距离"是其商业经营的主要障碍,若网络经营者并没有发现这种"距离"市场(如与其他企业经营思维的"距离"、信用"距离"、产品运输的距离等),并且不能很好地解决这些"距离",则这种电子商务就显得没有什么价值。所以,电子商务的开展应从最适合网络经济特征的行业,即产生"距离"经济的市场开始;在没有条件时,我们有必要努力挖掘和创造一种新的"距离"市场。

3. 网络创造机会

网络的最终目的便是缩短距离。从工业经济时代过来的传统或新兴产业,若能利用网络特征与优势,完全解决传统工业经济模式下的"距离"问题,就找到了商机和赢利点。基于这一理论,许多有先见之明的企业将会努力挖掘出"距离"市场空白,寻找到适合网络经济发展的有效市场。基于这一理论,使人们可以有效地预测或评估一个网络、网站的经营状况和存在价值。

通过对距离经济理论的分析,可以得出一个结论:距离经济理论是网络经济时代的经济规律,"距离经济"即是需求分析。遵循这种规律,能够使我们认真地去寻找"距离"市场,使我们努力去创造"距离"市场,只有这样,网络经济才能为人类带来巨大的效益和价值。

三、长尾效应

"长尾"是统计学中分布特征的一个口语化表达。美国学者克里斯安德森首次探讨了“长尾”问题,告诉我们,商业的未来不在热门产品,而在于过去被视为“失败者”的那些产品——一条无穷长的尾巴。

1. 传统营销的“二八定律”

传统营销的“二八定律”也叫巴莱多定律,是19世纪末20世纪初意大利经济学家巴莱多发明的。他认为,在任何一组东西中,最重要的只占其中一小部分,约20%,其余80%的尽管是多数,却是次要的。十九世纪以来,“二八定律”一直是商业中的黄金法则,如20%的客户带来80%的销售额,20%的产品创造80%的利润等。

2. 长尾效应的产生

进入21世纪后,随着互联网的迅猛发展,一种与“二八定律”相对立的学说“长尾理论”问世了,此说的首倡者是美国《连线》杂志的主编柯瑞斯·安德森。安德森指出在传统的市场营销活动中,由于受“二八定律”的影响,厂商们都固守20%的产品能带来80%的产品销量的理念,习惯把主要精力放在那些有20%客户去购买的主流商品上,但是他在研究了亚马逊等互联网零售商的销售数据之后,把它们和沃尔玛等传统零售商的销售数据进行了对比,发现在互联网的销售市场中,那些在传统市场赚不到钱的非主流产品却带来了50%的利润,这似乎是对传统“二八定律”的反叛。

一方面,商品供应极大丰富,另一方面,人们对消费的需求也产生了多样性的变化。在商品需求曲线上,高峰后的数据不会迅速下降到零,反而会拖着一条长长的尾巴。各种商品的种类之多,超乎人们的想象,而这些商品都能以合乎经济效益的方式满足消费者。因此一旦这些商品结合在一起的话,同样创造出非常庞大的市场。

长尾理论认为,只要存储和流通的渠道足够大,需求不旺或销量不佳的产品共同占据的市场份额就可以和那些数量不多的热卖品所占据的市场份额相匹敌甚至更大。“长尾”针对的市场目标,是以前被认为是边缘化的产品,现在共同占据了一块市场份额,足以可与最畅销的热卖品匹敌,“长尾”实现的是许许多多小市场的总和,是80%的过去不值得一卖的东西。

3. 长尾理论的意义

长尾理论向“二八定律”发起了全面挑战。

有时候我们可能轻易忽略一些很小的订单,感觉没什么利润的,其实有时候,这些订单往往潜藏着巨大的商机。长尾理论教会我们,需要抓住更多的非主流产品的销售,不以善小而不为,才能赢得更广阔的市场。

根据统计,亚马逊有超过一半的销售量都来自于在它排行榜上位于13万名开外的图书;美国最大的在线DVD影碟租赁商Netflix公司有1/5的出租量来自于其排行榜3000名以外的内容;而在线音乐零售商Rhapsody排行榜1万名以外的曲目下载数量甚至超过了在排行榜前1万名的曲目。30多年前,托夫勒在《第三次浪潮》中预言“不再有大规模生产,不再有大众消费,不再有大众娱乐”。取而代之的是个性化的生产、创造和消费。如今,这个预言已经变成现实。

一种商品卖天下的盛况已经成为过去,继之而起的是一个多重选择的市场,以往人们在购物时必须精打细算，只买大路的商品。当我们回顾过去的年代，我们发现那个时候由于各种限制使得我们只能生产少数的几种商品，这仅有的几种商品限制了我们的选择。在商品供应匮乏的时代，我们并不是没有这些多样化的和个性化的需求，而是当时的产品限制了我们，我们的这些需求被掩盖了。但是随着生活的日益富裕，市场上有数以千计的产品可供挑选，我们可以尽情地挑选最符合我们口味的产品了。

四、精准营销

（一）精准营销的表述

精准营销就是在精准定位的基础上，依托现代信息技术手段建立个性化的顾客沟通服务体系，实现企业可度量的低成本扩张之路。

精准营销有以下三个层面的含义：

第一，精准的营销思想。营销的终极追求就是无营销的营销，到达终极思想的过渡就是逐步精准；

第二，实施精准的体系保证和手段，而这种手段是可衡量的；

第三，达到低成本可持续发展的企业目标。

精准营销就是通过现代信息技术手段实现的个性化营销活动，通过市场定量分析的手段、个性化沟通技术等实现企业对效益最大化的追求。

精准营销和以前的营销模式和理论的区别主要有以下几点：

- 理念创新——关心客户的长久利益和终身价值。
- 技术创新——传统定性的营销转变成定量营销。
- 理论创新——个性沟通及新型顾客增值理论。

1. 关心客户的长久利益和终身价值

进入 21 世纪，电子商务已成为众多企业之间、企业与消费者之间进行信息沟通和贸易活动的重要形式，与消费者的生活联系也越来越密切。这种发展态势已经对企业的经营理念和营销方式构成了强大冲击，精准营销真正贯彻了消费者导向的基本原则，通过个性化的沟通技术实现顾客的个性需求、个性服务、个性关怀。

这些个性化的服务比较准确地了解和掌握顾客的需求和欲望，实现和消费者的长期沟通，挖掘客户的长久价值以至终身价值。

2. 传统定性的营销转变成定量营销

以前的营销理论和实践是一种定性的科学，从 4P 到 4C，都是一种定性理论，通过它们实现服务的细分。精准营销通过现代数据库技术和现代沟通技术实现了对目标人群的精准定位，实现了对营销过程的定量跟踪，实现了对营销结果的定量预测，所以精准营销的一大贡献就是使营销理论从定性跃升到一个定量的高峰。

3. 个性沟通及新型顾客增值理论

精准营销借助现代网络和通信技术，采取一对一的沟通模式，在客户的沟通联系上实现了最短的直线距离传播方式。“让客价值”是指顾客总价值与顾客总成本之间的差额,其中顾客总价值是指顾客购买某一产品或服务所期望获得的一组利益,包括产品价值、服务价值和形象价值等。顾客总成本是指顾客为购买某一产品或服务所支付的货币及所耗费的时间、精力等,包括货币成本、时间成本及精力成本等。

由于顾客在购买时,总希望把有关成本降至最低,同时又希望从中获得更多的实际利益,因此,总是倾向于选择"让客价值"最大的方式。企业为在竞争中战胜对手,吸引更多的潜在顾客,就必须向顾客提供比竞争对手更多的"让客价值"。

(二)精准营销的作用

精准营销首先提高了顾客总价值。在"一对一"营销的观念指导下,产品设计充分考虑了消费者需求的个性特征,增强了产品价值的适应性,从而为顾客创造了更大的产品价值。在提供优质产品的同时,精准营销更注重服务价值的创造,努力向消费者提供周密完善的销售服务,方便顾客购买。

另外,精准营销通过一系列的营销活动,努力提升自身形象,培养消费者对企业的偏好与忠诚。精准营销降低了顾客总成本,消费者购买商品,不仅要考虑商品的价格,而且必须知道有关商品的确切信息,并对商品各方面进行比较,还需要考虑购物环境是否方便等。所以,企业既要考虑商品价格的制定能否被消费者所接受,更要考虑消费者在价格以外的时间与精力的支出即交易费用。它的大小直接制约交易达成的可能性,从而影响着企业营销效果。因此降低交易费用也便成为营销方式变革的关键动因。

(三)精准营销的关注点

1. 关心客户细分和客户价值

精准营销强调企业对与客户之间的"关系"的管理,而不是客户基础信息的管理。关心客户"关系"存在的生命周期,客户生命周期包括了客户理解、客户分类、客户定制、客户交流、客户获取、客户保留等几个阶段。以前的大多数营销理论和实践,往往集中在如何吸引新的客户,而不是客户保留方面,强调创造交易而不是关系。

2. 精准营销关心客户忠诚度

客户保留最有效的方式是提高客户对企业的忠诚度。客户忠诚是客户对企业的感知、态度和行为,它们驱使客户与企业保持长久的合作关系而不流失到其他竞争者那里,即使企业出现短暂的价格上涨和服务上的过失。

客户忠诚来源于企业满足并超越客户期望的能力,这种能力使客户对企业产生持续的满意。所以,理解并有效捕获到客户期望是实现客户忠诚的根本。

3. 精准营销着重于客户增值和裂变

把物理学的链式反应引入对精准营销的研究,精准营销客户保留价值更重要的是客户增值管理,精准营销形成链式反应的条件是对客户关系的维护达到形成链式反应的临界点。这种不断进行的裂变反应使企业低成本扩张成为可能,精准营销的思想和体系使顾客增值这种"链式反应"会不断地进行下去,并且规模越来越大,反应越来越剧烈。

小贴士

现代营销十大新观念

1. 知识营销　2. 网络营销　3. 绿色营销　4. 个性化营销
5. 创新营销　6. 整合营销　7. 消费联盟　8. 连锁经营渠道
9. 大市场营销　10. 综合市场营销沟通

第三节　电子商务经营战略的选择

一、多元化的经营战略

多元化战略是指企业同时经营两个以上行业，提供多种基本经济用途不同的产品或服务进入不同市场的企业经营战略，它是企业发展到一定阶段，为寻求长远发展而采取的一种扩张行为。

1. 多元化战略的优势

(1) 可使企业获得更多的市场机会，充分运用企业各种资源实现多种业务整合，充实系列产品结构或丰富产品组合结构。

(2) 经营比较灵活，能迅速地从不良业务中退出，从而有效地规避、分散或减少"过度专业化"风险。

(3) 能充分利用品牌效应、员工潜能、营销渠道，以及管理经验和物质资源，为市场提供多样化的产品或服务。

多元化经营战略在增强企业实力、分散经营风险、发挥资源潜力、树立企业形象等方面具有十分重要的作用。在国外，美国的杜邦、通用电器、菲利普·莫里斯；日本的三菱；韩国的LG等一批企业通过实施多元化战略取得了较大的经营业绩。近年来，我国的海尔、康佳、春兰、红塔等企业在开展多元化经营方面也获得了一定的成功。

2. 多元化战略的弊端

(1) 管理难度增大，尤其是当企业进入到与原来业务相关度不高的新领域时，企业原有的管理理念、模式和经验可能造成组织结构不稳定，增大经营失控的风险。

(2) 资源分散，企业资源被分摊到多项业务中，这一方面可能会导致原有核心竞争力的丧失而其他核心竞争力难以培育起来，另一方面可能陷入资源短缺、周转不灵的境地。韩国大宇，日本索尼，我国的巨人集团、春都企业都因此而出了问题。

(3) 影响CIS策略的有效实施，实施多元化经营的企业多是其主业业绩好的知名企业，多元化经营后，多种产品对企业原有品牌价值的分享可能会影响企业主业所创立的品牌基础。

二、专业化经营战略

专业化战略是指企业通过从事符合自身资源条件与能力的某一领域的生产经营业务来谋求其不断发展。

1. 专业化经营战略的优势

(1) 企业可集中各种资源优势于最熟悉的业务领域,从而开发培育出具有竞争力的产品。

(2) 便于企业整合战略的运作,实现规模化生产,取得行业内的成本优势。

(3) 有利于CIS战略的贯彻实施,使企业品牌与产品有机融合。

从竞争的角度看,企业业务的专业化能够以更高的效率、更好的效果为某一狭窄的战略对象服务,从而在较广阔的竞争范围内超过对手。

2. 专业化战略的弊端

(1) 由于企业业务集中于某一领域,因此,可能失去其他一些市场机会。

(2) 这一战略的关键是要在一个细分市场寻找特殊目标,通过为这一特殊目标服务在市场上占据一席之地,由于市场竞争程度的日趋激烈,对许多企业来说很难找到或创造出一个能长期运用专业化经营战略的核心产品。

(3) 专业化容易形成当发生经营危机时企业因难以退出,而陷入“过度专业化”的危机。

(4) 由于经营领域较集中,一方面企业的某些技术或资源优势可能得不到充分地发挥,另一方面也容易使企业陷入固步自封的境地,钝化其对市场变化的反应。

三、丰富多彩的新战略模式

电子商务市场百花齐放,正在衍生着丰富的业态,巨大的发展前景不仅快速催生出更多网店经营者,不断寻求新颖的电子商务模式能让电子商务在互联网上永葆青春。

1. 社区电子商务

社区化电子商务模式主要以社区发展为重心,以人为本,充分挖掘信息,提供关系性服务,更好地促进社交活动。通过社区化的发展与完善,寻求电子商务盈利模式。这种模式的价值就在于强大的黏性和一定规模后的价值指数增长。

社区电子商务的优势有:

- 强大的用户群体与高度的信任与信用度,具有信用约束。
- 通过社区化内容,能够更好地进行信息挖掘、整合与创新,有利于电子商务模式的完善。
- 消费能力强大,成功的运营模式将使企业具有相当可观的盈利。

2. 电子服务

随着网络交互性越来越重要,电子服务成为新制胜点。

网络服务交易与网络购物最本质的区别就在于它交易的物品是看不见、摸不着的服务商品,如淘宝的产品代购,就是卖服务的一种体现,而且呈现着愈来愈受欢迎的趋势。

以前，这些服务都是通过传统的中介机构实现交换的，而网络服务交易就是将这种中介机构网络化、平台化。目前很多网站越来越重视服务，用户群体也更加需要服务。网上的转移成本是比较小的，一旦发现更好的服务，便会很容易发生转移。长久的吸引新顾客和保持顾客忠诚度关键就是要做好服务。

3. C2C2B

C2C2B是一类新型电子商务模式的网站，创新性在于：它为所有的消费者提供了新的电子交易规则。这种模式不仅消费者可以推荐消费者，还可以推荐企业商家，建立自己的销售联盟和消费者联盟。它改变了人们的生活方式和消费观念，使人们可以更加自由更加有效地支配自己的时间。

它把消费者放在核心地位，让消费者与消费者结合，让消费者与企业结合，使电子商务变得更加有活力，发挥群体的智慧。这种模式的一个显著特点和必要点就是重视服务，符合了电子商务电子服务化的大趋势。

4. 移动电子商务

移动电子商务是指通过手机、MID等移动手持终端从事的商务活动。目前，移动电子商务最主要的实现方式是短信、手机上网、无线射频技术。

工业和信息化部副部长奚国华说："今后的网络将是移动和互联网的天下。"

该特性对用户诉求的响应，主要包括以下几个方面：

第一，即时性，移动电子商务尤其适用于瞬息万变的商务活动与商业交易。

第二，移动性，商务活动不受空间限制。

第三，便利性，可简化商业交易过程，如在超市、加油站、公交系统的手机支付。

第四，私人性，可承担更多的私人身份类业务，如手机银行、手机登机牌等。

我国的移动用户数是全球第一，拥有很多新商业机会。当用户基数达到一个异常庞大的水准后，它产生的衍生效益或许要超乎人们的想象。

移动电子商务的发展已经开始崭露头角，目前C2C领域的老大——淘宝也开始布局无线领域，推出了手机版淘宝，而以前我们知道的电子钱包、电子银行、电子支付、电子客票等无不是移动电子商务的一些极好的应用。随着3G技术的普及，手机上网用户将继续呈现高速上升势头，无线市场的商业价值将被迅速挖掘出来，成为快速发展的一个新领域。

5. Web 2.0与电子商务的结合

随着Web 2.0在互联网上的蓬勃发展，使广大网民切切实实地感受到了自身的影响力，解放了个人的创新与贡献潜能，使互联网的创造力上升到新的量级。

Web 2.0的特点是所有企业用自己的商务活动（卖商品，提供信息……）直接参与互联网，在自己完全独立的网站上进行。一切核心商务及其管理，甚至参与网络商务活动的方式完全自己做主，充分满足成长型、成熟型企业的需求；同时又与面对消费者、买家或者信息需求者的门户无缝连接，以独立的自我分享网络的繁荣。

这使网络从以门户、社区、搜索这些"集约型服务"为中心，转移到以独立自我为中心,围绕独立个体的需求开发技术、设计新的服务与商业模式。大量中小企业独立、自主地参与电子商务,才将是电子商务产业能量真正爆发的时刻。

小贴士

Web 2.0 概念特征

Web 2.0 不是一个技术的标准,而是一个用来阐述技术转变的术语,其本质在于互动、分享与关系。Web 2.0 的支持者认为 Web 的使用正日渐以交互性和未来的社会性网络为导向,所提供的服务内容,通过或不通过创建一个可视的、交互的网页来充分挖掘网络效应。

Web 2.0 的应用可以让人了解目前互联网正在进行的一种改变——从一系列网站到一个成熟的为最终用户提供网络应用的服务平台。这种概念的支持者期望 Web 2.0 服务将在很多用途上最终取代桌面计算机应用。Web 2.0 并不是一个技术标准,不过包含了技术架构及应用软件。其特点是鼓励作为信息最终利用者通过分享,使得可供分享的资源变得更丰富。

第四节 电子商务经营项目的选择

选择什么经营项目,与经营成功与否有密切的关系,需要进行充分的市场调研和科学的分析,综合考虑持续发展的可能。

一、根据网络展示的特点选择

电子商务在虚拟的空间进行交易,从这个特点出发,经营的项目可以做如下考虑。

1. 纯信息类的产品

凡是能数字化的产品,都可以直接用网络传递,最大限度地发挥网络功能。具有这种性质的项目大体有两种:一种是将以前有形的媒介电子化,于是就有了电子版的书、报、音像、票证、信息存储等;另一种是各种有偿的信息服务,如文献检索、资质查询、竞价排名、铃声下载、链接和广告等。

受到产品自身属性和科技水平的限制,能数字化的产品毕竟是有限的。

2. 标准化程度高的产品

属于这一类产品的最大特点是个体之间的差异小,不需要比较和区分,如书籍、文具、机械配件等,几乎包括了所有工业化批量生产的日用品,这些产品的消费需求大,但是附加价值和利润都不高。

3. 科技含量高的产品

这里指的是不能或不便于在现场直观测试和检查的产品,如电子配件、数码产品等,一般用人工不能分辨挑选,它的性能和质量是通过文字说明表示的,传统的现场营销和在网络上营销几乎没有区别。

4. 能用多媒体充分展示的产品

有些产品尽管个体差异大、挑选性强，但是可以通过多媒体软硬件全面展示，甚至可以演示肉眼不及的部分，也同样可以在网络上经营。例如款式和尺寸复杂的服装，可以在网页上的试衣间输入自己的身材、肤色数据，展示穿着效果，提高销售的针对性，扩大经营范围。

5. 礼品和集团办公用品

类似这样的产品有很多，主要的特征是购买者并不是直接消费者，因而购买者往往更关心的是产品的价值而不是使用价值，一般不在乎适用性和个人感觉，往往比较容易在网上成交。

二、根据市场的需求变化选择

市场是不断变化和发展的，根据市场的情况选择经营项目，可以做如下考虑。

1. 与经济发展同步

人的生活需求分不同的层次，在从温饱向小康发展的过程中，对商品的要求越来越复杂，市场是经济发展和人们生活水平的直接反映。就像收藏、健身、宠物等市场的巨大需求，必须是基本的生存需求满足以后逐步出现的，电子商务不能不关注经济发展给市场带来的变化。

2. 满足消费心理需求

社会的分化产生不同的消费层次，处于不同阶层的人自然有不同的需求，同时由于生活环境、成长经历、教育程度、生活圈子的差异也使消费者有不同的习惯，即便对日用必需的消费品，也会有尝新、追随、观望、保守等不同的购买习惯，和这些心理与时俱进是营销的机会。

3. 发挥品牌的效应

当电子商务还没有成为消费主流的时候，消费者面对虚拟网络是有风险意识的，利用已经在社会上具有知名度的品牌是规避风险、赢得信任、扩大市场的方法之一。品牌的利用有很多具体的做法，比如经营品牌的商品、利用品牌的平台等，要想在市场上长久地占据有利地位，最终的目标还是建立自己的品牌。

4. 与竞争者错位经营

经营者都知道“人无我有，人有我优，人优我廉……”的道理，其中包含了要与竞争者错位经营思想，实际上，“扎堆”和“错位”都有存在的道理和成功的机会，不过在网络上对市场分解以及对商品或服务项目的组合更来得容易，可以利用这个特点寻找更多的错位方式，能达到“独此一家”是最理想的目标。

三、根据自身条件的优势选择

每个经营者自身的条件都是不一样的，选择项目时可以从以下几方面考虑。

1. 选自己最熟悉的项目

从自己熟悉的项目做起是避免盲目性的基本考虑,在经营的过程中收集信息、积累经验、观察市场,逐步扩大范围。

2. 利用渠道和价格的优势

如果能利用原有的经营资源移植到网上营销,在起点上就比从零开始领先了一步,能利用得天独厚的供销渠道和别人不能获得的价格优势也是抢先获利的有利条件。

3. 资源的保证能力

电子商务目前是朝阳产业,在争“鲜”的同时,也必须考虑可持续发展的能力,避免急功近利,要考虑财力资源、人力资源等能持续供给,满足中、长期的发展。不同的电子商务模式能够有利可图的生命周期并不相同,有些商务模式的生命周期仅仅只有几天到几个星期。在竞争和模仿的压力下,原先相当新颖独特的电子商务模式将会变得极其平庸,尤其是网上模式创新的品牌产品很快会被挤干利润。因此在策划新型电子商务模式时一定要考虑到该模式的后续发展。

四、创新是电子商务的生命力

与传统营销相比,电子商务发展的潜力和空间很大,对这点要充分认识。

1. 开拓市场的勇气

大家都认同的机会必然是竞争最激励的场面,大家望而却步的往往给那些勇于挑战的人留出空隙,当你确信自己具有挑战的性格和做好挑战准备时,大胆创新并持之以恒,有可能成为新潮流的领导者。

2. 培育市场的耐心

市场的开发需要的是勇气,但市场的成熟需要耐心的培育,环境要不断创造,消费者也需要不断引导,这个过程需要经历几个阶段,不是经营者主管意志能完全掌握的,不能一蹴而就和急于求成。

3. 经历挫折的准备

创新伴随的风险,发展的结果都有成功和失败两种可能,不成功的可能是多数,为谨慎经营,创新需要风险防范的方案,也要有失败的准备,包括心理承受的准备,也包括具体的善后处理办法。创新是民族的灵魂,也是电子商务独特的魅力,电子商务创新往往是首先用新的内容吸引,再用优质的服务保持。

小贴士

适合 C2C 平台上销售商品的一般特点

1. 体积较小,方便运输,降低了运输的成本。
2. 附加值较高,价值低过运费的单件商品是不适合网上销售的。
3. 具备独特性或时尚性,网上销售不错的商品往往都是独具特色或十分时尚的。

4. 价格合理，没有合理的价格或在传统渠道可以用相同的价格购买到的不利于销售。

5. 能通过在网络浏览就可以激起浏览者购买欲的商品。

选择商品要领如下：

1. 选择熟悉的商品。

2. 选择有利进货渠道的商品。

3. 选择目标客户需求的商品。

4. 选择客户数量足够多的商品。

5. 选择有发展潜力的商品。

第五节　电子商务客户的管理

经济发展和科技进步使生产力不断提高，产品越来越丰饶，但是市场需求总量的大小是相对稳定的，这使得客户的争夺比商品开发更艰巨，竞争更激烈。

一、电子商务时代客户关系管理的特点

在传统条件下实现客户关系管理有较大的局限性，主要表现在客户信息的分散性以及企业内部各部门业务运作的独立性。电子商务环境下的客户关系管理是在传统商务环境下的客户关系管理的基础上，以信息技术和网络技术为平台的一种新兴的客户管理理念与模式，是一个完整的收集、分析、开发和利用各种客户资源的系统。

电子商务时代客户关系管理主要特点有以下几点。

(1) 高效的信息沟通。互联网及时的沟通方式，有效支持客户随时、准确地访问企业信息。客户只要进入企业网站，就能了解企业的各种产品和服务信息，寻找决策依据及满足需求的可行途径。同时营销人员借助先进的信息技术，及时、全面地把握企业的运行状况及变化趋势，以便根据客户的需要提供更为有效的信息，改善信息沟通效果。

(2) 较低的客户关系管理成本。在电子商务模式下，任何组织或个人都能以低廉的费用从网上获取所需要的信息。在这样的条件下，客户关系管理系统不仅是企业的必然选择，也是广大在线客户的要求。因此，在充分沟通的基础上，相互了解对方的价值追求和利益所在，以寻找双方最佳的合作方式，无论对企业或在线客户，都有着极大的吸引力。

(3) 集成的解决方案。在电子商务模式下，企业内部的信息处理是高度集成的，为了使企业业务的运作保持协调一致，需要建立集成的解决方案。该方案使后台应用系统与电子商务的运作策略相互协调，原来分散的各种客户数据形成了正确、完整、统一的客户信息为各部门所共享，客户能够通过电话、传真、Web、E-mail 等渠道与公司联系并获得快速的响应，客户与企业任一个部门打交道都能得到一致的信息。

(4) 客户与公司交往的各种信息都能自客户数据库中得到体现，能最大限度地满足客户个性化的需求。公司可以准确判断客户的需求特性，以便有的放矢的开展客户服

务,提高客户忠诚度。

二、客户关系管理带给企业的利益

1. 降低成本并增加收入

在降低成本方面,客户关系管理使销售和营销过程自动化,大大降低了销售费用和营销费用。并且,由于客户关系管理使企业与客户产生高度互动,可帮助企业实现更准确的客户定位,使企业留住老客户,获得新客户的成本显著下降。在增加收入方面,由于客户关系管理过程中掌握了大量的客户信息,可以通过数据挖掘技术,发现客户的潜在需求,实现交叉销售,可带来额外的新收入来源。并且,由于采用了客户关系管理,可以更加密切与客户的关系,增加订单的数量和频率,减少客户的流失。

2. 提高业务运作效率

由于信息技术的应用,实现了企业内部范围的信息共享,使业务流程处理的自动化程度大大提高,从而使用业务处理的时间大大缩短,员工的工作也将得到简化,使企业内外的各项业务得到有效的运转,保证客户以最少的时间,最快的速度得到满意的服务。所以,实施客户关系管理可以节省企业产品生产、销售的周期,降低原材料和产品的库存,对提高企业的经济效益大有帮助。

3. 保留客户并提高客户忠诚度

客户可以通过多种形式与企业进行交流和业务往来,企业的客户数据库可以记录分析客户的各种个性化需求,向每一位客户提供“一对一”的产品和服务,而且企业可以根据客户的不同交易记录提供不同层次的优惠措施,鼓励客户长期与企业开展业务。

4. 有助于拓展市场

客户关系管理系统具有对市场活动、销售活动的预测、分析能力,能够从不同角度提供有关产品和服务成本,利润数据,并对客户分布,市场需求趋势的变化,做出科学的预测,以便更好地把握市场机会。

5. 挖掘客户的潜在价值

每一个企业都有一定数量的客户群,如果能对客户的深层次需求进行研究,则可带来更多的商业机会。客户关系管理过程中产生了大量有用的客户数据,只要加以深入利用即可发现很多客户的潜在需求。

三、电子商务发展中的客户关系管理实施要点

1. 提高认识并统一思想

这不仅需要企业高层领导的支持和推动也需要提高员工对客户关系管理重要性的认识,要让员工充分认识到客户是企业最为宝贵的财富,没有满意的客户就不可能有员工的前途,同时客户繁荣满意与忠诚度需要靠每一位员工通过积极的努力去精心地培育,客户关系管理需要充分发挥每一个员工的自觉行动下,才能保证客户关系管理真正落到实处。

2. 组建项目实施团队

客户关系管理系统的实施必须有专门的团队来具体组织领导，这一团队的成员既应包括公司的主要领导，以及企业内部信息技术、营销、销售、客户支持、财务、生产研发等各部门的代表，还必须要有外部的顾问人员参与，有条件的话还应邀请客户代表参与到项目中来。最后，进行业务需求分析。从客户和企业相关部门的角度出发，分析他们对客户关系管理系统的实际需求，可以大大提高系统的有效性。因此，对客户关系管理系统进行业务需求分析是整个项目实施过程中的重要环节。

3. 利用网络特有的功能

电子商务离不开互联网，正是由于电子商务网站提供了企业与客户（包括潜在客户）之间的新的沟通渠道和沟通方式，才使电子商务具有如此旺盛、鲜活的生命力。

为了和客户沟通，在电子商务中采取的措施有以下几种。

（1）电子邮件链接。便于客户和网站管理者通过邮件联系。邮寄目录，请客户签署邮寄单。让所有在邮寄单上的人及时了解所提供的最新产品，为了把客户放在邮寄单上，在做第一次交易的时候询问客户的电子邮件地址，可以提供给他们两种选择：一种是明确列在邮寄单上，另一种是不明确的，一旦有了地址，勾画出他们的购买行为，就可以传送适当的信息了。不久就会感受到顾客反馈的信息。

（2）建立网络社区。建立网络社区的目的是培养稳定的客户群。社区建立的原则基于基本的心理学常识：人类不喜欢改变传统，不喜欢陌生的选择。一旦他们寻求某种目标时，就会融入到一个团体中去。考虑到客户第一次决定购买你的产品的难度，如果使下一次购买的障碍尽可能得低，他们就会非常满足，创造一种环境，供客户在网上公开发表意见，感觉自己成为了一种强势集团的成员，也是稳定客户的有效方法。

（3）建立客户购物专区。建立客户购物专区，存放每一个客户的购物信息，便于客户跟踪、查询订单的执行。与顾客进行成功互动的一个先决条件是：需要向客户提供其购物全过程的全面情况，以推动他的购买决策。

应当非常明确地告诉客户何时预定，一旦预定了商品，就要告诉它的价格。这种说明应该包括购买前、购买中、购买后。这样，提高了购物过程的透明度。

无论产品多么得好，无论品牌多么有名，如果要保持对竞争对手的优势，吸引一批又一批的回头客，做好客户服务是唯一选择。实际上任何产品和服务，从生产到会计核算，都有可能成为商品，每一个竞争者都希望自己在各方面都做得很好，尽量消除缺陷。如果企业要从竞争中胜出，那么，可以使企业保持持续优势的一项就是优秀的客户服务。

许多企业客户关系管理的实践表明：在电子商务发展时代，有效实施客户关系管理是企业保持旺盛生命力的强劲动力，只有客户关系管理的成功，才有电子商务的成功，也才有企业持续、快速、健康的发展。

四、电子商务环境下客户关系管理的流程

电子商务的迅速发展给企业的客户关系管理带来了无限的发展空间，企业可以在可

承受的成本范围下来管理更多的客户资源,实现更高的客户满意度。在电子商务环境下的客户关系管理流程是充分利用这一工具的保证,它包括客户的充分吸引、客户的数据分析、客户的反馈处理以及客户的忠诚强化。

1. 客户的充分吸引

过去通过大众媒体进行的广告促销,只要能保持在电视和报纸上经常曝光就可以树立品牌形象,就有可能成为畅销的商品,而不必考虑每个客户的专门需要。

但是随着社会的发展,面临信息爆炸、网络社会,面临热衷于电子游戏和网上交友的十七八岁青少年成长为消费主体时,他们获得信息的渠道自然地包括了网络、无线通信和数码影像等。要适应这样的消费者,要想在竞争中保持优势,我们就必须利用电子商务系统来对传统的渠道和促销进行"充电",双管齐下,尽可能地吸引更多的客户对公司的产品或服务进行尝试,开拓更大的市场空间。

2. 客户的数据分析

当客户在你的吸引下跨出了勇敢的第一步,事情才刚刚开始。由于有了电子商务系统,我们可以轻松地知道客户的一些消费或者个人资料。在现今社会,这些对于商家来说是一种稀缺资源,企业一定要好好地利用。企业的资源有限,如果企业与任意的客户都进行电子商务活动,在时间上、人力上和硬件条件上都是不可能的。

从著名的客户8/2/2法则可以得出:在顶部的20%的客户创造了企业80%的利润,而这些利润的一半让底部的20%不赢利的客户丧失掉了。因此,企业可以通过对客户数据的分析,找出哪些对企业来说是重要的客户,哪些是需要争取的客户,哪些是可有可无的客户,进行有针对性的管理,使企业获得尽量多的利润。

3. 客户的反馈处理

客户的反馈可以有很多种方式,比如电话投诉、口头抱怨等,企业可以利用电子商务系统对客户的反馈进行综合处理,找出有价值的信息。客户的意见是企业前进的动力,很多创新都是来源于客户的抱怨,处理好客户的反馈是客户满意的一个很重要的因素,积极与企业沟通的客户是企业需要争取的,也是最有价值的。

企业应该充分利用电子商务这一平台,建立一套成熟的客户反馈处理机制,不但能让客户可以自由和方便地反馈他们的意见,而且通过这一系统可以迅速地对客户反馈进行分析和处理,并且能马上让整个公司共享这一信息。

4. 客户的忠诚强化

客户关系管理的目标就是要形成客户的忠诚,只有忠诚的客户才是企业长期利润的来源。客户的忠诚可以分为行为忠诚和心理忠诚,而心理忠诚也不是在一个级别上的,它也有强弱之分。我们的目标就是要让我们的客户从满意到忠诚,并且程度越来越深。越是忠诚的客户对企业的贡献就越大。

所以,客户的忠诚是需要维护和强化的,电子商务的发展为我们提供了和更多客户沟通的技术,使我们可以通过很多虚拟的工具和客户进行有效和充分的沟通。我们要把忠诚的客户看成是我们的财神爷一样的关注和关心，及时挖掘他们的潜在需求，使他们不断地感到满意，实现对企业始终的忠诚。企业千万不要以为从满意到忠诚后就可以放松对这些客户的投入，客户关系管理是一个连续的、长期的、循环的过程，千万不要急功近利，否则就会前功尽弃，被客户所抛弃。

小贴士

客户价值管理

从客户的立场来讲，客户购买的是价值，客户购买产品是为了获得利益和好处，他购买，他使用，他体验等一系列的身体和心理活动。因此，客户获得好处要经过一系列的步骤，在这些步骤中，需要商家的服务来陪伴。也就是说，商家要在每个步骤中加入价值。

服务分两种类型：基本服务和忠诚度服务。

基本服务是保证商品的优点和好处得以体现。忠诚度服务是让客户获得的价值对客户美好体验得到印证和强化。客户再次购买同样产品时，不假思索地选择该企业的产品。

忠诚客户是企业最宝贵的资源，是给企业带来持续的，稳定的，不断增长的收入，而销售成本却很低，利润很高。客户要买的是价值，那么企业就要围绕如何为企业设计、制造、运输、交付和印证价值。这就是为什么企业需要对客户价值进行管理。

参考案例 1

服务“三农”的电子商务模式创新

火车上，王老汉为卖苹果东奔西走，坐立不安。苹果熟透了，可是买家在哪？车厢座位的另一头，李老板拿着青涩的苹果，一脸愁容。交货期快到了，苹果却还未熟。

这个镜头，相信熟悉中企动力的人，都不陌生了。这是中企动力宣传片的开场设计？在这以小见真的案例中，更应该引起的是我们对中国“三农”问题的思考。高速发展的网络经济为中国企业的发展带来了新的契机，“三农”问题是否也能从网络中寻求更多的突破呢？中企动力在全国的 70 多家分支机构，不但为中小企业提供了切实有效地电子商务解决方案，同时也深入占中国绝大多数人口的农村，通过引入有效的电子商务模式和面对面的 IT 应用服务，切实解决“三农”问题，建设网络时代的新农村。

远离互联网造成的“三农”数字鸿沟

中国农村人口数接近 9 亿，占全国人口 70%；农业人口数达 7 亿，占产业总人口的 50.1%。“三农”问题的解决必须考虑农业自身的体系化发展，还必须考虑三大产业之间的协调发展。“三农”问题的解决关系重大，不仅是中国几亿农民的期盼，也是关系民生的重大事情。

然而在中国，“数字差距”在我国已经成为继“工农差距、城乡差距和脑体差距”之后的又一个新的差距,尤其在过去的三大差距影响下,"数字差距"也表现得更为明显。"三农"远离互联网,已经成为一个基本现实,这种状况严重影响了我国社会主义新农村建设。

从我国城乡的"数字差距"比较来看,在中国网络的普及和应用的增长主要发生在城市,网络用户中农林牧副渔水利业生产人员仅占用户总数的0.76%,只有0.3%的用户是农民,城市普及率为农村普及率的740倍。我国农村地区完全成为了"数字边缘化"地区。这也反映了城乡居民获得信息公共服务机会的严重不平等。

因此,缩小数字鸿沟是当前新农村建设必然面临的重大问题。只有数字鸿沟缩小了,经济鸿沟才能随之缩小,信息化将通过缩小发达地区和不发达地区获取和使用信息的差异来达到既缩小数字鸿沟,又缩小经济鸿沟的目的。

"三农"电子商务面临的挑战

电子商务的发展势必为"三农"问题的解决带来新的生机。通过有效的信息化普及和电子商务的应用,加快农业信息化建设、健全信息服务网络,可以为农民提供及时有效的政策、科技、市场、就业等方面的信息,帮助农民科学决策、提高生产经营水平,拓宽市场渠道,实现增产增收。

但是由于我国整体经济实力比较弱,信息技术水平比较低,农业生产方式落后,农民素质不高,农业电子商务还只能处于探索阶段。虽然我国农业网站已形成一定规模,部分发达地区已开始尝试农产品电子商务,一些企业虽有规模定向生产农产品的意向,但常常会在实地考察后,最后还是选择放弃。究其原因除企业自身因素外,还有许多的客观因素阻碍。

企业要大规模订单生产,必须集合众多分散的农户,而对在当地农村没有基础的企业特别是外省区企业来说,是缺乏这个组织能力的。再加上目前农村发展的一个现状是,大量高素质的人口涌向城市,真正滞留在农村的人口,相对素质较低,自由散漫,缺乏契约精神,他们很可能有了订单也不照合约履行生产或供给,由此给企业需要承担的风险系数也增大。由于无法对分散的农户进行有效的组织、管理及约束,最终导致企业只好放弃直接对农民生产下订单的意向。农业电子商务发展挑战依然严峻。

供求信息互动为主的行业平台尝试

目前发达国家的农业电子商务正朝着专业化方向发展,已有网站根据其市场和用户定位的不同,可以分为电子市场和信息咨询两大主要类型。前者的目标是实现农业商品交易的电子化,后者则以实现市场信息的网络化传播为主要目的。不同类型的农业电子商务的功能和技术优势也各不相同。

家在湖北秭归的周女士一直从事柑橘粗加工及商贸活动,头脑精明的她于2006年结识了中企动力的信息化顾问,在中国互联网络信息中心注册了"中国柑橘网"通用网址,由中企动力帮助她建设了技术先进、运营理念清晰的行业电子商务平台——中国柑橘网,她联合周边的柑橘种植户,农民经纪人,采取"农民+农民经纪人+电子平台"这种新型的电子商务模式,线上和线下相结合,使柑橘农民和相关商贸企业聚集在这种行业性很强的电子商务平台上。2006 年下半年，当地 60% 以上的柑橘种植户都不同程度得到了网上订单和益处，橘柑收购价格为历年来最高。全国各地的会员注册量达 2000 多个。

服务"三农"的聚众式平台大有作为

2006 年 8 月，秭归 6 名下岗工人聚到了一起，商量共同发展的事业。不同的经历让他们有了共同的话题，那就是求职难，外面的信息很难得到。珠江、长江三角洲闹民工荒，而内地富裕的劳动力出不去，通过小的中介公司，出去又容易上当受骗。6 名下岗工人敏锐地感觉到了其中的商机，国家还没有专门针对农民工建立的就业网站。于是，6 人一拍即合，10 月，中国农民工就业网(www.lmgjy.com)——国内第一家专业性的农民工就业网站在秭归诞生了。

短短一个月之后，江苏劳动保障厅就打来电话，寻求劳务合作。紧接着，广东、浙江等多家人事机构和企业单位与之取得联系。春节期间，中国农民工就业网还参与了 CCTV2"中国农民工最喜欢的十大打工城市"网上调查，使得网站建立 5 个月就迅速串红。到今年 3 月，该网站已与 40 多家企业进行合作，提供工作岗位近 1 万个，5000 多名农民工从中获益，相关的网络广告、图文链接、劳务中介也取得了响应的经济回报。

这种模式跳出了传统网站运营自主产品的圈，扩散到更广的周边产品和服务。我国 2006 年外出打工有 2.4 亿人，农村中非农业工作的农民工已占极大比例，为这一网站运营模式提供了广阔的市场空间。利用网络技术手段，提供远程教育、医疗、就业、资源环境监控等信息，极大地提升了农村公共服务能力和质量，焕发"三农"经济的生机和活力，促进"三农"经济的快速发展。

(资料来源：商虎中国)

参考案例 2

Web 2.0 撬开了营销新世界的大门

网络日志、BBS、社交网站，以及虚拟社区正成为企业启动创新营销模式的"新战场"。网络新营销之旅并不仅仅只依靠网络日志、传统 BBS、社交网站，以及虚拟社区等均成为企业启动创新营销模式的"战场"。

有调查显示，以展示成本计价的传统网络广告形式正逐渐失去广告主的信任，其广告效果逐渐降低的趋势也十分明显。超过 70% 的点击者认为是自己误点了网络广告，而非主动阅读。更精准的广告投放一直是广告主持之以恒追求的目标，而"精准"牌正是网络社区拿来吸引这些广告主的有力武器。

"匹配性、精准性正是社区论坛营销最大的优势"，奇酷公司(qihoo)市场总监韩笑表示。奇酷公司旗下的奇虎网和网络社区技术与服务提供商 Discuz 合作，联盟了 42 万家中文社区，建立了奇虎社区营销联盟，这一社区营销联盟日均总流量高达 16 亿，论坛里活跃用户数 1.3 亿。

为了将营销价值最大程度发挥,奇虎将社区论坛细分为20个社区生活圈来针对不同人群进行精确传播,例如汽车、手机等。针对论坛用户的高停留特征,奇虎对应开发了多种创新广告形式,例如,帖内嵌入迷你页面——帖内画中画广告;置顶帖——网民论坛中,绝大多数用户一定会浏览置顶帖和精华帖,信息到达率极高等。又比如,奇虎为别克君越建立的君越官方网站;同时,病毒式创意在社区论坛的传播也成为奇虎社区营销的手段,其为联想集团开发的“千万老客户分享计划”Flash病毒传播,推出一周内就达到了日均点击3万人·次以上。

为了凸显自身的价值,以及突破“传统”之处,Web 2.0社区服务商往往绞尽脑汁研发创新型的营销产品,以吸引挑剔的广告客户。“Web 1.0的常规广告包括硬广告、文字广告、视频广告等,Web 2.0网站包括传统式的软文置入、置顶帖、常规广告,以及创新式的功能置入、虚拟道具置入、品牌替换置入、线上互换活动。”虚拟网络社区爱情公寓(iPart)的广告营销总监吴政宪这样区分自己与传统网站不同的产品策略。

与很多基于社会性网络(SNS)的网络社区略显不同,爱情公寓为自己的用户提供虚拟形象和虚拟物品交易。这些用户大多是19～24岁的年轻人,他们的共同特征是愿意花钱建立自己的虚拟形象,喜欢表现自我,追求时尚。在为用户提供的虚拟物品中,爱情公寓开发了一系列商业化的品牌道具,包括雅诗兰黛化妆台、eBay购物车、阿尔卑斯糖果盒等。爱情公寓甚至为AMD公司开设了其“虚拟旗舰”店,让网友体验动手组装计算机的乐趣。

每年拥有大量市场费用的企业主也在思考如何将品牌、产品推广与新的网络媒体相结合。百事公司(Pepsi)去年在中国发起了一次影响巨大的网络选秀活动“百事我创,我要上罐”:任何人只有获得足够多的网络票数支持,就可以将自己的照片印上百事可乐的易拉罐,而以往,只有明星们才拥有这种特权。百事可乐的这一创意模仿了《超级女生》之类的电视选秀节目,并最终获得了巨大的成功。借助猫扑网、51.com、占座网等参与该活动的网络社区,百事可乐的品牌影响力通过网络互动及口碑传播迅速放大,在活动举办期间,总共有1亿多人次参与了投票。

伴随着企业市场部门对Web 2.0工具的关注,有人开始提出营销2.0的概念。百度公司“百度更懂中文”系列短片的作者陈格雷,目前正专注研究营销2.0给企业带来的影响。在陈格雷看来,营销2.0是基于人们的“交往互动、口碑和社群关系”上的传播。“营销1.0是有限的广告位置,有限的媒体焦点,有限的货架,而营销2.0是无限的口碑传播,无限的社群分享,以及无限的电子商务。”

陈格雷最为得意的是其“百度更懂中文”系列创意及传播,因为这一系列短片并没有投放在传统的电视媒体上,而是利用互联网,利用网友之间的口碑相传及自发传播获得了很高的认识度。他将营销1.0的主题归结为“广告化”,营销2.0的主题归结为“游戏化”,而品牌、传播及用户管理形式在Web 2.0环境中的改变,导致这样变化的产生。

陈格雷认为,以前,品牌形象主导品牌关系,广告是塑造品牌的主要载体;而现在,顾客体验和持续互动决定品牌,通过互动体验和网络社交形成的品牌关系,可以实现双向及多向传播。以前,媒体就是媒体,渠道就是渠道;而现在,网络在2.0化,以互动和关系为中心的Web 2.0则将媒体、渠道、个人交互合一。以前,客户关系管理系统(CRM)主要作用是售后服务和市场调研,而现在社会关系管理(SRM)兴起,可以实现自我增长、行销推广等本来是广告和公关才能做到的事情。他预言，在这样的背景下，精准化广告、帮客户实现用户关系管理，以及“游戏化的电子商务”将成为未来 Web 2.0 的营销收入来源。

营销 2.0 在形式和内容上都迥异于传统广告形式，因此也难以照搬以往的效果评估及定价模式。传统广告效果的衡量标准主要看受众覆盖率、信息到达率，通常以初次传播到达人数、目标人群所占比例、引发的关注/反馈比例等为衡量尺度。在以社区和互动为核心的营销 2.0 的创新环境下，这些标准均难再发挥以往的作用，社区用户活跃度、社区用户营销切合度则上升为度量传播效果的标尺。

（资料来源：和讯网络）

本章小结

创新是电子商务的特有属性，电子商务市场存在巨大的潜力和发展空间，充满了挑战和机遇。在电子商务的创新中，项目的选择是必不可少的，一方面要选择适合网络的项目，同时也要挖掘新的项目，培育市场。客户的开发比项目选择更难，注重客户关系、运用现代营销思想和手段是拥有忠诚客户的重要方法。

复习思考题

1. 为什么说创新是电子商务得天独厚的特征？
2. 按照人性化要求细分网络市场可以有哪些类别？
3. 4P 和 4C 理论的核心区别在哪里？
4. 长尾理论在网络营销中的表现是什么？
5. 精准营销在电子商务中怎样应用？
6. 在选择网络经营项目时要考虑哪些因素？
7. 怎样进行有效的客户管理？
8. 试想自己开发一个独特的网络经营项目？

实践课堂

[**实训项目**]　客户关系管理

[**实训目标**]　通过使用客户关系管理软件，学生知道客户关系管理中哪些元素才是重要元素。

[**实训须知**]　客户关系管理绝对不是通过一个软件的操作学习就能完成，大家必须在其他方面更多地了解相关内容，才能有本质的提高。

[**实训内容及实训过程**]

1. 实训内容

学会使用简单的客户关系软件。

2. 实训过程

(1) 启动计算机，启动客户关系软件如图 7-2 所示。

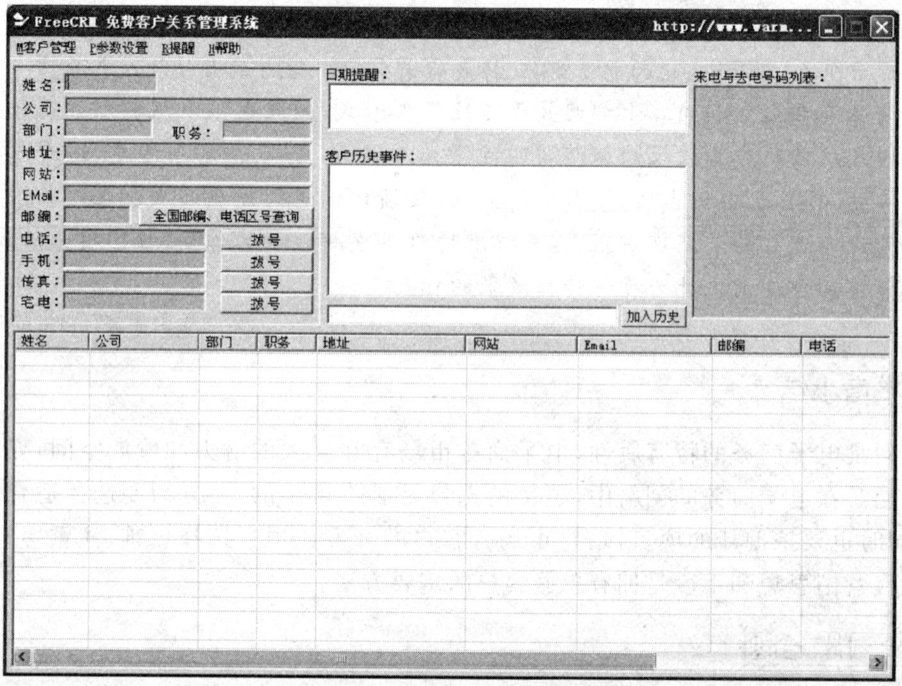

图 7-2　客户关系管理

(2) 开始软件没有任何信息，必须先录入客户资料，执行“客户管理”→“增加”命令，如图 7-3 所示，进入增加客户资料界面，并按照提示，填写客户资料，如图 7-4 所示。

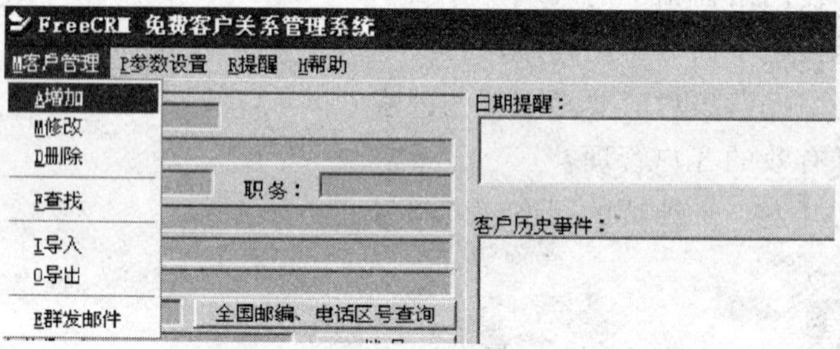

图 7-3　“增加”命令

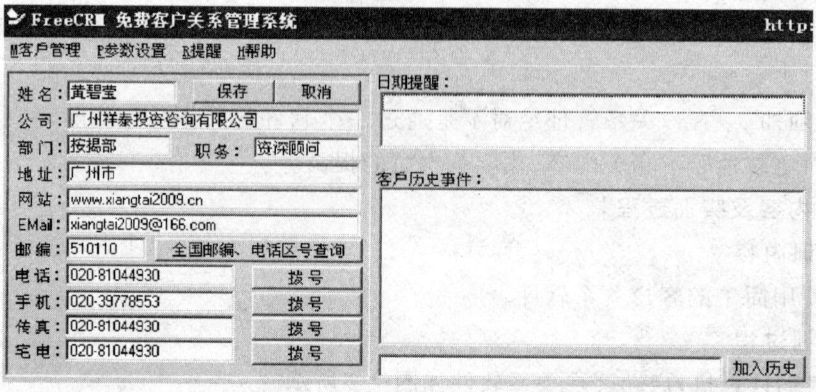

图 7-4　填写客户资料

(3) 资料填写完整后，单击“保存”，填写的信息将保存到软件数据库结果，如图 7-5 所示。

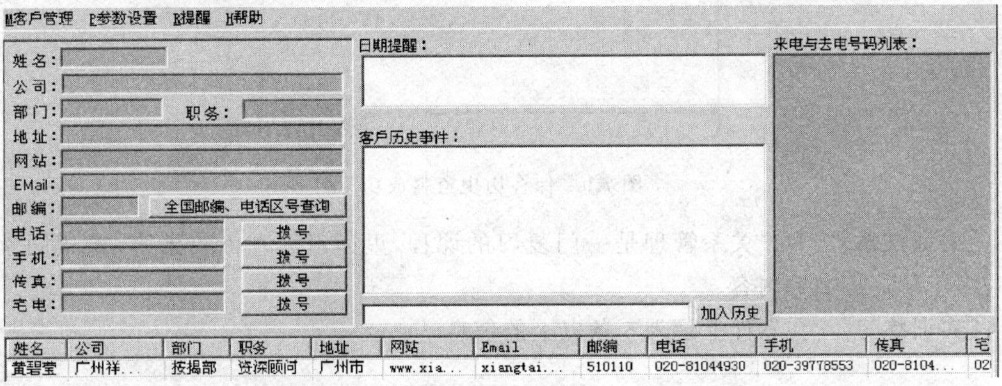

图 7-5　保存成功

(4) 单击“提醒”→“增加提醒”命令，如图 7-6 所示，填写时间和事件说明，再单击“保存”按钮，如图 7-7 所示，即可保存每个特定客户的提醒。

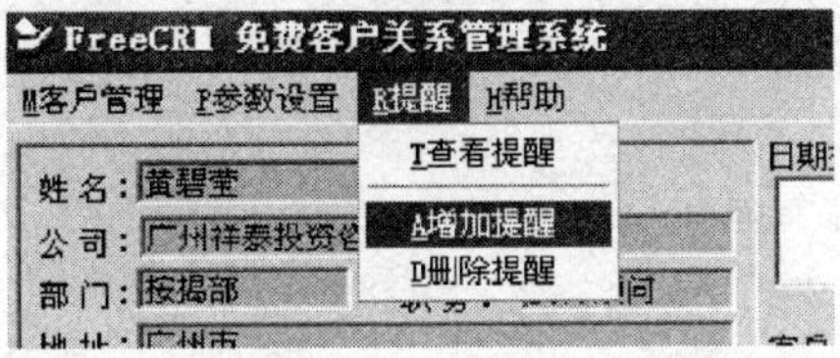

图 7-6　“增加提醒”命令

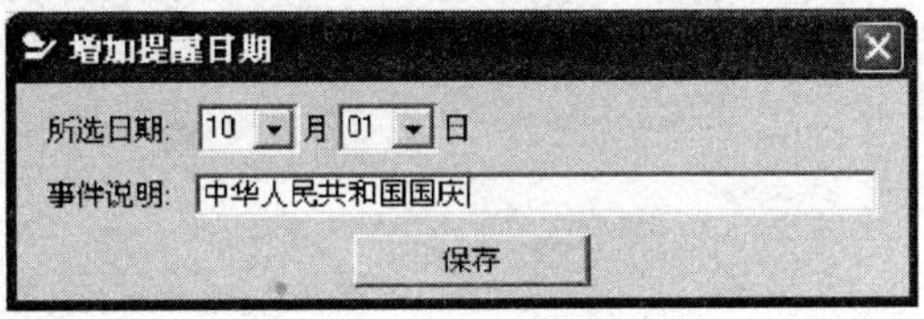

图 7-7　添加提醒

(5) 在“客户历史事件”框中，输入必要的信息，单击“加入历史”按钮。就可以将某个客户的历史事件资料输入系统，如图 7-8 和图 7-9 所示。

图 7-8　输入历史资料

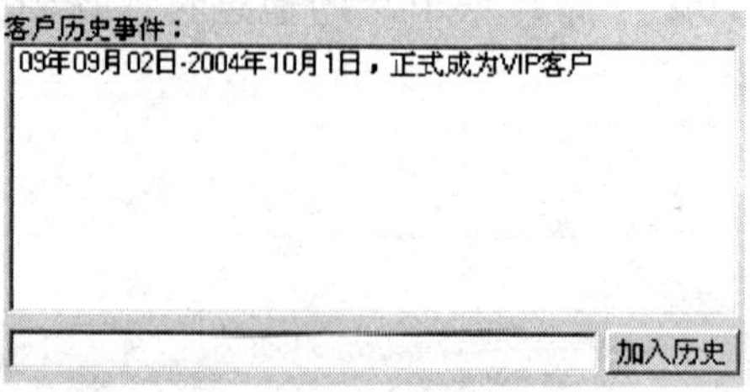

图 7-9　保存历史资料成功

[**实训注意**]　客户关系管理是一门复习的课程,里面牵涉到内容繁多,希望同学们平时多了解这方面的内容。

[**实训练习**]　在软件上录入 5 条以上的信息。

第八章

电子商务的安全

学习目标

1. 了解目前影响电子商务安全的主要因素，熟悉常用的网络安全技术；
2. 掌握基本的安全维护知识。

技能要求

1. 掌握有关的安全法规及维护安全的操作规程；
2. 掌握安全防范软件的使用。

引导案例

电子商务安全案例

案例一：资深股民被骗百万

资深股民高先生在浏览股市信息时，无意中发现了一个名为“国金证券”的网站，该网站每天推荐3只包涨停的股票。为了提前看到推荐的股票，高先生按网站的要求，汇去了9888元“入会费”，正式成为该网站的会员。后来该网站又以要求“验证”客户资金为由，要求高先生汇入更多的资金到对方指定的账户。可是接下来几天过去，网站并没有归还其资金，高生想再联系该网站时，却发现电话打不通，网站也已经注销。

分析：通过这个案例我们可以看出，高先生是在上网时，进入了假冒“国金证券”的钓鱼网站，从而被骗了大量的个人资金。

案例二：淘宝购物被骗万元

最近有一个网友上淘宝网购物，于是卖家通过即时通信软件，给网友发了一个RAR的压缩包。解压后是个类似“图片”的文件，可是当网友运行以后提示错误，于是卖家声称“发成店铺装修工具了”。首先网友定了一笔39000元的订单，接着又定了第二个7800元的订单，可是网银支付成功后返回淘宝确认的页面居然出现错误。后来网友发现自己的钱已经被银行扣除，才知道自己已经被骗了4万多块钱。

分析：这个网友很明显是中了现在非常流行的“网购木马”。这类木马的传播过程是，一旦“卖家”发现消费者有购买意向，就会通过阿里旺旺或QQ与其联系。这时卖家就会以“实物图”等名义向消费者发送一个压缩包，只要网友接收，并运行了其中的文件，就会中招。

在金山毒霸的“网购保镖”里面，具有专门的“拦截网购木马”功能，可防止网购中毒。网友一旦通过即时通信软件收到病毒文件，金山毒霸就会弹出下载保护的安全提示框，单击“立即清除”按钮就可以对病毒进行删除。

综上所述，由于在电子商务的交易过程中，安全问题涉及电子商务的各个环节和参加交易的各个方面，因此需要采取不同的对策来解决。另外，交易过程除涉及交易双方外，还涉及网上银行、认证中心和法律等各方面的问题，而且需要大家一起推广并完善电子商务法律。因此电子商务安全问题的解决是一个系统工程。

(资料来源：百度文库)

第一节　电子商务安全概述

一、电子商务中安全现状

(一) 安全问题的表现

1. 信息安全

信息安全是指由于各种原因引起的信息泄露、信息丢失、信息篡改、信息虚假、信息滞后、信息不完善等，以及由此带来的风险。具体的表现有：窃取商业机密；泄漏商业机密；篡改交易信息，破坏信息的真实性和完整性；接收或发送虚假信息，破坏交易、盗取交易成果；伪造交易信息；非法删除交易信息；交易信息丢失；病毒破坏；黑客入侵等。如果信息被非法窃取或泄露可能给有关企业和个人带来严重的后果和巨大的经济损失。如果不能及时得到准确、完备的信息，企业和个人就无法对交易进行正确的分析和判断，无法做出符合理性的决策。非法删除交易信息和交易信息丢失可能导致经济纠纷，给交易的一方或多方造成经济损失。

最常见的信息风险是信息的非法窃取和泄露，它往往引起连锁反应，形成后续风险，这也是目前企业和个人最担心的问题。信息风险的典型表现是网络欺诈，不仅使厂商和消费者在经济上蒙受重大损失，更重要的是可能会使人们对电子商务这种新的经济形式失去信心。

2. 交易安全

交易安全是指电子商务交易过程中存在的各种不安全因素，包括交易确认、产品和服务的提供、产品和服务的质量、价款支付等方面的安全问题。与传统商务形式不同，电子商务具有自己的特点：市场松散化、主体虚拟化、交易网络化、货币电子化、结算瞬时化等。这使得电子商务交易风险表现出新的特点，出现新的形式，并且被放大。

交易安全问题在现实中有很多。例如，卖方利用信息优势，以次充好、以劣当优来发布虚假信息，欺骗购买者；卖方利用参与者身份的不确定性与市场进出的随意性，在提供服务方面不遵守承诺，收取费用却不提供服务或者少提供服务。当然也有相反的情况：买方利用卖方的诚实套取产品和服务，却以匿名、更名或退出市场等方式逃避执行契约合同。

3．财产安全

财产安全是指由于各种原因造成电子商务参与者面临的财产等经济利益风险。财产安全往往是电子商务安全问题的最终形式，也是信息安全问题和交易安全问题的后果。

财产安全问题主要表现为财产损失和其他经济损失。前者如客户的银行资金被盗；交易者被冒名，其财产被窃取等，后者如信息的泄露、丢失，使企业的信誉受损，经济遭受损失；遭受网络攻击和故障，企业电子商务系统效率下降甚至瘫痪等。

（二）安全问题的来源

1．硬件层面

电子商务的基础是网络，而网络的物理支撑是各种硬件设施，这些硬件设施会由于各种原因带来安全风险。这里有设备故障，有人为因素，也有自然灾害。硬件安全问题虽然发生的概率不大，但是一旦发生，其影响巨大。

2．软件层面

网络不仅需要硬件，更需要软件，各种系统软件、应用软件是网络运行所必需的，是电子商务的另一个支撑点。由于技术和人为的原因，各种软件不可避免地存在各种设计的缺陷和漏洞。

3．应用层面

（1）企业管理水平低，人员素质不高。电子商务在近几年才得到了迅猛发展，各地都缺乏足够的技术人才来处理所遇到的各种问题，许多企业技术人员的技术水平较低，不能完全胜任所承担的工作。同时企业对电子商务的管理也处于一个摸索的阶段，管理的水平不高，效率低下。这些都给电子商务带来很大的安全隐患，其中包括交易风险、网络管理制度漏洞等。

（2）消费者电子商务知识贫乏，安全意识不高。从总体上讲，广大消费者对于电子商务这个新生事物还比较陌生，缺乏相应的知识，还不能十分熟练地应用这一新的交易手段，造成各种人为的安全威胁。

（3）网络攻击、商业欺诈等违法犯罪行为。以获取机密信息或者破坏为目的的网络攻击是电子商务另外一个重要安全隐患，包括病毒攻击、木马程序，以及其他各种形式的网络攻击。根据国家计算机病毒应急处理中心的统计，2012 年我国发现的计算机病毒有 80%以上是以窃取信息等经济利益为目的的，这些网络攻击行为可能导致企业和个人的信息被盗，资金被窃取，也可能导致企业电子商务系统效率下降甚至崩溃。

4．环境层面

（1）法律环境。法律是市场经济是重要外部环境。在电子商务中，法律不仅是打击网络犯罪的武器，更是各个主体商务活动的游戏规则。电子商务是一种全新的商务活动,并由此衍生了一系列新的法律问题,急需相应的法律保障,为市场制定新的、适用的游戏规则,否则就会引起混乱。由于电子商务发展较快,我国有关的立法工作显得落后,出现许多法律空白,使许多电子商务纠纷的解决缺乏法律依据,这成为电子商务中一个重要的安全隐患。

(2) 诚信缺乏。诚信是市场经济的基础,是市场顺利运行的前提条件。电子商务由于其开放性、虚拟性,交易双方不直接见面,在身份的判别确认、违约责任的追究等方面都存有很大困难。因此,信用风险远较传统业务中发生的概率大。

我国目前的状况是缺乏诚信,社会信用体系不完善,这给在网上利用电子商务进行交易的传统企业和个人带来不可预料的风险,包括商业欺诈、商业诽谤、在线(信息)隐私问题、知识产权的保护问题、商业信用问题等。其典型表现有网上产品的质量问题导致消费者无法购买到合意的商品;网上支付存在着风险;网络中的合同欺诈等。

(三) 电子商务安全问题的表现

电子商务安全中普遍存在着以下几种安全隐患。

1. 中断

由于系统的可用性被破坏,从而使系统无法正常工作,信息无法传输。

2. 窃取信息

由于未采用加密措施,数据信息在网络上以明文形式传送,入侵者在数据包经过的网关或路由器上可以截获传送的信息。通过多次窃取和分析,可以找到信息的规律和格式,进而得到传输信息的内容,造成网上传输信息泄密。

3. 篡改信息

当入侵者掌握了信息的格式和规律后,通过各种技术手段和方法,将网络上传送的信息数据在中途修改,然后再发向目的地。

4. 假冒

由于掌握了数据的格式,并可以篡改通过的信息,攻击者可以冒充合法用户发送假冒的信息或者主动获取信息,而远端用户通常很难分辨。

5. 恶意破坏

由于攻击者可以接入网络,则可能对网络中的信息进行修改,掌握网上的机要信息,甚至可以潜入网络内部,其后果是非常严重的。

二、电子商务安全要素及范围

(一) 电子商务的安全要素

1. 有效性

电子商务以电子形式取代了纸张,那么如何保证这种电子形式的贸易信息的有效性则是开展电子商务的前提。电子商务作为贸易的一种形式,其信息的有效性将直接关系到个人、企业或国家的经济利益和声誉。因此,要对网络故障、操作错误、应用程序错误、硬件故障、系统软件错误及计算机病毒所产生的潜在威胁加以控制和预防，以保证贸易数据在确定的时刻、确定的地点是有效的。

2. 机密性

电子商务作为贸易的一种手段，其信息直接代表着个人、企业或国家的商业机密。传统的纸面贸易都是通过邮寄封装的信件或通过可靠的通信渠道发送商业报文来达到保守机密的目的。电子商务是建立在一个较为开放的网络环境上的（尤其互联网是更为开放的网络），维护商业机密是电子商务全面推广应用的重要保障。因此，要预防非法的信息存取和信息在传输过程中被非法窃取。

3. 完整性

电子商务简化了贸易过程，减少了人为的干预，同时也带来维护贸易各方商业信息的完整、统一的问题。由于数据输入时的意外差错或欺诈行为，可能导致贸易各方信息的差异。此外，数据传输过程中信息的丢失、信息重复或信息传送的次序差异也会导致贸易各方信息的不同。贸易各方信息的完整性将影响到贸易各方的交易和经营策略，保持贸易各方信息完整性是电子商务应用的基础。因此，要预防对信息的随意生成、修改和删除，同时要防止数据传送过程中信息的丢失和重复并保证信息传送次序的统一。

4. 可靠性

电子商务可能直接关系到贸易双方的商业交易，如何确定要进行交易的贸易方正是进行交易所期望的贸易方这一问题则是保证电子商务顺利进行的关键。在传统的纸面贸易中，贸易双方通过在交易合同、契约或贸易单据等书面文件上手写签名或印章来鉴别贸易伙伴，确定合同、契约、单据的可靠性并预防抵赖行为的发生。这也就是人们常说的白纸黑字。

在无纸化的电子商务方式下，通过手写签名和印章进行贸易方的鉴别已是不可能的。因此，要在交易信息的传输过程中为参与交易的个人、企业或国家提供可靠的标识。

5. 即需性

即需安全威胁的目的就在于破坏正常的计算机处理或完全拒绝服务。在电子商务中，延迟一个消息或消除它会带来灾难性的后果。

例如，你在上午 10 点向在线的股票交易公司发一个电子邮件委托购买 1000 股 IBM 公司的股票，假如这个邮件被延迟了，股票经济商在下午 2 点半才收到这封邮件，这时股票已经涨了 15%，这个消息的延迟就使你损失了交易额的 15%。

6. 认证性

认证性指交易双方可以相互确认彼此的真实身份，确认对方就是本次交易中所称的真正交易方。认证是证实一个声称的身份或者角色，如用户、机器、节点等是否真实的过程。这一过程为授权和审计所必需，也是实现授权、审计的访问控制过程运行的前提，是计算机网络安全系统不可缺少的组成部分。

7. 审查能力

根据机密性和完整性的要求，应对数据审查的结果进行记录。审查能力是指每个经授权的用户活动的唯一标识和监控,以便对其所使用的操作内容进行审计和跟踪。当贸易一方发现交易对自己不利时否认电子商务行为。

(二) 电子商务安全涉及的范围

电子商务的安全管理,除了从技术角度寻求解决办法,更应当采用综合防范的思路,从技术、管理、法律等方面去综合思考,建立一个完整的和完善的安全保障体系。

首先是技术方面的考虑,如防火墙技术、网络防毒、信息加密存储通信、身份认证、授权等,但只有技术措施并不能完全保证网上交易的安全。

其次是必须加强监管,建立各种有关的合理制度,并加强严格监督,如建立交易的安全制度、交易安全的实时监控、提供实时改变安全策略的能力、对现有的安全系统漏洞的检查以及安全教育等。在这方面,主要充分发挥政府有关部门、企业的主要领导、信息服务商的作用。

最后是社会的法律政策与法律保障,通过健全法律制度和完善法律体系,来保证合法网上交易的权益,同时对破坏合法网上交易权益的行为进行立法严惩,如尽快出台电子证据法、电子商务法、网上消费者权益法等。这方面,主要发挥立法部门和执法部门的作用。

三、电子商务安全问题的影响

1. 卖方的安全问题

安全问题对电子商务交易双方都有可能造成威胁,卖方(销售者)所面临的安全威胁主要有以下几个问题。

(1) 非法用户入侵。入侵者假冒成合法用户来改变用户数据(如商品送达地址)、解除用户订单或生成虚假订单,使卖方产生错误交易从而带来损失。

(2) 竞争者的威胁。恶意竞争者以他人的名义来订购商品,从而了解有关商品的递送状况和货物的库存情况,卖方在竞争中处于不利地位。

(3) 商业机密的安全。客户的有关资料,被竞争者获悉,使商业机密外泄。

(4) 假冒的威胁。不诚实的人建立与销售者服务器名字相同的另一个 WWW 服务器来假冒销售者,利用虚假订单获取他人的机密数据,比如,某人想要了解另一人在销售商处的信誉时,以另一人的名字向销售商订购昂贵的商品,然后观察销售商的反应。

假如销售商认可该订单,说明被观察者的信誉高,否则说明被观察者的信誉不高。

(5) 信用的威胁。买方提交订单后,不付款,卖方的商品积压受损。

2. 买方的安全问题

买方(消费者)面临的安全威胁,主要有以下几个方面。

(1) 虚假订单。一个假冒者可能会打着客户的名字来订购商品,并有可能收到货,而此时此刻真正的客户却被要求付款或返还商品。

(2) 付款后收不到商品。在要求客户付款后,销售商中的内部人员不将订单和钱转发给执行部门,因而使客户收不到货。

(3) 机密性丧失。客户有可能将秘密的个人数据或自己的身份数据(个人身份号码或个人识别号、口令等)发送给冒充销售商的机构,这些信息也可能会在传递过程中被窃听。

(4) 拒绝服务。攻击者可能向销售商的服务器发送大量的虚假订单来挤占它的资源,从而使合法用户得不到正常的服务。

由世界研究责任有限公司最近进行的调查所提供的数据来看,在956个受调查的互联网用户中,对"是哪种原因最为可能促使你不愿通过互联网使用电子交易、电子资金传输?"受调查人中的部分回答是:21.1%的用户害怕信用卡信息被黑客盗用或是害怕互联网隐私权,5.6%的用户担心他们的资金或订购的商品丢失,12.9%的用户担忧过多的个人信息会被他人知道。

市场研究机构皮尤研究发布的一份最新互联网调查报告显示,当前50%的网民担忧自己的在线个人信息泄露。皮尤这份报告基于对792名互联网用户的网络隐私和匿名信息调查。调查显示,尽管用户做了大量努力,但仍有59%的网络用户认为他们不可能在网络上被完全匿名;68%的用户认为现行法律远远不能够保护他们的在线隐私。

正如互联网在线购物听起来是那么的神奇一般,许多消费者由于担心像互联网这样开放式网络上的安全问题,这种非常现实的或是潜在的原因使得他们不愿掏钱购物。从互联网上建设骗取用户账户号码的站点到窃取他人身份证件信息,近年来这样的案例使得消费者和商家心有余悸,他们日益呼唤和寻求安全可靠的接入途径进行在线交易。

3. 对社会的影响

电子商务中存在安全问题对社会的影响主要表现在:

- 降低网络交易信用,从而破坏电子商务的形象,影响电子商务的健康发展。
- 个人隐私大量泄露,增加恐慌心理,违背社会道德准则。
- 知识产权得不到有效保护,破坏竞争秩序。
- 给网络犯罪提供机会,影响经济建设和社会稳定。

小贴士

不可抵赖性

不可抵赖性英文为Non-repudiation。电子商务交易各方在交易完成时要保证的不可抵赖性,指在传输数据时必须携带含有自身特质、别人无法复制的信息,防止交易发生后对行为的否认。不可抵赖性,包括对自己行为的不可抵赖及对行为发生的时间的不可抵赖。

通过进行身份认证和数字签名可以避免对交易行为的抵赖,通过数字时间戳可以避免对行为发生的抵赖。

第二节 电子商务安全技术

从整体上看,电子商务安全包括计算机网络安全和商务交易安全两大部分。其中网络安全技术主要介绍信息加密技术、认证技术、防火墙技术、病毒与黑客的防范。

一、信息加密技术

(一) 加密技术简介

加解密技术,也称为密码技术,是电子商务安全的基础。

加密的主要目的是防止信息的非授权泄露,加密可用于传输信息和存储信息。从频谱分析的角度看,加密把声音变成噪声,把图像变成雪花,把计算机数据变成一堆无规律的、杂乱无章的字符。攻击者即使得到经过加密的信息即密文也无法辨认原文。因此,加密可以有效地对抗截收、非法访问数据库窃取信息等威胁。

加密一般是利用信息变换规则把可懂的信息变成不可懂的信息,其中的变换规则称为密码算法。可懂的信息称为明文,不可懂的信息称为密文。密码算法是一些数学公式、法则或程序,算法中的可变参数是密钥。密钥不同,明文与密文的对应关系就不同。密码算法总是设计成相对稳定的,在这个意义上可以把密码算法视为常量,而密钥是变量。

现代密码学的一个基本原则是:一切秘密属于密钥之中。在设计加密系统时,总是假设密码算法是公开的、真正需要保密的是密钥。所以在分发密钥时,必须要采用安全方式。衡量一个加密技术的可靠性,主要取决于解密过程的数学问题难度,而不是对加密算法的保密。可靠的加密系统应当不怕公开它的加密算法,可靠性还与密钥长度有关。

根据密码算法所使用的加密密钥和解密密钥是否相同、能否由加密密钥推导出解密密钥(或者由解密密钥推导出加密密钥),可将密码算法分为对称密码算法(也叫做单钥密码算法、秘密密钥密码算法、对称密钥密码算法)和非对称密码算法(也叫做双钥密算法、公开密钥密码算法、非对称密钥密码算法)。

如果一个加密系统的加密密钥和解密密钥相同,或者虽然不相同,但是由其中任意一个可以很容易地推导出另一个,所采用的就是对称密码算法。对称密码算法的密钥必须妥善保管,因为任何人拥有了它就可以解开加密信息。对称密码算法的优点是计算开销小,加密速度快,是目前用于信息加密的主要算法。

如果一个加密系统的加密密钥和解密密钥不相同,并且由加密密钥推导出解密密钥(或者由解密密钥推导出加密密钥)是计算上不可行的,所采用的就是非对称密码算法。在采用非对称密码算法的加密系统中,每个用户都有两个密钥:一个是可以告诉信息团体内所有用户的,称为公开密钥(公钥);另一个是由用户自己秘密保存的,称为秘密密钥(私钥)。由于它具有每对密钥为用户专用,并且其中一个可以公开的特点,所以它非常适合用于密钥分发、数字签名、鉴别等。其缺点是计算量大，不适合信息量大、速度要求快的加密。

电子商务的安全加密系统，倾向于组合应用对称密码算法和非对称密码算法。对称密码算法用于信息加密，非对称密码算法用于密钥分发、数字签名、完整性及身份鉴别等。在电子商务安全技术中，国际上目前常用的加密算法有 RSA、DES、IDEA、SHA1、MD5、椭圆曲线算法等。电子商务中应用的数字证书、数字签名、信息完整性校验、数字信封、身份认证、控制访问权限等技术，主要基于上述算法。

（二）两类重要的密钥技术

1. 对称加密/对称密钥加密/专用密钥加密

在对称加密方法中，对信息的加密和解密都使用相同的密钥，也就是说，一把钥匙开一把锁。使用对称加密方法将简化加密的处理，每个贸易方都不必彼此研究和交换专用的加密算法，而是采用相同的加密算法并只交换共享的专用密钥。如果进行通信的贸易方能够确保专用密钥在密钥交换阶段未曾泄露，那么机密性和报文完整性就可以通过对称加密方法加密机密信息和通过随报文一起发送报文摘要或报文散列值来实现。对称加密技术存在着在通信的贸易方之间确保密钥安全交换的问题。

2. 非对称加密/公开密钥加密

在非对称加密体系中，密钥被分解为一对（即一把公开密钥或加密密钥和一把专用密钥或解密密钥）。这对密钥中的任何一把都可作为公开密钥（加密密钥）通过非保密方式向他人公开，而另一把则作为专用密钥（解密密钥）加以保存。公开密钥用于对机密性的加密，专用密钥则用于对加密信息的解密。专用密钥只能由生成密钥对的贸易方掌握，公开密钥可广泛发布，但它只对应于生成该密钥的贸易方。

（三）密钥管理技术

1. 对称密钥管理

对称加密是基于共同保守秘密来实现的。采用对称加密技术的贸易双方必须要保证采用的是相同的密钥，要保证彼此密钥的交换是安全可靠的，同时还要设定防止密钥泄密和更改密钥的程序。这样，对称密钥的管理和分发工作将变成一件潜在危险的和烦琐的过程。通过公开密钥加密技术实现对称密钥的管理使相应的管理变得简单和更加安全，同时还解决了纯对称密钥模式中存在的可靠性问题和鉴别问题。

2. 公开密钥管理/数字证书

贸易伙伴间可以使用数字证书（公开密钥证书）来交换公开密钥。国际电信联盟（ITU）制定的标准 X. 509（即信息技术/开放系统互连/目录/鉴别框架）对数字证书进行了定义该标准等同于国际标准化组织（ISO）与国际电工委员会（IEC）联合发布的 ISO/IEC9594-8：195 标准。

数字证书通常包含唯一标识证书所有者（即贸易方）的名称、唯一标识证书发布者的名称、证书所有者的公开密钥、证书发布者的数字签名、证书的有效期及证书的序列号等。

3. 数字签名

数字签名是公开密钥加密技术的另一类应用,它的主要方式是：报文的发送方从报文文本中生成一个128位的散列值(或报文摘要)。发送方用自己的专用密钥对这个散列值进行加密来形成发送方的数字签名。然后,这个数字签名将作为报文的附件和报文一起发送给报文的接收方。

报文的接收方首先从接收到的原始报文中计算出128位的散列值(或报文摘要),接着再用发送方的公开密钥来对报文附加的数字签名进行解密。如果两个散列值相同,那么接收方就能确认该数字签名是发送方的。通过数字签名能够实现对原始报文的鉴别和不可抵赖性。

二、认证技术

(一) 交易身份的认证

互联网上最典型的身份认证办法是交易双方和中介机构都事先从一个大家都信任的交易以外的被称为CA的第三方机构获得自己的"数字签名",这种"数字签名"可以确保网络上的身份认定。在电子商务交易过程中,商务伙伴之间、企业和金融机构之间都可以通过这种"数字签名"来确认彼此的身份,而其中采用的PKI技术保证了信息传递的安全可靠。同时通过一些立法,"数字签名"在法律上也具有不可抵赖性。

目前一些银行机构已经开始逐步充当起这种被信任的第三方角色,发放数字证书、向交易伙伴和金融机构提供数字签名等。如果双方出示了各自的数字证书,并用它来进行交易操作,可以免除双方对于对方身份真伪的担心,数字证书克服了密码在安全性和方便性方面的局限。数字证书的内部格式是由CCITTX.509国际标准所规定的,它通常包含了以下几点。

- 证书所有者的姓名;
- 证书所有者的公共密钥;
- 公共密钥(证书)的有效期;
- 颁发数字证书的单位名称;
- 数字证书的序列号(Serial number);
- 颁发数字证书单位的数字签名。

(二) 数字证书的分类

从数字证书的性质上,通常分为三种类型：个人证书、企业证书、软件证书。

1. 个人证书

个人证书主要是为某一个用户提供证书,以帮助个人在网上进行安全地电子交易操作。个人身份的数字证书通常是安装在客户端的浏览器内,并通过安全的电子邮件进行交易操作。个人数字证书是通过浏览器来申请获得的,认证中心对申请者的电子邮件地址、个人身份及信用卡号等进行核实后,就发放个人数字证书,并将数字证书安置在用户所用的浏览器或电子邮件的应用系统中,同时也给申请者发一个通知。个人数字证书的使用方法是集成在用户的浏览器的相关功能中,用户其实只要作出相应的选择就行了。

2. 企业证书

企业证书实际是服务器证书,它是对网上的服务器提供一个证书,拥有 Web 服务器的企业就可以用具有证书的互联网网站(Web)来进行安全电子交易。拥有数字证书的服务器可以自动与客户进行加密通信,有证书的 Web 服务器会自动地将其与客户端 Web 浏览器通信的信息加密。服务器的拥有者(相关的企业或组织),有了证书,就可以进行安全电子交易。

服务器证书的发放较为复杂,因为服务器证书是一个企业在网络上的形象,也是企业在网络空间信任度的体现。

3. 软件证书

通常是为网上下载的软件提供证书,该证书用于和微软公司技术结合的软件,以使用户在下载软件时能获得所需的信息,应用不广泛。

上述三类证书中前两类是常用的证书,第三类则用于较特殊的场合,大部分认证中心提供前两类证书。

(三) 认证中心建设

1. 认证中心是保证电子商务安全的关键

证书发布者一般称为证书管理机构(CA),它是贸易各方都信赖的机构。数字证书能够起到标识贸易方的作用,是目前电子商务广泛采用的技术之一。CA 中心是公正的第三方,它为建立身份认证过程的权威性框架奠定了基础,为交易的参与方提供了安全保障。它为网上交易构筑了一个互相信任的环境,解决了网上身份认证、公钥分发及信息安全等一系列问题。

认证中心对含有公钥的证书进行数字签名,使证书无法伪造。每个用户可以获得认证中心的公开密钥(认证中心根证书),验证任何一张数字证书的数字签名,从而确定证书是否是认证中心签发、数字证书是否合法。

2. 认证中心的职能

认证中心的功能实际上是由两部分完成的:认证中心和注册机构。这两个功能可以都分配给认证中心,也可以分配给或由不同机构提供。将这两个功能分开使其中一个机构做出重要管理决定,另一个机构提供证书有效期限及系统安全的管理技术。注册机构负责做出诸如谁有权获得证书、何时吊销证书等决定,而另一机构,即认证中心,可以负责管理证书的有效期限。

注册机构可以是一家使用雇员访问证书的公司,也可以是使用证书为其账单持有人从事电子银行业务的银行。若未建立独立的注册机构,认证中心则要完成证书发放、证书更新、证书撤销和证书验证四种职能。

三、防火墙技术

1. 防火墙定义

防火墙的概念是借用了建筑学上的一个术语。在建筑学中的防火墙是用来防止大火从建筑物的一部分蔓延到另一部分而设置的阻挡机构。计算机网络的防火墙是用来防止互联网的损坏,如黑客攻击、病毒破坏、资源被盗用或文件被篡改等波及到内部网络的危害,它是指一个由软件和硬件设备组合而成的,在内部网和外部网之间、专用网和公共网之间的界面上构造的保护屏障。

防火墙是在内部网与外部网之间实施安全防范的系统,可被认为是一种访问控制机制,用于确定哪些内部服务允许外部访问,以及允许哪些外部服务访问内部服务。

2. 防火墙的基本准则

(1) 一切未被允许的就是禁止的。基于该准则,防火墙应封锁所有信息流,然后对希望提供的服务逐项开放。这是一种非常实用的方法,可以造成一种十分安全的环境,因为只有经过仔细挑选的服务才被允许使用。其弊端是,安全性高于用户使用的方便性,用户所能使用的服务范围受限制。

(2) 一切未被禁止的就是允许的。基于该准则,防火墙应转发所有信息流,然后逐项屏蔽可能有害的服务。这种方法构成了一种更为灵活的应用环境,可为用户提供更多的服务。其弊病是,在日益增多的网络服务面前,网管人员疲于奔命,特别是受保护的网络范围增大时,很难提供可靠的安全防护。

3. 防火墙的基本技术

防火墙的基本技术有以下三类:

第一,包过滤技术(Packet Filtering)。它一般用在网络层,主要根据防火墙系统所收到的每个数据包的源IP地址、目的IP地址、TCP/UDP源端口号、TCP/UDP目的端口号及数据包中的各种标志位来进行判定,根据系统设定的安全策略来决定是否让数据包通过,其核心就是安全策略,即过滤算法的设计。

第二,代理(Proxy)服务技术。它用来提供应用层服务的控制,起到外部网络向内部网络申请服务时的中间转接作用。内部网络只接受代理提出的服务请求,拒绝外部网络其他节点的直接请求。运行代理服务的主机被称为应用机关,代理服务还可以用于实施较强的数据流监控、过滤、记录等功能。

第三,状态监控(Stat Inspection)技术,它是一种新的防火墙技术。在网络层完成所有必要的防火墙功能——包过滤与网络服务代理。目前最有效的实现方法是采用Check Point提出的虚拟机方式(Inspect Virtual Machine)。

4. 防火墙的局限性

防火墙不能防范不经由防火墙的攻击。如果内部网用户直接从互联网服务提供商那里购置直接的SLIP或PPP连接,则绕过了防火墙系统所提供的安全保护,从而造成了一个潜在的后门攻击渠道。

防火墙不能防范人为因素的攻击。防火墙不能防止由内奸或用户误操作造成的威胁，以及由于口令泄露而受到的攻击。防火墙不能防止受病毒感染的软件或文件的传输。由于操作系统、病毒、二进制文件类型（加密、压缩）的种类太多且更新很快，所以防火墙无法逐个扫描每个文件以查找病毒。

防火墙不能防止数据驱动式的攻击。当有些表面看来无害的数据邮寄或复制到内部网的主机上并被执行时，可能会发生数据驱动式的攻击。例如，一种数据驱动式的攻击可以使主机修改与系统安全有关的配置文件，从而使入侵者下一次更容易攻击该系统。

四、病毒与黑客

1. 病毒危害

病毒预警危害级别用五种颜色表示，分别为蓝色、绿色、黄色、橙色和红色。五种颜色中蓝色级别最低，红色为最高。自从 1987 年 10 月发现第一例计算机病毒以来，计算机病毒增长速度已远远超过计算机本身的发展速度。1997 年全世界已发现的计算机病毒数高达 15000 种之巨。计算机病毒一旦与网络联姻（即网络病毒），其传播速度更快、范围更广，危害就更大。

① 病毒激发对计算机数据信息的直接破坏作用。

② 占用磁盘空间和对信息的破坏。

③ 抢占系统资源。

④ 影响计算机运行速度。

⑤ 计算机病毒错误与不可预见的危害。

⑥ 计算机病毒的兼容性对系统运行的影响。

⑦ 计算机病毒给用户造成严重的心理压力。

2. 黑客及黑客行为

黑客也许是人类社会最让人难以捉摸的一群人，他们有时扮演网络侠客的角色，有时就是网络罪犯分子。今天，把大多数的黑客称为骇客，也许更为准确，因为他们的行为已经发展到了故意进行数字破坏的程度，对网络安全和电子商务构成了巨大威胁。

虽然现在对黑客的准确定义仍有不同的意见，但是，从信息安全这个角度来说，“黑客”的普遍含意是特指对计算机系统的非法侵入者。多数黑客都痴迷计算机，认为自己在计算机方面的天赋过人，只要自己愿意，就可毫无顾忌地非法闯入某些敏感的信息禁区或者重要网站，以窃取重要的信息资源、篡改网址信息或者删除该网址的全部内容等恶作剧行为作为一种智力的挑战而自我陶醉。

目前黑客已成为一个特殊的社会群体，在欧美等国有不少完全合法的黑客组织，黑客们经常召开黑客技术交流会，1997 年 11 月在纽约就召开了世界黑客大会，与会者达四五千人之众。另一方面，黑客组织在互联网上利用自己的网站上介绍黑客攻击手段、免费提供各种黑客工具软件、出版网上黑客杂志。这使得普通人也很容易下载并学会使用一些简单的黑客手段或工具对网络进行某种程度的攻击，进一步恶化了网络安全环境。

黑客对于窥视别人在网络上的秘密有着特别的兴趣，如政府和军队的机密、企业的商业秘密及个人隐私等均在他们的双目注视之下。

小贴士

黑客一词的由来

黑客最早源自英文hacker，早期在美国的计算机界是带有褒义的。但在媒体报道中，黑客一词往往指那些“软件骇客”(software cracker)。

黑客一词，原指热心于计算机技术，水平高超的计算机专家，尤其是程序设计人员。但到了今天，黑客一词已被用于泛指那些专门利用计算机网络搞破坏或恶作剧的家伙。对这些人的正确英文叫法是Cracker，有人翻译成“骇客”。

黑客和骇客根本的区别是：黑客们修补漏洞，而骇客们利用漏洞进行破坏。

第三节　电子商务安全管理

一、安全管理体系

由于互联网覆盖全球，信息内容广泛，用户结构复杂，因此不可能进行集中统一管理。电子商务的大量问题(控制通信路由选择、追踪和监控通信过程、控制和封闭信息流通、保证通信的可靠性和敏感信息的安全、提供源和目标的认证、实施法律意义上的公证和仲裁等)都涉及安全问题，要对安全问题进行认真研究，做出解决方案，除了加强制度，法规等管理措施外，还要强化信息系统本身的安全能力。

(一) 信息安全管理的范围

网络信息的安全管理，包括以下四类活动。

1. 系统安全管理

系统安全管理涉及安全管理的各个方面，包括以下典型活动。

① 总体安全策略的管理，包括一致性的修改与维护。

② 与其他管理功能的相互作用。

③ 与安全服务管理和安全机制管理的交互作用。

④ 事件处理管理。

⑤ 安全审计管理。

⑥ 安全恢复管理。

2. 安全服务管理

安全服务管理涉及特定安全服务管理的各个方面，包括以下典型活动。

①为某种安全服务决定与指派安全保护目标。

② 在可选情况下，指定并维护选择规则，选取安全服务使用的特定的安全机制。

③ 对那些需要事先取得管理同意的可用安全机制进行协商（本地的与远程的）。

④ 通过适当的安全机制管理功能调用特定的安全机制（例如提供行政管理加强的安全服务）。

⑤ 与其他安全服务管理功能和安全机制管理功能的交互作用。

3．安全机制管理

安全机制管理，涉及特定安全机制的管理，包括以下典型活动：密钥管理、加密管理、数字签名管理、访问控制管理、数据完整性管理、路由选择控制管理。

4．信息安全管理

安全管理本身涉及信息安全，这也是网络信息安全管理的重要部分。这一类安全管理将借助选择适当的安全服务和安全机制，来确保安全管理协议与信息获得足够保护。

（二）安全体系结构

1．物理安全

物理安全是指在物理介质层次上对存储和传输的网络信息进行安全保护，是网络信息安全的基本保障。建立物理安全体系结构应从以下 3 个方面考虑：

一是自然灾害（地震、火灾、洪水）、物理损坏（硬盘损坏、设备使用到期、外力损坏）和设备故障（停电断电、电磁干扰）；

二是电磁辐射、痕迹泄漏等；

三是操作失误（格式硬盘、线路拆除）、意外疏漏等。

2．访问控制

访问控制首先要把用户和数据进行分类，然后根据需要把二者匹配起来，把数据的不同访问权限授予用户，只有被授权的用户才能访问相应的数据。

3．数据保密

数据保密是保护网络中各系统之间的交换数据，防止因数据被截获而造成泄密。数据保密应考虑以下几个方面。

① 连接保密，对某个连接上的所有用户数据提供保密。

② 选择字段保密，对协议数据单元的一部分选择字段进行保密。

③ 信息流保密，对可能从观察信息流就能推导出的信息提供保密。

4．数据完整性

数据完整性保证接收方收到的信息与发送方发送的信息完全一致，它包括可恢复的完整性、无恢复的完整性、选择字段的完整性。目前主要通过数字签名技术来实现。

5．路由控制

在大型网络中，从源节点到目的节点可能有多条线路，有些线路可能是安全的，有些是不安全的。通过选择路由控制机制，可使信息发送者选择特殊路由，以保证数据的安全。

(三) 建立全面实用的网络安全体系

近年来,计算机网络的发展异常迅猛,特别是随着互联网的不断推广应用,计算机网络越来越成为人们所关注的全球性热点之一。网络在工业、银行、政府、大专院校等领域的渗透,使网络在人们日常工作中的地位越来越重要。网络的规模不断扩大,复杂性也随之不断增加。在很好地使用信息系统的同时,如何保障计算机网络的安全使用也成为一个愈来愈受重视的问题。

1. 安全体系的定义

网络安全管理体系是一个在网络系统内结合安全技术与安全管理,以实现系统多层次安全保证的应用体系。此体系结合网络、系统、用户、应用及数据方面的安全措施,对网络系统的使用实施统一的安全规划。随着计算机技术的不断发展,保障安全的技术日益完善。与此同时,破坏网络安全的技术也不断涌现,使安全保障成为一个棘手的问题。要从技术上和管理上解决网络的安全问题,可以在以下五个层次里加强措施:网络的完整性、系统的完整性、用户账号的完整性、应用/数据的完整性和数据的保密性。

2. 网络的完整性

网络是信息系统里连接主机,用户机及其他计算机设备的基础,是公司业务系统正常运行的首要保证。从管理的角度看,网络可以分为内部网(企业内部网)与外部网(Extranet)。网络的安全涉及内部网的安全保证以及两者之间连接的安全保证。具体的网络安全技术介绍如下。

(1) 网络管理技术。网络管理技术(Network Management)对内部网络进行全面监控,具有展示拓扑图、管理流量、故障报警等功能。网络管理系统对整个网络状况进行智能化的检测,以提高网络的可用性和可靠性,从而在整体上提高网络运行的效率,降低管理成本。

(2) 通信安全技术。通信安全技术(Communication Security)为网络间通信提供了安全的保障,加强了通信协议上的管理。在具体应用上,通信安全技术表现在对电子邮件的加密、建立安全性较高的电子商务站点、建设可靠性高的电子企业虚拟网(VPN)等。

(3) 系统的完整性。系统的安全管理围绕着系统硬件、系统软件及系统上运行的数据库和应用软件来采取相应的安全措施。系统的安全措施将首先为操作系统提供防范性好的安全保护伞,并为数据库和应用软件提供整体性的安全保护。在系统这一层,具体的安全技术包括病毒防范、风险评估、非法侵入的检测及整体性的安全审计。

(4) 系统性的病毒防范。系统性的病毒防范(Virus Detection and Prevention)不仅仅针对单个的计算机系统,也增加了对网络病毒的防范。在文件服务器、应用服务器和网络防火墙上增加防范病毒的软件,把防毒的范围扩大到网络里的每个系统。

(5) 系统的风险评估。系统的风险评估(Risk Assessment)检查出系统的安全漏洞,同时还对系统资源的使用状况进行分析,以提示出系统最需解决的问题。在系统配置和应用不断改变的情况下,系统管理员需要定期地对系统、数据库和系统应用进行安全评估,及时地采取必要的安全措施,对系统实施有效地安全防范。

(6) 非法入侵的检测。非法入侵的检测(Intrusion Detection)一方面通过实时的监视和主动的漏洞检测,堵住“黑客”入侵的途径;另一方面设置伪装的安全陷阱,诱惑“黑客”来攻击,从而捕捉“黑客”对系统侵犯的证据。

(7) 安全审计。安全审计(Centralized Auditing),即定期地对分布的系统安全措施实施情况进行检查,并对所产生的安全报告进行综合审计。

二、安全管理措施

(一) 安全管理技术措施

1. 加强场地设防

计算机设备实体安全管理中,首先要求场地环境条件的控制,对计算机网络的中心机房及其延伸点,要坚决搞好基本环境建设,要有完整的防雷电设施,且有严格的防电磁干扰设施,机房内要搞好防水防火的预防工作,主机房电源要有完整的双回路备份机制。

2. 搞好备份应急工作

在计算机网络系统中,对那些极其关键部位的设备,除了提供实时全双工热备份机制外,还应有备份设备以供应急之用。

3. 做好远程备份工作

由于银行系统数据的重要性,所以平常要做好计算机数据的远程备份工作,同时,计算机数据的备份介质不能与计算机中心存放在一处(最好不要存放于同一大楼内)。

4. 选高素质的系统管理员

系统管理员首先要有极强的责任心,其次要有较高的业务水平,要对自己所管理的计算机系统了如指掌,再次要有吃苦耐劳、默默奉献的精神。并且计算机网络系统的管理员一般来说还要求有一定的稳定性,不能过于频繁地更换。

5. 建立专用的网络防火墙

一般来说,网络接入点越多,被非法入侵的可能性就越大,所以在自己的内部网络和外部网络之间建立专用的防火墙,不让外部网络上的无关用户来访问自己的内部网络,是一个防止外部入侵非常有效的方法。但防火墙的建立也并非就一劳永逸,所以在建立硬件设备防火墙之时,也要在内部人员心目中建立起一道坚固的“防火墙”。

6. 不使用来历不明的软件

那些来历不明的程序和廉价游戏软件是病毒的主要载体。因而在银行计算机网络上使用外来磁盘时,必须进行计算机病毒的检查,同时要严禁在网上使用来历不明的软件,特别是游戏软件。

7. 采用数据加密技术

数据加密是计算机安全的重要组成部分,计算机中的口令全是加密过的,文件也可以加密。对于一般性的文件,只需进行简单的加密就行了,而对重要的文件就要选用当今最先进的数据加密技术进行数据加密。

8. 加强系统管理员的培训

计算机网络系统的管理员要对自己的知识及时更新，了解当前最前沿的安全布防措施，及时更改自己网络系统的安全布防，确保网络的正常运行。

9. 完善安全管理制度

完善相关安全管理制度，具体包括：

① 要严格用户权限管理制度，对各级用户的使用权限定期进行检查。

② 要严格控制网络接入设备的管理制度，对接入网络的任何设备及使用情况要有非常详细的记录说明，并定期检查其使用情况，还要对其入网操作的权限加以控制。

③ 要严格加强口令保密制度的执行，杜绝使用公开或缺省的口令和用户名称，对关键用户的口令要采用双人监护、异地保存等方式进行管理，严防个人独自以关键用户进入网络系统。

④ 要加强对入网用户身份的检查，对因工作岗位调换的用户要及时更改其网络使用权限，对不具备再次使用网络资源的用户身份要及时地予以删除。

⑤ 要加强网络系统日常的巡查，及时监控用户使用网络资源情况，对陌生用户要及时查清来源，并加以相应处理，对越权用户要查明越权原因，并根据实际情况限制其使用权限。

⑥ 要随时监视网络资源使用情况，严防网络使用瓶颈。当发现网络资源紧张时，要查明具体原因，如果资源紧张，则要及时对网络资源进行扩容；如系网络瓶颈则要分析具体情况，对网络的部分接入方式进行改造，改善网络性能；如系某个用户过度侵占网络系统资源，则要对其权限加以控制。

⑦ 要及时做好网络系统动态数据的远程备份工作。对于网络系统来说，其静态的系统及数据往往容易引起注意并做好远程备份工作，而作为随时变化的业务动态数据，则需要得到及时的备份，以备系统出现意想不到的故障。

⑧ 定期清理网络存储资源。由于网络实现资源共享，因而所有联网用户都来争抢有限的资源，有些用户将自己的私人文件也存放于共享区域，严重影响网络资源的充分利用，另外还有用于系统监控的日志文件或临时文件，在做了相应处理之后，要将它们定期或不定期地进行清理。

⑨ 要加强网络用户与网络管理部门之间的联系与沟通，及时发现网络使用中的各种安全隐患，并根据具体情况制定出切实可行的防范方法，从而实现网络安全的联防体系。

10. 健全网络管理监督体系

由于计算机网络技术涉及面广，技术性强。一般情况下，银行其他部门无法插足其中进行监管，目前大部分银行由科技部门实行组建、使用、维护、监管一条龙服务，当然有其优势的一面，但同时少了一些外部的约束。所以应该尽快地在内部审计部门培养出一批业务精通的计算机方面的审计能手，定期不定期地对计算机网络系统管理及使用人员进行跟踪审计。

（二）技术设备

为了保证计算机系统、网络系统和信息的安全，近年来针对不同的问题研发了许多技术和产品，解决了安全需求的特定方面的问题。

1. 防火墙产品

防火墙产品主要提供被保护网络与外部网络之间的进出控制。它是被保护网络与外部网络之间的一道屏障，根据各种过滤原则来判断网络数据是否能够通过防火墙。

2. VPN 设备

VPN 设备实现了利用公共网络建立自己的虚拟专网。VPN 设备负责给发送到对方的数据包进行加密并重新打包，当到达对方 VPN 设备的时候再拆包、脱密。

3. 系统日志审计工具

许多系统都提供了系统日志，其中包含了有关系统安全方面的有价值的信息。在系统投入使用时，网管员对系统日志进行配置，使其尽可能多地保留一些有用的信息。

4. 信息网关

信息网关为计算机内的电子文件引入了密级、电子印章和网关证的概念。信息网关负责检查出入网络的文件是否具有网关证，是否按照所具有的密级进行了加密。在检查合格后才能传出网络。

5. 授权和身份认证系统

授权和身份认证系统加强了原有的基于账户和口令的控制，提供了授权、访问控制、用户身份识别、对等实体鉴别、抗抵赖等功能。信息加密是信息安全应用中最早开展有效手段之一。信息加密的目的是保护网上传输的数据。

6. 安全路由器

安全路由器提供了某些基于地址或服务的过滤机制，可以在一定程度上限制网络访问。

7. 安全性分析工具

安全性分析工具用于自动发现网络上的安全漏洞，给出安全性分析报告。

8. 安全检测预警系统

安全检测预警系统用于实时监视网络上的数据流，寻找具有网络攻击特征和违反网络安全策略的数据流。当它发现可疑数据流时按照系统安全策略规定的响应策略进行响应，包括实时报警、记录有关信息、实时阻断非法的网络连接、对事件涉及的主机实施进一步的跟踪等。

（三）安全管理要点

1. 物理设施的管理

为获得系统安全的完全保护，物理安全措施总是必需的。但物理安全的代价通常较高，一般力求通过使用更廉价的技术把对它的需要降到最低限度。

网络应用系统的物理设施包括：

- 机房场地环境；
- 通信线路和网络设备；
- 存储媒体；
- 主机、服务器、终端及各类外设。

2. 系统配置的管理

系统配置包括：

- 网络的拓扑选择、构件的选型与装配，布线设计和参数设置；
- 主机、服务器、终端及各类外设的选型与参数设置；
- 操作系统、编译系统、数据库管理系统、系统工具的选择、安装与参数设置；
- 业务应用系统的安装与参数设置。

3. 事件处理管理

事件处理管理包括：

- 远程报告那些明显企图威胁系统安全的行为；
- 修改用来触发事件报告的阈值。

4. 安全审计管理

安全审计管理包括：

- 选择将被记录和被远程收集的事件；
- 授予或取消对所选事件进行审计跟踪日志记录的能力；
- 对所选审计记录的远程收集；
- 准备安全审计报告。

5. 安全恢复管理

安全恢复管理包括：

- 维护那些用来对实有的或可疑的安全事故做出反应的规则；
- 远程报告明显威胁系统安全的行为；
- 安全管理者的交互作用。

6. 密钥管理

密钥管理包括：

- 产生与所要求安全级别相称的合适密钥；
- 根据访问控制的要求，对于每个密钥决定哪个实体应该接受密钥的拷贝；
- 用可靠办法使这些密钥对开放系统中的实体是可用的。

7. 访问控制管理

访问控制管理可涉及：

- 安全属性(包括口令)的分配；
- 对访问控制表或权限表进行修改；
- 在通信实体与其他提供访问控制服务的实体之间使用协议。

三、人员管理

（一）安全管理首先是人的管理

网络安全的强度只取决于网络中最弱连接的强弱程度，最危险的是个人警惕性的丧失。在网络安全领域，人们常说的一个例子就是木桶理论，即一个木桶如果有一块木板是短的，那么即使其他的木板再长，水也会从短木板处流出来。有人说那块短木板是服务，其时更确切地说，那块短木板是人的安全意识，也就是人的警惕性。

许多事例说明，威胁信息系统安全的重要因素是系统工作人员，建设一支高度自觉、遵纪守法的技术人员队伍是计算机安全工作最重要的一环。为此，应采取以下措施。

1. 思想教育

加强思想和职业道德教育，定期对工作人员的政治思想、业务水平进行考核和审查，发现问题，及时处理。

2. 明确职责

明确工作人员的岗位和职责范围，各自负责，相互制约，达到安全的目的。特别要坚持系统程序员与操作员分离的原则，以减少计算机犯罪的机会。

3. 技术培训

加强技术培训和安全教育，提高工作人员的业务水平和安全意识，保证信息系统的正常运行。

（二）人员管理机制和原则

在以下活动中，需要规范的人员管理机制来保障网络应用系统的信息安全：

- 访问控制证件的发放与回收；
- 信息处理系统使用的媒介发放与回收；
- 处理保密信息；
- 硬件和软件的维护；
- 系统软件的设计、实现和修改；
- 重要程序和数据的删除和销毁等。

人员管理的主要原则介绍如下。

1. 多人负责原则

每一项与安全有关的活动，都必须有两人或多人在场。这些人应是系统主管领导指派的，忠诚可靠，能胜任此项工作。他们应该签署工作情况记录以证明安全工作已得到保障。

2. 任期有限原则

为遵循任期有限原则，工作人员应不定期地循环任职，强制实行作假制度，并规定对工作人员进行轮流培训，以使任期有限制度切实可行。

3. 职责分离原则

在信息处理系统工作的人员不要打听、了解或参与职责以外的任何与安全有关的事

情,除非系统主管领导批准。出于对安全的考虑,下面每组内的两项信息处理工作应当分开:

- 计算机操作与计算机编程;
- 机密资料的接收和传送;
- 安全管理和系统管理;
- 应用程序和系统程序的编制;
- 访问证件的管理与其他工作;
- 计算机操作与信息处理系统使用媒介的保管等。

(三)安全管理责任

网络安全管理既要保证网络用户和网络资源不被非法使用,又要保证网络管理系统本身不被未经授权的访问。制定合理的安全管理责任范围,是保证网络安全的重要策略之一。

1. 网络设备的安全管理

网络设备的安全管理主要包括网络设备的互联原则、配置更改原则等。

2. 软件的安全管理

软件的安全管理包括软件的使用原则、配置更改原则、权限设置原则等。

3. 密钥的安全管理

密钥的安全管理主要包括密钥的生成、检验、分配、保存、更换、注入、销毁等。

4. 管理网络的安全管理

管理网络是一个有关网络维护、运营和管理信息的综合管理系统。它集高度自动化信息的搜集、传输、处理和存储于一体,主要功能是性能管理、配置管理、故障管理、计费管理等。

5. 安全的行政管理

安全的行政管理的重点是安全组织的设立、安全人事管理、安全责任与监督等。如在安全组织结构中,应该有一个全面负责的人,负责整个网络信息系统的安全与保密。

(四)信息安全管理规范

信息管理部门应根据管理原则和各部门具体情况,制订相应的管理制度或采用相应的规范,具体工作介绍如下。

① 根据工作的重要程度,确定该系统的安全需求。

② 根据确定的安全需求,确定安全管理的范围。

③ 制订相应的机房出入管理制度。对于安全要求较高的系统,实行分区控制,限制工作人员出入与己无关的区域。出入管理可采用证件识别或安装自动识别登记系统,采用磁卡、身份卡等手段,对人员进行识别、登记管理。

④ 制订严格的操作规程。操作规程要根据职责分离和多人负责的原则,各负其责,不能超越自己的管辖范围。

⑤ 制订完备的系统维护制度。对系统进行维护时，应采取数据保护措施，如数据备份等。维护时要首先经主管部门批准，并有安全管理人员在场，故障的原因、维护内容和维护前后的情况要详细记录。

⑥ 制订应急措施。要制订系统在紧急情况下尽快恢复的应急措施，使损失减至最小。建立人员雇用和解聘制度，对工作调动和离职人员要及时调整相应的授权。

操作系统管理和组织信息系统的硬件、软件和信息资源，它既是安全危害的对象，又是实现安全控制的重要技术措施。其安全机制有以下几个。

(1) 系统登录。系统登录是操作系统安全的第一道防线，在开机自检之后，有些系统会提示用户输入账号和口令，以此把非法用户拒之门外。口令的选择和维护是至关重要的，应按照规则选择不易被黑客猜到的口令并定期更改，防止泄露。

(2) 身份认证。身份认证，比单纯的账号和口令验证更为先进。为了加强远程登录的安全性，则要通过支持身份认证的服务器来提供访问。认证方式可分为以下三类，也可以联合使用。

① 用本身特征进行鉴别。如指纹、声音、头部照片等。

② 用所知道的事进行鉴别，是一种一次性口令机制，使入侵者通过窃听手段得到密码也不能闯入系统。

③ 用户拥有的物品进行鉴别，如智能卡，一些智能卡显示随时间变化的数字，但它是与计算机中的身份证软件同步的。

(3) 文件和资源的访问控制。文件和资源的访问控制为系统安全的第二道防线。当用户登录到了系统上，就领到了标识其身份的证件，各种文件和资源都包含有控制用户访问的控制信息，系统通过该控制信息检查用户是否有权访问及访问的形式。

(4) 选择性访问控制(DAC)。用户根据知其所需原则指定其他用户和用户组共享自己的文件和资源，实现此策略常用的机制是存取控制矩阵或存取控制表。

(5) 强制性访问控制(MAC)。系统给主体和客体分配了不同的安全属性，系统通过比较主体和客体的安全属性来决定主体能否访问客体。这些属性是不能改变的，这就可以防止“特洛伊木马”的某些非法入侵，还使以后无意泄露信息的可能性减少。

四、电子商务的安全风险管理

1. 风险管理规则

电子商务运行过程中由于技术、设备、管理各方面的问题，存在一定的风险，有时会出现一些突发事件，对此必须要有一定的应对和防范措施。

一般来说，风险管理规则的制定过程有评估、开发和实施以及运行三个阶段。

(1) 评估阶段。该阶段的主要任务是对电子商务的安全现状、要保护的信息、各种资产等进行充分的评估以及一些基本的安全风险识别和分析。

对电子商务安全现状的评估是制定风险管理规则的基础。

对信息和资产的评估是指对可能遭受损失的相关信息和资产进行价值的评估，以便确定相适应的风险管理规则,从而避免投入成本和要保护的信息及资产的严重不匹配。

安全风险识别要求尽可能地发现潜在的安全风险,应收集有关各种威胁、漏洞、开发和对策的信息。

安全风险分析是确定风险,收集信息,对可能造成的损失进行评价以估计风险的级别,以便做出明智的决策,从而采取措施来规避安全风险。

(2) 开发和实施阶段。该阶段的任务包括风险补救措施开发、风险补救措施测试和风险知识学习。

风险补救措施开发利用评估阶段的成果来建立一个新的安全管理策略,其中涉及配置管理、修补程序管理、系统监视与审核等。

在完成对风险补救措施的开发后,即进行安全风险补救措施的测试,在测试过程中,将按照安全风险的控制效果来评估对策的有效性。

(3) 运行阶段。运行阶段的主要任务,包括在新的安全风险管理规则下评估新的安全风险。这个过程实际上是变更管理的过程,也是执行安全配置管理的过程。

运行阶段的第二个任务是对新的或已更改的对策进行稳定性测试和部署。这个过程由系统管理、安全管理和网络管理小组来共同实施。

2. 风险管理步骤

风险管理是识别风险、分析风险并制定风险管理计划的过程。电子商务安全风险的管理和控制方法,它包括风险识别、风险分析、风险控制以及风险监控等四个方面。

(1) 风险识别。电子商务系统的安全要求是通过对风险系统评估而确认的。为了有效管理电子商务安全风险,识别安全风险是风险管理的第一步。风险识别是在收集有关各种威胁、漏洞和相关对策等信息的基础上,识别各种可能对电子商务系统造成潜在威胁的安全风险。

风险识别的手段五花八门,对于电子商务系统的安全来说,风险识别的目标主要是对电子商务系统的网络环境风险、数据存在风险和网上支付风险进行识别。

需要注意的是,并非所有的电子商务安全风险都可以通过风险识别来进行管理的,风险识别只能发现已知的风险或根据已知风险较容易获知的潜在风险。而对于大部分的未知风险,则依赖于风险分析和控制来加以解决或降低。

(2) 风险分析。风险分析是运用分析、比较、评估等各种定性、定量的方法,确定电子商务安全各风险要素的重要性,对风险排序并评估其对电子商务系统各方面的可能后果,从而使电子商务系统项目实施人员可以将主要精力放在对付为数不多的重要安全风险上,使电子商务系统的整体风险得到有效的控制。风险分析是一种确定风险以及对可能造成的损失进行评估的方法,它是制定安全措施的依据。

风险分析的目标是:确定风险,对可能造成损坏的潜在风险进行定性化和定量化,以及最后在经济上寻求风险损失和对风险投入成本的平衡。

目前,风险分析主要采用的方法有:风险概率/影响评估矩阵,敏感性分析,模拟等。在进行电子商务安全风险分析时,由于各影响因素量化在现实上的困难,可根据实际需要,主要采用定性方法为主辅以少量定量方法相结合来进行风险分析,为制定风险管理制度和风险的控制提供理论上的依据。

(3) 风险控制。风险控制就是选择和运用一定的风险控制手段,以保障风险降到一个可以接受的水平。风险控制是风险管理中最重要的一个环节,是决定风险管理成败的关键因素。电子商务安全风险控制的目标在于改变企业电子商务项目所承受的风险程度。

一般来说,风险控制方法有以下两类。

第一类是风险控制措施,比如降低、避免、转移风险和损失管理等。在电子商务安全风险管理中,比较常用的是转移风险和损失管理。

第二类为风险补偿的筹资措施,包括保险与自担风险。

在电子商务安全风险管理中,管理人员需要对风险补偿的筹资措施进行决策,即选择保险还是自担风险。

此外,风险控制方法的选择应当充分考虑相对风险造成损失的成本,当然其他方面的影响也是不容忽视的,如企业商誉等。

对电子商务安全来说,其有效可行的风险控制方法是:建立完整高效的降低风险的安全性解决方案,掌握保障安全性所需的一些基础技术,并规划好发生特定安全事故时企业应该采取的解决方案。

3. 风险管理对策

由于电子商务安全的重要性,所以部署一个完整有效的电子商务安全风险管理对策显得十分迫切。制定电子商务安全风险管理对策目的在于消除潜在的威胁和安全漏洞,从而降低电子商务系统环境所面临的风险。

目前的电子商务安全风险管理对策中,较为常用的是纵深防御战略。所谓纵深防御战略,就是深层安全和多层安全。通过部署多层安全保护,可以确保当其中一层遭到破坏时,其他层仍能提供保护电子商务系统资源所需的安全。比如,一个单位外部防火墙遭到破坏,由于内部防火墙的作用,入侵者也无法获取单位的敏感数据或进行破坏。在较为理想的情况下,每一层均提供不同的对策以免在不同的层中使用相同的攻击方法。

各层的主要防御内容包括以下几项。

(1) 物理安全。物理安全是整个电子商务系统安全的前提。制定电子商务物理安全策略的目的在于保护计算机系统、电子商务服务器等各电子商务系统硬件实体和通信链路免受自然灾害和人为破坏造成的安全风险。

(2) 周边防御。对网络周边的保护能够起到抵御外界攻击的作用。电子商务系统应尽可能安装某种类型的安全设备来保护网络的每个访问节点。在技术上来说,防火墙是网络周边防御的最主要的手段,电子商务系统应当安装一道或多道防火墙,以确保最大限度地降低外界攻击的风险,并利用入侵检测功能来及时发现外界的非法访问和攻击。

(3) 网络防御。网络防御是对网络系统环境进行评估,采取一定措施来抵御黑客的攻击,以确保它们得到适当的保护。就目前来说,网络安全防御行为是一种被动式的反应行为,而且,防御技术的发展速度也没有攻击技术发展得那么快。

为了提高网络安全防御能力,使网络安全防护系统在攻击与防护的对抗中占据主动地位,在网络安全防护系统中,除了使用被动型安全工具(防火墙、漏洞扫描等)外,也需要采用主动型安全防护措施(如网络陷阱、入侵取证、入侵检测、自动恢复等)。

(4) 主机防御。主机防御是对系统中的每一台主机进行安全评估,然后根据评估结果制定相应的对策以限制服务器执行的任务。在主机及其环境中,安全保护对象包括用户应用环境中的服务器、客户机以及其上安装的操作系统和应用系统。

这些应用能够提供包括信息访问、存储、传输、录入等在内的服务。根据信息保障技术框架,对主机及其环境的安全保护首先是为了建立防止有恶意的内部人员攻击的首道防线,其次是为了防止外部人员穿越系统保护边界并进行攻击的最后防线。

(5) 应用程序防御。作为一个防御层,应用程序的加固是任何一种安全模型中都不可缺少的一部分,加强保护操作系统安全只能提供一定程度的保护。因此,电子商务系统的开发人员有责任将安全保护融入到应用程序中,以便对体系结构中应用程序可访问到的区域提供专门的保护。应用程序存在于系统的环境中。

(6) 数据防御。对许多电子商务企业来说,数据就是企业的资产,一旦落入竞争者手中或损坏将造成不可挽回的损失。因此,加强对电子商务交易及相关数据的防护,对电子商务系统的安全和电子商务项目的正常运行具有重要的现实意义。

小贴士

什么是 VPN

VPN 的英文全称是"Virtual Private Network",就是"虚拟专用网络"。虚拟专用网(VPN)被定义为通过一个公用网络(通常是互联网)建立一个临时的、安全的连接,是一条穿过混乱的公用网络的安全、稳定的隧道。

虚拟专用网是对企业内部网的扩展。虚拟专用网可以帮助远程用户、公司分支机构、商业伙伴及供应商同公司的内部网建立可信的安全连接,并保证数据的安全传输。

第四节 电子商务安全的法律制度

电子商务的发展需要建设和完善相关的法律体系。国际社会对电子商务的安全极为重视,制定了一系列保证交易安全的技术标准,我国人大和各级政府也出台了一系列安全管理规范,各行业也根据实际情况制定了相应的管理办法。

一、我国保证电子商务安全的相关法律

(一) 电子签名法

2005 年 4 月 1 日《电子签名法》正式施行。该部法律规定,可靠的电子签名与手写签

名或者盖章具有同等的法律效力，消费者可用手写签名、公章的“电子版”、秘密代号、密码或人们的指纹、声音、视网膜结构等安全地在网上“付钱”、“交易”及“转账”。《电子签名法》是首部“真正意义上的信息化法律”。

1. 电子签名法的主要内容

《电子签名法》主要内容包括总则、数据电文、电子签名和法律责任四大部分。

总则将指出制定电子签名法的宗旨目的及其使用范围。

数据电文即电子文件，是被电子签名的对象，定义了什么是数据电文并明确规定电子文件与纸介质书面文件具有同等效力，以使现行的民商事法律同样适用于电子文件。

电子签名部分为本法案的重点，它将规定电子签名的法律效力及电子签名的安全条件以及对第三方认证机构的要求及市场准入的条件。

法律责任部分，规定了参与电子签名活动中各方所应执行和遵守的权利和义务。

在电子商务中，交易的双方在互联网上互不见面，为确认其真实身份，保证交易中的不可抵赖性，使用电子签名时，应由第三方认证机构对签名人的身份进行认证，并为其签发数字证书，提供交易双方的信誉保证。

这个第三方的认证机构，应具有权威性、可信赖性及公正性。所以，认证机构本身的可靠性与否，对保证电子签名真实性和电子交易安全性起着关键作用，为防止不具条件的单位或个人擅自搭建认证中心，提供不合法的认证，对此法案有具体的、严格的文明规定，从而实现了对电子认证工作的规范化管理，使国内认证机构的建设纳入了法制的轨道。

2.《电子签名法》对电子商务的影响

电子签名法制定的宗旨就是为了保障电子商务的安全，维护有关各方的合法利益，促进电子商务的发展。有了《电子签名法》就可以解决电子商务参与方的不可否认性，提高电子商务交易的安全；可以实现网上自动在线支付，解决目前中国电子商务的瓶颈问题。

传统的银行票据都是纸介质书面票据，它已经形成了网上银行和电子商务网上结付的法律障碍。《电子签名法》中将明确规定电子文件与纸介质的书面文件具有同等效力，并且电子签名也可以具有印章的同等法律效力，适应了网上电子支付的需求。有了电子签名法银行就可以制定网上电子支付规则，制作电子支票，实现网上的快速的资金结算。即便不在网上支付，支票也可数字化，并附有数字签名，将支票转为数字化，银行可以减少假图章的欺诈，减少交易风险；节省大量的纸张印刷，减少费用，提高效益。

有了《电子签名法》合同也可以以电子文件形式出现，即《电子签名法》规定的数据电文，这样网上招标、网上采购都能以电子合同作为依据。为了适应传统业务经营需要，还可以将电子签名与传统的手工签名或印章做成“电子签名”可视化，即在验证了电子签名真伪的同时，可调用打印经图形化处理过的手书签名或图章，这样即可适应传统习惯认证方法，又将签名向先进电子技术领域推进一步。

(二)保证电子商务安全的其他相关法律

自1994年我国颁布第一部有关信息网络安全的行政法规《中华人民共和国计算机信息系统安全保护条例》以来,伴随着信息技术特别是互联网技术的飞速发展,与信息网络及其安全有关的包括法律、行政法规、部门规章及其规范性政策文件在内的法律政策体系已经基本形成。我国现行的有关信息网络安全的法律体系框架分为三个层面:

1. 法律

主要包括《中华人民共和国宪法》、《中华人民共和国刑法》、《中华人民共和国刑事诉讼法》、《全国人大常委会关于维护互联网安全的决定》等。其中,《全国人大常委会关于维护互联网安全的决定》分别从互联网的运行安全;国家安全和社会稳定;社会主义市场经济秩序和社会管理秩序;个人、法人和其他组织的人身、财产等合法权利等四个方面共15款,规定了对构成犯罪的,依照刑法有关规定追究刑事责任。在《中华人民共和国刑法》妨害社会管理秩序罪分则中,规定了非法侵入计算机信息系统罪和破坏计算机信息系统罪共两条四款。

2. 行政法规

主要包括《计算机软件保护条例》、《中华人民共和国计算机信息系统安全保护条例》、《中华人民共和国计算机信息网络国际联网管理暂行规定》、《互联网信息服务管理办法》等。其中,《中华人民共和国计算机信息系统安全保护条例》规定了计算机信息系统的建设和使用、安全等级保护、国际联网备案、计算机信息系统使用单位的安全案件报告、有害数据的防治管理等计算机信息系统安全保护的九项制度。

3. 部门规章及规范性文件

主要包括《计算机信息系统安全专用产品检测和销售许可证管理办法》、《计算机病毒防治管理办法》、《互联网电子公告服务管理规定》等。

实践证明,这些法律法规的制定和实施,对保障和促进我国信息网络的健康发展起到了积极的作用。但是不可否认,目前我国现行的这一法律体系中也还存在着一些问题,如内容重复交叉、同一行为有多个行政处罚主体、引用法律不当、违法设定行政处罚的种类、规章与行政法规相抵触、处罚幅度不一致以及行政审批部门及审批事项多等。

网络最突出的特性就是打破了传统的地域、国界的界限,传播范围大为拓宽,可是无论它的触角延伸到任何角落,也不能冲破法网。因此,对于网络带来的新的法律问题,需要我们完善相应的法律,合理制定和实施相关的法律法规,让信息网络也真正做到有法可依。

二、美国保证电子商务安全的相关法律

1. 信息安全的法律制度

网上交易的通信和数据的安全是网上交易的基础。保证网上交易信息安全,除了实行技术保障措施外,还需要有完整的法律规定的保障。

美国政府已经批准了OECD的《信息系统安全性指南》。该指南涵盖了九项安全性

原则，这些原则系统地阐述了高层次的需求，诸如明确安全责任的需求、知晓安全措施和手续的需求以及尊重其他用户的权利和合法利益的需求等。

美国联邦政府为了保证网上交易信息的安全，制定与实施了相关的法规。他们实施从源头入手，大力开发和利用有效的加密产品。而功能强大的加密产品可以使公民更好地保护其商业秘密和个人档案，为避免被犯罪分子和恐怖分子用加密产品掩匿其活动和阻挠法律授权的调查工作。美国对最先进的加密产品实行出口管制。

2. 消费者权益保护的法律制度

消费者在网上购物，面临着与传统的购物方式不同的新的购物方式。一方面，消费者在网上购物，个人隐私信息可能被商家掌握和非法利用。另一方面，消费者网上购物无法亲自体验和挑选产品，消费者对购买商品不满意时，存在退货问题。加之，由于网上购物可以跨越国界，消费者的权益易受到侵犯，因此，消费者如何利用有效法律武器来保护自己权益，也是一个难题和新的课题。

为解决这些问题，美国颁布了相应法规来禁止商家利用消费者的个人隐私信息进行商业活动，侵犯消费者的权益。欧盟规定消费者在欧盟内部跨国购买商品时，起诉商家时可以用消费者本国相关法律起诉，而不用到商家所在国家进行起诉，以保护消费者的权益。

小贴士

当前电子商务立法焦点问题

1. 关于电子交易双方身份的法律确认。
2. 关于电子交易过程的法律确认。
3. 关于网上商业活动中产品和服务质量的法律保障措施。
4. 如何保护消费者的个人隐私？
5. 如何保护知识产权？
6. 保证电子交易的安全。

参考案例1

电子商务的隐患及应对措施

一、电子商务发展现状及存在的隐患

1. 电子商务发展现状

随着计算机技术以及网络技术的快速发展，电子商务已逐步渗透到了社会的各个方面，其方便快捷和较高的性价比已经被人们完全认识，同时也赢得了人们的热烈欢迎。2009 年我国电子商务交易额达到 3.85 万亿元，其中网上购物达到 2483.5 亿元，占社会消费品零售总额的比例为 1.98%；2010 年电子商务交易额达到 4.5 万亿元，网上购物达到5131亿元,较上年同期增长100%以上,占社会消费品零售总额的3.32%。目前,我国电子商务的渗透率为30%,也就是说,有30%的网民存在电子商务的应用和行为。

2. 电子商务存在的安全隐患

电子商务作为一种新型网上在线贸易方式,使企业与消费者摆脱了传统的商业中介的束缚,但是其安全问题依然是阻碍电子商务发展速度的一个重要问题。首先,信息泄露。攻击者可能通过截收装置,截获机密信息,推断出有用信息,如消费的银行账号、密码等。交易双方的内容被第三方窃取,交易一方提供给另一方的文件被第三方使用。其次,信息破坏。交易信息在网络上进行传输的过程中,被他人非法修改、删除或伪造,使信息失去了真实性和完整性。再次,身份的识别。如果不进行身份的识别,第三方就有可能假冒交易一方的身份介入交易过程,以破坏交易、破坏一方的信誉或盗取交易成果等。

二、加强电子商务安全的具体措施

(一) 防火墙技术与入侵检测技术

防火墙技术是一种防止外部网络用户以非法手段进入内部网络访问内部网络资源、保护内部网络操作环境的特殊网络互联设备。其基本功能是根据各种安全策略的要求,对未经授权的访问和数据传递进行筛选与屏蔽,保护内部网络数据的安全。当然防火墙也有自身的局限,即只能防范来自外部的攻击,但不能对绕过防火墙的内部攻击提供保护。入侵检测技术就是在计算机网络系统中设置若干个关键点来收集信息,并将信息传送到检测系统进行分析,以判断网络中是否有非法入侵行为。若发现入侵会及时反应,包括切断网络链接、记录事件和报警等,以保证资源不被非法使用和访问。

(二) 电子商务数据库系统完整性控制

防止数据被未经授权的使用和更新可以通过数据库的完整性控制来进行。例如,限制数据更新的范围可以使用域来进行;禁止或限制数据库进行更新时的某些操作可以通过使用触发器机制来进行,DBMS对所用用户和所有数据库活动进行控制,因此,已经不再需要对每一个查询或程序进行重复编码,这样不仅使安全性得以提高,同时还使完整性控制的效率得以提高。

(三) 安全认证技术

1. 数字摘要技术

在电子商务领域中常用的安全认证技术就是数字摘要。这种技术也被称为安全Hash编码法,其采用单向Hash函数将需加密的明文“摘要”成一串128bit的密文,该密文有固定的长度,不同明文摘要的密文都不同,相反,相同的明文摘要的密文一定相同。数字摘要把得到的密文的同时,在传输信息时将之加入文件同时发给接收方,接收方再用相同的方法进行运算,如果所得到的结果相同,则表明安全,如果不相同,说明被人篡改过。

2. 数字签名技术

数字签名是把数字摘要与公钥算法相结合,其不仅能够提供数据完整性,而且能够保证数据的真实可靠性。传输的数据未被篡改就说明数据的完整性得以保证,传输过来的数据的真实可靠性说明是由合法者产生的。

3. 数字时间戳技术

时间在电子商务的交易中是非常重要的，防止文件被伪造和篡改的关键性内容就包括文件的签署日期和签名的一致性。因此，在电子交易中，数字时间戳为文件签署的时间信息被修改提供了安全保证。数字时间戳服务是有专门的机构提供的。

4. 数字凭证技术

数字凭证技术并不是靠交易自己能完成的，它是通过第三方——认证中心来完成的。也就是说，数字凭证是通过认证中发放的。任何交易双方想要参加安全电子商务的网上交易，就只有申请到相应的数字证书才行。

5. 电子商务安全协议

电子商务安全运行除了上述技术之外，一套完善的安全交易协议是必不可少的一部分，例如，安全电子交易协议 SET，是一种基于信息流的安全协议，其目的是保证用户、商家和银行之间在开放的网络环境之下进行安全可靠的信用卡交易。SET 协议使用的安全技术主要有对称密钥加密、数字签名、公共密钥加密、数字信封等。

（资料来源：第一论文网）

参考案例 2

合同诈骗真实案例

案例 1：李先生开了一家公司，专门从事代理业务，原本以为金钱交易全在上下家，他只要事成后收取代理费，风险不大，没想到依然“中招”。一天，李先生接到自称是湖北振兴实业总公司业务经理打来的“合作”电话，委托他作为其公司“拳头产品”———高分子净化膜华南地区总代理，并随后寄来了详细资料，包括产品介绍说明书、可供产品目录、组织机构代码证复印件、高分子净化膜销售补充说明书等。

李先生看其手续齐全，便在专业网站上发布了相关信息，几天后便有了“回音”，广东省某养殖户来电说急需 4000 米高分子净化膜，金额共计 27 万元。李先生一算，可赚几万元的代理费，这可是“天上掉馅饼”的好事，于是马上和上家联系。

上家很爽快，答应把一批去汕头的货调往广州，但需立即支付货款。李先生通知下家后，对方立即派人送来了上万元的订金，表示实在太忙，需要李先生帮忙先提货，事后会加付提货费。因为不想放弃到手的“肥肉”，李先生帮着提货并垫付了货款，可第二天事情全都变了：下家表示暂时不需要这批货了，而上家的“负责人”怎么也联系不上，“馅饼”变成了“陷阱”。

点评：这是一个“连当诈骗”的典型案例，行骗对象以从事代理、中介、咨询等业务的创业者为主。天上不会掉馅饼，如果遇到上下家接踵而来的“好事”，那就要千万小心了。对付这种骗术，首先要保持良好的心态，然后冷静地考察上下家。

对于上家,要对厂家实力、供货能力、产品质量等一一了解清楚,特别要抓住细枝末节的专业问题,看看其能否对答如流。对于下家,如果碰到那种接几十万元的大单子时毫不犹豫地"爽快人",则要睁大眼睛了。网络诈骗便捷,行骗也方便。

案例2:王先生是在生意场上摸爬滚打了30年的"老供销"了,最近在某著名电子商务网站上开了个账户,开始网上创业。

一次,王先生在网上看到一则信息,某位有着"高资信度"标志的客商低价批量优质黄沙,经验老道的王先生并未急着下手,而是通过工商部门了解供货商的情况。在确认供货商的"身份"后,王先生便从下家那里预收了30%的货款,按照网上提供的账号汇了过去,可他等的黄沙船却迟迟到不了上海,下家又三番五次地催他交货,一急之下他只好亲自前去催货。

到那里后王先生发现,那家企业确实存在,不过只做钢铁贸易,不搞建材,而且从未涉足电子商务领域,至于网上的那家企业,是行骗者盗用了该公司的营业执照复印件后虚构的。最后,由于不熟悉电子商务,王先生赔了下家客户几十万元。

点评:电子商务虽然有着快捷、便利的特点,但与传统的交易方式相比,风险更大。一些不法分子正是利用高科技来移花接木,借用正规企业的名号行骗,不少创业者由于不熟悉电子商务的运作模式和特点而上当受骗。其实,网络只是交易的一种媒介,通过网络获得商业信息后,必须进行网下的考察。

特别是业务量大的单子,高利润的项目往往风险也相对较高,创业者更要小心谨慎,亲自走访是非常必要的,不能仅是坐在家中敲敲键盘。有条件的话,可请投资、法律方面的专家把关。此外,目前网络传销活动日益猖獗,创业者在网上"冲浪"时要慎入传销陷阱。

(资料来源:豆荚网)

本章小结

电子商务的安全是消费者使用电子商务的心理障碍,也是经营者谨慎经营的原因之一,目前仍然存在风险。网络既是高效的也是脆弱的,出现安全问题带来的损失也更巨大,必须有足够的安全意识完整的安全管理办法。已经有很多应对电子商务安全问题的设备和软件,但是也不可能高枕无忧。病毒和黑客是网络安全的两个顽疾。

复习思考题

1. 电子商务的安全问题对企业和消费者分别有哪些风险?
2. 电子商务的安全涉及哪些范围?
3. 保证电子商务安全的技术手段有哪些?
4. 保证电子商务安全的管理措施哪些?
5. 怎样构筑一个企业的网络安全体系?

实践课堂

［实训项目］　加密技术

［实训目标］　通过使用加密软件，让学生学会如何保护自己的重要文档不被人随便使用。

［实训须知］　软件加密，一般需要设置密码，所以在使用时，必须保管好自己的密码，以免自己忘记密码造成不必要的损失。

［实训内容及实训过程］

1. 实训内容

使用加密软件进行加密和解密。

2. 实训过程

(1) 这里选择一种常见的免费加密软件"便携式文件夹加密器"为例，把需要加密的文件和加密软件放到同一目录下，如图 8-1 所示。

图 8-1　同一目录

(2) 单击"lockdir.exe"启动加密程序，弹出"文件夹加密 5.42"对话框，输入相关密码，单击"加密"按钮如图 8-2 所示，原来的"测试"文件夹图标发生变化，如图 8-3 所示。

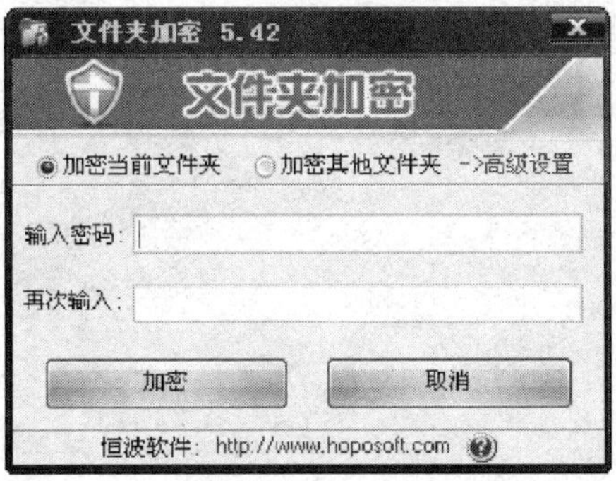

图 8-2　加密界面

图 8-3　图标变化

(3) 单击"测试"文件夹,进入文件夹后,原来的文件不存在了,如图 8-4 所示。

图 8-4　文件夹发生了变化

(4) 当需要解密时,只需单击"lockdir.exe"启动解密程序,输入初始设置的密码即可,如图 8-5 所示。

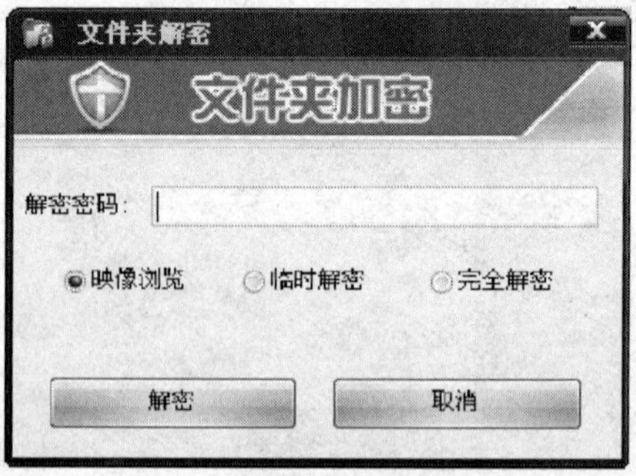

图 8-5　文件夹解密

[**实训注意**]　对于加密操作,一定要确保把密码记牢。

[**实训练习**]　使用软件,对制定文件进行加密。

附录A

商务部关于促进电子商务应用的实施意见

商电函[2013]911号

各省、自治区、直辖市、计划单列市及新疆生产建设兵团商务主管部门：

为进一步促进各地电子商务应用，推动我国电子商务均衡发展，针对当前电子商务发展面临的突出问题，结合电子商务应用促进工作的实际需求，根据《关于促进信息消费扩大内需的若干意见》(国发〔2013〕32号)和《商务部"十二五"电子商务发展指导意见》(商电发〔2011〕375号)的有关要求，提出以下意见：

一、工作目标和原则

（一）工作目标

到2015年，使电子商务成为重要的社会商品和服务流通方式，电子商务交易额超过18万亿元，应用电子商务完成进出口贸易额力争达到我国当年进出口贸易总额的10%以上，网络零售额相当于社会消费品零售总额的10%以上，我国规模以上企业应用电子商务比例达80%以上；电子商务基础法规和标准体系进一步完善，应用促进的政策环境基本形成，协同、高效的电子商务管理与服务体制基本建立；电子商务支撑服务环境满足电子商务快速发展需求，电子商务服务业实现规模化、产业化、规范化发展。

（二）工作原则

1. 市场主导、政府推动。坚持以市场为导向，以企业为主体，运用市场机制优化资源配置，制订本地区电子商务发展政策，综合运用政策、服务、资金等手段完善电子商务应用发展环境。

2. 重点扶持、平衡促进。全面拓展电子商务应用，重点发展零售、跨境贸易、农产品和生活服务领域电子商务，重点扶持中西部地区应用电子商务，促进我国电子商务在区域和行业领域的均衡发展。

3. 典型示范、引导发展。以典型城市、基地、企业为主体建立电子商务试点示范体系，发挥示范带动作用，引导行业发展方向。

二、重点任务

(一) 引导网络零售健康快速发展

引导网络零售企业优化供应链管理、提升客户消费体验,支持网络零售服务平台进一步拓展覆盖范围、创新服务模式;支持百货商场、连锁企业、专业市场等传统流通企业依托线下资源优势开展电子商务,实现线上线下资源互补和应用协同;组织网络零售企业及传统流通企业开展以促进网络消费为目的的各类网络购物推介活动。

(二) 加强农村和农产品电子商务应用体系建设

1. 结合农村和农产品现代流通体系建设,在农村地区和农产品流通领域推广电子商务应用;加强农村地区电子商务普及培训;引导社会性资金和电子商务平台企业加大在农产品电子商务中的投入;支持农产品电子商务平台建设。

2. 深化与全国党员远程教育系统合作,深入开展农村商务信息服务。完善商务部新农村商网功能,建设"全国农产品商务信息公共服务平台",实现农产品购销常态化对接。探索农产品网上交易,培育农产品电子商务龙头企业。

3. 融合涉农电子商务企业、农产品批发市场等线下资源,拓展农产品网上销售渠道。鼓励传统农产品批发市场开展包括电子商务在内的多形式电子交易;探索和鼓励发展农产品网络拍卖;鼓励电子商务企业与传统农产品批发、零售企业对接,引导电子商务平台及时发布农产品信息,促进产销衔接;推动涉农电子商务企业开展农产品品牌化、标准化经营。

(三) 支持城市社区电子商务应用体系建设

支持建设城市家政服务网络公共服务平台,整合各类家政服务资源,面向社区居民提供供需对接服务;鼓励和支持服务百姓日常生活的电子商务平台建设,功能涵盖居家生活所需的各类服务,如购物、餐饮、家政、维修、中介、配送等;鼓励大型餐饮企业、住宿企业和第三方服务机构建立网上订餐、订房服务系统,完善餐饮及住宿行业服务应用体系。

(四) 推动跨境电子商务创新应用

1. 各地要积极推进跨境电子商务创新发展,努力提升跨境电子商务对外贸易规模和水平。对生产企业和外贸企业,特别是中小企业利用跨境电子商务开展对外贸易提供必要的政策和资金支持。鼓励多种模式跨境电子商务发展,配合国家有关部门尽快落实《国务院办公厅转发商务部等部门关于实施支持跨境电子商务零售出口有关政策的意见》(国办发〔2013〕89号),探索发展跨境电子商务企业对企业(B2B)进出口和个人从境外企业零售进口(B2C)等模式。加快跨境电子商务物流、支付、监管、诚信等配套体系建设。

2. 鼓励电子商务企业"走出去"。支持境内电子商务服务企业(包括第三方电子商务平台,融资担保、物流配送等各类服务企业)"走出去",在境外设立服务机构,完善仓储物流、客户服务体系建设，与境外电子商务服务企业实现战略合作等；支持境内电子商务企业建立海外营销渠道，压缩渠道成本，创立自有品牌。

3. 支持区域跨境（边贸）电子商务发展。支持边境地区选取重点贸易领域建立面向周边国家的电子商务贸易服务平台；引导和支持电子商务平台企业在边境地区设立专业平台，服务边境贸易。

（五）加强中西部地区电子商务应用

中西部地区可因地制宜，通过加强与电子商务平台合作，整合政府公共服务和市场服务资源，创新电子商务应用与公共服务模式，引导企业电子商务应用。加强电子商务企业和人才引进，加强电子商务宣传，开展电子商务人才培养；重点结合本地区特色产业发展需求，发展行业领域电子商务应用；吸引和支持优秀电子商务企业到中西部地区设立区域运营中心、物流基地、客服中心等分支机构；与电子商务平台企业对接销售中西部特色商品。

（六）鼓励中小企业电子商务应用

引导中小企业利用信息技术提高管理、营销和服务水平；鼓励中小企业利用电子商务平台开展网络营销，开拓境内外市场；鼓励中小企业在电子商务平台上开展联合采购，降低流通成本；支持第三方电子商务平台发展，带动中小企业电子商务应用；支持电子商务领域金融服务创新，拓宽中小企业融资渠道；扶持面向中小企业的公共服务平台和服务机构，加强对小企业应用电子商务的技术支持和人才培训服务。

（七）鼓励特色领域和大宗商品现货市场电子交易

鼓励通过电子商务手段开展再生资源回收、旧货流通、拍卖交易、边境贸易等领域电子商务应用。鼓励大宗商品现货市场电子交易经营主体进一步完善相关信息系统，研究制订商品价格指数、电子合同及电子仓单标准、供应链协同标准、运营模式规范，增强市场价格指导能力、供应链协同能力和现货交易服务能力，促进我国大宗商品现货市场电子交易的规范化发展。

（八）加强电子商务物流配送基础设施建设

各地要按照国家加快流通产业发展的总体要求，规划本地区电子商务物流，推进城市物流配送仓储用地、配送车辆管理等方面的政策出台，推动构建与电子商务发展相适应的物流配送体系。开展电子商务城市共同配送服务试点，逐步建立完善适应电子商务发展需求的城市物流配送体系。

（九）扶持电子商务支撑及衍生服务发展

鼓励电子支付、仓储物流、信用服务、安全认证等电子商务支撑服务企业开展技术和服务模式创新，建立和完善电子商务服务产业链条；发挥服务外包对电子商务的促进作用，发展业务流程外包服务和信息技术外包服务，如设计服务、财务服务、运营服务、销售服务、营销服务、咨询服务、网络建站和信息系统服务等。

(十)促进电子商务示范工作深入开展

国家电子商务示范城市要深入推进创建工作,落实各项工作任务,结合商务领域应用需求,大力推进项目试点,开展政策先行先试。国家电子商务示范基地要发挥电子商务产业集聚优势,创新公共服务模式,建设和完善面向电子商务企业的公共服务平台,搭建完整的电子商务产业链条,提高区域经济核心竞争力,要按照中央财政资金管理的相关规定,做好财政支持项目的组织实施。培育一批网络购物平台、行业电子商务平台和电子商务应用骨干企业,发挥其在模式创新、资源整合、带动产业链等方面的引导作用,结合电子商务统计、监测、信用体系建设推进电子商务示范企业建设。各地应按照国家电子商务示范城市、示范基地、示范企业的有关要求,积极开展本地电子商务示范体系的建设。

三、保障措施

(一)建立健全协调保障机制

各地要高度重视电子商务工作,提高思想认识,落实电子商务工作职能,把电子商务作为商务工作的重要抓手;建立完善本地区跨部门电子商务工作协作机制,发挥商务主管部门对电子商务发展的协调指导作用,主动与相关部门沟通、协调;加强与商务部的联系,建立中央与地方的工作互动机制。

(二)完善电子商务政策、法规体系建设

各地要加快完善地方电子商务政策体系,结合本地区实际,针对电子商务面临的突出问题,从促进电子商务产业发展的角度,先行先试出台本地区电子商务法规政策,配合国家有关部门促进电子商务立法工作。

(三)落实政策配套措施

各地要结合落实国家流通产业的相关政策,充分运用中央财政资金,加大对电子商务发展的支持力度。各地可根据本地区电子商务发展的具体情况,安排专项资金用于推动电子商务发展,选择重点领域进行突破。

各地应加快建立促进电子商务发展的多元化、多渠道投融资体制,充分发挥企业的主体作用,吸引更多民间资本进入电子商务领域。支持金融机构和社会资本投资电子商务项目。

(四)加强电子商务统计监测及信用体系建设

各地要根据国家关于电子商务统计报表制度,依托商务部电子商务信息管理分析系统,组织本地区电子商务企业及时填报数据,做好统计工作;参照国家统一标准推动建立本地区电子商务统计报表制度,开展地方电子商务统计及重点企业监测;利用电子商务交易平台信用数据和社会信用数据,建设地方电子商务信用信息基础数据库,建立数据共享和应用机制,积极培育面向电子商务的第三方信用服务业。

（五）组织开展电子商务研究和人才培训

各地要以国家电子商务人才继续教育基地为依托，推动建立地方电子商务继续教育分基地，组织开展电子商务紧缺人才、高端人才和专业技能人才的培养。鼓励行业组织、专业培训机构和企业，开展电子商务人才培训及岗位能力培训。建立电子商务专家咨询机制，发挥电子商务专家的指导与咨询作用。有条件的地方可设立电子商务研究机构，整合产学研资源，开展电子商务发展的现状、问题、趋势专题研究，提出促进与规范电子商务的措施建议。

（六）培育行业组织加强行业自律

各地应加强对电子商务行业组织的培育，充分发挥各级电子商务协会、学会、产业联盟等中介组织作用，配合政府部门落实电子商务政策和规划。鼓励中介组织制订行业规章、行业标准，加强行业自律。

（七）加强领导抓好落实

各地要结合本地区实际，因地制宜，制订具体实施办法、工作行动计划，细化工作目标，确保各项任务落实到位。各地要建立和完善重点工作联系机制和考核机制，加强监督检查，及时解决工作中的各类问题，并向商务部报告相关情况；做好跟踪、总结、交流和宣传工作，保证各项工作取得实效。

商务部

2013年10月31日

附录B

首部电子商务地方法规——《上海市促进电子商务发展规定》

上海市人民代表大会常务委员会公告(第5号)

《上海市促进电子商务发展规定》已由上海市第十三届人民代表大会常务委员会第七次会议于2008年11月26日通过,现予公布,自2009年3月1日起施行。

第一条　为了促进本市电子商务发展,根据有关法律、行政法规,结合本市实际,制定本规定。

第二条　本市行政区域内促进电子商务发展及其相关管理活动,适用本规定。

第三条　本规定所调整的电子商务,是通过互联网进行销售商品、提供服务等的经营活动。

本规定所称的从事电子商务的企业,包括在互联网上建立电子商务应用服务平台(以下简称电子商务平台)的企业、在电子商务平台内从事经营活动的企业、在互联网上建立网站销售商品或者提供服务的企业以及其他通过互联网从事经营活动的企业。

第四条　本市促进电子商务发展,遵循政府推动、企业主导、市场运作、依法规范的原则。

第五条　市经济信息化行政管理部门负责组织、指导和协调电子商务的推广以及相关的信息化推进、管理工作。

市商务行政管理部门负责拟定商务领域电子商务发展的政策、措施、标准、规则,做好相关推进、管理工作。其他有关行政管理部门根据各自职责,做好促进电子商务发展和相关管理工作。区、县人民政府及其相关行政管理部门按照各自职责,做好促进电子商务发展工作。

第六条　市经济信息化行政管理部门会同市发展改革、商务等行政管理部门编制本市电子商务发展规划,纳入本市信息化发展规划,并与相关产业发展规划相衔接。

第七条　市经济信息化行政管理部门会同有关行政管理部门根据本市国民经济和社会发展中长期规划以及社会对基础通信网络的需求,组织编制信息基础设施发展规划。

电信运营企业应当增强通信服务能力,提高通信服务水平。

第八条　本市优先支持下列促进电子商务发展的项目:

（一）先进制造业和现代服务业等重点领域电子商务平台的建设。

（二）电子支付、安全认证、信用服务、物流信息等电子商务服务体系的建设。

（三）电子商务关键技术的研发和推广应用。

前款所列项目的支持办法，由市人民政府另行制定。

第九条 本市政府采购应当优先采用电子化方式，利用相关电子商务平台，开展信息发布和交易、支付、信用评估等活动。

第十条 市经济信息化、商务、发展改革、财政、税务、教育、科技、统计、人力资源社会保障、金融服务等行政管理部门应当按照各自职责，做好下列促进电子商务发展工作：

（一）制定并及时公布符合本规定第八条所列项目的项目指南。

（二）建立电子商务统计制度，完善电子商务统计指标体系，定期发布电子商务发展报告。

（三）组织开展电子商务基础知识和应用技能的培训；培养和引进适应电子商务发展的各类专业人才。

（四）推动电子商务领域的信用建设，建立市场诚信公共服务平台。

（五）采取创业指导、信息咨询、技术服务等措施，扶持中小企业通过电子商务平台开展经营活动。

（六）推动建立适应电子商务发展的风险投资、融资担保、责任保险等机制，推动电子商务发展。

（七）推动企业运用电子商务开拓国内外市场，促进跨国、跨地区电子商务合作交流。

（八）推进电子签名与认证技术的应用，支持电子认证服务机构实现交叉认证。

（九）鼓励银行推广和完善电子银行服务业务，支持发展第三方电子支付服务机构。

第十一条 本市各级行政管理部门应当推进实施适应电子商务发展的管理方式，建立和完善电子化的管理系统、信息共享系统和公共服务平台。

市工商、质量技监等行政管理部门应当建立和完善企业注册、组织机构代码、各类许可证等信息的电子查询系统，并根据政府信息公开的规定提供相关信息的网上查询服务。

第十二条 本市相关行业协会应当按照法律、法规的规定，发挥行业自律和行业服务作用，做好下列促进电子商务发展的工作：

（一）制定和完善行业内电子商务争议处理的规则和程序，协调会员之间、会员与非会员之间或者会员与消费者之间的争议事项。

（二）建立行业内电子商务信用评价制度，推进相关信用评价的互通、互联、互认。

（三）向政府有关部门提出制定电子商务相关标准的建议，推动会员单位制定电子商务相关标准并组织实施。

（四）引导会员运用电子商务平台组织市场拓展，发布市场信息，推介行业产品或者服务。根据会员需求，开展行业电子商务应用培训和咨询服务。

（五）研究制定适应电子商务特征的合同示范文本，并推广应用。

(六) 其他可以促进电子商务发展的工作。

市人民政府有关行政管理部门应当支持相关行业协会开展前款规定的活动,并提供指导。

第十三条　本市建立和完善统一的电子口岸数据交换平台,实现对外贸易监管数据电子化报送,提高通关效率。市口岸、经济信息化和商务行政管理部门应当推进电子口岸数据交换平台应用功能的拓展,为对外贸易电子商务提供支持和便利。

第十四条　从事电子商务的企业应当根据国家有关规定取得相关证照,并在其经营网页上公开以下信息:

(一) 营业执照、组织机构代码以及其他与经营资质相关的资料。

(二) 互联网信息服务许可登记或者备案登记的电子验证标识。

(三) 所经营产品依法应当取得的许可、认证证书以及产品名称、生产者等产品信息。

(四) 经营地址、邮政编码、电话号码、电子信箱等联系信息。

第十五条　从事电子商务的企业应当根据国家有关规定,对电子商务活动中的交易标的、数量、质量、价款、履行方式、违约责任等信息进行记录并保存,保存时间不得少于两年,但国家另有规定的除外。

市经济信息化行政管理部门应当推动建立第三方电子数据保存系统,提供交易信息的保存、查询等服务。鼓励从事电子商务的企业委托第三方电子数据保存系统保存交易信息。

第十六条　企业在从事电子商务的过程中需要采集个人信息的,应当向信息提供人说明采集目的和使用范围,不得收集与该经营事项无关的个人信息,不得超越范围使用所获得的个人信息。

对获得的个人信息应当采取必要的安全措施,保障其不被泄露;未经信息提供人同意,不得将所获得的个人信息向第三方转让。市质量技监行政管理部门应当会同市经济信息化行政管理部门组织制定电子商务个人信息采集的相关标准。

第十七条　从事电子商务的企业在互联网上以商业广告等公示方式,对商品或者服务的质量、价格、售后责任等向消费者作出许诺的,其提供的商品或者服务的质量、价格、售后责任等应当与许诺相一致。消费者受上述许诺引导而购买商品或者接受服务的,从事电子商务的企业应当将该许诺作为约定的内容。

第十八条　在互联网上建立电子商务平台的企业应当按照国家规定,建立健全网络与信息安全保障制度,保障电子商务平台安全。在互联网上建立电子商务平台的企业,对经营过程中知悉的在其电子商务平台内从事经营活动企业的经营信息,应当按照约定,承担保密义务。

在互联网上建立电子商务平台的企业应当建立经营证照核查制度,对在其电子商务平台内从事经营活动的企业的相关经营证照进行查看、核对,并留存复制件。

在互联网上建立电子商务平台的企业发现在其电子商务平台内从事各类违法行为的,应当予以制止,并立即向有关部门报告。

第十九条　市工商、经济信息化、商务等行政管理部门应当会同市消费者权益保护委员会，建立并完善下列与电子商务相关的消费者权益保护机制：

（一）消费投诉处理机制。完善消费投诉系统，与在互联网上建立电子商务平台的企业建立消费投诉联网，为消费者投诉提供便利和指导。

（二）信用评价机制。支持在互联网上建立电子商务平台的企业对在其电子商务平台内从事经营活动的企业进行信用评价，向消费者提供信用评价信息。

（三）消费信息公布机制。发布电子商务相关消费警示信息和消费指导信息，并披露经核实的消费者投诉情况。

从事电子商务的企业向消费者出具购货凭证或者服务单据，应当符合国家有关规定或者商业惯例；征得消费者同意的，可以以电子化形式出具。电子化的购货凭证或者服务单据，可以作为消费者权益保护组织处理消费纠纷投诉的依据。鼓励在互联网上建立电子商务平台的企业为平台内从事经营活动的企业提供电子化购货凭证或者服务单据的统一格式文本。

第二十条　违反本规定的行为，法律、法规有处罚规定的，依照法律、法规的规定处罚。

从事电子商务的企业违反本规定有下列情形之一的，由工商行政管理部门责令限期改正，可以处以警告；逾期不改正的，处以一千元以上一万元以下的罚款：

（一）未按规定在其经营网页上公开营业执照信息的。

（二）未按规定提供购货凭证或者服务单据的。

第二十一条　行政管理部门的直接主管人员或者其他责任人员，玩忽职守、滥用职权、徇私舞弊的，由其所在单位或者上级行政主管部门依法给予行政处分。构成犯罪的，依法追究刑事责任。

第二十二条　本规定自2009年3月1日起施行。

附录C

电子商务常用缩略语

英文缩写	英文全写	中文
ACEP	Automatic Consecutive Entrance Planning	自动连续补货计划
ARP	Address Resolution Protocol	网址解决协议
ASP	Application Service Provider	应用服务供应商
ASCII	American Standard Code for Information Interchange	美国标准信息交换码
ASS	Automated Sorting System	自动分拣系统
ATM	Automatic Teller Machine	自动取款机
BBS	Bulletin Board System	电子公告板
B2B	Business to Business	企业间的电子商务
B2C	Business to Consumer	企业与消费者间的电子商务
B2G	Business to Government	企业与政府间的电子商务
C2C	Consumer to Consumer	消费者间的电子商务
CA	Certificate Authority	认证中心
CIMS	Computer Integrated Manufacturing System	计算机集成制造系统
CRM	Customer Relationship Management	客户关系管理
CNAPS	China National Advanced Payment System	中国国家现代化支付系统
CGI	Common Gateway Interface	公共网关接口
CNNIC	China Internet Network Information Center	中国互联网络信息中心
CTR	Click Through Rate	点进率
CTI	Computer Telephone Integration	电话集成技术
DAC	Discretionary Access Control	选择性访问控制
DES	Data Encryption Standard	数据加密标准
DDN	Digital Data Network	数字数据网
DDE	Dynamic Data Exchange	动态数据交换
DNS	Domain Name System	域名系统
DRP	Distribution Requirement Planning	配送需求计划
DVD	Digital Video Disc	数字视盘
EB	Electronic Business	电子商务

EC	Electronic Commerce	电子商务
ECR	Effective Customer Response	有效的客户反映
EDP	Electronic Data Process	电子数据处理
EDI	Electronic Data Interchange	电子数据交换
EFT	Electronic Fund Transfer	电子资金转账
EMS	Express Mail Service	邮政特快专递
ERP	Enterprise Resource Planning	企业资源规划
EOS	Electronic Ordering System	电子订货系统
FAQ	Frequently Asked Questions	常见问题回答
FMS	Flexible Manufacturing System	弹性制造系统
FTP	File Transfer Protocol	文件传输协议
FTAM	File Transfer Access and Management	文件传输存取与管理
GIS	Geographical Information System	地理信息系统
GIF	Graphic Interchange Format	图形交换格式
GPS	Global Positioning System	全球定位系统
HTML	Hyper Text Markup Language	超文本标记语言
HTTP	Hyper Text Transport Protocol	超文本传输协议
ICP	Internet Content Provider	互联网内容提供商
ID	Identifier	标识符
IDC	Internet Data Center	互联网数据中心
IDG	International Data Group	国际数据集团
IIS	Internet Information Server	互联网信息服务
I/O	Input/Output	输入/输出
IP	Internet Protocol	互联网络协议
IRM	Information Resource Management	信息资源管理
ISP	Internet Services Provider	互联网服务供应商
IVR	Interactive Voice Response	交互式语音应答
ISO	International Standards Organization	国际标准化组织
IT	Information Technology	信息技术
LRP	Logistics Resource Planning	物流资源计划
MAC	Mandatory Access Control	强制性访问控制
MIS	Management Information System	管理信息系统
MRP	Manufacturing Resource Planning	制造资源规划
NIC	Network Information Center	网络信息中心
OA	Office Automation	办公自动化
OLTP	On-Line Transaction Processing	在线即时事务处理

PC	Personal Computer	个人计算机
PKI	Public Key Infrastructure	公钥基础结构
POS	Point of Sale	销售点信息系统
PDT	Portable Data Terminal	便携式数据终端
PIN	Personal Identification Number	个人密码
PWS	Personal Web Server	个人网页服务器
QR	Quick Response	快速反应
RF	Radio Frequency	射频技术
SAP	Service Advertising Protocol	服务广告协议
SCM	Supply Chain Management	供应链管理
SET	Secure Electronic Transaction	安全电子交易
SSL	Security Socket Layer	安全套接层协议
TCP	Transmission Control Protocol	传输控制协议
UPS	Uninterruptible Power Supply	不间断电源系统
URL	Uniform Resource Locator	统一资源定位
VAN	Value-Added Network	增值网
CIMS	Computer Integrated Manufacture System	计算机集成制造系统
WAP	Wireless Application Protocol	无线应用协议

参考文献

[1] 劳帼龄.电子商务安全与管理[M].北京:高等教育出版社,2003.
[2] 卢国志.新编电子商务与物流[M].北京:北京大学出版社,2005.
[3] 张劲珊.网络营销实务[M].北京:电子工业出版社,2006.
[4] 董铁.物流电子商务[M].北京:清华大学出版社,2006.
[5] 蔡庆辉.电子商务法经典案例研究[M].北京:中信出版社,2006.
[6] 李荆洪.电子商务概论[M].北京:水利水电出版社,2007.
[7] 韩学平.电子商务法[M].大连:东北财经大学出版社,2008.
[8] 朱小立.电子商务应用[M].北京:机械工业出版社,2008.
[9] 祝凌曦.电子商务物流管理[M].北京:人民邮电出版社,2008.
[10] 闵敏.电子商务实用基础[M].北京:机械工业出版社,2008.
[11] 秦城德.电子商务法律与实务[M].北京:人民邮电出版社,2008.
[12] 施耐德.电子商务(原书第7版)[M].北京:机械工业出版社,2008.
[13] 秦成德.电子商务法教程[M].西安:西安交通大学出版社,2008.
[14] 李瑞.电子商务法[M].北京:北京大学出版社,2008.
[15] 阿瓦德.电子商务:从愿景到实现(第3版)[M].北京:人民邮电出版社,2009.
[16] 李静.配送作业的组织与实施[M].北京:北京理工大学出版社,2010.
[17] 董铁.电子商务(第2版)[M].北京:清华大学出版社,2010.
[18] 特班.电子商务:管理视角(原书第5版)[M].北京:机械工业出版社,2010.
[19] 劳顿.特拉弗.电子商务:商业、技术和社会(第5版)[M].北京:清华大学出版社,2010.
[20] 施内德.电子商务(英文精编版·第9版)[M].北京:机械工业出版社,2011.
[21] 方磊.电子商务物流管理[M].北京:清华大学出版社,2011.
[22] 斯莱特.电子商务[M].北京:世界图书出版社,2011.
[23] 赵冬梅.电子商务[M].北京:机械工业出版社,2012.
[24] 樊世清.电子商务[M].北京:清华大学出版社,2012.
[25] 屈冠银.电子商务物流管理[M].北京:机械工业出版社,2012.
[26] 黄若.我看电商[M].北京:电子工业出版社,2013.

参考网站:

1. 中国物流电子商务网 www.elogistics.com.cn
2. 中国电子商务物流论坛 bbs.eyunshu.com
3. 电子商务网 www.lusin.cn
4. 中国电子商务网 www.cebn.cn
5. 中国物流与采购网 www.chinawuliu.com.cn
6. 中国电子商务协会 www.ec.org.cn
7. 中国信息安全认证中心 www.isccc.gov.cn
8. 淘宝网 www.taobao.com
9. 中国企管网 http://www.china-qg.com
10. http://www.weaseek.com/20070411/153804218_3.html
11. http://www.vmc.com.cn/yingxiao/
12. http://www.dzswu.com/dslw/zylw/20080505/10610_4.html
13. http://industry.ccidnet.com/col/18429/18429.html